NÃO HÁ ATALHOS PARA CHEGAR AO TOPO

ESCALANDO AS CATORZE MAIORES MONTANHAS DO MUNDO

NÃO HÁ ATALHOS PARA CHEGAR AO TOPO

ESCALANDO AS CATORZE MAIORES MONTANHAS DO MUNDO

ED VIESTURS COM DAVID ROBERTS

COM UM NOVO PÓS-ESCRITO DO AUTOR

SÃO PAULO
2015

editora gaia

NO SHORTCUTS TO THE TOP: CLIMBING THE WORLD'S 14 HIGHEST PEAKS
© 2006 by Ed Viesturs and David Roberts
Postcript © 2007 by Ed Viesturs and David Roberts
This translation published by arrangement with Broadway Books, an
imprint of the Crown Publishing Group, a division of Random House LLC.
1ª Edição, Editora Gaia, São Paulo 2015

Jefferson L. Alves — diretor editorial
Richard A. Alves — diretor de marketing
Flávio Samuel — gerente de produção
Flavia Baggio — coordenação editorial e preparação de texto
Elaine Paula Calove — tradução
Ana Cristina Teixeira e Érica Cordeiro Costa — revisão
Evelyn Rodrigues do Prado — projeto de capa
Arquivo pessoal Ed Viesturs — foto de capa

A Editora Gaia agradece a gentil cessão da imagem da capa concedida pelo autor.

Obra atualizada conforme o
NOVO ACORDO ORTOGRÁFICO DA LÍNGUA PORTUGUESA.

CIP-BRASIL. CATALOGAÇÃO NA PUBLICAÇÃO
SINDICATO NACIONAL DOS EDITORES DE LIVROS, RJ

Viesturs, Ed
Não há atalhos para chegar ao topo : escalando as
catorze maiores montanhas / Ed Viesturs com David Roberts ;
[tradução Elaine Paula Calove]. – São Paulo : Gaia, 2015.

Título original : No shortcuts to the top : climbing the
world's 14 highest peaks.

ISBN 978-85-7555-442-5

1. Alpinismo 2. Alpinistas - Biografia 3. Montanhismo
4. Viesturs, Ed I. Roberts, David. II. Título.

15-01539   CDD: 796.522092

Índices para catálogo sistemático:

1. Montanhistas : Relato de aventuras:
Biografia 796.522092

Direitos Reservados

editora gaia ltda.
Rua Pirapitingui, 111-A — Liberdade
CEP 01508-020 — São Paulo — SP
Tel.: (11) 3277-7999 — Fax: (11) 3277-8141
e-mail: gaia@editoragaia.com.br
www.editoragaia.com.br

Colabore com a produção científica e cultural.
Proibida a reprodução total ou parcial desta obra
sem a autorização do editor.

Nº de Catálogo: **3652**

Para Paula, Gilbert, Ella e Anabel, os melhores motivos do mundo para voltar para casa.

E em memória dos meus grandes parceiros Rob Hall, Scott Fischer e Jean--Christophe Lafaille.

Sumário

Autorresgate	**11**
De Rockford ao Rainier	**39**
A longa jornada até o Everest	**63**
Dobradinha e o verdadeiro amor	**91**
Hora da despedida	**123**
Encerramento	**155**
Nêmesis: Annapurna	**181**
O último passo	**215**

Epílogo

Outros Annapurnas	**245**

Pós-escrito

Além das 8.000 metros	**275**
Agradecimentos	**287**
Montanhas escaladas	**293**
Glossário	**295**

NÃO HÁ ATALHOS PARA CHEGAR AO TOPO

Autorresgate

Finalmente as coisas pareciam estar a nosso favor. Dentro da nossa barraca no Acampamento III, a 7.400 metros, Scott Fischer e eu entramos em nossos sacos de dormir e apagamos as lanternas. No dia seguinte, o plano era subir até o Acampamento IV, a 7.924 metros. No outro, acordar no meio da noite e nos vestir, preparar o equipamento e um pouco de comida e partir rumo ao cume do K2, a 8.611 metros, a segunda maior montanha do mundo. Do Acampamento IV, os 686 metros verticais de neve, gelo e rocha que nos separavam do topo consumiriam doze horas de escalada, já que nem Scott nem eu estávamos usando oxigênio suplementar. Havíamos combinado que, se não chegássemos ao cume até as 14 horas, voltaríamos, sem discussão. Era a tarde de 3 de agosto de 1992. Cinquenta e quatro dias antes tínhamos começado nossa caminhada até o acampamento-base montado no Glaciar Baltoro, ao qual chegamos em 21 de junho. Antes da viagem, nem na hipótese mais pessimista eu podia imaginar que levaríamos mais de seis semanas só para estar no lugar certo para uma tentativa de cume. Mas essa expedição parecia sem sorte desde o início — pelo clima horrível, por acidentes pequenos, porém relevantes, pelo estado quase caótico de desorganização interna de nossa equipe.

Como sempre, no período de um ataque ao cume de vários dias em alta montanha, Scott e eu estávamos muito focados para conseguir adormecer. Ficamos nos revirando em nossos sacos de dormir. Então, de repente, por volta das 22 horas, o rádio que estava em nossa barraca deu sinal de vida. Acendi minha lanterna, peguei o *walkie-talkie* e ouvi atentamente. A voz no rádio era de Thor Kieser, outro norte-americano, que chamava do Acampamento IV, 518 metros acima de onde estávamos. "Pessoal?", Thor dizia, com a voz tensa, "Chantal e Alex não voltaram. Não sei onde eles estão."

Suspirei totalmente frustrado. Com o facho de luz da minha lanterna, vi a mesma expressão no rosto de Scott. Não era preciso trocar uma palavra sequer para saber o que aquilo significava. Nosso ataque ao cume agora estava suspenso por tempo indeterminado. Em vez de subir para o Acampamento IV para nos preparar, no dia seguinte estaríamos envolvidos em uma busca e em um possível resgate. O azar seguia firme e forte.

Em 3 de agosto, enquanto Scott e eu percorremos o longo trajeto entre o acampamento-base e o Acampamento III (um fatigante ganho de altitude de 2.133 metros),

Thor Kieser, Chantal Mauduit e Aleksei Nikiforov partiram do Acampamento IV rumo ao cume. Chantal, uma alpinista francesa muito ambiciosa, originalmente fora membro de uma equipe suíça independente da nossa. Quando todos os seus colegas desistiram e foram embora, ela ficou (ilegalmente, considerando o sistema de permissão) e, na verdade, inseriu-se por conta própria em nosso grupo. Agora era a única mulher na montanha. Aleksei, ou Alex, como o chamávamos, era o membro ucraniano do quinteto russo que formava a base da nossa equipe.

Naquela manhã, Alex e Thor se levantaram às 5h30, mas Chantal não antes das 7 horas. Muito mais tarde do que Scott e eu achávamos viável, mas o trio foi retardado pelos ventos fortes. O impressionante foi que, mesmo escalando sem oxigênio suplementar, Chantal alcançou os dois homens e passou à frente deles. Com dificuldade por causa do ar rarefeito, Thor regressou a algumas centenas de metros do cume, com medo de ser pego pela escuridão. Chantal chegou ao cume às 17 horas, tornando-se a quarta mulher a escalar o K2. Quando Alex fez o cume já havia escurecido, eram 19 horas.

O famoso horário de retorno das 14 horas não é uma regra inviolável no K2 (nem no Everest, pensando bem), mas chegar ao cume tão tarde, como Chantal e Alex, é caçar problema. E agora o problema estava instalado.

Na manhã de 4 de agosto, enquanto Scott e eu nos preparávamos para a missão de busca e/ou resgate que cancelaria nosso ataque ao cume, recebemos outra chamada de Thor. Os dois escaladores haviam finalmente chegado ao Acampamento IV, às 7 da manhã, mas estavam muito mal. Chantal teve medo de continuar a descida à noite e montou um bivaque ao relento a 8.382 metros. Três horas depois, Alex encontrou-a e convenceu-a a continuar descendo com ele, o que, provavelmente, salvou sua vida.

Cambaleando noite adentro, a dupla conseguiu permanecer na via (o que não é tarefa fácil no escuro, considerando a confusa topografia do cume esférico do K2). Porém, quando alcançaram as barracas do Acampamento IV, Chantal estava sofrendo de cegueira da neve, uma condição dolorosa que ocorre quando a pessoa fica sem os óculos de proteção por muito tempo, mesmo com o tempo nublado. Os raios ultravioletas queimam a córnea, impedindo temporariamente a visão. Chantal também estava completamente exausta e achava que seus pés estavam congelados. Em condições um pouco melhores, mas determinado a descer o quanto antes, Alex abandonou Chantal aos cuidados de Thor e seguiu rumo ao nosso Acampamento III. Ele simplesmente se despediu e partiu.

O próprio Thor estava perto da exaustão em decorrência dos esforços do dia anterior, mas, em 4 de agosto, decidiu cuidar da abatida Chantal e removê-la da montanha. É uma tarefa quase impossível e incrivelmente perigosa passar com uma pessoa naquelas condições por encostas e cristas nada fáceis até para um escalador em sua melhor forma. Thor recuperou de algum lugar um pedaço de três metros de corda e era tudo que ele tinha para descer Chantal e, talvez, para um rapel.

Pelo rádio, Thor implorou: "Ei, galera, eu vou precisar de ajuda para descê-la". Assim, Scott e eu tomamos a única decisão aceitável: subir e ajudar.

Enquanto estávamos nos preparando, vimos Alex em seu esforço para descer a encosta logo acima de nós, às vezes caindo na direção do acampamento. Escalamos uma curta distância para auxiliá-lo e ajudá-lo a entrar em uma das barracas, onde providenciamos muito líquido, pois ele estava gravemente desidratado. Para nossa surpresa, em momento algum ele demonstrou qualquer preocupação com relação a Chantal.

Ao subir até o cume, tanto ele como Chantal forçaram a barra e atingiram o máximo de seus limites. Isso acontece o tempo todo nas maiores montanhas, mas é meio ridículo.

Para piorar as coisas, em 4 de agosto as condições da neve eram terríveis. O clima não deixava por menos: visibilidade zero. Scott e eu tentamos partir, escalamos a encosta por umas duas horas e então tivemos que voltar ao acampamento. Planejamos outra tentativa para o dia seguinte.

Mantivemos a comunicação por rádio com Thor. Ele havia começado a descer Chantal para o Acampamento III, mas só conseguiu percorrer parte do trajeto. Foram obrigados a acampar bem no meio de uma encosta íngreme, quase um bivaque, apesar de Thor ter sido inteligente o bastante para levar uma barraca consigo.

No dia seguinte, 5 de agosto, Scott e eu acordamos, preparamos o equipamento e começamos a escalar de novo, na esperança de que conseguiríamos encontrar Thor e Chantal e ajudá-los a chegar ao nosso acampamento. Em alguns momentos, era possível vê-los através da neblina e das nuvens, dois pontinhos lá em cima. Ventava forte, e um pouco de nevisco caía pela encosta que estávamos escalando. Parte dele era neve que se soltava devido às passadas de Thor e Chantal e que chegavam com um volume pouco maior ao ponto onde estávamos. Mas não eram grandes deslizamentos. Arrumei uma corda de quinze metros, pela qual Scott e eu estávamos encordados, por causa das gretas existentes na encosta.

Naquele momento, Scott estava acima de mim. Algo não parecia certo. Gritei para Scott: "Espere um pouco, essa encosta não está boa". Estava carregada, pronta para deslizar. Depois de muitas escaladas, você sabe quando tem neve demais em uma encosta. Creio que desenvolvi essa noção ao longo dos vários anos que atuei como guia. Naquela época, Scott não havia guiado tanto quanto eu.

Paramos onde estávamos. Eu disse: "Cara, não vamos nos matar aqui. Vamos pensar." Scott sentou olhando para mim mais abaixo. Eu calculava que, se uma grande quantidade de neve deslizasse agora, seríamos jogados para fora da parede.

Comecei a cavar um buraco com minha piqueta, achando que poderia proteger-me no caso de uma avalanche. Logo depois, olhei para cima no momento exato em que Scott era engolfado por uma onda de neve solta. Ele sumiu de vista. Enfiei-me de vez no buraco que havia escavado e me ancorei, apoiado na parte de cima da minha piqueta, com a ponta enterrada na encosta. Preparando-me para o impacto, pensei, *lá vem*.

Tudo ficou escuro, em silêncio. Senti a neve passar pelas minhas costas. A luz desapareceu. Fiquei esperando. E então a avalanche pareceu diminuir. Eu achei que tinha me salvado. Pensei, *uau, meu truquezinho funcionou!*

Mas a verdade é que Scott tinha sido pego de surpresa. Ele foi arrastado com a neve, arrancado da parede. Passou rapidamente por mim, descontrolado. Scott era um cara grande, com cerca de cem quilos. Eu pesava 75.

Mas então, *bum!* A corda retesou. Não havia como eu segurar os dois. Fui arrancado do meu buraco, como se fosse arrancado da cama. Soube de imediato o que tinha acontecido. Scott despencou montanha abaixo e me levou junto, preso por aquilo que deveria ser nossa linha da vida. Abaixo de nós, apenas um abismo de 2.400 metros verticais.

Se você é pego por uma avalanche e arrastado pela encosta, existem várias formas de tentar se salvar. Uma delas é o que chamamos de autorresgate. A ideia é posicionar a piqueta sob seu corpo, colocar todo seu peso nela, segurar na cabeça dela e tentar enfiá-la na encosta, como se fosse um freio.

Aprendi a fazer o autorresgate quando comecei a escalar e, no papel de guia, ensinei a técnica a inúmeros clientes. Sendo assim, o instinto foi automático. Passou pela minha cabeça mesmo enquanto eu estava sendo arrastado e engolfado pela avalanche: "Primeiro: nunca solte sua piqueta. Segundo: Segure! Segure! Segure!" Eu continuava fincando a ponta da piqueta, mas a neve sob mim estava tão seca que a ponta simplesmente passava direto. Eu tinha que ir fundo e cavar, afundar e cavar.

Eu ainda não estava em pânico. Parecia que tudo estava em câmera lenta e sem som. Provavelmente, despencamos uns sessenta metros. Seja qual fosse o motivo, Scott não pôde nem começar a executar seu autorresgate.

Eu ainda estava tentando desesperadamente fincar a piqueta na neve quando, de repente, parei de cair. Alguns segundos depois, como eu esperava, a corda retesou de novo, com um forte solavanco. Mas minha piqueta aguentou. Com meu autorresgate, interrompi nossa queda.

"Scott, tudo bem?" gritei para baixo.

A resposta dele foi quase cômica: "Minhas bolas estão me matando!" ele gritou. As alças das pernas da cadeirinha dele ficaram numa posição infeliz no momento em que meu autorresgate fez com que ele parasse bruscamente, apertando seus testículos até o estômago. Se aquela era a primeira reclamação de Scott, eu sabia que não tinha acontecido nada mais grave.

Nosso mergulho em dupla na avalanche tinha chegado ao fim. Se não fosse o fato de haver dois montanhistas em situação desesperadora, jamais Scott ou eu tentaria escalar naquelas condições.

Enquanto isso, em algum ponto logo acima, Thor e Chantal ainda precisavam da nossa ajuda — e a cada meia hora essa ajuda passava a ser cada vez mais urgente.

No montanhismo, 8.000 metros passou a ser uma barreira mágica. Existem apenas catorze montanhas no mundo que ultrapassam essa altitude acima do nível do mar, e todas elas estão no Himalaia pertencente ao Nepal e ao Tibete ou no Karakoram, no Paquistão. Elas vão do Everest, com 8.848 metros, até o Shishapangma com 8.013 metros.

Durante a normalmente chamada Era de Ouro do montanhismo no Himalaia, foram realizadas as primeiras ascensões das catorze grandes, começando com a ascensão francesa do Annapurna, em 1950, e terminando com a chinesa do Shishapangma, em 1964. As expedições envolvidas nessa campanha de catorze anos geralmente eram vultosas: toneladas de suprimentos, centenas de carregadores e xerpas e uma dezena ou mais de escaladores renomados, além de um nacionalismo gritante, como no caso das expedições francesa, suíça, alemã, austríaca, italiana, inglesa, norte-americana, japonesa e chinesa que competiram pelos prêmios. (Se existe um país que pode se declarar "vencedor" dessa disputa seria a Áustria, cujos maiores escaladores fizeram as primeiras ascensões do Cho Oyu, do Dhaulagiri, do Nanga Parbat e do Broad Peak, duas montanhas a mais que os escaladores de qualquer outra nação.)

Levando-se em conta os equipamentos e a técnica em voga, era considerado imprescindível fazer uso de todos os meios disponíveis no ataque a uma 8.000 metros. Apesar de tudo, eram os especialistas que duvidavam que o Everest fosse escalado. Sendo assim, as equipes instalaram quilômetros de cordas fixas montanha acima nos picos mais elevados, permitindo que toneladas de equipamentos fossem transportadas com segurança de um acampamento para o outro. Usaram escadas metálicas para cruzar gretas e curtos abismos. E normalmente usavam oxigênio suplementar para evitar as dificuldades impostas pelo ar rarefeito na Zona da Morte, o território acima dos 7.900 metros. (Há muito se supunha que tentar escalar o Everest sem oxigênio suplementar seria fatal.)

Apenas uma das catorze 8.000 metros foi escalada na primeira tentativa. Notavelmente, foi o Annapurna, a primeira de todas as catorze a ser escalada, graças a um esforço absolutamente incrível encabeçado pelo alpinista parisiense Maurice Herzog e três guias de Chamonix, Louis Lachenal, Lionel Terray e Gaston Rébuffat. A ascensão de uma única 8.000 era considerada um fato tão heroico, que tal façanha era motivo para uma aparentemente ilimitada glória nacional. O 15º aniversário do triunfo no K2, em 1954, foi recentemente comemorado na Itália com toda pompa e circunstância. A primeira ascensão do Everest realizada pelos ingleses um ano antes (notícia que chegou à Inglaterra no exato momento da coroação da rainha Elizabeth II) foi denominada, sem parecer ironia, "o último grande dia do Império Britânico". Sir Edmund Hillary ainda é o mais famoso montanhista da história. (Aliás, seu parceiro mais experiente, o xerpa Tenzing Norgay, não ocupa sequer um segundo lugar.)

Essas conquistas nas montanhas de 8.000 metros eram tão difíceis que apenas dois homens — os austríacos Hermann Buhl e Kurt Diemberger — tiveram participação em mais de uma. Embora tenha perdido vários dedos dos pés, que gangrenaram congelados, Buhl fez o cume do Nanga Parbat em uma agora lendária ascensão-solo em 1953, depois que todos os seus colegas de equipe desistiram. Diemberger fez o cume do Dhaulagiri em 1960. E ambos uniram forças em uma ascensão incrivelmente leve e com um grupo reduzido do Broad Peak em 1957. Apenas dezoito dias depois, Buhl encontrou a morte em um pico vizinho quando uma cornija cedeu sob seus pés. Seu corpo nunca foi encontrado.

Em meados dos anos 1970, os mais ambiciosos montanhistas do Himalaia tentavam conquistar as 8.000 metros por vias tecnicamente muito mais difíceis que aquelas usadas nas primeiras ascensões. A dificuldade passou a ser então o grande prêmio. Enquanto isso, as vias das primeiras ascensões, embora não tenham sido reduzidas exatamente à categoria sem graça de "rotas comerciais", haviam se mostrado menos temerosas do que pareceram aos pioneiros. Por exemplo, em 1975, 35 escaladores, inclusive a primeira mulher, Junko Tabei, do Japão, escalaram o Everest pela rota do Colo Sul aberta por Hillary e Tenzing.

Após tudo isso, foi um dos montanhistas mais visionários de todos os tempos, Reinhold Messner, criado na região das Dolomitas de língua germânica ao norte da Itália, que viria a impor e concretizar o maior desafio de alta montanha do nosso tempo. Messner escalou, em 1970, sua primeira 8.000 metros, o Nanga Parbat, por uma via muito longa e difícil. Em 1978, com seu amigo, o montanhista austríaco Peter Habeler, Messner provou, ao fazer o cume do Everest sem oxigênio suplementar, que os céticos estavam errados. Dois anos depois, Messner repetiu o feito — solo e por uma nova via! Essa ascensão de 1980 é considerada por muitos uma das maiores façanhas já realizada nas montanhas.

Quando comecei minha carreira de escalador no final dos anos 1970, o exemplo de Messner muito me influenciou. Não seria exagero dizer que ele é um dos meus heróis do montanhismo. O que mais me impressionava era a insistência de Messner em escalar as maiores montanhas do jeito que ele denominava "meios justos": sem oxigênio suplementar, recusando o apoio de carregadores e xerpas e seguindo o que nós chamamos de "estilo alpino", rápido e leve, sem cordas fixas e sem acampamentos abastecidos.

Em 1975, depois de escalar o Manaslu e o Gasherbrum I, além do Nanga Parbat, Messner tornou-se a primeira pessoa a conquistar três montanhas de 8.000 metros. Nessa época, consagrado como um escalador de renome internacional com um bom patrocínio, Messner continuava viajando para as cordilheiras do Himalaia e do Karakoram, colecionando outros cumes das 8.000 metros. Mesmo assim, mais tarde, ele afirmou que a ideia de tentar ser a primeira pessoa a fazer o cume de todas as catorze 8.000 metros não lhe havia ocorrido até 1982. Contudo, a partir daí, o desafio máximo da alta montanha transformou-se em uma disputada corrida entre Messner e o formidável polonês Jerzy Kukuczka.

No final, Messner venceu a corrida, completando sua busca em 1986, um ano antes de Kukuczka fazer sua última 8.000 metros. Alguns entendidos acham que a conquista do polonês na verdade foi superior à de Messner, pois Kukuczka geralmente escalava as montanhas por vias bem mais difíceis que as *voies normales* que Messner preferia. Apenas dois anos após concluir sua jornada, Kukuczka morreu tentando completar uma nova via muito difícil na face sul do Lhotse, a quarta maior montanha do mundo.

Em 1992, eu não pensava muito na ideia de tentar escalar as catorze 8.000. Mas, em 1989, fiz o cume do Kangchenjunga, com seus 8.586 metros, a terceira maior montanha do mundo, e no ano seguinte pisei no cume do Everest na minha terceira tentativa. Pensando no K2, sabia que, se conseguisse, seria o primeiro norte-americano, e um dos poucos escaladores do mundo, a escalar as três maiores montanhas.

Naquele verão, eu estava com 33 anos, dando duro para viver como guia no Monte Rainier durante o verão e trabalhando como carpinteiro, construindo casas no inverno. Aos vinte e poucos anos, conquistei meu doutorado em Veterinária e trabalhei em várias clínicas da região de Seattle. Porém, em 1992, abandonei a prática veterinária porque o montanhismo começou a fazer parte da minha vida. Eu morava em um apartamento de subsolo em West Seattle, mal conseguia pagar as contas. Ainda não tinha patrocinadores, mas tinha participado de cinco expedições ao Himalaia. Naquele tempo, pensar em escalar as catorze 8.000 metros parecia algo muito distante da realidade, e ainda que não fosse por outro motivo, eu não conseguia imaginar como poderia pagar minha parte em tantas expedições. Além disso, em 1992, Messner e Kukuczka ainda eram os únicos a terem conquistado as catorze, embora houvesse outras pessoas perto disso. Um deles, o francês Benoit Chamoux, desapareceu pouco abaixo do cume do Kangchenjunga, que seria sua 14ª 8.000 metros. Com isso, o forte alpinista suíço Erhard Loretan tornou-se o terceiro homem a concluir a jornada, em 1995.

Em 1991, fui guia no Monte Everest de um cliente chamado Hall Wendel, a quem o bichinho da escalada pegou relativamente tarde. Desde então, tornamo-nos grandes amigos. Durante aquela expedição, alguém perguntou o que eu planejava para o próximo ano. Eu disse que tinha vontade de tentar o K2, a segunda maior montanha do mundo. Esse cara tinha um conhecido de Seattle, Scott Fischer, que pretendia tentar o K2 no próximo verão. Por acaso, Scott estava escalando o Baruntse, um pico menor perto do Everest, e achei que, com um pouco de sorte, poderia trombar com ele em Katmandu ao final de nossas respectivas expedições. A capital do Nepal é o ponto de encontro do montanhismo no Himalaia, embora ainda seja uma cidade pequena o bastante para que não seja difícil encontrar velhos amigos e fazer novos.

Claro que pude conhecer Scott lá durante nossa partida do Nepal. Ao me apresentar, perguntei se ele não queria tomar uma cerveja. Depois de algumas, e de nos conhecermos melhor, perguntei se podia me juntar à sua equipe do K2.

Ele ponderou e disse: "Bom... a equipe já está formada. Acho que posso incluí-lo na lista de espera. Mas tenho que consultar os outros membros a respeito."

Naquela época, conseguir uma permissão para o K2 não era fácil e ter uma em mãos era um negócio e tanto. Além disso, a permissão de Scott era para a face norte do K2, uma rota mais dura que a do Esporão dos Abruzzos, no lado sudeste, pela qual a montanha fora escalada pelos italianos, em 1954.

De volta a Seattle, não deixei o assunto cair no esquecimento e perguntava a Scott toda semana qual era minha posição na lista. No final do verão, entrei na equipe. Agora tínhamos que organizar nossa logística e levantar fundos para a expedição. Entre passagens aéreas, taxas de permissão, contratação de carregadores e compra de alimentos e equipamentos, ela custaria 8 mil dólares por cabeça. E pode ter certeza de que eu não tinha todo esse dinheiro na poupança.

Durante os meses de outono e inverno, um a um, os demais membros da equipe pularam fora. Alguns deles tinham empregos formais, outros não tinham tempo ou não pretendiam investir dinheiro e trabalho na logística. Eu era solteiro e tinha tempo, energia e vontade de sobra. Um dia Scott disse: "Ed, somos você e eu. Somos os únicos sobreviventes." Assim, Scott tinha que vender sua permissão, pois era bem mais caro mantê-la só para nós dois. A única maneira de ir ao K2 agora seria encontrando outra equipe já com uma permissão e ver se podíamos comprar nossas vagas pagando nossa fatia do apoio logístico.

Um parênteses para um pouco de história. De volta à Era de Ouro da década de 1950 e início da de 1960, a escolha de uma equipe para o Everest, K2 ou Annapurna era uma questão de interesse nacional, o que era frequente na política do montanhismo. Em 1950, o Comitê do Himalaia do Clube Alpino Francês selecionou Maurice Herzog para liderar a expedição francesa ao Annapurna. Herzog estava longe de ser o escalador mais forte da França e nunca havia liderado uma expedição, mas tinha os contatos certos. Para a surpresa e o desgosto deles, antes de deixarem Paris, os três grandes guias de Chamonix, Lachenal, Terray e Rébuffat — todos muito mais talentosos e experientes que Herzog — tiveram que fazer um juramento formal de irrestrita obediência ao líder na montanha.

Igualmente, pouco antes do anúncio da expedição Britânica de 1953 ao Everest, o Comitê do Himalaia do Clube Alpino e a Royal Geographic Society dispensaram Eric Shipton do papel de líder e o substituíram pelo Coronel John Hunt. Considerado à época já uma lenda do montanhismo, Shipton estivera em cinco iniciativas anteriores de expedição ou reconhecimento no Everest, liderando duas delas. Porém, o comitê achava seu estilo muito casual em comparação com a eficiência militar que Hunt agregaria à viagem, e o boato é que a reputação de mulherengo de Shipton poderia ter minado sua possibilidade de liderar a empreitada. (A seu favor, Hunt, sem qualquer experiência no Everest até 1953, fez um excelente trabalho à frente de uma equipe de treze membros extremamente competitivos. Foi durante essa expedição que Hillary e Tenzing tornaram-se os primeiros homens a pisar no ponto mais alto do planeta.)

Em alguns casos, durante a Era de Ouro, realizavam-se treinamentos nos Alpes antes das expedições, colocando os candidatos uns contra os outros em provas de habilidade e resistência cujo intuito era eliminar os "fracotes". Dessa maneira, Riccardo Cassin, o melhor escalador italiano da época e um dos maiores de todos os tempos, ficou fora da expedição de 1954 ao K2. Na época, circulou o boato de que o extremamente autocrático líder da equipe, Ardito Desio, tinha medo de ser ofuscado por Cassin e de que ele acabasse tomando seu lugar como verdadeiro líder.

Entretanto, no início dos anos 1990, o nacionalismo militar desse tipo estava bem distante das expedições ao Himalaia. Ainda existia a política no meio do montanhismo no negócio de obtenção das permissões para escalar as 8.000 metros, mas agora era mais uma questão de solicitar a permissão para a via certa, no momento certo, com o dinheiro certo em mãos, já que o número de permissões concedidas em dado ano ainda era limitado. Todavia, em meados da década de 1990, os governos do Nepal, China e Paquistão começaram a vendê-las como títulos do mercado livre, sem fazer qualquer esforço para determinar o nível de habilidade dos candidatos, que é um dos motivos pelo qual, durante a desastrosa temporada de 1996 no Everest, havia tantas pessoas na montanha, algumas inclusive com bem pouca experiência para estar lá. O Nepal, em particular, parecia interessado principalmente em tirar o máximo de receita possível das dezenas de equipes que se acotovelavam na disputa para irem ao Everest.

Essa profusão de permissões disponíveis teve consequências positivas e negativas. Por um lado, era possível obter uma permissão com rapidez em vez de ter que se candidatar com anos de antecedência e esperar ansiosamente a notícia de "permissão concedida". Por outro, a ausência de restrições gerou a possibilidade de uma superpopulação nas montanhas mais famosas, em particular, no Everest e no Cho Oyu, que são as 8.000 metros mais fáceis.

Essa situação gerou um subproduto: passou a ser cada vez mais comum um líder que conseguiu uma permissão vender vagas em sua equipe, como lugares em um ônibus, geralmente, a completos estranhos. Em alguns casos, os estranhos tentam se integrar "como uma equipe", usando o mesmo acampamento-base e compartilhando os suprimentos. Contudo, normalmente, sem uma forte liderança ou a grande confiança que existe entre amigos, essas expedições não dão certo. Outra abordagem, a qual adoto às vezes, é comprar vagas em uma permissão, mas escalar de maneira autônoma com meus próprios parceiros, usando apenas nossos próprios suprimentos, seguindo nossas próprias estratégias.

Em 1992, o único jeito de Scott e eu conseguirmos ir ao K2 era comprando vagas na permissão de terceiros. Era a primeira vez que eu comprava minha passagem para uma montanha de 8.000 metros, mas não seria a última.

Outro norte-americano informou que havia uma equipe russa com uma permissão e queria vender vagas. Seu líder era Vladimir Balyberdin, um famoso escalador em seu país. Ele já havia escalado o Kangchenjunga e o Everest, portanto, como eu, queria fazer as Três Grandes. A permissão de Balyberdin era para o Esporão dos Abruzzos, a rota da primeira ascensão em 1954, que ainda não tinha sido escalada pelos norte-americanos. Além disso, nos seis anos anteriores, a Abruzzos havia subjugado nada menos que vinte expedições, todas sem uma única vitória. Quando Scott e eu soubemos da permissão russa, seis ou sete outros norte-americanos haviam comprado vagas, mas ainda restavam duas. Os russos costumam fazer assim: conseguem a permissão, organizam a logística e então usam os dólares norte-americanos para pagar a conta. Portanto, a expedição foi montada com essa miscelânea de gente que pagou e se encontrou no Paquistão.

Scott e eu passamos todo o período de outono e inverno tentando dar um jeito de conseguir dinheiro para a viagem. Ele era casado, tinha dois filhos e trabalhava em sua própria operadora de serviços de guia, a Mountain Madness, mas a empresa não dava muito lucro. Ele estava tão duro quanto eu.

Passei os dias trabalhando como carpinteiro, construindo casas, enquanto Scott tocava os negócios. Toda noite, às oito, depois que ele colocava os filhos para dormir e eu corria meus onze quilômetros, nos encontrávamos em seu escritório para fazer planos. Escrevemos cartas pedindo doações. Pedimos patrocínio a empresas. Finalmente, por volta das 23 horas, meia-noite, nós dizíamos: "Chega disso! Vamos tomar uma cerveja." Íamos para a Alki Tavern, um bar de ciclistas à beira-mar em West Seattle, e nos lamentávamos: "Cara, como é que vamos levantar essa grana?" Toda sessão começava em uma depressão total, mas depois de umas garrafas de Red Hook, as coisas começavam a clarear.

Tivemos a ideia de estampar e vender camisetas. Eu era amigo do fundador da fabricante de mochilas JanSport, que também fabricava e estampava camisetas. A empresa foi ótima — cobrou seis dólares no preço de atacado por unidade, e podíamos vendê-las no varejo por doze dólares. Até criamos nossa própria logomarca. E a JanSport forneceu todas as camisetas que queríamos, a crédito, sem juros. Vendemos as camisetas para amigos e familiares, deixamos panfletos na REI e Scott usou sua lista de contatos.

O grande erro foi que, sempre que vendíamos uma camiseta, gastávamos imediatamente os 12 dólares. Nunca guardamos a metade para pagar a JanSport. Um dia, eu disse: "Scott, estamos afundando cada vez mais. Devemos muito dinheiro à JanSport!" Ele queria encomendar mais, mas àquela altura eu o aconselhei a não fazer isso.

No final, devíamos 7 mil dólares à JanSport, mas conseguimos arrecadar dinheiro suficiente para um de nós se juntar à expedição. Uma noite, estávamos sentados na Alki Tavern, frustrados, tristes, abatidos de verdade. Decidimos que só um de nós podia ir. "Tudo bem", eu disse. "Tiramos a sorte no cara ou coroa". Cheguei a pegar a moeda, mas Scott interrompeu. "Não", ele disse, "depois de todo esse trabalho, temos que ir juntos".

No fim, demos um jeito e arrumamos o resto do dinheiro emprestado. Quando partimos dos Estados Unidos, tínhamos uma dívida enorme, mas deixamos para nos preocupar com ela na volta. Simplesmente ignoramos nossos problemas financeiros e embarcamos no avião rumo ao Paquistão.

Se já parecia uma expedição azarada, isso já virou um padrão no minuto em que pousamos em Islamabad, no início de junho. Os outros norte-americanos estavam lá, mas os russos não haviam chegado. Decidiram ir de carro para economizar e enfrentaram problemas e atrasos. Para ajudar a pagar sua parte da viagem, Scott recrutou duas *trekkers* pela Mountain Madness que queriam fazer a caminhada até o acampamento-base, de modo que ele partiu antes, pois tinha que cumprir a programação do itinerário da caminhada. Fiquei preso em Islamabad com os demais norte-americanos, esperando os russos. Depois de uma semana, comecei a enlouquecer.

Finalmente, Thor Kieser, que eu tinha conhecido ali, disse: "Ed, vamos embora". Ele já tinha ido no Glaciar Baltoro rumo ao K2. Demos um jeito de conseguir uma permissão para a caminhada, assim pelo menos pudemos nos mexer.

Não tínhamos dinheiro para pagar o voo de uma hora de Islamabad a Skardu, a cidade alta que serve de ponto de partida para todas as expedições com destino ao Karakoram. Então fizemos o percurso de 24 do inferno, a primeira metade espremidos em um sufocante micro-ônibus. Entre os passageiros, uma gestante paquistanesa que passou boa parte da viagem vomitando pela janela. Só me restou segurar para não vomitar também. A segunda metade foi na traseira de um caminhão Toyota — doze horas sentado em um banco duro coberto por uma capota de lona que mal cobria a carroceria. Quando chegamos a Skardu, estávamos pretos de pó e fuligem.

Para minha surpresa, Scott ainda estava lá com as *trekkers*. Por algum motivo relacionado às permissões apropriadas e à logística, ele se atrasou. Agora, ao nos ver, sugeriu que Thor e eu acompanhássemos a caminhada do pequeno grupo até o acampamento-base. Sozinho com as duas clientes, ele queria a nossa companhia. Na verdade, já havíamos pagado aos russos por nossos carregadores, mas eu estava tão impaciente para chegar ao acampamento-base que me juntei a Scott, ou seja, Thor e eu tínhamos que contratar nossos próprios carregadores. Eu tinha quatro cargas de equipamento, mas pouco dinheiro, assim, no fim, tive que carregar meus 32 quilos de carga por todo o percurso até o Baltoro, uma marcha de dez dias. Eu não tinha como bancar um carregador extra. Era um trabalho duro, mas eu era jovem e forte.

No acampamento-base, conhecemos a equipe suíça, que incluía Chantal Mauduit, a talentosa escaladora francesa. Eles estavam ali desde maio, subindo e descendo a montanha, instalando algumas cordas fixas e preparando os acampamentos. Estavam tentando escalar de forma leve e rápida, mas as condições até então não eram boas e eles enfrentavam dificuldades para fazer qualquer avanço.

Além de ser uma boa montanhista, Chantal era uma bela mulher. Tinha longos e ondulados cabelos castanhos. Parecia sempre vibrante e alegre, até despreocupada. Todos gostavam dela e ela era muito paquerada. Sorria de um jeito que parecia estar de olho em você, e deixava você em dúvida, sem saber se ela estava mesmo flertando ou se era assim com todo mundo.

Os suíços foram muito gentis conosco. Nossa comida resumia-se a um grande saco de batatas e alguns ovos — o restante dos nossos alimentos estava a caminho com os russos. Então, de vez em quando, os suíços nos convidavam para comer com eles, e até o cozinheiro deles preparava um almoço para nós quando a equipe estava escalando e ele ficava sozinho. Além dessas poucas valiosas refeições, Scott e eu sobrevivíamos com batatas, ovos e nosso único luxo: café recém-passado.

Embora Chantal fosse atraente, não flertei com ela. Por um único motivo: sabíamos que Thor tivera uma relação com ela. Deduzi que ela havia rompido. Achamos que talvez um dos motivos pelo qual Thor quis vir antes tenha sido para tentar reatar. Ele parecia um cachorrinho em volta dela. Toda vez que chegávamos a um acampamento, ele dava um jeito de ficar perto dela. Ele fazia de tudo, mas ela o ignorava. Ele parecia desesperado.

Chantal estava sempre incrivelmente elegante. Quando sua equipe desceu, depois de vários dias na montanha, os suíços pareciam sujos, mas ela estava perfeita, parecia que tinha acabado de sair do banho. Todos os homens davam em cima dela.

Em todo caso, Scott e eu decidimos começar a escalar. Mas ele não tinha botas de montanha; a maior parte de seu equipamento estava com os russos. Fizemos várias viagens até o Acampamento I, a 6.100 metros, Scott com suas botas de caminhada, usando um par extra de grampões que, por acaso, nós tínhamos. Estávamos determinados a fazer a expedição funcionar, levando cargas, instalando cordas e aproveitando para nos aclimatar.

Antes mesmo que os russos chegassem ao acampamento-base, outra equipe apareceu. Era formada por dois suecos e três mexicanos, liderados pelos renomados guias neozelandeses Rob Hall e Gary Ball. "Hall e Ball" era como todos os chamavam. Era a segunda ou terceira vez deles no K2. Scott havia me falado desses famosos *Kiwis*.[1] Com um minucioso planejamento e uma inteligente arrecadação de fundos, conseguiram escalar com êxito os Sete Cumes (as montanhas mais altas de cada continente) em apenas sete meses. Também eram famosos por sua imensa experiência em alta montanha. À primeira vista, fiquei um pouco fascinado.

O Esporão dos Abruzzos estava ficando lotado, mas eu estava acostumado com esse cenário no Everest. Finalmente, nove dias depois da nossa chegada ao acampamento-base, os russos e os demais norte-americanos apareceram. Àquela altura, Scott e eu já havíamos ido e voltado do Acampamento I várias vezes. Agora levaria mais alguns dias para montar a barraca da cozinha e do refeitório, e separar a grande quantidade de equipamento que acabara de chegar. Estávamos determinados a colaborar com os russos, mas ninguém parecia assumir a liderança. As pessoas subiam pelo esporão carregando as coisas erradas ou não levavam nada. Começou a parecer que era cada um por si, sem um plano logístico em vigor.

De algum modo, fui escolhido como líder de escalada. Tentei colocar alguma ordem na casa: quem vai subir amanhã, quem leva as barracas, quem leva as cordas... Mas os russos têm seu estilo próprio. Eles cuidam de suas coisas. Iam escalar sob as piores condições. Nós, norte-americanos, não estávamos dispostos a segui-los. Eles perguntavam: "Por que vocês não subiram ontem?"

"Porque estava nevando e o risco de avalanche era muito grande", eu respondia.

"Ah, vocês, americanos..."

Eu dizia para mim mesmo, *tudo bem, faça do seu jeito e nós fazemos do nosso.*

---

1 *Kiwi* refere-se às pessoas originárias da Nova Zelândia, país cuja ave-símbolo é o *kiwi*, quivi em português. (N. T.)

Uma cisma natural começou a dividir nossa pseudoequipe.

Para alguns dos nossos membros, era a expedição de estreia ao Himalaia. Eles não sabiam o que esperar e alguns estavam bem perdidos. No final, Hall e Ball e Scott e eu fizemos muito mais que a parte que nos cabia da instalação das cordas para nossas equipes.

Desde a primeira tentativa, feita por um grupo italiano encabeçado pelo Duque de Abruzzos em 1909, a rota que segue pela crista sudeste é conhecida por ter poucos lugares para barracas. Os espaços disponíveis para armá-las são, na melhor das hipóteses, pequenos e, geralmente, inclinados, ou seja, é difícil escavar uma plataforma nivelada e, às vezes, ela é perigosamente exposta. Com todas aquelas equipes na montanha, a situação ficou meio tensa. As pessoas achavam que estávamos correndo para pegar os melhores lugares para as barracas. Mesmo tendo chegado ao Acampamento I dias antes da equipe neozelandesa, Scott e eu escolhemos um ponto menos desejável para armar a nossa. Ao deixar o melhor ponto para Hall e Ball, esperávamos dissipar qualquer ideia de que só queríamos garantir os melhores lugares.

Depois que todos estavam no acampamento-base, as coisas fluíram bem rapidamente. Mas aí o clima ficou terrível e não foi possível escalar por um ou dois dias. Depois tivemos que descer e esperar cinco dias uma tempestade passar. Para subir de novo, tivemos que abrir a trilha por todo o percurso pela neve fresca e nos deparamos com nossas barracas totalmente encobertas pela neve. Tivemos que desenterrá-las — foi praticamente começar tudo do zero.

Para completar, nossa equipe era a personificação do caos. Vários dos membros planejavam usar oxigênio suplementar nos dias de ataque ao cume, de modo que precisavam carregar suas respectivas garrafas montanha acima e mais o resto do equipamento. Seja porque estavam sobrecarregados, seja por incapacidade, começaram a fazer apenas a metade do caminho até o acampamento seguinte. Por exemplo, largavam as cargas entre os Acampamentos II e III. Havia coisas espalhadas por toda a montanha. Além das nossas mochilas, Scott e eu tínhamos que recolher as cargas abandonadas e levá-las para cima. Eu topava carregar o equipamento do grupo, mas me recusava a carregar as garrafas de oxigênio dos outros. Eu acreditava que se um escalador não consegue transportar suas próprias garrafas para o Acampamento IV, a 7.900 metros, não havia por que ele tentar o cume.

Alguns membros da nossa equipe diziam que fariam coisas e acabavam não fazendo. Lembro-me da desculpa de um dos rapazes: "Não vou levar carga hoje, as pedras estão muito escorregadias com gelo". Não havia muita motivação por parte de alguns integrantes.

Então, como se a situação já não estivesse ruim o bastante, um dia Scott e eu estávamos fazendo o transporte de rotina do acampamento-base para o Acampamento I. Na base do Esporão dos Abruzzos, é preciso atravessar uma pequena cascata de gelo. Estávamos encordados, Scott à frente. Ele pisou em um bloco de gelo que estava entalado em uma pequena greta. O bloco virou, ele caiu e usou os braços para se segurar na beira da greta. A corda retesou e eu o segurei, não parecia nada demais. Mas Scott gritava de dor: "Merda, desloquei o ombro de novo!". Isso havia acontecido em alguma escalada anterior, então ele estava mais suscetível a um novo deslocamento.

Eu o tirei da greta. Deixamos nossas mochilas e começamos a caminhada de duas horas de volta ao acampamento-base, mas Scott sentia tanta dor que estava quase desmaiando. Por fim, ele disse: "Ed, não dá para continuar. Vá pedir ajuda."

Corri até o acampamento-base para buscar o médico russo. Ele era uma figura (parecia que andava usando ele mesmo algumas das drogas mais interessantes que trouxera para a expedição), mas sabia o que estava fazendo em termos clínicos. Voltamos com vários outros homens até onde estava Scott, pois imaginei que, provavelmente, teríamos que carregá-lo para baixo. O médico deu a ele morfina e um relaxante muscular e reposicionou o ombro. Scott era um cara bem musculoso, de modo que o médico teve que realmente forçar o braço para o ombro voltar ao lugar.

Scott agora podia caminhar. O médico disse a ele: "Volte para casa. A expedição acabou para você."

"Não, me dê uma semana e volto a escalar", Scott respondeu.

Scott era um cara incrivelmente durão. Robusto, em torno de 1,80 metro, com uma beleza máscula, usava bigode e o cabelo loiro curto. Depois deixou o cabelo crescer e ostentava um rabo de cavalo. Seu estilo lembrava Robert Redford.

Era uma ótima pessoa, fazia tudo para todo mundo. E era do tipo inspirador. Era sempre otimista, contagiava as pessoas. Bastava ficar ao lado dele e, em questão de minutos, você já se sentia animado, assim como ele. Mas, na montanha, não se concentrava muito nos detalhes nem era o melhor organizador. Seu lema na Mountain Madness era "Faça acontecer". Mais tarde, mudamos jocosamente o lema para "Como é que isso foi acontecer?". Scott acreditava que bastava cercar-se das pessoas certas e as coisas fluiriam. E geralmente era assim.

Ao mesmo tempo, principalmente antes de se casar, e segundo ele próprio, era um escalador meio desencanado. No início, ia além dos seus limites. Não temia cair quando estava escalando algum trecho absurdamente difícil.

Com Scott fora do jogo, comecei a escalar com alguns dos outros norte-americanos. Torcia pela recuperação de Scott, mas, honestamente, não sabia se ela aconteceria nem quando. Enquanto isso, eu sentia que precisava manter a carruagem andando e continuar aclimatado. Assim que surgisse a oportunidade, queria estar pronto para o ataque ao cume.

Contudo, Scott provou que sabia o que estava falando. Depois de uma semana de repouso no acampamento-base, estava de volta com uma cinta restritora especial que ajudamos a criar para ele, assim, ao jumarear pelas cordas fixas, ele nunca tinha que erguer o braço acima da altura do peito. Para se aclimatar, fez até uma excursão sozinho até o Acampamento I. Fiquei muito aliviado por ver meu parceiro de volta à ação.

No final de julho, Scott e eu estávamos prontos para nosso ataque ao cume. Enfrentamos o longo trajeto de dez horas — um ganho de altitude de 2.134 metros do acampamento-base ao Acampamento III — com a precisão de um relógio. Entramos nos sacos de dormir planejando subir para o Acampamento IV no dia seguinte e para o cume na outra manhã.

Foi quando recebemos a sinistra chamada de Thor pelo rádio no meio da noite e, no dia seguinte de socorrer a ele e a Chantal, nossa tentativa foi interrompida pela tempestade. Então, em 5 de agosto, no meio da nossa segunda tentativa de resgate, a avalanche arrastou Scott, arrancou-me do buraco que eu tinha escavado freneticamente e, inevitavelmente, teria nos levado 2.400 metros montanha abaixo em direção à morte.

Meu autorresgate evitou nossa queda, mas, quando conseguimos subir e confirmar que nenhum de nós estava gravemente ferido, percebemos que ainda estávamos no meio de uma imensa encosta pronta para deslizar novamente. Disse a Scott com urgência: "Vamos procurar uma área mais segura". Mais à direita, vi uma pequena falésia de gelo. Parecia ser um possível refúgio, e então atravessamos aquele trecho o mais rápido que pudemos.

Normalmente, depois de passar tão perto da morte, voltaríamos de imediato ao Acampamento III. Mas Thor e Chantal ainda precisavam da nossa ajuda. Conseguíamos vê-los mais acima, descendo bem na direção da encosta que tinha nos arrastado.

Chamei Thor pelo rádio: "Não venha por esse caminho", eu insisti. "Vá para sua esquerda, na direção daquela área que parece um penhasco de gelo, e se precisar, faça um rapel. É mais íngreme e tem mais gelo, mas é bem mais segura." Expliquei que a encosta estava instável, mas tudo o que lhe falei sobre a avalanche foi que Scott e eu tínhamos passador por uma "experiência ruim" ali.

Thor seguiu meu conselho. Com um pedaço bem pequeno de corda, ele podia prender Chantal e depois descer ele mesmo, ou fazer rapéis bem curtos usando os parafusos para gelo ou postes de amarração escavados na neve. Logo que Scott e eu alcançamos a falésia de gelo, Chantal surgiu cambaleando logo acima, seguida por Thor. Ele disse: "Cara, que alegria ver vocês!". Ele havia passado dois dias com aquela mulher estafada e cega, tentando desesperadamente levá-la ao Acampamento III.

Deitamos Chantal de costas. Eu havia levado colírio anestésico para tratá-la, mas primeiro tinha que conseguir abrir suas pálpebras. A cegueira da neve é extremamente dolorosa, é como se estivessem esfregando areia constantemente nas suas pupilas.

Em seguida, nos encordamos os quatro, Chantal e Thor no meio, Scott na frente guiando o caminho de volta ao Acampamento III e eu por último como âncora. O acampamento não estava muito longe. Havia duas barracas lá, então deixamos os dois em uma delas. Verificamos os dedos dos pés de Chantal e percebemos que não estavam congelados, apenas muito gelados. Depois, derretemos várias canecas de neve para dar água quente para que bebessem. Se não fosse assim, eles não teriam condições de cuidar de si mesmos no decorrer da noite.

Durante todo esse resgate, Chantal jamais nos agradeceu. Em vez disso, ela dizia: "Oh, conseguimos! Fizemos o cume! Estou tão feliz!".

Passamos a noite no Acampamento III. Scott e eu sabíamos que no dia seguinte seria necessário ajudar Thor e Chantal a descer o resto da montanha. Já tínhamos percebido que nossa tentativa de fazer o cume tinha ido por água abaixo.

Na manhã seguinte, Chantal conseguia enxergar um pouco, mas estava realmente exausta. Ela conseguia descer pelas cordas fixas usando seu oito preso à cadeirinha, mas, em algumas ancoragens, parava e ficava imóvel. Tínhamos que desconectar o oito de uma corda e prendê-lo à próxima. Às vezes, ela até dormia em pé.

Acompanhamos Chantal e Thor por todo o percurso até o Acampamento I no dia seguinte. A partir dali, outros escaladores assumiram a tarefa, enquanto Scott e eu seguimos para o acampamento-base. Tínhamos deixado todo nosso equipamento no Acampamento III, pois ainda não estávamos prontos para partir e esperávamos voltar mais tarde. E mesmo se quiséssemos, não teríamos como carregar o equipamento ao mesmo tempo em que cuidávamos de Chantal.

No outro dia, no acampamento-base, Chantal estava recuperada. Naquela noite rolou uma festinha entre os russos. Um dia antes de Chantal e Aleksei Nikiforov fazerem o cume, o líder russo, Vladimir Balyberdin, e seu parceiro Gennadi Kopeika também tinham chegado lá. Só conseguiram fazer o cume porque escalaram em condições que nós, norte-americanos, consideramos insanamente perigosas. Mesmo assim, eles levaram dezoito horas para concluir o ataque ao cume. Gennadi retornou ao Acampamento IV naquela noite, mas Vlad teve que providenciar um bivaque. Sobreviveu à noite e desceu a montanha, enquanto Thor, Chantal e Aleksei partiam para tentarem o cume também.

E agora Chantal estava comemorando com os russos. Podíamos ouvir seus brindes e o barulho enquanto estávamos deitados em silêncio em nossas barracas. Não fomos convidados para a festa. Eu apenas dizia para mim mesmo: *tanto faz...*

Passei o dia seguinte sozinho. Scott e eu decidimos que devíamos descansar, subir e tentar de novo.

Naquela noite, na barraca-refeitório, do nada Vlad anunciou que a expedição estava encerrada. Todos os inscritos em sua permissão tinham que partir. Disse que nós, norte-americanos, tínhamos perdido tempo, que não éramos rápidos o bastante, entre outras coisas.

Eu simplesmente o encarei. Eu não disse nada, mas estava pensando: *Cara, nós estávamos ocupados!* Não foi por falta de tentar que ainda não tínhamos feito o cume. E com relação ao estilo de escalada dos russos, eu pensei: *Cara, não somos suicidas como vocês!*

Contudo, legalmente Vlad tinha todas as cartas na mão. No Paquistão, se o líder vai embora da montanha, a expedição está oficialmente encerrada.

Fiquei furioso. Levantei, saí do refeitório e voltei para minha barraca. Não disse uma palavra sequer a Vlad, mas não podia acreditar que os russos podiam ser tão egoístas.

Chantal estava arrumando as malas, planejava partir no dia seguinte. Se Chantal fosse embora, Thor iria também, afinal, ele ainda queria reconquistá-la. Os russos também estavam se preparando para ir para casa.

Eu não estava bravo por ter tido que resgatar Chantal. Para mim, moralmente, era algo que me via obrigado a fazer. Eu estava furioso porque Vlad puxou nosso tapete.

Fui para a cama, deitei encostado na minha mochila com os fones do meu walkman, ouvindo Little Feat, Bonnie Raitt e Ry Cooder. Deu 20, depois 21, 22 horas. Eu estava muito nervoso, não conseguia dormir.

De repente, senti alguém puxar meu pé. Eu não sabia, mas Chantal tinha perambulado pelo acampamento-base no escuro, tentando achar minha barraca. Ela encontrou Scott e perguntou: "Onde está a barraca do Ed?"

Scott respondeu: "Logo ali".

Aí eu despertei. "Oi", eu disse, "o que foi?"

"Ah, eu só queria vir me despedir", ela respondeu. "Vou embora amanhã", disse. Enquanto isso, ia entrando na minha barraca, e então entendi o que estava rolando. Mas, ao mesmo tempo, eu pensei, *quando é que uma coisa dessas acontece?*

No dia seguinte, eu ainda estava meio confuso com tudo aquilo. Como escrevi no meu diário: "Como eu podia recusar uma mulher tão bonita?!... De qualquer maneira, foi uma noite divertida e ela foi embora relutante às 5 horas. Uau, que mulher deslumbrante!".

Foi tudo bem silencioso. Chantal não queria que o acampamento inteiro soubesse. Por isso ela saiu da minha barraca antes de amanhecer. E ninguém soube, exceto Scott. Encontrei com ele no café da manhã. Ele olhou para mim e disse: "E aí, peitos grandes ou pequenos?". Fiquei totalmente sem jeito. Com toda aquela roupa, não dava para saber.

Durante todo o café, fiquei tirando disfarçadamente os longos fios de cabelo castanho de Chantal do meu casaco de fleece, que usamos como travesseiro. Ninguém percebeu. Fiquei imaginando se a veria novamente um dia.

Quando eu pensava na notícia que Vlad tinha dado, parte de mim queria dizer *dane-se, cara, eu vou escalar a montanha assim mesmo*. Enquanto isso, Rob Hall e Gary Ball, os dois experientes guias neozelandeses, ainda estavam na montanha com seus colegas suecos e mexicanos. Cinco de nós, membros da equipe de Vlad, queriam ficar. Outros tinham compromissos profissionais ou simplesmente não aguentavam mais. Conversamos com nosso oficial de ligação e com o de Hall e Ball e bolamos um jeito de tornar Dan Mazur, um dos nossos norte-americanos, o líder nominal do que sobrou do grupo. Dessa forma, tecnicamente, ainda tínhamos o direito de permanecer no K2.

Agora Scott e eu só tínhamos que esperar as condições certas. Quando o tempo abrisse, iríamos direto para o Acampamento III de novo em um dia. Alcançaríamos o Acampamento IV no dia seguinte e o cume no outro — era a nossa esperança.

Porém, enquanto descansávamos no acampamento-base, uma forte tempestade varreu a parte mais elevada da montanha. Suspeitamos que tudo o que tínhamos deixado no Acampamento IV tinha sido arrastado. Usando binóculos, procuramos avistar pelas encostas da montanha algum rastro do acampamento — em vão. Scott e eu sabíamos que seria necessário transportar o Acampamento III até os 7.900 metros para montar o Acampamento IV de novo.

Para isso, tínhamos que escalar carregando o menor peso possível. Levaríamos apenas uma barraca de bivaque de dois quilogramas, um saco de dormir para os dois e uma corda de quinze metros. Para o ataque ao cume, levaríamos apenas algumas barras energéticas e um litro de água cada um. É simplesmente inviável carregar muito de tudo, porque isso só faz com que você avance devagar.

A escalada em alta montanha, especialmente sem oxigênio suplementar, desidrata severamente seu corpo, mas consumir líquidos em quantidade suficiente requer um esforço enorme. Então Scott e eu estabelecemos uma rotina: toda noite, nos acampamentos elevados, derreteríamos várias canecas de neve. Faríamos competições de bebida: se eu bebo uma caneca de sopa, ele bebe uma caneca de sopa; se eu bebo uma caneca de chá, ele bebe uma caneca de chá. É como virar cervejas ou tequila em um bar. Comer estava fora de questão, pois não tínhamos apetite algum.

Alguns dos outros escaladores acharam que não conseguiriam escalar os 2.134 metros do acampamento-base ao Acampamento III em um dia, então programaram uma parada para descanso no Acampamento I. Em 12 de agosto, cinco de nós subimos para o Acampamento III. Cheguei primeiro e removi do acampamento a neve acumulada. Em seguida, chegaram Scott e Charley Mace, outro norte-americano. Mas

Hall e Ball, que também vinham escalando diretamente do acampamento-base, só chegaram no fim da tarde, muito cansados e à beira da hipotermia. Ajudei a montar suas barracas enquanto Scott preparava bebidas quentes para eles. Os mexicanos e os suecos só apareceram no início da noite. Para eles, tinha sido um dia muito puxado.

A imagem que eu nutria de Hall e Ball era a de escaladores muito fortes e experientes. Naquele dia, o conceito que tinha sobre eles caiu um pouco. Embora tivessem participado de tantas expedições, eles não eram super-humanos — e aquela montanha não era de brincadeira.

O tempo ainda estava limpo e frio, o que nos dava muitas esperanças. Na manhã seguinte, houve uma hesitação com relação às posições. Parecia que ninguém estava disposto a ser o primeiro e abrir a trilha pela neve fofa e funda. Scott e eu acabamos assumindo a dianteira, e ainda assim só conseguimos sair às 9 horas — bem tarde, mas ninguém mais estava pronto. Hall e Ball, os suecos e os mexicanos estavam moídos depois de terem chegado tão tarde na noite anterior. Pegamos nossas mochilas de vinte quilos e encaramos a encosta, abrindo a trilha na neve alta.

Nessas altitudes, a letargia toma conta do seu corpo. Toda ação passa a ser fisicamente mais difícil do que seria em pontos mais baixos da montanha, e só pensar nessas ações já é desanimador. A ideia de sair da barraca, quando lá fora está congelando, com horas de subida abrindo trilha pela frente, pode ser esmagadora a 7.300 metros.

Naquela manhã, o tempo também estava fechando na direção sul, e havia nuvens encobrindo os picos. Esse pode ter sido o motivo de parte da hesitação em deixar o Acampamento III: ninguém queria subir à toa. Parecia que o K2 nunca baixava guarda. Precisávamos manter o passo firme. Na nossa cabeça, a única maneira de ter uma chance de fazer o cume era estar pronto no Acampamento IV e esperar a oportunidade certa.

Scott e eu finalmente chegamos àquela parte da crista onde fomos arrastados pela avalanche. Desta vez, estávamos bem mais à direita, onde era mais íngreme, porém mais seguro.

Já fazia 63 dias desde que tínhamos começado a caminhada em Skardu, 53 desde que tínhamos chegado ao acampamento-base, mas, à medida que emergíamos no Ombro da crista acima dos 7.900 metros, pela primeira vez durante toda a expedição, víamos a pirâmide do cume, os últimos 686 metros verticais de encostas nevadas e faixas de rocha. Foi uma adrenalina imensa.

Confirmando nossa previsão, quando chegamos ao ponto onde antes existia o Acampamento IV, não tinha sobrado praticamente nada. Scott e eu recortamos uma plataforma e montamos nossa barraca de bivaque. Não foi um trabalho fácil; o terreno ainda era bem íngreme ali. Nossa barraca era pequena e Scott era grande, ele ocupava dois terços dela. E tínhamos que partilhar um saco de dormir, que usamos aberto, como um cobertor.

Seguimos uma fórmula: "Conchinha pode, cruzar as pernas não". Quando Scott virava para um lado, eu tinha que virar para o mesmo lado. E vice-versa.

Charley Mace chegou um pouco depois; às 8 horas, apareceram Hall, Ball, os dois suecos e os três mexicanos. Depois que as barracas foram montadas, formamos uma pequena vila bem populosa a 7.900 metros de altitude.

Scott e eu planejamos nos aprontar e começar a escalar à uma da manhã. Fui enfático ao dizer que independentemente de onde estivéssemos às 14 horas, teríamos que voltar. Era preciso acordar às 23 horas para iniciar o processo de preparação da partida.

Na noite anterior a um ataque ao cume nas grandes montanhas, você se sente eufórico, nervoso, ansioso. Não consegue dormir. Eu ficava divagando: Será que me sentirei forte o bastante amanhã, depois de todo esse trabalho? Será que estamos aptos a escalar os 686 metros sem oxigênio suplementar?

O despertador tocou às 23 horas. Levamos duas horas só para preparar bebidas quentes, nos vestir naquele espaço confinado e organizar nosso equipamento. Uma tempestade havia chegado de mansinho durante a noite. Do lado de fora da barraca estava ventando e nevando. Terminamos tudo e estávamos prontos para sair, mas tivemos que esperar, verificando o clima a cada meia hora até às 5 horas da manhã, esperando uma melhora. A partir de então, sabíamos que não havia como, já era muito tarde e era inviável escalar naquelas condições. Mas também não descemos. Tínhamos certeza de que descer mais uma vez seria viagem sem volta. Estávamos ficando sem tempo e sem forças. Em vez disso, tivemos que nos ajeitar no Acampamento IV e ter paciência apesar da teimosia.

Naquele dia, dois dos mexicanos decidiram descer. Se você não estiver física e mentalmente preparado, a 7.900 metros é tênue a diferença entre a vida e a morte. Os colegas suecos e mexicanos de Hall e Ball eram escaladores muito experientes, de modo que ninguém pensou que eles precisariam de ajuda para descer a montanha.

Os dois mexicanos que desceram já haviam escalado o Everest antes, mas tecnicamente deixavam a desejar. No trecho íngreme acima do Acampamento III, à direita de onde Scott e eu fomos pegos pela avalanche, eles cometeram um grande erro.

Quando escalamos a encosta no dia anterior, sabia que Scott e eu poderíamos descer por ali. Naquele dia, um dos mexicanos montou o rapel usando um bastão de esqui como ancoragem — mas não fincado na encosta, como uma ancoragem móvel enterrada fundo. Ele simplesmente espetou o bastão verticalmente. Quando eu soube do ocorrido, não pude acreditar. Ninguém rapela usando um bastão de esqui como ancoragem!

O escalador que montou a ancoragem conseguiu rapelar com segurança, mas quando seu parceiro, Adrián Benítez, soltou seu peso na corda, o bastão desprendeu-se. Uma queda de novecentos metros levou-o de encontro à morte. Dois dos nossos colegas de equipe, que ainda estavam no Acampamento III, viram seu corpo dependurado na encosta à esquerda do Esporão dos Abruzzos, mas não havia como chegar lá sem também colocarem suas vidas em risco. Fomos comunicados pelo rádio sobre o acidente. À noite, sabíamos que Adrián estava morto. Pensei comigo: *Cara, o que há de errado com essa montanha?*

Charley Mace estava dividindo a barraca com o terceiro mexicano, Héctor Ponce de León. Após a morte de Adrián, Héctor desceu para consolar seu parceiro sobrevivente. Com isso, Charley "ficou órfão" e, por fim, juntou-se a Scott e a mim.

Esperamos todos os dias até 14 de agosto. Estávamos entediados até não poder mais. Não levamos livros para ler. Scott e eu já estávamos juntos há quase três meses, então não tínhamos mais assunto. Ao mesmo tempo, começamos a nos preocupar: Será que corríamos o risco de sermos pegos por uma tempestade ali? Teremos a chance de fazer um ataque? Se sim, estaríamos fortes o bastante depois de passar tanto tempo a 7.900 metros?

Apenas seis anos antes, em 1986, na mais desastrosa temporada da história do K2, treze escaladores morreram na montanha. Quatro deles foram surpreendidos por uma tempestade bem ali, no Acampamento IV, entre eles, Alan Rouse, escalador britânico extremamente inteligente e experiente.

A única coisa que me dava segurança era que havíamos balizado a via até o Acampamento IV. Em toda expedição, sempre fui eu o cara que insistia nesse recurso.

As balizas eram meras estacas de jardim, varetas finas de um metro, feitas de madeira ou bambu pintadas de verde. Colamos um pedaço de fita adesiva vermelha em cada ponta, criando um tipo de sinalizador. A ideia é que, numa encosta coberta de neve, onde não há corda fixa para indicar o caminho, você finca uma estaca a cada tantos metros. Pode ser que esteja um belo dia ensolarado na subida, mas ninguém sabe como estará o clima na descida. Em meio à neblina, as estacas podem mantê-lo na rota e salvar sua vida.

Eu havia demarcado toda a encosta entre os Acampamentos III e IV acima da ponta superior das cordas fixas, então tinha certeza de que seria capaz de descer, mesmo em caso de tempestade. Começamos a escalada com centenas de estacas, que agora se resumiam a um punhado. Foi preciso fincá-las com uma distância maior que a usual e, no fim, ainda tivemos que parti-las ao meio, de modo que não eram muito visíveis para fora da neve.

Acordamos cedo na manhã de 15 de agosto só para ver que o tempo não havia melhorado. Teríamos que esperar ainda mais. A cada duas horas, tínhamos que levantar e remover a neve de cima da barraca. Nesse dia, acabou o suprimento de oxigênio complementar dos suecos. Eles estavam tentando usá-lo moderadamente nos últimos dois dias, de modo que decidiram descer a montanha. Agora eram apenas Hall e Ball, Charley Mace, Scott e eu no Acampamento IV.

Enquanto esperávamos, não comíamos muito. Ninguém tem apetite àquela altitude. Scott e eu dividíamos um pacote de biscoitos no café da manhã. À tarde, perguntava a Scott se ele estava com fome e ele respondia que não. Então, nós esperávamos, ou dividíamos uma barra de cereal como almoço. Um pacote de macarrão instantâneo no jantar. Era isso. Estávamos progressivamente perdendo peso.

Enquanto isso, sem que soubéssemos, Gary Ball estava tossindo e expectorando muco dos pulmões. Estava lentamente desenvolvendo um edema pulmonar. Ele já havia tido e superado esse problema antes. Havia sobrevivido a todas aquelas grandes montanhas, mas tinha passado por maus bocados devido a essa vulnerabilidade à altitude. Ele e Rob planejavam fazer o cume usando oxigênio suplementar (Scott, Charley e eu iríamos sem). Estavam aguentando o máximo possível, dormindo com oxigênio, mas guardando algumas garrafas para o ataque ao cume.

Scott e eu sabíamos que as pessoas diziam que não é possível sobreviver por muito tempo a 7.900 metros sem oxigênio suplementar. Contudo, achávamos que era só uma questão de ligação e importância. Tornou-se nosso lema: "Ligação e importância. Se você não liga, não tem importância." Sim, era difícil, mas não estava nos matando. Para nós, era parte do negócio. Se você quiser o prêmio, tem que esperar. Se o tempo limpar, você vai querer estar *aqui* e não lá embaixo.

Porém, nos demos conta que se não fosse no dia seguinte, teríamos que descer. Não estávamos fazendo nada ali.

Naquela noite, finalmente o clima melhorou. À uma da manhã do dia 16 de agosto, Scott e eu fomos os primeiros a deixar o acampamento. Revezamo-nos na tarefa de escavar degraus na neve com os pés. Depois de um tempo, como a trilha havia sido aberta por nós, Charley Mace nos alcançou. E então, cerca de duas horas depois de sairmos do acampamento, vimos as lanternas de Rob e Gary movendo-se lentamente. Essa partida tardia preocupou-nos, mas pensamos que, como eles estavam usando oxigênio suplementar, compensariam o tempo perdido. À medida que escalávamos, acompanhávamos o progresso deles. Parecia que eles estavam agonizantemente lentos. Por fim, vimos as lanternas darem meia-volta e retornarem ao acampamento. Não sabíamos o que os tinha feito desistir.

Logo acima do corredor íngreme de neve e gelo, conhecido como Pescoço de Garrafa, era preciso fazer uma delicada travessia côncava à esquerda em rocha com inclinação acentuada e misturada com muita neve solta, na qual mal conseguíamos enterrar os grampões. Os russos instalaram uma corda ali, mas havia apenas uma ancoragem em cada uma das pontas, sendo que o meio ficava solto. O negócio era segurar firme na corda durante a travessia. Ninguém disse nada, mas a instrução era óbvia: *Não caia*.

Subimos até o final da encosta, que estava partida, formando uma greta, e permanecemos encordados. Os três revezavam à frente para abrir trilha.

Quando saímos do acampamento, vimos um espesso mar de nuvens bem abaixo de nós. Lentamente, mas sem parar, durante toda a manhã, as nuvens subiram. Por volta das 6 ou 7 horas da manhã, elas nos engoliram.

Estava bem quente, tanto que tirei minha touca. Nenhum vento. De repente, começaram a cair grandes flocos de neve. A cada inspiração, eu engolia meia dúzia de flocos. Era uma situação cômica e irritante ao mesmo tempo.

Foi então que comecei a ficar muito preocupado. Calculei que ainda tínhamos pela frente de quatro a cinco horas até o cume. Estava caindo muita neve; o acúmulo após tantas horas poderia atingir proporções fatais. Ainda teríamos que enfrentar um terreno íngreme e a travessia da descida. Quanto haveria de neve fresca, naquelas encostas do nosso caminho de volta, horas depois?

Parei e disse: "E aí, o que vocês acham?" Eles simplesmente olharam para mim. "Como assim?", respondeu Scott. "Vamos subir", concordou Charley.

Na minha opinião, ambos ainda não tinham se dado conta do risco. Enquanto subíamos, eu já pensava na descida. É esse o meu treinamento como guia. Pensar: *se isso acontecer agora, quais serão as consequências depois?*

Sentia que estávamos cometendo um grande erro. E até cheguei a pensar: *eu devia me desencordar agora mesmo e descer sozinho. Deixá-los continuar se é o que querem.* Meus instintos diziam para eu dar meia-volta antes que as coisas saíssem do controle.

Logo em seguida, contudo, decidi continuar mais dez minutos para ver se o tempo mudaria. Naquele instante, senti um frio na barriga. Ficava pior a cada passo. Medo. Eu sabia que estava cometendo um erro terrível.

Mesmo assim, por algum motivo, continuei adiando a decisão. Comecei a questionar meu próprio julgamento. Será que eu estava exagerando? Será que a situação não estava tão ruim quanto eu pensava?

Sempre digo: "Você não sabe que tomou a decisão errada até se matar por causa dela". Então, naquele segundo, antes de as luzes se apagarem, você percebe *Opa! Eu estava errado.* Porém, se você mudar de ideia em tempo, nunca saberá se tomou a decisão certa ou não.

Continuamos escalando, encordados, revezando-nos no trabalho de abrir a trilha. Por fim, chegamos à porção final da aresta. Eu estava à frente e pude avistar o cume iluminado pelo sol! Nós havíamos realmente escalado para além das nuvens.

Chegamos ao topo por volta do meio-dia. Um bom horário, com muitas horas de luz para a descida. Abraçamo-nos, dando tapas nas costas. Estávamos muito orgulhosos.

Porém, quando olhei para baixo e vi como estava escuro naquele mar de nuvem lá embaixo, o temor voltou com força total. Eu sabia que, logo depois de sair do cume, seríamos engolidos por toda aquela turbulência.

Passamos apenas trinta minutos no cume antes de começar a descida. Scott liderava o trio. Há muito que estávamos sem estacas, portanto não havia nada demarcando o caminho. Durante a subida, porém, tentei memorizar alguns marcos: esta rocha aqui, aquela saliência de neve ali. Também olhei para baixo várias vezes, pois assim eu reconheceria o caminho ao descer. Já estive com tantos escaladores focados apenas na escalada que não conseguiam reconhecer o mesmo terreno na hora da descida.

Scott foi na direção do topo de uma grota. Para mim não parecia certo. Basta dar alguns passos na direção errada e você acaba totalmente fora do caminho. Se tivéssemos seguido Scott, teríamos acabado perdidos em algum lugar da face leste em vez de estarmos no Esporão dos Abruzzos.

"Não, não, não!" eu gritei. "Não é por aí, Scott! Não é por aí! Bem mais à direita!"

Ele corrigiu o curso. Logo eu estava vendo os marcos que memorizei durante a subida. Mas a neve fresca estava bem funda agora e eu continuava chutando pedaços soltos de neve que rolavam montanha abaixo. Pensava comigo: *Ed, você acabou de cometer seu primeiro e último erro.* Eu tinha certeza de que seríamos arrastados em uma avalanche. Estava furioso comigo mesmo. Não estava bravo com Scott e Charley, a culpa não era deles. Eles não haviam me obrigado a subir. Foi uma escolha minha.

Mas, em meio a essa mistura de raiva e desespero, disse a mim mesmo que agora não havia nada a perder. Provavelmente iríamos morrer, mas podíamos sobreviver. *Nós temos apenas que continuar descendo, mas temos que ser cuidadosos ao extremo.*

Estava muito difícil fazer a travessia do abismo de neve fresca e rochas inclinadas no caminho de volta. Em vez disso, rapelamos pela corda fixa até o meio dela, no ponto em que ela pendia, e jumaríamos pela outra metade. Naquelas condições, foi algo muito assustador, mas não tínhamos alternativa. Em seguida, desescalamos o Pescoço de Garrafa, de frente para a montanha, enterrando as pontas dos grampões e fincando nossas piquetas na grota íngreme.

Abaixo do corredor, o ângulo amenizou. Conseguimos chegar ao platô onde tínhamos montado o Acampamento IV. A neblina estava tão densa que não dava para ver muita coisa. O jeito foi nos dividir, caminhando bem devagar, na esperança de encontrar o acampamento. Começamos a gritar para Rob e Gary: "Caras, vocês estão aí?".

Eles ouviram nossos gritos e responderam, guiando-nos ao acampamento. Na verdade, estávamos no rumo certo. Encontramos nossas barracas às 17 horas. Haviam se passado dezesseis horas desde nossa saída.

Lembro de me sentar do lado de fora da barraca. Estava muito bravo com o que tinha feito. Eu não estava feliz por ter escalado o K2. Sabia que havia cometido um erro terrível, mesmo tendo me saído bem no final.

Anos mais tarde, Charley me disse: "Eu sabia que íamos nos ferrar na descida, mas achei que o risco era aceitável. Sempre achei que tínhamos tudo sobre controle."

Não faz meu estilo criticar as pessoas. Nunca saberemos o quanto passamos perto da morte naquela tarde em meio à tempestade. A questão é simplesmente que a noção de "risco aceitável" de Charley era diferente da minha. Eu jamais diria, por exemplo, que ele estava errado ou que eu estava certo.

Assim que chegamos ao Acampamento IV, perguntamos a Rob: "O que aconteceu com vocês?".

A resposta dele foi preocupante: "Gary está muito doente", disse Rob calmamente. "De manhã, mal saímos e ele começou a ter dificuldade para respirar. Levei-o de volta ao acampamento." Rob fez uma pausa. "Precisaremos de ajuda para removê-lo daqui amanhã".

Dei um profundo suspiro. Será que era possível mais alguma coisa dar errado naquela expedição azarada?

A essa altura, o clima estava ainda pior. A tempestade havia ganhado uma força violenta e, em alguma hora da noite, uma avalanche atingiu nossa barraca. Fui acordado no susto com Scott gritando: "Avalanche!" O espaço já claustrofóbico da barraca foi reduzido pela metade. Depois de calçar as botas, os grampões e posicionar a lanterna de cabeça, fui para fora remover a neve com uma pá, mas logo em seguida fomos atingidos por outro deslizamento de neve. Decidimos deixar as coisas como estavam, na esperança de que o pior já havia passado.

Pela manhã, o clima havia piorado, tivemos que botar tudo na mochila e levar conosco para o Acampamento III. Àquela altura, Gary ainda conseguia andar. Mas Scott, Charley e eu teríamos que ir à frente para abrir trilha com visibilidade zero.

Foi nessa hora que as estacas fizeram toda a diferença, mesmo que a maioria agora estivesse apenas dois ou três centímetros acima da neve fresca, com a pequena fita vermelha na ponta. Eu tinha que me sentar para dar segurança a Charley usando nossa corda de quinze metros. Quando chegava ao final dela, era preciso balançar para a esquerda e para a direita em busca da próxima estaca. Assim, um a um, Scott, Rob e Gary poderiam se segurar na corda, comigo sentado fazendo o papel de ancoragem. Então eu descia e me juntava a eles, recomeçando o processo.

No imenso Ombro do K2, sem as estacas, é muito fácil seguir para o lado errado. Em 1986, os quatro escaladores que morreram no Acampamento IV acabaram presos ali porque sabiam que, sem as estacas balizando o caminho, não conseguiriam encontrar a rota de descida no ombro em meio a uma tempestade. Dos cinco escaladores que tentaram descer de qualquer jeito, três australianos não aguentaram e morreram em algum lugar perto de onde estávamos agora.

Gary piorava mais e ficava cada vez mais fraco. Mas ainda estava perfeitamente lúcido. Ele sabia exatamente o que estava acontecendo, pois era algo que já lhe havia ocorrido antes.

Por fim, alcançamos a área do Acampamento III. Ali, estávamos na ponta superior das cordas fixas. Scott, Charley e eu decidimos descer para o Acampamento II. Imaginamos que Rob conseguiria ajudar Gary nas cordas fixas. Mesmo assim, eles tiveram muito trabalho e chegaram ao acampamento bem mais tarde. A essa altura, Gary estava exausto. Tivemos que ajudá-lo a entrar na barraca e preparamos chocolate quente para os dois.

Sem forças para carregar sua mochila, Gary a abandonou em algum lugar mais acima, e Scott e eu demos a ele nossos sacos de dormir. Naquela noite o clima piorou. Scott e eu nos espremos, sem sono, sob o saco de dormir restante, com a barraca meio que caindo a nossa volta. Nos últimos cinco dias, não havíamos comido nem dormido muito.

Pela manhã, Gary estava completamente debilitado. Pediu para que o deixássemos ali. Scott gritou com ele: "Nós não vamos deixar você aqui! Vamos embora!" Enquanto isso, Rob contatou pelo rádio um médico na Nova Zelândia, que indicou os medicamentos que devíamos dar a Gary. E nós comunicamos o acampamento-base pelo rádio onde os dois suecos e os outros dois membros da nossa equipe aguardavam. Eles concordaram em levar garrafas de oxigênio até o Acampamento I e nos encontrar lá no dia seguinte.

Em 18 de agosto, começamos a descer de novo usando as cordas fixas. Gary mal conseguia andar. Tínhamos que transferir seu oito de uma corda para outra a cada ancoragem, exatamente como fizéramos com Chantal. O oxigênio que tinha sobrado de Hall e Ball estava sendo usado por Gary. E o tempo estava piorando: neve, vento, neve funda no chão. Eu pensei: *Dá para piorar?*

Eu estava carregando a barraca de bivaque de dois quilos. Decidi que deveria ir à frente para chegar antes ao Acampamento I e montá-la, assim, quando Gary chegasse, poderia entrar na barraca e descansar. Quando cheguei ao acampamento, os caras que viriam do acampamento-base ainda não tinham chegado com o oxigênio extra. Naquela tarde, sentei na barraca e apoiei Gary no meu colo. Já eram 14 horas, fazia seis horas desde que saímos do Acampamento II. Ele estava expectorando muito muco verde e espirrando sangue nas paredes da barraca. Estava branco como um fantasma. Seus pulmões estavam cheios de fluido, de modo que sua respiração ficou pesada. Naquela noite, escrevi em meu diário: "Gary está com a aparência de noventa anos e prestes a morrer".

Duas horas depois, nossos amigos do acampamento-base chegaram com o oxigênio. A essa altura, Gary já não conseguia falar. Porém, havia homens em número suficiente para carregá-lo. Abaixo do Acampamento I, a encosta é íngreme, mas se abre em um grande leque. Acomodamos Gary em um saco de dormir e usamos nossas cordas para amarrá-lo como uma múmia. Depois, cinco ou seis de nós prendeu uma corda separada a ele. Um dos suecos foi na frente, guiando o "trenó". Com nossas cordas, bastava deslizar Gary encosta abaixo, usando a gravidade a nosso favor.

À meia-noite, finalmente chegamos à base do Esporão dos Abruzzos. Ali, paramos em um lugar onde, com certeza, em anos anteriores outras equipes haviam montado um acampamento-base avançado. Montamos uma barraca e colocamos Gary dentro dela. Em seguida, Rob disse a Scott, Charley e a mim que ele e os demais dariam conta, e que nós devíamos seguir para o acampamento-base.

Às 3 horas, chegamos ao acampamento-base dos neozelandeses, onde o cozinheiro ofereceu-nos comida e bebida. Depois de seis dias terríveis na montanha, foi muito bom sentar e ter alguém nos servindo. A entrada do meu diário foi uma prova mais de alívio que de alegria: "Acabou!", escrevi, "Vivos! Fizemos o cume! Nada congelado! Salvamos duas pessoas!"

No dia seguinte, chamado pelo rádio, um helicóptero militar paquistanês aterrissou no antigo acampamento-base avançado, resgatou Rob e Gary e zarpou da montanha. Gary foi levado a um hospital em Islamabad; mais tarde ele se recuperaria na Nova Zelândia.

Somente alguns dias depois, no conforto do acampamento-base, eu escreveria uma passagem no meu diário para expressar o verdadeiro grau de orgulho e satisfação: "Fiz três das grandes. Único norte-americano e um dos poucos do mundo. Uhuu!" Não me lembro com certeza, mas acho que foi naquele momento que brotou a ideia de fazer todas as 8.000 metros.

Ainda assim, nada me convenceu de que continuar escalando para o cume do K2 naquele 16 de agosto de 1992 não foi outra coisa senão um erro. Hoje, considero esse o maior erro da minha carreira de escalador. Levarei para sempre o que aprendi com esse episódio que pode ser resumido em poucas palavras: *Seus instintos estão dizendo algo. Confie neles.*

De Rockford ao Rainier

Em dezembro, menos de quatro meses após o retorno do K2, no encontro do American Alpine Club, realizado em Framingham, Massachusetts, recebi o prêmio David A. Sowles Memorial Award por minha participação nos resgates de Chantal e Gary no verão de 1992. O prêmio tem esse nome em homenagem a um jovem escalador morto por um raio nos Alpes em 1963 e é concedido, segundo descrição oficial do clube, aos "montanhistas que se destacaram, com devoção altruísta e a custa de risco e sacrifício da própria vida em prol de um objetivo maior, partindo em auxílio de colegas escaladores em perigo nas montanhas". É o prêmio mais importante do American Alpine Club, sendo concedido apenas em ocasiões especiais. O clube mantém segredo sobre os possíveis premiados. Espera-se que o premiado esteja presente no encontro anual, realizado durante o jantar de sexta-feira, quando é surpreendido ao ser anunciado como vencedor. Às vezes, os membros do comitê de premiação telefonam para o possível ganhador para incentivá-lo a participar do encontro, mas sem estragar a surpresa.

Todavia, naquele ano não recebi ligações de incentivo e, além disso, não tinha como bancar uma viagem em dezembro de Seattle a New England. Alguns dias após o encontro, H. Adams Carter, editor do *American Alpine Journal*, telefonou e me disse que eu havia ganhado o prêmio Sowles.

É claro que me senti honrado, mas minha primeira reação foi um certo embaraço. Se estivesse presente na cerimônia, teria insistido para que o prêmio fosse partilhado com os demais, especialmente com Scott Fischer, Rob Hall, Thor Kieser e Charley Mace. Perguntei ao Ad por que apenas eu. Ele explicou que foi porque eu havia sido a peça-chave em ambos os resgates e, como o prêmio só pode ser concedido a uma pessoa, o comitê havia me escolhido. Até hoje, sinto-me desconfortável com o fato de não dividir o prêmio com os outros.

Tanto no Himalaia como no Karakoram, muitos escaladores ficaram contentes por participar de uma única expedição para uma montanha de 8.000 metros. Mas, para outros de nós, a busca pelas 8.000 metros tornou-se uma paixão, beirando o vício. Pelo menos cinco de nós daquela expedição de 1992 ao K2 enquadram-se nessa categoria: Gary Ball, Rob Hall, Scott Fischer, Chantal Mauduit e eu.

Em 1992, Hall e Ball já haviam delineado uma carreira que girava em torno de levar clientes para as maiores montanhas do mundo. A empresa deles, a Adventure

Consultants, foi uma das primeiras a garantir permissões comerciais para guiar no Everest. Scott logo seguiria o modelo, quando sua empresa, a Mountain Madness, ficou conhecida. Muitas vezes, ao longo dos anos, eu viria a guiar escaladores menos experientes no Everest, mas nunca pretendi fazer isso como fonte de renda, era apenas mais um meio para um fim. Desde o início, na minha primeira ascensão do Everest em 1987, minha meta foi estipular meus próprios objetivos nas altas montanhas do Himalaia e do Karakoram.

A prática de profissionais de levar clientes às maiores montanhas do mundo começou em 1985, quando o renomado escalador e cineasta David Breashears guiou com sucesso o produtor de petróleo texano Dick Bass até o cume do Everest. Nos primórdios da escalada nos Alpes, na primeira metade do século XIX, a ascensão-padrão do Mont Blanc, por exemplo, ou do Jungfrau, unia guias locais com "amadores" (como eram então chamados), muitos deles entusiastas apaixonados provenientes da Grã--Bretanha. Por muito tempo, até a primeira década do século XX, houve um debate acalorado que discutia se seria irresponsabilidade até mesmo para um "amador" competente escalar os Alpes sem um guia.

Contudo, no Himalaia, por mais de trinta anos após a primeira ascensão do Everest, a ideia de que um cliente pudesse escalar uma montanha de 8.000 metros parecia muito radical. Depois do desempenho quase inacreditável de Bass (relativamente um iniciante) no Everest, a moda pegou, dando origem a prestadores de serviços de guia profissionais como a Adventure Consultants de Hall e Ball. O livro *No ar rarefeito*, de Jon Krakauer — que descreve os clientes do Everest de 1996 tão sem noção que não sabiam sequer calçar os próprios grampões, depois de terem desembolsado até 65 mil dólares por pessoa na esperança de serem "içados" montanha acima —, cunhou definitivamente a imagem do *yuppie* abastado que tenta comprar sua passagem para o cume do Everest. Devido ao sucesso do livro de Krakauer, o próprio termo *cliente* passou a ter uma conotação negativa. Isso me incomoda, porque tende a rebaixar o escalador amador que contrata um guia para organizar sua expedição e guiá-lo na montanha. Estive ao lado de clientes muito hábeis e gostei muito das experiências de guiá-los pelo mundo inteiro.

A verdade é que o dinheiro não compra o cume. Infelizmente, existem empresas hoje que vão arrancar dinheiro de praticamente qualquer cliente em troca da vaga promessa de conquistar uma 8.000 metros. No entanto, empresas de respeito deixam bem claro aos clientes que eles não vão chegar lá. Na minha própria experiência como guia comercial, avaliava cada cliente o tempo todo e para alguns tive de dizer: "Infelizmente, aqui é o mais alto que você vai chegar". Acho que é minha responsabilidade garantir não que eles cheguem ao topo, mas, sim, que voltem para casa. Todo o resto é secundário. Eles me contrataram por causa da minha capacidade de liderança e discernimento, não para garantir o cume se pagarem mais.

O vício das 8.000 metros é um negócio arriscado. No curto período de seis anos desde que sobrevivemos às quase perdas no K2, o destino foi implacável com nosso quinteto de montanhistas: Ball, Hall, Fischer, Maudit e eu. No final de 1998, eu era o único sobrevivente.

Depois de desafiar a morte várias vezes com o problema de edema pulmonar, que o levou para bem perto dela no K2, Gary Ball deveria talvez ter diminuído sua ambição e passado a se dedicar à escalada de montanhas com menos de 8.000 metros. Mas tudo fica fácil demais quando retrocedemos. Gary ganhava a vida guiando pessoas nas 8.000 metros, principalmente porque adorava o desafio imposto por essas montanhas e não estava a fim de abrir mão delas. Em 1992, apesar de não conseguir fazer o cume do K2, Hall e Ball tornaram-se os dois mais famosos montanhistas neozelandeses em ação (Sir Edmund Hilary é o neozelandês mais celebrado de todos os tempos). Escalar os Sete Cumes em sete meses foi um feito sem precedentes no montanhismo e uma excelente oportunidade publicitária, de modo que a empresa deles, a Adventure Consultants, estava faturando bem. De certo modo, tanto Rob quanto Gary estavam presos pelo próprio sucesso em um jogo constante na Zona da Morte.

Eles voltaram ao Himalaia no início de 1993 com uma expedição para escalar os 8.167 metros do Dhaulagiri, a sétima maior montanha do mundo. O terceiro membro da equipe, um escalador finlandês chamado Veikka Gustafsson, havia sido cliente da Adventure Consultants no Everest. Foi o primeiro finlandês a escalar a montanha, o que fez dele uma estrela nacional. No Everest, Veikka mostrou-se tão resistente que Hall e Ball trataram-no como um igual no Dhaulagiri. Ironicamente, Veikka, que eu ainda não conhecia em 1993, viria a se tornar um grande amigo e meu parceiro favorito e regular em todas as montanhas de 8.000 metros.

Em 1º de outubro de 1993, os três haviam montado um acampamento a 6.500 metros na aresta nordeste do Dhaulagiri. Apesar da modesta altitude, a antiga nêmesis de Gary atacou novamente. Durante a tentativa de chegar ao próximo acampamento, Gary ficou bem para trás de Veikka e Rob e, por fim, começou a acenar pedindo ajuda. Veikka carregou a mochila de Gary até o Acampamento IV, a 7.345 metros, onde Gary se jogou em uma barraca. Rob suspeitava que novamente seu velho amigo estava com edema pulmonar. Ele também sabia que o único remédio seria descê-lo o mais rápido possível, mas vetou a ideia de uma descida noturna por considerá-la muito perigosa.

Na barraca do Acampamento IV, Gary piorava em velocidade alarmante. Em 5 de outubro, ele praticamente não conseguia ficar em pé sozinho e, segundo Rob, não estava mais lúcido. Mesmo respirando oxigênio suplementar, o estado de Gary era cada vez mais desesperador. No dia seguinte, Veikka e Rob realizaram um trabalho hercúleo de praticamente carregar Gary para o acampamento a 6.500 metros. Contudo, antes de alcançarem as barracas, Gary simplesmente parou de respirar.

Para piorar ainda mais a situação, a mulher de Rob, Jan Arnold, e a namorada de Gary, Helen Wood, estavam no acampamento-base acompanhando o drama pelo rádio. Às 17 horas do dia 6 de outubro, com a voz embargada, Rob informou que Gary estava morto. Dois dias depois, Helen escalou para encontrar-se com a equipe que estava descendo e que, com a ajuda de escaladores japoneses, estavam tentando remover o corpo de Gary da montanha. Naquele local, Rob realizou um serviço funeral improvisado. Segundo a biógrafa de Hall e Ball, Colin Monteath,

> De algum modo, [Rob] sabia que devia honrar seu antigo acordo com Gary de enterrá-lo nas montanhas caso ele morresse escalando. Aos prantos, ele se obrigou a abandonar o corpo de Gary em uma greta profunda... Rob e Helen seguraram a corda juntos e então, fazendo o que os escaladores são treinados para não fazer, deixaram-na escorregar entre os dedos. Mais tarde, Rob contou que "soltar a corda foi uma das coisas mais difíceis que já tive que fazer na vida".

Helen escreveu em seu diário: "Eu não queria deixá-lo na greta. Não queria soltar a corda. Eu precisava de mais tempo..."

Ao voltar para casa, depois do K2 no final de 1992, recebi um telefonema de Chantal. Ela me convidou para ir a Chamonix e escalar com ela, e aceitei. Eu queria saber se nosso lance daria em alguma coisa. Até então, tinha sido um daqueles fascinantes relacionamentos em que você fica com alguém em um lugar exótico e depois cada um segue seu caminho. Fiquei me perguntado se aquilo tinha sido real ou apenas um faz de conta.

Fui para Chamonix naquela temporada de inverno. Escalamos e ficamos juntos por quase duas semanas. Naquela noite, em que ela entrou na minha barraca no acampamento-base do K2, Chantal disse: "Ed, me senti atraída por você assim que te conheci".

Minha reação foi do tipo: "Sério?!" Eram tantos homens por ali. Por que ela ia ligar para mim? Eu achava que o Scott seria um alvo bem mais provável: era um cara galã, com o físico do Super-homem. Mas Scott era casado. Tinha também o Thor, que parecia incapaz de superar o fim do antigo romance com Chantal. Se Thor não estivesse por lá, eu teria paquerado Chantal, mas, ao mesmo tempo, meu foco era a escalada e não queria que nada me distraísse.

Eu já tinha visto esse filme. Se você se envolve nesse tipo de relacionamento na montanha, perde o foco. Eu não pretendia passar por isso.

De qualquer maneira, durante a temporada de inverno, Chantal e eu escalamos juntos algumas das vias famosas do maciço do Mont Blanc e saímos juntos em Chamonix. Adorei estar em sua companhia. Ela era muito atraente e uma boa escaladora. Mas fui realista. Eu queria mudar para a França? Não. Ela estava disposta a mudar para os Estados Unidos? Não.

Eu estava encantado, mas não apaixonado. Sabia que nosso relacionamento não ficaria firme a ponto de virar casamento. *C'est la vie.*

Nos anos seguintes, vi Chantal diversas vezes no Himalaia. Nossa relação era sempre cordial. Tornamo-nos amigos. Não fiquei chateado porque nosso caso não evoluiu para algo mais sério. Todo mundo gostava da Chantal.

Com a morte de Gary, Rob precisava de alguém para ajudá-lo a guiar clientes no Colo Sul do Everest. Ele me perguntou se eu trabalharia como seu guia-assistente no Everest nas temporadas de 1994 e 1995.

Em 1995, Chantal inscreveu-se como cliente para aproveitar a permissão de Rob. Ela era autossuficiente para a maioria das coisas, mas, em certos aspectos, era realmente uma cliente, dependendo de nossos xerpas e de Rob e de mim para montar equipamentos, transportar cargas e fixar cordas. Sua meta era escalar o Everest sem oxigênio suplementar, um feito que nenhuma mulher havia realizado até então e ela estava poupando energias para o ataque ao cume.

No acampamento-base, Chantal me perguntou: "Ed, como eu faço? Qual é a sua estratégia para escalar o Everest sem oxigênio?"

Até então, eu já havia escalado seis das catorze 8.000 metros. Respondi: "Primeiro de tudo, não se mate fazendo isso. Não vale a pena. No dia do cume, você tem que estar pronta bem cedo para ter bastante tempo. E mesmo que você saia à meia-noite, a não ser que esteja a uma distância ridícula do cume, às 14 horas dê meia-volta e desça. Guarde energia suficiente para a descida. Não gaste tudo na subida."

Pareceu que Chantal entendeu a lição e concordou: "Sim, sim", ela disse, "obrigada".

Na manhã do nosso dia do cume, estávamos todos acampados no Colo Sul, a 7.900 metros. Chantal partiu antes de nós, já que escalaria sem oxigênio. Foi acompanhada por dois xerpas, que a ajudariam a definir o ritmo e também abririam a trilha para ela. Em algum momento da manhã, nós a alcançamos e a ultrapassamos. Embora para mim fosse uma regra inviolável escalar as 8.000 metros sem oxigênio suplementar em minhas expedições, quando estava guiando sempre usava oxigênio. Pela segurança dos meus clientes, não por mim: em um estalo, eu seria capaz de ajudá-los com mais eficiência se estivesse usando oxigênio. Essa mesma questão tornou-se um forte ponto de discussão durante a tragédia de 1996 no Everest.

Quando chegamos ao Cume Sul, a 8.747 metros, Rob, eu e Guy Cotter, um guia muito forte da Nova Zelândia, percebemos que não faríamos o cume. Bastou uma troca de olhares telepática entre eu e Rob para concordarmos em dar a volta e descer. O clima estava piorando e o estado da neve ao longo da aresta que conduz ao Escalão Hillary não era seguro.

Eu estava acompanhando o primeiro grupo de clientes na descida, indo à frente, enquanto Rob e Guy vinham por último. Pelo rádio, alguém disse: "Chantal ainda está subindo". Já passava das 13 horas quando nos cruzamos. Ela se movia lentamente, com dois xerpas abrindo caminho. Eu disse: "Chantal, você deveria considerar não seguir adiante. Olhe a hora. Lembre-se do que você me perguntou lá no acampamento-base."

E ela me tranquilizou: "Não, não, estou bem".

Eu estava muito ocupado descendo os clientes, particularmente Doug Hansen, que estava próximo da exaustão. Ele havia atingindo um ponto em que eu tinha que gritar com ele para fazê-lo continuar andando. Eu estava sem voz por causa do ar frio e seco, então tinha que chegar bem perto dele para que pudesse me ouvir. Mesmo quando eu berrava, o que saía estava mais para um guincho que para um rugido.

Doug era um cara impressionante e adorável, mas, naquele momento, precisava de um estímulo extra para continuar andando. Parecia que gritar como um sargento funcionava.

Foi então que recebi um chamado pelo rádio. Era Rob, que ainda estava no Cume Sul: "Espera aí, Ed" — ele disse. "Chantal não aguentou. Ela está completamente sem oxigênio. Teremos que descê-la."

Esse foi o freio que parou todo mundo. Agora eu tinha que parar e esperar, ainda que Doug precisasse sair do Colo Sul o quanto antes.

O que aconteceu foi que Chantal usou toda sua energia para chegar ao Cume Sul. Agora não conseguia nem andar. Então, ela se sentou onde estava, enquanto Guy, Rob e os dois xerpas rebocavam-na montanha abaixo, segundo Guy disse depois, "como um saco de batatas". Quando eles me alcançaram na aresta, comecei a ajudá-los. Logo estava segurando nas botas de Chantal, servindo de apoio, puxando-a, enquanto os xerpas empurravam por cima. Ela estava respirando oxigênio suplementar, mas estava totalmente incapacitada.

Em dado momento, pude ouvi-la dizer a Rob: "Eu me inscrevi na sua expedição. Você é responsável por mim, Rob. Tem que me levar para baixo."

Foi um trabalho bem difícil, considerando que escalamos até um ponto a trezentos metros do cume, mas tivemos que rebocá-la até o Colo Sul ao fim de um dia muito longo. Guy passou a noite com ela e chegou a pensar algumas vezes que iria perdê-la. Mas no dia seguinte — *tcharam!* — lá estava ela totalmente recuperada. E desceu o restante da montanha sem qualquer ajuda.

Chantal tinha seu próprio jeito de resolver as coisas. Ela usou toda sua energia na subida e então não sobrou nada. Mas, no momento em que perdeu as forças, deu um jeito de ter por perto outros escaladores capazes de ajudá-la a descer a montanha.

Algo que muitos de nós estranhamos foi que, posteriormente, Chantal não admitiu que outras pessoas salvaram sua vida ou sequer ofereceu algum tipo de agradecimento. Claro que você não participa de um resgate esperando agradecimentos; na montanha, é uma mera obrigação moral. Mas, em 1997, Chantal disse a um jornalista norte-americano que a entrevistou sobre o K2, de 1992, que não tinha precisado de um resgate. Ela amenizou o fato de Scott e eu termos desistido do nosso ataque para ajudar Thor Kieser a tirá-la da montanha, dizendo: "Eles ajudaram um pouco. Eu estava descendo. Foi bom encontrá-los."

Da mesma forma, sobre ter sido rebocada montanha abaixo no Everest "como um saco de batatas" em 1995, ela disse ao jornalista que "não, eu não sucumbi. Eu cheguei mais tarde que os demais. Esperei ajuda para descer."

Jamais saberei se Chantal realmente não entendeu o que tinha acontecido no K2 e no Everest ou se apenas não queria admiti-lo. Ela era uma escaladora com vários patrocinadores e por isso bem conhecida na França. Não teria sido bom para sua imagem admitir que havia sido resgatada.

Encontrei Chantal novamente em 1996 quando fui escalar o Everest e ela o Lhotse. Depois se passaram outros dois anos quando por coincidência estávamos ambos na aresta nordeste do Dhaulagiri ao mesmo tempo, na primavera de 1998. Eu estava escalando com Veikka Gustafsson e Guy Cotter, e ela com um xerpa, Ang Tshering, com quem já havia escalado em várias outras expedições. Nossos acampamentos-base ficavam bem longe um do outro, de modo que nos víamos uma vez ou outra quando cruzávamos caminho, subindo ou descendo a montanha.

No Acampamento II, a 6.553 metros, existe um ponto complicado, um tipo de cavidade abaixo de uma face íngreme. A encosta e os ventos dominantes faziam com que a neve solta descesse como num funil — não era uma avalanche de verdade, era apenas neve solta —, de modo que, durante uma expedição, qualquer barraca armada ali podia acabar soterrada. Sabendo disso, por meio do relato de vários escaladores que estavam na aresta nordeste, Veikka, Guy e eu construímos ali uma caverna em vez de montar uma barraca. Chantal e Ang Tshering armaram a barraca deles um pouco acima da nossa caverna, onde também havia várias barracas de outras expedições.

Em 7 de maio, dava para ver o mal tempo se aproximando; então decidimos voltar ao acampamento-base e esperar. No caminho, encontramos Chantal e Tshering subindo. Ela disse: "Vamos subir até o Acampamento II e esperar". Eu disse: "Ok, tenha cuidado".

Alguns dias depois, os rumores na montanha giravam em torno de um mistério: "Onde está Chantal?". Ninguém a tinha visto desde nosso breve encontro abaixo do Acampamento II. Ninguém ficava vigiando o acampamento-base dos outros, de modo que alguém especulou que Chantal e seu parceiro xerpa deviam ter descido o vale, para sair um pouco do Dhaulagiri.

A essa altura, nosso trio ia subir de novo a montanha, e nos oferecemos para procurar Chantal. Mas um grupo de escaladores espanhóis disse: "Nem perca tempo procurando no Acampamento II, já olhamos tudo. Eles não estão lá."

Quando estávamos voltando para nossa caverna de neve, vimos a barraca de Chantal quase totalmente encoberta por neve que havia deslizado. Imaginamos que ela havia ido para o Acampamento III. Passamos a noite na caverna de neve e seguimos escalando. No Acampamento III nenhum sinal de Chantal — nem barraca, nada. Reportamos isso às demais equipes pelo rádio. Percebemos então que Chantal e Tshering não tinham chegado ao Acampamento III. Por Deus, onde eles estavam?

Finalmente, apenas em 14 de maio, sete dias depois da última vez em que a dupla foi vista, um escalador italiano tirou a neve depositada em cima da barraca do Acampamento II e tentou abrir o zíper. A neve depositada, que pressionava as paredes da barraca, pesava tanto que ele não conseguiu. No dia seguinte, um colega de equipe retirou com uma pá a neve e abriu o zíper. Lá dentro, encontraram Chantal e Ang Tshering deitados em seus sacos de dormir, mortos. No Acampamento III, recebemos a notícia pelo rádio.

Fiquei imaginando todos os possíveis cenários. O mais óbvio era que eles tinham sido sufocados na barraca — seja porque adormeceram enquanto a neve acumulou-se e fechou a entrada de ar, seja porque acabaram envenenados pelo monóxido de carbono quando acenderam o fogareiro com todos os zíperes fechados por causa de uma tempestade. Inúmeros exploradores e escaladores experientes morreram dessas duas maneiras ao longo dos anos.

Alguns xerpas providenciaram a descida dos corpos até o Acampamento I, de onde foram removidos por helicóptero. O corpo de Chantal foi para a França. Depois de uma perícia médica, seguiu para o funeral e sua família divulgou que seu pescoço estava quebrado. Especulou-se que uma avalanche ou um bloco de gelo havia passado pela faixa rochosa e atingido a barraca, matando Chantal de imediato. Se Ang Tshering sufocou ou também foi morto por um bloco de gelo ou avalanche, ninguém soube.

Essa foi a versão "oficial", mas a explicação não fazia muito sentido na minha opinião. Quando avistamos a barraca de Chantal ao escalar de novo a montanha, ela estava encoberta de neve e não soterrada por uma avalanche, o que certamente a teria arrastado da plataforma. E o primeiro italiano que tentou abrir a barraca relatou que ela estava atolada na neve depositada, e não sob os detritos de uma avalanche.

Seriam necessárias circunstâncias extraordinárias para que um bloco de gelo atingisse Chantal, dentro da barraca, no lugar exato para quebrar seu pescoço, sem arrancar a barraca da plataforma. Mas pode ter acontecido. Não temos o direito de questionar o laudo. Nunca saberei com certeza o que aconteceu. Ironicamente, Chantal morreu muito perto do local no Dhaulagiri onde Gary Ball sucumbira ao edema pulmonar cinco anos antes.

Até 1998, parecia que Chantal sempre conseguiu extrapolar seus limites e ter a sorte de ter outros escaladores por perto para retirá-la da montanha em segurança. Mas uma hora a sorte acabou.

Não importa como ela encontrou seu fim, todos nós que estávamos na montanha ficamos chocados. Todos gostavam de Chantal. Era uma bela mulher e um espírito livre. E, apesar de nosso caso não ter dado em nada mais sério, sua morte entristeceu-me profundamente.

Minha própria trajetória de vida com relação à obsessão pelas montanhas de 8.000 metros foi longa e tortuosa. Tendo crescido em um dos lugares mais planos do centro-oeste do país, quando criança, eu tinha apenas uma vaga ideia do que era uma montanha. A partir dos três anos, passei a morar em Rockford, Illinois. Atualmente,[1] é uma cidade de cerca de 150 mil habitantes, um centro da indústria leve, especialmente, de fábricas de maquinário. Fica a 145 quilômetros a noroeste de Chicago e a treze da fronteira com Wisconsin.

Meus pais eram imigrantes europeus. Meu pai, Elmars Harry Viesturs, veio de Riga, Letônia. Durante a Segunda Guerra Mundial, junto com muitos outros compatriotas, deixou seu país natal após a invasão russa. Com sua família, viajou para a Alemanha, onde viveu em um campo de refugiados. Mesmo com toda a tristeza, era melhor que viver sob o comunismo russo.

Depois da guerra, meu pai, sua irmã e sua mãe vieram para os Estados Unidos como parte de um programa do governo norte-americano para receber refugiados. A família acabou se instalando em uma fazenda no Kansas e meu pai trabalhava como um dos empregados. Mais tarde, durante a Guerra da Coreia, ele alistou-se no exército e foi mandado para a Alemanha.

Foi lá que conheceu minha mãe, Ingrid Gisela Lorenz. Ela foi criada em Stettin, Alemanha Ocidental (local que hoje, devido a mudanças de fronteira pós-guerra, é parte da Polônia). Ela se lembra de seu bairro sendo bombardeado pelos Aliados, enquanto esperava nos escombros para ser resgatada. Quando acabou o tempo de serviço do meu pai, ele voltou aos Estados Unidos. Depois de se casarem, mudaram-

---

[1] A edição original deste livro data de 2007. (N. E.)

-se para Fort Wayne, Indiana, porque papai tinha sido aceito na Indiana Tech. Ele se sustentou durante todo o período de faculdade trabalhando em vários empregos enquanto frequentava as aulas. Minha mãe também trabalhava — em uma fábrica de conservas, em um laboratório fotográfico, em todo tipo de emprego. Minha irmã, Velta, nasceu em 1957, em Fort Wayne, e eu em 22 de junho de 1959.

Quando eu estava com três anos, papai arrumou um emprego em uma empresa de maquinário em Rockford, onde trabalhou como engenheiro mecânico. Ele fazia parte da equipe que projetava máquinas pesadas para cortar ou dobrar metal. Essas máquinas transformam folhas metálicas em canos ou em blocos de aço, perfurando, cortando e triturando as folhas, produzindo peças para motores, prensas e diversos outros produtos. Mamãe trabalhava em seus vários empregos. Eles ainda vivem em Rockford, bem como Velta, que é casada, tem duas filhas e é corretora de imóveis.

Acho que herdei dos meus pais minha ética profissional. Sempre aprendi que, acima de tudo, nunca se deve reclamar. Trabalho não mata ninguém. É preciso trabalhar duro para ser bem-sucedido. Gosto de coisas difíceis, coisas que não podem ser realizadas em um dia e que requerem muito mais tempo e esforço.

Quando era criança, não ligava muito para esportes organizados. Em vez disso, na vizinhança, jogávamos futebol americano na rua todo outono. Eu tinha um capacete e um par de ombreiras comprados em um bazar de garagem. Adorava futebol de rua, mesmo sabendo que sempre um dos garotos se machucava. Na primavera, jogávamos beisebol. No inverno, alguns dos pais inundavam o estacionamento local e a água congelava, formando um rinque de patinação temporário. Nessa época, jogávamos hóquei quase até ficar muito escuro para se enxergar o disco. Eu usava patins brancos de segunda mão. Sem remorso, pintei-os de preto.

Porém, mais que os esportes, eu adorava estar ao ar livre. A um quarteirão da nossa casa havia um canal. Um amigo e eu passávamos o domingo inteiro perambulando até o mais distante que podíamos pelo canal, sem hora para voltar para casa. Brincávamos de exploradores. O canal não vinha do interior, ele atravessava Rockford. Havia galerias que conduziam a água das ruas para o canal. Nós nos enfiávamos nessas tubulações subterrâneas espalhadas pelas ruas. Elas tinham cerca de 1,20 metro de diâmetro, então bastava nos curvar um pouco e conseguíamos caminhar pelos túneis. Percorríamos quilômetros. Havia uma boca de lobo mais ou menos a cada quarteirão para permitir a entrada da água pluvial, embora não desse para sair por ali. As bocas de lobo clareavam uma parte do caminho, depois ficava tudo escuro de novo. Nunca encontramos nada nas galerias, mas ainda assim era uma aventura.

Ia sozinho para o canal quase sempre. Mesmo no inverno, eu saía e quebrava o gelo, perambulava à toa por horas, e então voltava para casa molhado, sujo e enlameado. Para mim, aquele canal era uma verdadeira aventura.

E amava animais. Sempre tivemos um cão, um vira-lata de porte médio, e tivemos um gato. Mas eu também saía e trazia insetos, aves feridas e coelhos, entre outros. Eu tinha gerbilos, hamster e um peixe tropical. Havia um terrário no meu quarto, que logo ficou cheio de bichos, como cobras e lagartas. Quando o terrário ficou lotado de lagartas rastejando por todo lado, meus pais me mandaram "sumir com aquilo dali", mas nunca me obrigaram realmente a fazê-lo.

No final do ensino fundamental, talvez até antes, nos primeiros anos dele, eu já sabia que queria ser veterinário. Sempre fui um bom aluno, mas nessa fase me aplicava ainda mais para tirar boas notas porque tinha noção de que era muito difícil conseguir uma vaga no curso de veterinária.

Com os escoteiros, fazia caminhadas, acampamentos, mas nada muito puxado. Depois de um tempo, deixei os escoteiros porque eram muitas regras para o meu gosto. Ingressei no grupo basicamente porque queria fazer trilhas e acampar, mas lá também tinha que fazer inspeção, ganhar medalhas por mérito e usar uniforme. Eu só queria acampar.

Meus pais incentivavam meu interesse por atividades ao ar livre. Não eram muito controladores. Na verdade, eles apoiavam qualquer coisa que me interessasse.

Quando estava na sexta série, minha mãe inscreveu Velta e a mim em aulas de natação competitiva da YMCA. Eu me dedicava muito. No final do ensino fundamental, nadava na equipe e continuei nela quando fui para o ensino médio, época em que a temporada durava sete meses. No verão eu também nadava por um clube.

A natação passou a ser minha vida. Eu nadava, comia e dormia. Duas horas de treino pela manhã, uma e meia à noite. Entre nós, havia um pequeno grupo que levava a sério o esporte e se dedicava a ele. Se havia algo a mais para aprender com o treinador (como largar mais rápido, virar mais rápido), ficávamos depois do treino para praticar. Cheguei a treinar para me aperfeiçoar respirando o mínimo possível. Numa prova de cinquenta metros, eu precisava respirar apenas uma vez, próximo da chegada.

Passávamos horas na piscina trabalhando com os técnicos mais exigentes, aqueles que punham pilha: "Você ainda não acabou! Mais dez voltas." Saíamos da piscina exaustos. Mas quem estivesse disposto a encarar aquele treino puxado ficava bom na natação.

No final do ensino fundamental, formei um time de revezamento com três colegas. Logo quebramos o antigo recorde de revezamento da escola e ultrapassamos várias outras marcas de equipe e individuais. Os três eram meus melhores amigos, estávamos sempre juntos nas horas de folga e nas festas. No inverno, depois do treino, dedicávamo-nos à fina arte do "reboque". Nas ruas congeladas, segurávamos no para--choque traseiro do carro de um amigo e ele nos puxava pelo quarteirão, deslizando nossas botas como se fossem esquis. Essa brincadeira acabou abruptamente uma noite quando o motorista derrapou em uma curva e acertou um poste. Ninguém se machucou, mas o carro ficou destruído.

No meu último ano, a diretoria da escola de Rockford, que enfrentava dificuldades financeiras, cortou o orçamento destinado a todas as atividades extracurriculares, inclusive aos esportes principais. Um dos melhores técnicos foi trabalhar na YMCA de Belvidere. Os nadadores realmente dedicados o seguiram, mesmo tendo que enfrentar uma viagem de uma hora até lá. Antigos adversários de outras escolas tornaram-se colegas de equipe. Na YMCA, formamos a equipe dos sonhos do revezamento, eu como âncora. Nos campeonatos regionais daquele ano, estabelecemos o novo recorde nacional para o revezamento duzentos metros.

Esse feito garantiu nossa passagem para os campeonatos nacionais da YMCA em Fort Lauderdale. Para nos prepararmos para as provas, depilávamos todo o corpo com barbeadores elétricos. No final das provas, amarrávamos os fios dos barbeadores uns nos outros para içar caixas de cerveja pelas janelas dos quartos dos hotéis e enganar os supervisores que patrulhavam os corredores.

Tivemos um bom desempenho em Fort Lauderdale, mas fomos superados por equipes um pouco mais rápidas. Mesmo assim, fizemos uma boa temporada e foi uma ótima experiência juntos.

Acho que o físico atlético que desenvolvi com a natação competitiva me ajudou mais tarde como escalador, tanto física como mentalmente. Tendo sofrido em incontáveis treinos de natação, adquiri força e decisão para aguentar o sofrimento nas provações em alta montanha. Também aprendi que esforço e treino valem a pena, como valeram para mim nas montanhas. Como nadador, eu era extremamente competitivo. Eu queria vencer. Meu melhor amigo, Richard King, nadava por outra escola. Quando tínhamos que competir um contra o outro, eu não falava com ele, nem sequer olhava para ele. Ele agia da mesma forma. Você tem que colocar a disputa em primeiro lugar, tentando ganhar nem que seja a mínima vantagem psicológica. Depois da prova, Richard e eu saíamos juntos e éramos amigos de novo.

Contudo, há uma ironia: não me vejo como um escalador competitivo. Ou, se sou, sou competitivo comigo mesmo. No K2, por exemplo, defini para mim o desafio de escalar os 2.130 metros do acampamento-base ao Acampamento III em dez horas. Não foi para ganhar dos outros escaladores, foi apenas para cumprir o tempo que estabeleci para mim.

Vou mais além e afirmo que a competitividade no montanhismo é errada. É perigosa. A motivação da escalada deve ser pessoal.

Acho significativo o fato de que o único esporte que levei a sério foi um esporte individual e não coletivo. Eu era um garoto tímido, até meio antissocial. Eu sempre me sentia feliz quando estava sozinho, lendo no meu quarto por horas a fio ou caminhando pelo canal. Eu era introvertido. Podia sair com qualquer pessoa, mas geralmente era o mais calado de qualquer grupo.

No ensino médio, pela primeira vez, me dei conta da tensão existente entre meus pais. Bastava eu pôr os pés em casa após o treino de natação para senti-la no ar. À mesa do jantar, a tensão aumentava. Eles eram superficialmente cordiais na nossa frente, mas tanto eu quanto Velta sabíamos que algo não ia bem.

Quando íamos para a cama, e eles achavam que já estávamos dormindo, brigavam. Nada de bate-boca com gritos, apenas conversas irritadas e em tom mais elevado. Para nós, aquilo era devastador. Não sabíamos o porquê das brigas. Os pais tentam esconder esse tipo de coisa dos filhos, mas normalmente os filhos sabem.

Eu odiava ter que jantar com aquela tensão pairando no ar. Decidi que jamais faria isso quando fosse casado; eu não queria levar essa vida com minha esposa. E queria sair de casa, não para fugir da minha família, mas para me livrar da tensão. Eu sabia que, assim que terminasse o ensino médio, poderia sair de casa e ir para a faculdade. Mal podia esperar.

Meus pais finalmente se separaram quando eu estava na faculdade. Meu pai tomou a iniciativa e saiu de casa. Acho que minha mãe ficou surpresa. Divorciaram-se cinco anos depois. Hoje em dia, graças a Deus, mantêm uma relação amistosa. Minha mãe casou-se de novo, mas seu segundo marido morreu de câncer. Meu pai não voltou a se casar.

No primeiro ano do ensino médio, li vários livros de aventura. Scott, Amundsen, o *Endurance* de Alfred Lansing... eu viajava para longe das planícies de Illinois lendo os relatos de força e sofrimento. O Ártico, a Antártica, grandes montanhas: quanto mais frio, mais legal.

Aos dezesseis anos, li *Annapurna*, de Maurice Herzog, o relato da primeira montanha de 8.000 metros a ser escalada. Foi inspirador. Eu pensava: *Nossa, eu ia adorar escalar no Himalaia com caras como ele e fazer o que ele faz.*

Se você pensar bem, não faz sentido que aquele livro soasse inspirador, pois ele conta uma história sombria: ao final da expedição, Herzog perdeu todos os dedos das mãos e dos pés devido ao congelamento, e Louis Lachenal, todos os dedos dos pés. Ainda assim, *Annapurna* não é apenas o livro de montanhismo mais vendido de todos os tempos; é também o livro que transformou toda uma geração de homens e mulheres em montanhistas.

É a conquista do Annapurna que inspira, e não seu final. O fato de a equipe por um mês não conseguir sequer encontrar a montanha porque os mapas eram péssimos. O modo como o grupo, tendo apenas duas semanas antes do início da temporada de monções, organizou-se e fez a escalada. A maneira como todos ajudaram os outros a descer, carregando uns aos outros como se fossem feridos de um campo de batalha. É uma história de solidariedade, de consolidação da amizade e da camaradagem. Aquela complexa mistura de esforço e perseverança que o Annapurna fez aflorar naqueles corajosos escaladores franceses despertou minha imaginação.

Em retrospecto, mais de cinquenta anos depois, aquele triunfo parece algo mais extraordinário: o Annapurna não só se tornou a única montanha de 8.000 metros a ser escalada na primeira tentativa, como também se revelou a mais perigosa entre as catorze 8.000 metros. E é claro que, quando eu ainda estava no ensino médio, não tinha a menor ideia de que o Annapurna acabaria sendo a última das minhas 8.000 metros e a mais difícil de conquistar.

Ao ler sobre as dificuldades que Scott e Amundsen enfrentaram para chegar ao Polo Sul, eu não sonhei em ir imediatamente para a Antártica. Mas assim que terminei de ler *Annapurna* soube que fazer parte de uma expedição ao Himalaia era algo que eu realmente queria. Como eu chegaria ao ponto de ser convidado para uma expedição ao Himalaia? Percebi que para chegar lá, teria que escalar muitas montanhas menores primeiro.

Eu percebi também que tinha muito a aprender. É como a carpintaria – você não pega simplesmente um martelo e constrói uma casa. Seriam necessários anos de aprendizado para poder ir ao Himalaia. Eu teria que me mudar para algum lugar onde existissem montanhas, e assim poderia escalar e não apenas ler sobre escalada. Eu tinha que trilhar o caminho até o topo. Aquela ainda era a época das expedições patrocinadas pelo governo federal, como a expedição norte-americana de 1963 ao Everest, em que um líder reuniu uma equipe em nome dos Estados Unidos. Então, o que eu tinha que fazer para estar apto a ser convidado para uma expedição daquelas?

Por fim, colei pôsteres dos meus heróis montanhistas na parede do quarto: Jim Whittaker, o primeiro norte-americano a escalar o Everest, em 1963, e Nawang Gombu, o parceiro de Whittaker, que se tornou a primeira pessoa a escalar duas vezes o Everest. Assinei as revistas *Climbing* e *Outside* e as lia de cabo a rabo. Eu lia até os catálogos de fabricantes de equipamentos.

Em 1976, no primeiro ano do ensino médio, meu adversário na natação e melhor amigo Richard King e eu fomos para Devils Lake, uma pequena parede de quartzito em Wisconsin, para aprender escalada em rocha. Era uma viagem de três horas de carro e íamos sempre que podíamos ficar fora. Compramos uma corda Goldline de 45 metros. Nossa cartilha era o *Basic Rockcraft*, da Royal Robbins. No início, basicamente escalávamos em *top-rope*: você passa a corda por uma ancoragem (em geral, uma fita amarrada a uma árvore) no topo do penhasco, depois joga as duas pontas da corda para a base, para que assim possa dar segurança estando no chão. Desse jeito, o escalador estará sempre seguro por cima e não cairá mais que alguns centímetros.

Nós íamos para lá mesmo no inverno mais intenso, usando balaclavas de lã, escalando em meio a nevascas. Fingíamos ser Doug Scott e Chris Bonington no Ben Nevis, os lendários ingleses sobre os quais lemos e que sempre se aventuravam em escaladas invernais radicais. Eram nossos heróis: o que eles faziam no Himalaia soava além da nossa compreensão.

Um dia tivemos coragem de tentar nossa primeira guiada. Foi apenas um trecho, um III grau, e tudo o que tínhamos de proteção era um jogo de *hex nuts*. Nós estávamos escalando com aquelas botas enormes e desajeitadas, sendo que o certo era usar uma boa sapatilha de escalada. Quando um de nós parava em uma pequena agarra de pé, a perna começava a tremer, dava tanta cãibra no músculo da panturrilha que a perna tinha espasmos incontroláveis. Era desesperador, mas começamos a aprender e acabamos bem competentes na rocha.

No verão seguinte, Richard, eu e mais um amigo, Ken Henry, fizemos nossa primeira viagem para o oeste. Fomos de trem para o Parque Nacional Glacier e depois caminhamos por duas semanas. Queríamos percorrer encostas nevadas, então sabíamos que seria necessária uma piqueta. Compramos a mais comprida que achamos em um catálogo – devia medir um metro ou 1,20 metro, quase o tamanho de um *alpenstock* vitoriano. (As ferramentas para gelo que uso atualmente são bem mais curtas e projetadas especialmente para gelo escarpado.) Levamos nossa corda Goldline, mas ela nem foi usada. Basicamente, nós perambulamos à toa pelas encostas nevadas, deslizamos, brincando de ser escaladores.

Nossas mochilas pesavam mais de três quilos, pois estávamos levando alimentos, como bacon enlatado, roupas, como calças jeans e tênis Converse, além de equipamentos, como a corda que nem foi desenrolada. Mesmo assim, mal tínhamos o que comer. Tínhamos comprado toda a comida com antecedência e estocado tudo no porão da casa de Ken. Acontece que seu irmão caçula comeu uma grande parte do nosso suprimento. No Glacier, abríamos as caixas e perguntávamos: "Cadê a comida desidratada? Cadê as bolachas?" Acabamos comendo arroz com xarope três vezes ao dia.

Entrávamos o tempo todo no território dos ursos cinzentos. No mapa, o acesso a algumas trilhas era restringido por causa dos ursos. Porém, nós andávamos meio às cegas por um caminho quando, de repente, deparávamo-nos com fezes recentes de urso, consultávamos o mapa e dizíamos: "Ai, caramba, estamos na trilha errada". Caminhávamos 32 quilômetros por dia, metade disso na direção errada. Ainda assim, foi uma experiência e tanto, mesmo considerando que não tínhamos ideia do que não sabíamos.

Formei-me na Rockford East em 1977 e me inscrevi praticamente em todas as faculdades de Illinois, Wisconsin e Indiana. Como não queria pedir dinheiro aos meus pais, impus a mim mesmo o desafio de me sustentar enquanto cursava a faculdade. Eu planejava pegar empréstimos, candidatar-me a bolsas e conseguir uma monitoria no *campus*. Apesar da ânsia que eu tinha de me ver livre da tensão que pairava sobre a mesa de jantar, achava que deveria morar perto de casa. A maioria dos meus amigos mais velhos que entrou na faculdade continuou por perto. A minha irmã Velta tinha buscado duas das faculdades comunitárias locais. Parecia uma ideia meio assustadora fazer as malas e mudar para longe.

Até que um dia eu estava indo para casa depois da natação, no banco traseiro do carro dirigido pela mãe de um dos meus amigos, e ela mencionou que seu filho mais velho tinha acabado de se formar na Universidade de Washington, em Seattle. Naquele momento, decidi que tinha que ir para aquela faculdade. Seattle — eu sabia que existiam várias montanhas lá, e tinha o Monte Rainier. Quando cheguei em casa, falei com meu pai. Ele disse: "Maravilha, eu levo você para lá".

Como eu tinha boas notas, passei em todas as faculdades nas quais me inscrevi, mas não hesitei em optar pela Universidade de Washington. Como prometido, meus pais e Velta me levaram de carro até Seattle. Foram três ou quatro dias de viagem, parando em locais como o Monte Rushmore e as Badlands. Exceto pela visita ao Parque Nacional Glacier, eu nunca tinha ido ao oeste. Meus pais e minha irmã passaram algum tempo em Seattle antes de voltar para a estrada e para casa em Illinois. Fiquei olhando pela janela do dormitório enquanto eles iam embora. Eu me sentia como se não tivesse um só amigo no mundo e tivesse acabado de dar um salto rumo ao desconhecido.

Na universidade, eu era um figurante na equipe de natação. No ensino médio, eu era um nadador de ponta no nível estadual, mas não tinha certeza de que chegaria ao próximo escalão. Basicamente, eu não era alto o bastante. Quase todos os nadadores de nível olímpico medem 1,87 metro. Alcançam o teto quando esticam os braços, têm bom alcance e força. Eu media 1,78.

Concluí a formação em zoologia, com aulas de anatomia, fisiologia e química orgânica. Gostava de ciências, e já havia decidido ser veterinário. Não era só uma questão de amor aos animais; eu sentia que era um dever cuidar deles. Até quando eu era criança, se encontrasse um pássaro com a asa quebrada, o levava para casa. Uma vez, encontrei um filhote de coelho com a perna quebrada. Levei-o para casa, colocamos uma tala na sua perna e cuidei dele durante todo o inverno. Salvar a vida daquele coelho foi algo muito importante para mim.

Eu sabia que não queria ser médico. Achava que, no papel de médico, a pessoa acaba sendo mais um psicólogo porque tem um monte de gente que não está doente de verdade como elas pensam ou querem estar. Os animais não fingem. Quando algo está errado, eles realmente precisam de ajuda.

Quando finalmente me tornei veterinário, percebi que alguns dos donos de animais precisavam de mais ajuda que os seus bichos. Em uma das clínicas em que trabalhei, o veterinário responsável costumava desenhar uma careta no cabeçalho de alguns prontuários. Era sinal de que o dono era meio maluco, um neurótico. Esses iam à clínica uma vez por semana. Numa semana era "Fifi está coçando o bumbum", na seguinte era "Fifi não quis seu patê de peru. Ela não deve estar bem." A nós não restava muito a fazer senão uma bateria de exames para provar que Fifi estava bem. Mas, uma vez que você conhecia a dona, já sabia que ela voltaria na próxima semana. Então já a tranquilizávamos: "Volte daqui uma semana para medir a temperatura da Fifi". Enquanto isso, Fifi aparecia cheia de marcas de batom porque a dona a enchia de beijos no caminho até a clínica.

No primeiro ano na universidade, como eu era de outro estado, o custo do curso girava em torno de 3 mil dólares por ano. No segundo ano, como eu já tinha estabelecido residência em Washington, a anuidade caiu para 600 dólares. Mesmo esse valor parecia um montante colossal àquela época. Portanto, além de fazer empréstimos, eu pegava todas as monitorias, auxiliando os professores em suas pesquisas. Um dos trabalhos era com um psicólogo que estava fatiando cérebros de camundongo. Eu tinha que medir a área da superfície de certas partes do cérebro que ele havia colorido. Outro trabalho implicava lidar com pequenos frascos radioativos de tecido animal. Minha tarefa era limpar os frascos, descartar o fluido e usar pinças para remover o tecido. Eu tinha que usar um respirador e manter um contador Geiger na mesa perto de mim. Foi então que ouvi o aparelho soando um bipe enlouquecido. Tirei o respirador e disse ao professor: "Você me paga quatro dólares a hora para eu arriscar minha vida? Adeus." Foi o único emprego que larguei em apenas alguns minutos.

Durante os verões, eu trabalhava sob o calor sufocante raspando alcatrão de telhados dos prédios ou pintando apartamentos. Esfregava os pisos quebradiços e os armários usando máscara e roupa de proteção; depois borrifava tinta na parte interna desses velhos aposentos. Às vezes, ficava tão cansado que dormia no ônibus a caminho de casa e passava do meu ponto. Eu parecia tão imundo que as pessoas tinham medo de me acordar.

Sem uma bolsa de esportes, tive que abandonar a natação logo depois de alguns treinos no primeiro ano. Não dava para estudar, trabalhar e nadar ao mesmo tempo.

Nos primeiros dois anos na universidade, morei no dormitório do *campus*. A vantagem é que dava para ver o Monte Rainier pela janela. Ele era meu farol: eu parava de estudar só para ficar admirando o Rainier lá longe. Nos dois anos seguintes, morei com alguns colegas em repúblicas fora do *campus*. Teve um tempo em que éramos oito na mesma casa. Para economizar no aluguel, eu dividia o quarto com outro cara, assim cada um pagava 75 dólares por mês em vez de 150. Dormíamos em beliches.

Eu tentava ser bem econômico. Ia ao mercado, pegava um pote de manteiga de amendoim e percebia – *opa, não posso comprar isso esta semana*. E comprava macarrão instantâneo – seis pacotes por 1 dólar.

Embora eu não tenha conseguido encaixar a natação na minha vida agitada, pensei que seria possível reservar um tempo para escalar se organizasse minha própria agenda. Eu estudava com afinco a semana inteira, assim, na sexta-feira à noite, podia me mandar e escalar o fim de semana inteiro. Comecei a correr como treinamento para escalar – escadaria de estádio, trajetos em torno da universidade nas ciclovias e na orla à beira rio. Todos os dias depois da aula, eu tentava correr de 45 minutos a uma hora, em torno de oito a doze quilômetros. Mais tarde, com dois ou três amigos, comecei a correr em volta do Lake Union, um bom trajeto de quase treze quilômetros. Depois da corrida, estudava até tarde da noite. Depois ia para a academia quase deserta para levantar peso. Estabeleci meu próprio programa de exercícios, focando no que eu achava que me daria força e resistência para a escalada.

Havia uma loja North Face perto do *campus* e uma pequena e simpática loja de escalada chamada Swallow's Nest. Eles mantinham um quadro de recados onde você podia deixar um anúncio em busca de parceiros de escalada. A maioria dos anúncios era de pessoas como eu, novos na área, sem parceiros regulares, mas com muita vontade de escalar.

Lembro que um dia vi o nome de Jon Krakauer no quadro de recados. Ele estava morando em Seattle na época, ganhando a vida como carpinteiro. Isso foi muito antes de ele escrever *Na natureza selvagem* ou *No ar rarefeito*. Mas já publicava artigos na revista *Outside*. Para mim, era um escalador famoso. Por exemplo, eu sabia que ele havia aberto uma nova via solo no Dedo do Diabo. Não tive coragem de ligar para ele. Tinha certeza de que jamais ia querer escalar comigo. Achava que sequer ia querer *falar* comigo. Hoje em dia somos bons amigos e, quando contei a ele sobre minha hesitação naquele tempo, ele nem acreditou.

Escolhi no quadro de recados uma lista de pessoas às quais telefonar. Eu tinha dois critérios: procurava pessoas experientes nas montanhas e que tivessem carro para poder chegar aos picos.

Meu principal parceiro era Curt Mobley, que trabalhava no *campus* para a NOAA. Era uns dez anos mais velho que eu. Muito conservador nas montanhas, muito experiente e tinha um fusca laranja. Adorava escalar e, como era solteiro, tinha sua liberdade. Toda quinta-feira à noite eu ligava para ele: "Curt, podemos escalar este fim de semana?".

Íamos direto para a Cordilheira das Cascatas. A primeira montanha de verdade que escalei foi o Monte Santa Helena, em 1977, três anos antes de o seu topo explodir. Esse lindo vulcão cilíndrico tinha 2.950 metros. Embora fosse apenas uma escalaminhada, estávamos nos glaciares, encordados, usando grampões e piquetas. No cume, a confirmação: é isto. Era o que eu estava procurando. Aquilo era a melhor coisa do mundo.

Na adolescência, tinha lido sobre o montanhismo no *Annapurna*. Mas você nunca sabe se, na vida real, as coisas serão muito mais difíceis do que você pensava — difíceis demais para continuar lutando. Contudo, no cume do Monte Santa Helena, a vida real coincidiu exatamente com minhas expectativas. Foi difícil, sem dúvida, mas o desafio e a recompensa valeram a total satisfação.

Desde o começo, queria uma experiência alpina. Não me interessava dirigir até algum penhasco, sair do carro e praticar escalada em rocha. Eu queria viagens que durassem vários dias em locais com rocha e gelo, acampar... o pacote completo. Eu sabia que era isso que tinha que fazer para ir ao Himalaia.

Porém, meu primeiro grande objetivo foi o Monte Rainier. Eu sabia que ele ficava relativamente lotado no verão, então decidi que minha primeira ascensão do Rainier seria no inverno.

Enquanto isso, Curt e eu passávamos o maior número possível de finais de semana na Cascatas. Se Curt não podia ir, eu tinha alguns outros nomes na lista. Às vezes eles diziam: "Ed, vai chover no fim de semana", e eu respondia: "Não faz mal, vamos assim mesmo". Se ninguém queria ir, eu pedia carona. Acredite se quiser, mas eu ficava contente de acampar sozinho na chuva. Valia tudo para estar ao ar livre.

Meu equipamento era uma mistura de itens usados e descartados. No porão da antiga loja da REI, em Seattle, havia uma coleção de equipamentos usados e quebrados que ninguém queria. Eu vasculhava as caixas em busca das melhores barganhas. Encontrei antigos óculos de proteção fedorentos. Calças e suéteres de lã de saldo do exército. Minha capa de chuva era uma capa amarela de bicicleta que eu vestia como um poncho. Quando ventava, as pontas levantavam e encobriam minha cabeça. Eu tinha que ficar colocando as pontas para baixo. Meu calçado era um par usado de botas de couro Habeler, velhas botinas rígidas. Para economizar, achei que dava para acampar sem um isolante térmico, que bastava estender o saco de dormir no chão. Em uma noite de outono, aprendi que não se deve economizar nisso, pois faz muito frio. Eu mesmo fiz parte do meu equipamento, remendei a traseira e os joelhos das calças com tecido de outras peças descartadas.

The Mountaineers era a grande organização que presidia a escalada na região noroeste, mas nunca me associei a ela. Simplesmente eu não era do tipo que participava de clubes. Havia saído dos escoteiros. Eu só queria sair e fazer alguma coisa e não sentar e ficar falando disso.

Ao mesmo tempo, fui fortalecendo minha formação com as palestras ministradas por alguns escaladores europeus famosos que visitam Seattle. O Kane Hall na

Universidade de Washington ficou lotado quando recebeu Chris Bonington e Kurt Diemberger. A plateia toda estava em êxtase. Aqueles caras haviam feito todas aquelas escaladas maravilhosas, mas eram tão simples, sentados no palco e falando dos seus feitos. Fui a uma festa em que Georges Bettemourg estava no meio dos convidados, um mestre francês que havia aberto uma nova via no Kangchenjunga. Eu estava muito maravilhado para sequer ousar falar com ele.

Eu praticava um pouco de escalada em rocha em lugares como o Peshastin Pinnacles e Index Town Wall, principalmente no verão e quando só tinha um dia de folga. Eu mandava bem em vias de VIsup a 7a quando estava num bom dia — não muito abaixo do que os melhores escaladores de rocha faziam àquela época. Mas não tinha interesse algum em escalada de *big wall*. Nunca quis ir para Yosemite. Minha preocupação era o montanhismo alpino.

Curt e eu fizemos algumas vias íngremes e semitécnicas nas grandes montanhas da Cascatas, inclusive a face norte do Monte Baker e do Monte Shuksan. Tentamos o Rainier em dezembro de 1977 e novamente em janeiro de 1978, sem sucesso nas duas vezes. Finalmente, escalamos o pico em março de 1978, ainda no meu primeiro ano de faculdade. Usamos raquetes de neve até o Camp Muir, a 3.048 metros, carregando mochilas bem pesadas, contendo cordas, piquetas, estacas e afins. O Rainier no inverno é cheio de miniexpedições com um índice de sucesso bem pequeno.

Como vivia em Seattle, conhecia a Rainier Mountaineering Inc., até então a única empresa com concessão para guiar pessoas na montanha. A RMI era administrada por Gerry Lynch e Lou Whittaker, irmão gêmeo de Jim Whittaker, o primeiro norte-americano a escalar o Everest. O próprio Lou era um veterano de expedições ao K2 e ao Everest, embora não tivesse feito o cume de nenhum dos dois. Gerry era o gerente operacional da RMI e Lou o guia-chefe. O corpo de guias era formado por caras de seis a oito anos mais velhos que eu, mas que haviam participado de expedições de verdade. Eles guiavam no Denali e também no Rainier. Pessoas como Eric Simonson, George Dunn e Phil Ershler, sendo que Ershler era guia da Rainier desde os dezesseis anos! Alguns anos depois, em 1982, Simonson, Dunn e Ershler iriam ao Everest em uma expedição liderada por Lou Whittaker; em 1984, Ershler seria o único membro de outra equipe liderada por Lou a alcançar o cume do Everest, por uma nova rota na face norte.

Para mim, esses caras eram "guias supersêniores". E, ainda que o salário de guia do Rainier fosse mínimo e o trabalho fosse apenas para a temporada de verão, eu não tirava da cabeça que esse seria o emprego ideal e o melhor lugar para se trabalhar. O que eu não daria para estar ao lado de guias como Simonson, Dunn e Ershler!

Em maio de 1980, no início do meu bacharelado na universidade, candidatei-me para trabalhar na RMI. Todos os candidatos foram reunidos no Paradise, o começo de trilha no Rainier, a 1.646 metros. Estávamos todos um pouco nervosos, pois éramos vinte ou trinta competindo pela mesma vaga. Um guia sênior, como Eric Simonson, passava por todos nós, um a um, e dizia: "Mostre para mim — e me ensine — como fazer um autorresgate". Ou: "Fale sobre respiração forçada". Ou ainda: "Me prenda com um lais de guia e me ensine a fazê-lo". Eles queriam confirmar se nós conhecíamos a técnica e sabíamos ensiná-la aos clientes.

Os testes seriam realizados no dia 18 de maio — data impossível de esquecer porque às 8h30, antes de começarmos, vimos o Monte Santa Helena explodir. O teste foi cancelado. Apenas uma hora após a erupção, uma nuvem de cinzas cobriu o céu e praticamente escureceu o dia. Eu havia pegado um carro emprestado de um colega de quarto para chegar ao Rainier. Agora tinha que dirigir lentamente para casa com os faróis acesos e os limpadores de para-brisa na velocidade máxima. No rádio, comunicados alertando as pessoas para não saírem de carro, porque as cinzas podiam entrar no filtro de ar, entupir os cilindros e acabar com o motor. Mas eu não tinha opção. Assim que cheguei a Seattle, aspirei e limpei o carro, sumi com todo traço de cinza. Meu colega não soube de nada.

Graças àquela erupção colossal, o próprio Rainier ficou coberto de cinzas e a montanha ficou perigosamente congelada. Sendo assim, a temporada de verão de 1980 da RMI foi um fracasso. Eles não contrataram novos guias naquele ano e passei o verão raspando alcatrão e pintando apartamentos.

Participei novamente dos testes em 1981, no final do meu bacharelado na faculdade. A mesma rotina: vinte ou trinta candidatos competindo por uma, talvez duas novas vagas. Eles não diziam se você havia passado, apenas te mandavam para casa com uma vaga promessa: "Entraremos em contato".

Naquele verão, após os testes, Gerry Lynch me telefonou. "Acho que vamos precisar de mais pessoas", disse ele, "mas não sabemos quando. Queremos você no time." Passei o verão inteiro pintando casas, pegando trabalhos que pudesse largar. Não queria me comprometer com um emprego porque, se Gerry ligasse, eu ia largar tudo. Mas foi muito frustrante ficar o verão todo no limbo. Eu sabia que tinha ido bem no teste, afinal Gerry havia telefonado. Sabia que estava dentro, mas, no fim, nada se concretizou.

Enquanto isso, durante todo esse ano, morei em uma clínica veterinária chamada Northeast Veterinary Hospital, ao norte da universidade. Deram-me um pequeno apartamento, isento de aluguel, e um pequeno salário mensal. Toda noite, das 18 horas às 7 horas da manhã, eu dava plantão para atender ao telefone de emergências. Se um cão fosse atropelado ou um gato estivesse engasgado com algo, eu tinha que decidir se ele tinha que ser trazido imediatamente para a clínica ou se podia esperar até amanhecer.

Eu ainda tinha apenas uma bicicleta como meio de transporte e estava estudando pesado na universidade. Naquele ano, era normal ficar acordado a maior parte da noite na clínica, dormir até o despertador tocar, pegar a bicicleta e pedalar feito louco (geralmente na chuva durante o inverno) de treze a dezesseis quilômetros até a faculdade, chegando lá bem na hora da prova matinal.

Cada noite havia um veterinário de plantão. Se o animal era levado à clínica, eu fazia um exame preliminar e então ligava para o veterinário para discutir o caso. Ele decidia qual tratamento aplicar. Geralmente era eu que aplicava o tratamento – havia coisas que podia fazer, outras não. À medida que ganhava experiência, eles confiavam em mim para assumir mais tarefas.

Era um treino bem prático. Porém, para minha decepção, quando me inscrevi na Universidade Estadual de Washington, um dos melhores cursos de veterinária do país, fui rejeitado. Alegaram que eu não tinha experiência suficiente. Na verdade, fui rejeitado duas vezes. Só mais tarde descobri que as rejeições eram devidas ao meu hiperprofissionalismo, era quase um tipo de trote. Eles queriam ter certeza de que você teria dedicação suficiente para seguir o programa.

Depois de terminar o bacharelado na Universidade de Washington no primeiro semestre de 1981, e sem ter sido aceito na Escola de Veterinária, fiquei sem ter o que fazer. No semestre seguinte, inscrevi-me em aulas extras na universidade. Arrumei um emprego em Fall City, região leste de Seattle, perto do contraforte da Cascatas, na fazenda de uma família amiga. Aprendi a dirigir trator e arava o campo o dia inteiro. Cortava madeira, arrancava erva daninha, cortava a grama e construía prateleiras. Na propriedade, havia pilhas imensas de madeira, de pedaços de metal e afins. Eu usava um trator com pá carregadeira para mover as pilhas de lá para cá, peça a peça. Alguns dias depois eles decidiam mudar a pilha para outro lugar.

A família também administrava um matadouro. Havia dias em que eu trabalhava lá, carregando carcaças para o congelador depois de elas serem "processadas" na área de corte. Às vezes, cortavam mais rápido do que eu aguentava carregar, o que me deixava cercado de peças recém-cortadas. Todo esse trabalho era o meio que justificava o fim.

Foi um ano assustador e deprimente para mim. Apesar das minhas boas notas, de ter morado e trabalhado em uma clínica, não sabia se um dia seria aceito na Escola de Veterinária da Universidade Estadual de Washington. E, com toda a escalada que fazia no verão, não estava nem um passo mais perto do meu sonho de ir para o Himalaia.

Em maio de 1982, participei novamente da seleção da RMI. Eles já me conheciam bem e fui animado para o teste. Na verdade, Gerry Lynch disse: "Ed, você já é praticamente parte da equipe". Mesmo assim, me fizeram esperar todo o verão anterior. Nada era certo.

No final do teste, Gerry me chamou de lado. "Ed", disse ele, "pode ter certeza de que você vai trabalhar aqui este verão". Ainda assim, só respirei aliviado quando recebi o comunicado oficial pelo correio.

Fui o único novo contratado da RMI naquele verão. Como "peão" (como os recrutas eram chamados), fiquei com todo o trabalho sujo, como varrer o chão e limpar os banheiros depois que os clientes deixavam as dependências. Na RMI, tive que traçar minha carreira começando bem de baixo.

Não importava que o salário era baixo, 500 dólares por mês. Aos 23 anos, entrei para uma empresa de elite formada por trinta integrantes, a única empresa de guias profissionais do Rainier, e estava entre os únicos profissionais desse nível do país. Eu não conseguia imaginar uma forma melhor de passar o verão e, em junho, quando comecei a trabalhar, não podia estar mais feliz e orgulhoso de mim mesmo.

A longa jornada até o Everest

Embora eu tivesse conseguido o trabalho de verão como guia no Rainier, minha meta profissional ainda era ser veterinário. Naquela época, não havia escaladores patrocinados nos Estados Unidos. Viver do montanhismo parecia inconcebível — os únicos que viviam disso eram pessoas como Yvon Chouinard, fundador da Patagonia, e Doug Tompkins, que começou a The North Face. Mas, em ambos os casos, se tratava de empresas bem-sucedidas do ramo de vestuário e equipamentos, ou seja, não dava para dizer que Chouinard ou Tompkins fosse um escalador profissional.

Meus colegas de trabalho no Rainier tinham outros empregos fora da temporada. Vários eram professores ou patrulheiros de esqui. Alguns ainda faziam faculdade ou pós-graduação.

Contudo, no outono de 1982, eu havia sido rejeitado duas vezes pela Escola de Veterinária da Universidade Estadual de Washington e estava no processo de me candidatar pela terceira vez. A temporada como guia propriamente acabava no início de setembro, mas alguns de nós ainda ficariam por mais um tempo, conduzindo seminários especiais de cinco dias. Depois disso, trabalhei na equipe de trilhas do Serviço Nacional de Parques o quanto pude.

Naquele ano, estava morando em um quarto alugado na casa de Steve Swaim, um veterinário com quem trabalhei no Northeast Veterinary Hospital, onde nos tornamos bons amigos. No início do ano, estava muito ansioso aguardando a carta de admissão ou de dispensa. Todos os dias eu chegava tarde do trabalho na fazenda em Fall City e normalmente encontrava Steve e sua namorada na varanda e perguntava: "Alguma carta?".

"Não, nada", ele respondia.

Eu estava preocupado. Então, um dia, depois de Steve responder "nada de correspondência hoje", fui até a porta da frente e encontrei a carta presa com uma fita adesiva.

"Seus filhos da mãe!", gritei, "Vocês abriram minha correspondência!"

Eles já sabiam que se tratava de uma carta de admissão por causa do tamanho do envelope. Saímos os três aquela noite para beber e comemorar.

O único problema da Estadual de Washington era que ficava em Pullman, bem a leste, nas planícies além das montanhas, quase na fronteira com Idaho. Eu estava inscrito no programa completo de quatro anos que terminava com o doutorado em medicina veterinária. Queria muito ir para a Escola de Veterinária, mas com certeza não queria ir para Pullman. Durante quatro anos, lamentei pela paisagem enquanto aprendia minha profissão.

Ao longo desses quatro anos, de 1983 a 1987, eu frequentava a Escola de Veterinária no inverno e guiava no verão. Às vezes, em setembro, as aulas começavam na Estadual de Washington e eu faltava uma semana inteira para trabalhar mais um pouco como guia no final da temporada. Para compensar um pouco as minhas faltas, um amigo fazia anotações das aulas para mim.

Mas, antes de tudo isso, no verão de 1982, como peão da RMI, passei alguns dias fazendo um trabalho chamado "loja" na agenda geral pendurada na parede. Na sede dos guias em Paradise — a "loja"—, eu alugava equipamentos para os clientes: botas, grampões, piquetas, mochilas, etc. Depois que todos partiam, eu passava horas impermeabilizando botas de couro que haviam sido usadas no dia anterior. Varria o chão e recolhia o lixo. Ao final do dia, os escaladores voltavam da montanha e eu recebia o equipamento de volta.

Em outros dias era escalado para trabalhar em Ashford, cidade próxima ao Rainier, onde os guias ficavam em três ou quatro casas de propriedade da RMI. Eu tinha que cortar a grama, recolher o lixo e limpar os banheiros. Essa era a menos glamorosa das tarefas da RMI, mas ter seu nome na escala significava emprego garantido.

Porém, em alguns dias eu era escalado para a "escola", que era a escola de escalada de um dia, na qual se ensinam os princípios básicos de como caminhar pelo glaciar encordado, autorresgate e até técnicas simples de caminhada. Os clientes não se inscreviam com antecedência, eles simplesmente entravam e nós acompanhávamos quem quer que fosse. "Escola" era o pré-requisito para a escalada para valer no Rainier. A pessoa tinha que fazer o curso de um dia para poder tentar escalar a montanha. Usávamos esse teste para avaliar a condição física dos clientes e ver se eles poderiam se tornar um problema na escalada. Na montanha, ficávamos encordados com os clientes, de modo que as habilidades básicas eram vitais para a segurança de toda a equipe.

Do que eu mais gostava era de guiar escaladas de dois dias. No primeiro dia, levávamos um grupo de Paradise, a 1.646 metros, até o Camp Muir, a 3.048 metros. Na manhã seguinte, partíamos por volta de uma ou duas da manhã para o cume e depois voltávamos a Paradise. Esta era a fórmula da RMI: levá-los para cima e levá-los para baixo, da forma mais eficiente possível. Era bem puxado: 14,5 quilômetros por dia, quase 2.750 metros de ganho e perda de altitude. O segundo dia era bem difícil para muitos clientes. No meio da descida, começavam os lamentos: "Não aguento mais. Estou com bolhas e exausto." Nós tínhamos que fazê-los continuar, guiando-os até Paradise. O lema que adotei para botar pilha nos mais retardatários era: "A dor é temporária, a glória é eterna".

A escalada de dois dias podia ser bem difícil para nós, guias, também, especialmente quando se tinha um "bate e volta", duas viagens ao cume sem um dia de descanso no meio. Era raro mas, se havia um grande número de clientes, fazíamos três bate e volta.

O sistema da RMI era bem conservador. Se um cliente não aguentava seguir adiante no dia de cume, e não havia gente para acompanhá-lo na descida, nós o deixávamos em um local seguro. Ajeitávamos o cliente em um saco de dormir sobre um isolante, mas sem barraca (não carregávamos barracas no dia de cume, portanto só partíamos com bom tempo). O cliente tinha que esperar de cinco a seis horas até nossa volta para descermos juntos a montanha. Às vezes, aparecia algum que dizia: "Eu não vou ficar aqui de jeito nenhum. Vou descer sozinho." Claro que não podíamos deixar um cliente descer sozinho. Então, se desconfiávamos que o cara pudesse "fugir" de nós, levávamos uma das botas dele conosco. Basicamente, nós o deixávamos manco.

A RMI tinha um bom índice de sucesso, cerca de 80% dos clientes das escaladas de dois dias faziam o cume. Os independentes, como chamávamos os escaladores que tentavam fazer o Rainier sem guia, tinham um aproveitamento de apenas 50%. Geralmente, começavam num ritmo muito rápido, muito cedo e não aguentavam. Entretanto, nós, guias, mantínhamos um ritmo constante.

A RMI também tinha um histórico de segurança muito bom. Nos dez anos em que guiei para a empresa, não tivemos qualquer fatalidade, sequer um acidente grave. Havia um lema que aprendíamos com os guias sêniores. Quando os clientes ainda estavam na loja, pegando o equipamento, martelávamos na orelha deles: "Segurança em primeiro lugar, diversão em segundo, sucesso em terceiro".

Todos nós, guias, mantínhamos um registro do número das nossas ascensões ao Rainier. Até agora, escalei a montanha 194 vezes. Esse número não chega nem perto do recorde detido por George Dunn, com algo próximo de 450. Phil Ershler está perto de quatrocentos.

As pessoas costumam me perguntar se não é monótono escalar a mesma montanha várias vezes pela mesma via. Eu não acho. Eu gosto de guiar. Naquele tempo eu pensava "onde mais eu ia querer estar?". Não queria estar trabalhando em um escritório qualquer. Eram os clientes que tornavam o trabalho interessante. Ver a alegria estampada no rosto deles quando chegavam ao cume ou ajudar alguém que talvez tivesse condições físicas, mas que precisava de um incentivo psicológico. No cume, muitos clientes caíam no choro ou diziam "esta foi a melhor experiência da minha vida".

Nós, guias, éramos todos amigos. Era como um acampamento de verão. Em Ashford, jogávamos vôlei e fazíamos churrasco à noite. Claro que no final da temporada nos sentíamos cansados. Então Lou Whittaker nos passava um sermão. Ele reunia todos os guias e dizia: "Ouçam, rapazes, estamos todos no limite e está chegando o fim da temporada, mas temos clientes. Precisamos oferecer a eles o mesmo serviço que prestávamos no começo do ano."

Sim, o salário inicial era de meros 500 dólares, mas se morava de graça em Ashford. Os escaladores imploravam pelo emprego. Ano a ano, rolava um aumento — no final eu ganhava em torno de 1.200 dólares por mês. Na primeira temporada, você era avaliado constantemente: na verdade, tratava-se de um período probatório. Se você não demonstrasse interesse ou não tivesse o perfil certo, não era recontratado. Logo aprendi a manter a boca fechada, fazer meu trabalho e aprender tudo que pudesse com os guias mais experientes. Depois de trabalhar por duas ou três temporadas, você praticamente mantinha o emprego pelo tempo que quisesse.

Outro jovem guia, Andy Politz, e eu inventamos o que chamamos de "guerra de carga". Da nossa casa em Ashford até a "loja" em Paradise eram 29 quilômetros de estrada, com um ganho de altitude de mais de 1.200 metros. Geralmente, Andy e eu íamos de bicicleta para Paradise antes de uma escalada ao cume, só para fazer um pouco mais de exercício. Daí, em Paradise, à nossa espera havia uma pilha enorme de mantimentos no chão da loja. O que acontecia era que as "garotas da cabana", que cozinhavam para nós em Muir em turnos de cinco dias, compravam todos os mantimentos, mas nós, guias, tínhamos de levar tudo para Camp Muir. A compra não se limitava a sopas em pó e pratos leves congelados: elas compravam filés e frango frescos, pedaços de queijo, pão, embutidos, vegetais frescos.

Geralmente, um grupo de seis guias seguia para Camp Muir com nossos clientes. O guia que oficialmente liderava a escalada era perdoado se levasse apenas uma parte do pão, já que ele estava ocupado organizando a logística da ascensão. O restante dos mantimentos era dividido entre os outros cinco guias. Mas Andy e eu queríamos fazer mais exercício, então carregávamos o máximo de mantimentos que cabia nas nossas mochilas, deixando poucas coisas para os outros três guias carregarem. Nossa carga era gigantesca: às vezes chegava a 35/40 quilos, as alças quase estouravam. Quando chegávamos a Muir, cinco horas depois, colocávamos os mantimentos no chão. Os demais guias julgavam qual era a maior pilha, que seria a do vencedor do dia da guerra de carga.

Outro truque que todos os guias faziam tinha a ver com a escalada de Muir ao cume. Você carregava sua mochila na noite anterior, e ela ficava bem pesada, pois cada um levava um kit de primeiros socorros, um saco de dormir de emergência, piquetas, um martelo de neve e outros equipamentos de resgate. À noite, quando as mochilas estavam do lado de fora de nossas cabanas, um dos guias colocava uma pedra do tamanho de uma bola de boliche no fundo da mochila de um dos outros guias.

Você só dava a notícia ao coitado lá no cume. Ou esperava até o retorno a Camp Muir, ou às vezes no caminho para Ashford. A vítima tinha que desfazer a mochila para achar a pedra lá no fundo. Todo mundo tinha que ficar de olho na própria mochila, pois todos sempre queriam dar o troco. Mas era apenas uma brincadeira bem intencionada. O que são quatro quilos a mais quando se está em ótima forma física?

Mais tarde, criei um exercício ainda mais desafiador que chamava de "pedal e escalada". Um guia chamado Jimmy Hamilton e eu pedalávamos os 29 quilômetros de Ashford a Paradise. Programávamos nossa chegada para um horário tardio, tomávamos uma cerveja rápida no Glacier Lounge e partíamos para o Rainier à noite, sem clientes, apenas nós dois. As condições para escalar eram melhores à noite. Usando as lanternas de cabeça, íamos até o cume e voltávamos a Paradise antes de amanhecer. O último trecho era a pedalada de 29 quilômetros até a entrada do parque, na maior velocidade possível, um ultrapassando o outro como competidores da Volta da França. Completávamos todo o percurso de ida e volta (que incluía ganho e perda de 3.600 metros de altitude) em onze horas. Até hoje, ninguém conseguiu igualar nosso tempo.

Então comemorávamos com um café da manhã na Gateway Inn. Como era magricela, Jimmy normalmente pedia rabanada. Quando a garçonete perguntava: "Duas fatias?", ele respondia: "Não, o pão inteiro".

No meu primeiro verão em Camp Muir, sendo eu um peão, era responsável pelo que chamávamos de sistema de água. Fora das cabanas, a uma dezena de metros morro acima, havia dois barris imensos. Era minha tarefa enchê-los de neve e acender os queimadores. Uma mangueira levava a água da neve derretida para outros dois barris instalados no telhado da cozinha, de onde outra mangueira levava a água para dentro da construção, com uma torneira para abrir e fechar. Esse era o sistema que abastecia de água nossa cozinha e as garrafas de água que guias e clientes levavam ao cume.

Cuidar do sistema de água era uma tarefa sem fim, atribuída a um peão ou a um guia de um nível inferior. No minuto em que você chegava ao Muir, vindo de Paradise, esperava-se que você cuidasse dele. Assim que você chegava a Muir vindo do cume, também tinha que cuidar dele.

Um dia, deixei os queimadores acesos, o sifão estava funcionando bem, então fiz um intervalo e entrei na cozinha. Isso era um tipo de privilégio, porque os guias sêniores ficavam por ali; eram os únicos que dormiam no conforto dentro da cabana. Um peão praticamente precisava de permissão para cruzar essa fronteira. Phil Ershler estava lá naquele dia e me disse, casualmente: "E aí, Ed, você está cuidando do sistema de água?"

"Sim", — respondi, — "está tudo sob controle".

"Já deu uma olhada pela janela?", ele perguntou.

Olhei e vi uma cascata — praticamente uma cachoeira — despencando do telhado. Eu tinha deixado o sistema acionado por muito tempo e o barril transbordou.

"Acho que é melhor você ir lá fora e conferir" —, disse Phil, impassível. Saí correndo envergonhado.

Como disse, durante meus dez anos de RMI, nunca tivemos um acidente grave. Porém, às vezes, nos envolvíamos em resgates de escaladores independentes que se viam em apuros na montanha. Como estávamos no Rainier todos os dias, geralmente estávamos a postos para ajudar. O pior episódio aconteceu em 1991, meu último ano como guia da RMI em período integral.

Uma semana antes, choveu forte no Rainier. Depois esfriou e limpou. Isso formou na parte mais alta da montanha uma crosta de gelo. Ainda subimos com clientes, mas toda vez tínhamos que voltar quando chegávamos aos 3.600 metros. Não era muito confiável forçar a barra com clientes inexperientes. Mesmo assim, saíamos todos os dias na esperança de que as condições tivessem melhorado.

Uma noite, em Camp Muir, ouvimos pelo rádio que dois escaladores independentes não haviam retornado do ataque ao cume. Concordamos que tentaríamos encontrá-los quando partíssemos na manhã seguinte. Essa escalada em particular estava sendo liderada por Robert Link, com outros quatro guias, inclusive eu. Então, no dia seguinte, acompanhamos nossos clientes até Disappointment Cleaver, a 3.750 metros. Dali, novamente, constatamos que a cúpula do cume ainda estava muito escorregadia e perigosa para prosseguirmos.

Foi então que ouvimos alguém gritar lá de cima. Quando conseguimos discernir as palavras, ouvimos: "Estou aqui! Meu parceiro está morto! Quebrei a perna! Preciso de ajuda!" Avistamos uma figura solitária a cerca de 120 metros acima de onde estávamos. Os dois escaladores atrasados haviam sofrido um acidente mais ou menos a 4.000 metros. Eles saíram da via durante a descida na noite anterior. A corda estava frouxa. Um dos caras escorregou e caiu. Quando a corda retesou, ele puxou o parceiro. Ambos despencaram por uma parede de quinze metros. O escalador mais gravemente ferido morreu durante a noite em decorrência dos ferimentos.

Naquela situação, tivemos que prestar os primeiros socorros. Deixamos os clientes em um local seguro com um dos guias no topo do Cleaver, enquanto os outros quatro subiram para ver o que podiam fazer para ajudar o sobrevivente.

No meio do resgate, um cara vinha subindo a toda velocidade na minha direção. Estava escalando sozinho, para isso ele precisaria ter uma permissão especial (descobrimos depois que ele não tinha e havia dito aos guardas que ia encontrar seu parceiro em Camp Muir). Ele usava grampões novos, equipamento de ponta. Quando passou por mim, eu disse: "Cara, tem uma crosta de gelo lá em cima. Toma cuidado."

Ele desdenhou: "Ah, é só o Monte Rainier".

Ele seguiu escalando, passou por uma protuberância e desapareceu. Cinco minutos depois, ouvi um barulho. Olhei para cima. Lá vinha o cara voando na nossa direção e batendo na protuberância. Passou bem perto de mim e não me acertou por pouco — se eu não tivesse desviado um pouco para o lado, ele provavelmente teria me levado junto.

Ele estava escorregando sentado, com os pés apontados para a ladeira, as mãos na superfície. Estava segurando a piqueta, mas só batia ela à toa. Os olhos estavam arregalados, a boca escancarada. Não parecia que estava tentando se virar de bruços e ficar em posição de autorrresgate.

Nós quatro gritamos: "Segura! Segura! Segura!" O cara bateu em um pequeno ponto elevado da encosta e perdeu velocidade. Nós pensamos: *É agora! Segura!* Mas ele só ficou sentado. Escorregou lentamente por outro monte e acabou despencando centenas de metros no Glaciar Emmons.

Nós quatro nos dividimos. Robert e outro guia subiram até o escalador que estava com a perna quebrada, enquanto Dave Hahn e eu descemos em busca do solista. Por todo o caminho, podíamos seguir seu rastro de sangue no gelo. Encontramos sua piqueta, que tinha ficado presa no gelo, provavelmente depois de ele perder o controle sobre ela. O rastro finalmente acabava em uma greta. Dava para ver por onde ele tinha caído na greta e batido na parede mais baixa, e conseguimos ver seu corpo desfalecido. Dei segurança para Dave descer pela greta, mas já sabíamos que ele estava morto.

Decidimos que não havia o que fazer por ele, então escalamos de volta as centenas de metros para ajudar Robert e o outro guia. Imobilizamos o cara com a perna quebrada. Enquanto isso, um grande helicóptero Chinook se aproximava. A encosta era bem íngreme, um lugar muito perigoso para um resgate. O piloto tinha que manter a aeronave com apenas um pneu na encosta, enquanto as pás do rotor frontal giravam a alguns centímetros do abismo à nossa frente. Tínhamos que nos curvar sob as pás enquanto embarcávamos o sobrevivente. Depois, sem tempo a perder, colocamos o corpo do amigo dele no helicóptero. Foi um trabalho horrível — a cadeirinha dele ficava enroscando na porta. Por fim, o Chinook decolou. O piloto realizou um trabalho incrível de resgate e remoção de corpo.

As últimas palavras do solista ecoaram por muito tempo na minha cabeça: "É só o Monte Rainier". Não importa se você é muito bom. Na montanha, quando você acha que tem tudo sob controle, não tem.

Lou Whittaker tem um ditado: "Não é porque você ama as montanhas que as montanhas amam você".

Em uma temporada de inverno no início dos anos 1980, Andy Politz e eu decidimos tentar escalar o Rainier pela via Gibraltar Ledges, mas não como guias: queríamos apenas escalar do nosso jeito. Ascensões invernais eram poucas e bem espaçadas umas das outras, mas estávamos intrigados pelo desafio e felizes em ter a montanha toda só para nós. Fomos até Camp Muir justo na noite em que começou a ventar e o tempo ficou bem ruim. Contudo, achamos que seria um bom treino e nos convencemos mutuamente a fazer uma tentativa assim mesmo. Vestimos toda a roupa e encaramos a tempestade. Mas, algumas horas depois, concluímos que o vento estava forte demais e regressamos ao Muir. Andy já estava com um leve congelamento na bochecha.

Eu achava que deveríamos passar a noite na cabana dos guias, esperar a tempestade acalmar e descer no dia seguinte, mas Andy disse: "Tenho um encontro hoje à noite. Se descermos cedo, ainda posso sair com ela."

Sendo assim, contra o meu melhor julgamento, começamos a batalha para descer em meio à neblina densa e enfrentando o vento forte. Como havíamos levado esquis, Andy insistiu para tentarmos esquiar os 1.200 metros do campo de neve do Muir, uma ideia à qual fui contrário. De esqui, sem conseguir ficar de olho na bússola, bastaram dez minutos para ficarmos totalmente desorientados. Parei o esqui e disse: "Ok, Andy, vamos caminhar daqui em diante". Por um tempo, seguimos em formação, com um de nós à frente, enquanto o outro tentava orientá-lo pela bússola. Levamos oito horas para completar uma descida que normalmente levaria duas ou três. A encosta era íngreme e estava coberta por neve fresca. Era preciso ter cuidado.

Por fim, ao crepúsculo, alcançamos a linha das árvores, mas ainda não estávamos seguros. Agora Andy estava mesmo determinado a descer a encosta íngreme. Eu parei. Ele disse: "Vou dar só uma olhada".

De repente, ele desapareceu no vazio. Ele formou um pequeno deslizamento e foi arrastado nele. Eu gritei: "Andy! Andy!".

Um instante depois, ouvi sua resposta distante: "Não desça!"

Disse a mim mesmo que não daria um passo sequer até conseguir enxergar melhor. Gritei: "Andy, vou ficar aqui!"

Aos trancos e barrancos, no escuro e sem lanterna, Andy acabou conseguindo chegar a Paradise e dormiu no chão do banheiro público. Enquanto isso, escavei uma caverna de neve. Eu não tinha uma pá, então usei uma tampa de panela. Não tinha saco de dormir nem isolante, já que estávamos contando com os sacos e isolantes que são mantidos em Camp Muir. Tudo que tinha era um punhado de estacas de bambu, que usei como colchão. Dentro da caverna, a temperatura estava em torno de -3ºC. Foi uma noite insone, mas não foi um caso de vida ou morte. Para comer, apenas uma barra de chocolate. Fiquei olhando para ela. Eu queria devorá-la, mas imaginei que, se a tempestade não parasse, teria que passar outra noite no bivaque, talvez duas. Será que eu devia dar apenas uma mordidinha para ela durar mais?

De manhã, com sol, consegui me orientar. Levei uma hora para descer até Paradise. Essa minha noite ficou famosa nos círculos da RMI como "o bivaque de bambu".

A ferida de Andy começara a supurar; pela manhã expelia um tipo de pus nojento. Assim que nos encontramos, a primeira coisa que ele disse foi: "Perdi o encontro de ontem à noite, mas acho que vou sair com ela hoje".

"Ah é! Você está bem atraente com essa bochecha podre. Dá até para ela passar as batatinhas nisso aí em vez de usar o molho", respondi.

Enquanto isso, de 1983 a 1987, eu passava o período fora da temporada em Pullman, preparando-me para meu doutorado pela Estadual de Washington. Quanto mais eu estudava, ia descobrindo que a profissão de veterinário era fascinante e desafiadora. Já que os animais não falam, o médico tem que ser quase um detetive. Conseguir um histórico preciso dos sintomas de um animal e então fazer uma série de exames que possa resultar em um processo de eliminação para se chegar a um diagnóstico apresenta as mesmas dificuldades da pediatria, pois o médico também deve desconfiar do relato das crianças sobre o que não vai bem.

Nos cursos intensivos de anatomia, conheci cada músculo, osso, órgão, nervo e artéria não só de cães e gatos, mas de cavalos, porcos, vacas e galinhas. Estudei os princípios básicos de radiologia, cirurgia, farmacologia e patologia. Tínhamos aula o dia inteiro, estudávamos à noite e aos fins de semana. Eram dezenas de páginas de anotações todos os dias, depois tentávamos digerir tudo à noite. Às vezes, eu me sentia sobrecarregado pelo volume e pela complexidade do material que nos enfiavam goela abaixo.

Durante os anos de faculdade, eu não tinha tempo para escalar; minha única escalada era quando guiava na RMI no verão. Para compensar, corria quilômetros e quilômetros nas estradas do interior que circundavam as colinas de Pullman. Mesmo assim, a falta de liberdade me oprimia. Eu continuava dizendo a mim mesmo que, uma vez que me formasse e arrumasse um emprego, estaria livre para fazer o que quisesse.

Errado! Depois que me formei em 1987, consegui um emprego com meu amigo Carl Anderson, que tinha uma clínica em Seattle. Conheci ele e Steve Swain no Northeast Veterinary Hospital. Eles me prometeram um emprego quando me formasse. Foi aí que descobri que o trabalho era, no mínimo, mais puxado que a faculdade. Carl dizia: "Ed, hoje é seu turno. Eu não vou nem passar por aqui."

Uau... de repente era eu que mandava em tudo. Tinha que tomar decisões de vida ou morte. Acho que era um pouco responsável demais, mas tinha plena consciência de que os animais precisavam de mim e de que as pessoas estavam pagando um bom dinheiro para confiar em mim. Para elas, o animal de estimação era um membro da família.

Havia dias em que eu estava vacinando um filhote em uma sala enquanto outro cão morria de alguma coisa na sala dos fundos. Eu estava esperando os resultados dos exames de um animal e marcando a cirurgia de outro. E podia ter uns três ou quatro recados de ligações não atendidas. Era um trabalho interessante, mas eu ia para casa todas as noites completamente exausto. Se na clínica houvesse três cachorros que eu havia tratado naquele dia, em casa consultava minhas apostilas para confirmar se tinha feito a coisa certa. Às vezes, voltava à clínica à noite só para ver se eles estavam vivos ou verificar se as intravenosas estavam gotejando conforme o programado.

Nunca tive grandes problemas, mas às vezes aconteciam coisas bizarras. Uma vez, quando eu trabalhava na clínica de Steve Swain em Reston, ele marcou uma cirurgia para uma grande rottweiler, uma reprodutora famosa cujos filhotes custavam caro. A dona decidiu castrá-la. É um procedimento de rotina; é feita uma pequena incisão no abdome e se removem útero e ovários. Como era seu dia de folga, Steve passou o trabalho para mim.

Dei o sedativo para a cadela, preparei a intravenosa, apliquei a anestesia geral. Uma vez entubada, tive que deitar a cadela de costas, raspar os pelos da barriga, limpar e desinfetar, me limpar, vestir avental e máscara e então planejar o local da incisão. Havia um auxiliar monitorando a anestesia, aumentando ou diminuindo a quantidade. Você pode perder um animal sob anestesia.

Fiz uma pequena incisão. Peguei um gancho especial, que deve ser inserido na cavidade para fisgar o útero e trazê-lo à vista. Tentei várias vezes e nada. Pensei "mas que raio?". Aumentei a incisão. Percebi então que a cadela estava prenhe. Devia ter ali uns dezesseis filhotes, não totalmente formados, mas é a mesma coisa. O útero parecia duas grandes salsichas prensadas uma contra a outra. Por causa da gestação, os vasos sanguíneos do útero estavam dilatados, da largura do meu dedão. O útero estava enorme, cinco vezes o tamanho normal. O gancho era muito pequeno para agarrar o órgão superdimensionado.

Debaixo da touca, eu pingava de suor. Pensei *ai meu Deus, tomara que eu não faça bobagem*. No meio da operação, tive que telefonar para a dona para saber se ela queria ou não os filhotes. Ela não queria. Amarrei cuidadosamente e cortei os latejantes vasos sanguíneos uterinos, esperando que eles não explodissem. Em seguida, tive que remover todo o conteúdo das entranhas da cadela.

A rottweiler foi para casa com um corte de 25 centímetros — e não de cinco — na barriga. Mas o procedimento foi um sucesso. E isso após apenas um ano de experiência veterinária. Na faculdade, eles não ensinam tudo o que você vai precisar na sala de cirurgia. Às vezes é preciso pensar por conta própria.

Meu plano de vida era trabalhar como veterinário para sustentar minha paixão pela escalada. Mas, mesmo no início dos anos 1980, eu estava começando a questionar se as duas coisas eram compatíveis. Participei da minha primeira expedição no verão de 1983, após o primeiro ano na Escola de Veterinária. A RMI já havia começado seu programa de clientes guiados no Denali (Monte McKinley), a maior montanha da América do Norte com 6.194 metros. Naquele ano, Phil Ershler teve Dick Bass e Frank Wells como clientes, no meio da campanha para serem os primeiros escaladores a fazer os Sete Cumes. Ershler convidou Andy Politz e eu para sermos guias auxiliares.

Bass era um empresário do ramo petrolífero do Texas, e Wells um executivo de Hollywood. Ambos haviam começado a escalar relativamente tarde — Bass estava com 53 e Well com 51 anos — e eram, estritamente falando, amadores, já que precisavam de guias para escalar montanhas como o Denali, o Maciço Vinson na Antártica e o Aconcágua na Argentina. Bass viria a completar os Sete Cumes em 1985, quando escalou o Everest, guiado por David Breashears.

Bass era uma figura. Falava alto, tempestuoso, carregava um exemplar de capa dura dos poemas de Robert Service e toda noite lia em voz alta ou recitava de cor os poemas. Era a distração noturna. Para quem tinha começado a escalar tardiamente, era muito bom; só era um pouco lento. E tinha um autocontrole considerável. Na aresta do cume do Everest com Breashears em 1985, escalou a encosta final sem a ajuda das cordas fixas — um feito raramente realizado por clientes atualmente. No Denali, Wells teve um pouco mais de dificuldade, era meio desajeitado, de modo que tínhamos que ficar atentos a ele.

Escalamos a via West Buttress, que tinha se tornado a rota-padrão depois que Bradford Washburn a tinha conquistado em 1951. Com relativa facilidade, atingimos o platô aos 4.260 metros, para então enfrentar uma tempestade de cinco dias. Depois disso, fomos para o acampamento elevado a 5.180 metros, só para encarar mais quatro dias de tempestade. Começou a faltar comida. Porém, Bass e Wells estavam obcecados por conquistar o Denali: eles tinham a agenda apertada para concluir os Sete Cumes. No meio da tempestade, Bass disse: "Temos que voltar para o acampamento-base, reabastecer e voltar para cá".

Então o tempo melhorou. Bass e Wells haviam contratado o cinegrafista e escalador Steve Marts para registrar a jornada. Andy e eu revezávamos quem carregava o pesado tripé. Um de nós tinha que passar à frente de Steve e montar o tripé para ele poder filmar a passagem dos heróis. Depois, tínhamos que desmontá-lo, acelerar o passo e montá-lo de novo. Esse tipo de formação era cansativa, mas eu gostava do trabalho. Apesar de ter que arrastar o tripé, a escalada ao cume foi quase rotina. No topo não estava tão frio, não como é normalmente no Denali, -34°C com vento. A escalada bem-sucedida só aumentou meu apetite de ir cada vez mais alto, saber como seria meu desempenho nas altitudes do Himalaia.

Não fomos pagos para ir ao Denali, ganhamos a viagem apenas para o Alasca. Assim, Andy e eu na verdade tomamos um tombo financeiro ao aceitar participar da expedição. Dois anos depois, Eric Simonson convidou-me para um projeto mais ambicioso, uma travessia do Denali, subindo pela West Buttress e descendo pela Muldrow, vadeando o rio McKinley e caminhando pela tundra até a Denali Highway. Seriam oito clientes e apenas Eric e eu como guias.

É bem mais difícil descer uma via que você nunca viu antes do que escalá-la, e a Muldrow, embora tenha sido a primeira rota de ascensão em 1913, é consideravelmente mais difícil que a West Buttress. E atravessar uma montanha significa ter que carregar todo o equipamento montanha acima em vez de deixar boa parte dele estocado em acampamentos. Nossas cargas ficaram tão pesadas que as rebocamos em trenós. Havia imensos campos de gretas no Glaciar Muldrow pelas quais tínhamos que administrar a passagem. Porém, tiramos de letra essa viagem também, sem dificuldades, completando a travessia em dezenove dias.

Durante a passagem pela tundra, estávamos no território dos ursos cinzentos. Eric carregava um .357 — um verdadeiro revólver *Magnum Force* estilo Clint Eastwood — por todo o percurso. Lembro dele na barraca uma noite pegando a arma para limpar. Ele disse: "Ed", balançando a .357 na minha frente, com um brilho no olhar, "aqui tem seis balas. Se vir um urso, use cinco nele e guarde uma para você mesmo."

Tirando o fato de que minhas duas expedições ao Denali foram grandes aventuras, só por fazer parte delas fiquei com um bom conceito junto a guias sêniores como Simonson e Ershler. Eu sabia que se tivesse um bom desempenho no Denali, eles poderiam pensar *poxa, o Ed é o tipo de pessoa que eu levaria para outros lugares*. Meu lema era "fique de boca fechada e trabalhe duro".

Confirmando minha teoria, em 1987, Eric convidou-me para ir ao Monte Everest. Ele havia estado na montanha em 1982, em uma expedição liderada por Lou Whittaker que tentou escalar a rota do Grande Corredor, na face norte da montanha. Naquela viagem, Eric conseguiu chegar à Franja Amarela, logo acima dos 8.230 metros. Contudo, ninguém fez o cume. A expedição virou tragédia quando Marty Hoey, uma das principais escaladoras norte-americanas e a única mulher da expedição, sofreu uma queda e morreu. No meio do que deveria ser um procedimento de rotina, enquanto estava clipada a uma corda fixa, ela se inclinou para trás para dar passagem a um colega. De algum modo, sua cadeirinha se soltou e ela despencou sem controle, centenas de metros abaixo do corredor. Mais tarde, supôs-se que Hoey cometeu o simples erro de não voltar a fita da cadeirinha pela fivela. Sem essa segurança reforçada, sob tensão, a fita da cintura pode deslizar pela fivela. Hoje é uma prática comum, até entre os melhores escaladores, não só conferir duas vezes a própria cadeirinha como também a do parceiro.

Em 1987, um ricaço do Arkansas chamado Jack Allsup contratou Eric para liderar outra expedição ao Grande Corredor. A mulher de Allsup e outras duas pessoas, todas do Arkansas, eram os clientes. (Nós oficialmente nos denominamos Expedição do Arkansas ao Everest.) Eric convidou outros quatro guias da RMI: George Dunn, Greg Wilson, Craig Von Hoy e eu. Era um grupo forte — seria a terceira tentativa de George no Everest, a segunda de Greg e Eric. Além disso, contávamos com cinco xerpas e um cozinheiro. Allsup pagou tudo, ainda que naquela época a permissão para o Everest custasse apenas 3 mil dólares.

A viagem não foi muito produtiva para nós, pois o pessoal do Arkansas achava que tinha experiência suficiente para escalar a montanha sozinho. Nosso trabalho era transportar as cargas, incluindo as garrafas de oxigênio deles, fixar cordas e montar os acampamentos, mas não guiar os clientes em suas tentativas. Fomos liberados para fazer nosso próprio ataque ao cume. Uma vez que tudo estivesse ajeitado, eles iriam por conta própria.

Fiquei entusiasmado com o convite. Eu estava com 27 anos e o sonho que alimentei desde que li *Annapurna* quando estava no ensino médio estava prestes a se concretizar. Graças ao Rainier e à RMI, trabalhei para conquistar um lugar em uma expedição ao Himalaia.

No entanto, o convite não podia ter surgido em pior hora. O segundo semestre de 1987 seria meu último semestre de especialização na Estadual de Washington. Como é que eu poderia simplesmente faltar por dois meses ou mais e ainda concluir o curso de medicina veterinária? As aulas terminavam em 1º de junho, mas eu tinha que viajar para o Tibete em 1º de março.

Felizmente, o sistema letivo dividia o último ano em dez "blocos" entre agosto e maio — períodos de um mês de estudos intensivos em cirurgia, radiologia avançada e outras disciplinas. Dos dez blocos, dois eram blocos de férias, e sempre tínhamos junho e julho livres. Outro bloco era denominado "residência externa", durante o qual o aluno trabalhava em uma clínica em vez de frequentar aulas.

No verão de 1986, guiei para a RMI em junho e julho e comecei meus blocos na Estadual em agosto. O sistema era flexível o bastante para que eu pudesse trocar blocos com outros alunos, organizando-os de acordo com as minhas necessidades. Consegui agendar para março minha residência externa e falei com o veterinário da clínica onde eu devia trabalhar para postergar meu compromisso com ele até eu regressar do Everest. Deixei abril e maio livres como meus blocos de férias. Só isso bastou para poder aceitar o convite de Eric. Não participei da formatura, mas fui aprovado no meu doutorado enquanto estava no Everest. Para minha surpresa e felicidade, também tive a honra de ser eleito o melhor cirurgião da minha turma.

No final, o grupo do Arkansas não passou dos 7.600 metros. A escalada revelou-se muito difícil para eles. Enquanto isso, nós, guias, fixamos cordas na rota íngreme e exposta. Perto do topo do corredor sem fim, existem dois obstáculos, que são faixas de rocha que se espalham no caminho. A Franja Amarela fica a 8.230 metros, a Franja Cinza mais além. Greg Wilson e George Dunn conseguiram instalar cordas pela difícil Franja Amarela na tentativa de cume que fizeram. Como gastaram um tempo e energia preciosos nessa tarefa, que seria crucial para chegarmos mais alto na montanha, não conseguiram prosseguir rumo ao topo.

Três dias depois, Eric, Craig Van Hoy e eu jumareamos pelas cordas do corredor até o acampamento mais elevado, a 8.170 metros. Lá, nós três nos espremos feito sardinhas em lata em uma pequena barraca de dois lugares armada em uma encosta bem íngreme.

Em 20 de maio, depois de uma noite insone e claustrofóbica, partimos para o cume. Eric foi à frente, eu estava alguns minutos atrás dele. Craig simplesmente olhou pela porta da barraca, não gostou do que viu no topo do Grande Corredor e preferiu descer.

A partir dessa primeira expedição ao Himalaia, eu estava determinado a escalar sem oxigênio suplementar. Nas duas viagens ao Denali, senti-me mais forte que os demais guias. Quando voltávamos ao acampamento, após um dia difícil, eles estavam exaustos. Eu me sentia cansado, mas não exaurido. Na verdade, me sentia muito bem. Claro que 6.193 metros (a altura do cume do Denali) é bem diferente de 8.848 (o topo do Everest).

Eu também havia ficado muito impressionado pelo feito de Reinhold Messner e Peter Habeler em 1978, quando ambos desafiaram os pessimistas e escalaram o Everest sem oxigênio suplementar; e depois pela incrível escalada solo de Messner, sem oxigênio, em 1980, pelo mesmo Grande Corredor onde estávamos agora. Nunca havia usado máscara de oxigênio, mas tinha noção de que colocar uma em seu rosto significa se isolar da montanha. Eu queria mesmo era enfiar meu nariz na realidade dos 8.800 metros. Além disso, uma máscara, um regulador e um jogo de garrafas pareciam um trambolho, sem contar que todo sistema pode falhar, e quando ele para, você para. Na minha opinião, o aparato mecânico do oxigênio suplementar complicaria a escalada, e tudo o que eu queria era simplificá-la o máximo possível. Eu achava que se você pretende escalar uma montanha de 8.800 metros, então escale uma montanha de 8.800 metros, e não tente reduzi-la artificialmente a uma montanha de 7.900 metros.

Então nos preparamos naquela manhã, Eric com oxigênio, eu sem. Ainda tínhamos que fixar cordas pela Faixa Cinza para proteger nosso regresso. Lembro-me de Eric dizendo: "Ed, tenho três garrafas de oxigênio; você acha que pode levar os 150 metros de corda?". Por dentro eu resmunguei, mas carreguei a corda e mais alguns equipamentos.

Estávamos escalando lentamente, com Eric à frente, quando um escalador sueco de outra expedição vinha subindo a toda velocidade o corredor em nossa direção. Não dava para crer na rapidez com que ele se aproximava de nós. Ele havia partido de seu acampamento, que ficava duas horas abaixo do nosso, e estava com o oxigênio aberto ao máximo. Ele escalou a Franja Amarela conosco, até a base da Franja Cinza, quando o oxigênio acabou e ele literalmente estancou. Tendo gastado sua munição, deu meia-volta e desceu. Agora eram apenas Eric e eu.

Fixamos o último pedaço de corda em uma fenda de neve íngreme pela Faixa Cinza, mas ainda ficaram faltando quinze metros de corda para alcançar o topo da fenda, de modo que tivemos que escalar a última seção com uma inclinação de sessenta graus sem estarmos encordados. Finalmente atingimos a pirâmide do cume. A encosta logo acima era muito exposta e a neve estava muito seca e perigosa para seguirmos adiante. Então fizemos uma travessia à direita na direção da Aresta Oeste, a rota conquistada por Willi Unsoeld e Tom Hornbein em 1963 durante a brilhante travessia que fizeram do Everest. No alto da Aresta Oeste, escalaram um trecho técnico pelo qual sabiam que não poderiam voltar, tomando uma decisão irreversível: subir e superar ou morrer.

Com a ajuda do gás que estava respirando, Eric permaneceu vários metros à minha frente durante todo o dia. Alcançamos a Aresta Oeste. Eu ia trabalhando minha subida enquanto pensava: *Meu Deus, vamos fazer o cume!*

Já passava das 13 horas. O céu estava começando a ficar nublado. Lá em cima, dava para ver Eric para lá e para cá pela Aresta Oeste, tentando achar um caminho para escalar a parte técnica das rochas. Então ele voltou até mim e disse: "Ed, provavelmente conseguimos subir por aqui, mas não tem como descer sem corda".

Olhei atentamente. Estávamos a apenas noventa metros verticais abaixo do cume, mas essa distância consumiria umas duas horas. O tempo estava fechando, uma neve leve tinha começado a cair. Eric estava certo: provavelmente seríamos capazes de chegar ao topo, mas a descida seria épica na melhor das hipóteses e suicida na pior. Eu disse: "Tudo bem, eu concordo".

Foi uma decepção imensa. Mas não foi do tipo "puxa, que merda!", pois foi uma decisão totalmente lógica. Mesmo assim, durante todo o trajeto de volta ao acampamento e depois pelo Grande Corredor, fiquei pensando *droga, agora tenho que ir para casa e depois voltar aqui só para escalar esses noventa metros*. Quando começo um projeto, não gosto de deixá-lo incompleto. Não consigo. E, mesmo considerando que chegamos muito perto do topo, eu não tinha certeza de que conseguiria escalar aqueles últimos noventa metros sem oxigênio. A 8.800 metros, as dificuldades aumentam exponencialmente. Ainda persistia a dúvida: será que eu teria força suficiente para percorrer aquele trecho final da montanha?

Pensei naqueles últimos noventa metros todos os dias pelos próximos três anos.

Voltei ao Everest em 1988 com Andy Politz. Já havia me formado na Estadual de Washington e estava trabalhando na clínica de Steve Swaim. A liberdade para fazer o que bem entendesse que pensei que teria depois da graduação não se materializou: o trabalho real de veterinário era muito mais exigente do que tinha sido a faculdade.

Quando conversei com Steve sobre me ausentar um tempo para poder ir ao Everest, ele foi bem legal: "Tudo bem, você ainda terá seu emprego quando voltar", ele disse, "mas não vai acontecer de novo, vai?"

Andy e eu fomos convidados para tentar a face leste, ou Kangshung, do Everest. O restante da equipe era um grupo de cinco rapazes da Georgia — eles eram mais escaladores de rocha que montanhistas, mas tinham alguma experiência alpina adquirida nos Andes. Contrataram Andy para essa experiência no Himalaia e Andy me convidou. Os rapazes da Georgia tinham arrumado o dinheiro.

A Kangshung é a mais perigosa das faces do Everest e foi a última a ser escalada por uma equipe norte-americana muito forte em 1983. Dois anos antes, na primeira tentativa nessa face, John Roskelley que, naquela época era provavelmente o melhor montanhista do Himalaia de nosso país, estudou a face, declarou-a injustificadamente perigosa e abandonou a expedição.

Na primavera de 1988, apenas quatro meses antes de partimos para a face leste, uma equipe de quatro integrantes abriu uma nova via bem à esquerda da linha de 1983. A nova rota tinha uma desvantagem estética, já que ela não levava diretamente ao cume, mas ao Colo Sul, de modo que os últimos novecentos metros de escalada repetia o que havia se tornado a "rota comercial" do Everest, a via aberta por Tenzing e Hillary. Mesmo assim, a escalada na parte mais baixa era tão difícil que exigiu muito do grupo. Apenas um membro, o corajoso inglês Stephen Venables, conseguiu fazer o cume. Durante a escalada, Ed Webster, um ótimo escalador norte-americano, cometeu o erro de tirar as luvas por alguns instantes para tirar uma fotografia e sofreu congelamentos, o que mais tarde lhe custou vários dedos — bem como o cume.

Andy e eu decidimos tentar a rota Venables-Webster, mas não foi uma boa ideia irmos para lá no outono, temporada pós-monções. Havia mais neve na montanha que durante a primavera; o risco de avalanche era enorme. A face também era exposta a penhascos gigantes mais acima, dos quais poderiam desprender *seracs* enormes a qualquer momento. Por isso, a Face Kangshung era considerada perigosa em todas as estações.

Um acampamento no pé da parede fica no fundo de um círculo cercado por encostas de avalanche por três lados. Montamos nossas barracas ali o mais longe possível dessas encostas. Mesmo assim, nosso acampamento foi atacado por rajadas de vento das imensas avalanches vindas das três direções. Em uma ocasião, quando o acampamento estava vazio, uma rajada assustadora destruiu nossas quatro barracas. Na nossa ausência, os goraks — corvos gigantes do Himalaia, famosos por comerem os corpos dos escaladores mortos — devoraram toda a comida que a rajada de vento deixou exposta.

Para minimizar o risco, optamos por escalar à noite, quando a temperatura cai, o que torna as encostas relativamente estáveis. Uma noite, usando as lanternas de cabeça, Andy e eu estávamos escalando os primeiros trechos mais baixos, porém bem complicados da face. Ouvimos o estrondo de algo grande em algum ponto fora do nosso campo de visão mais acima. Foi apenas o tempo de nos segurar, uma corda fixa em uma mão, a piqueta na outra, e fomos atingidos — se por um deslizamento ou pela margem de uma avalanche de verdade, nunca tive certeza. Eu só conseguia ver o caos de neve passando pelo foco de luz da minha lanterna. Disse ao Andy: "Isso não é nada engraçado. É assustador. Na verdade, é ridículo."

De volta ao acampamento, falei aos demais: "Essa via é para louco. Eu não vou subir mais. Se vocês quiserem ir, fico de apoio daqui debaixo." Logo eles concordaram: "Beleza, você tem razão. Isso é burrice." Atingimos a altitude de apenas 5.800 metros — faltavam 3.049 até o cume. Em um aspecto, a expedição foi um total fracasso. Mas pelo menos desistimos antes que alguém se ferisse ou morresse.

Esse contratempo só alimentou minha obsessão pelo Himalaia. Quando Lou Whittaker organizou uma expedição aos 8.599 metros do Kangchenjunga, a terceira maior montanha do mundo, para a primavera de 1989 e me convidou para fazer parte dela, não havia como dizer não.

Porém, tinha chegado a hora de fazer uma profunda e detalhada análise do malabarismo que eu vinha fazendo: a carreira de veterinário de algum modo estava atrapalhando minhas crescentes ambições como montanhista do Himalaia (fora os verões dedicados ao trabalho de guia da RMI no Rainier). Decidi que tinha que escolher uma das duas. Infelizmente, quem perdeu foi a profissão de veterinário.

Foi muito difícil conseguir dois meses de folga durante o outono de 1988 para escalar a Face Kangshung. Naquela época, eu alternava dois dias de trabalho por semana em duas clínicas, uma de Steve Swaim e a outra de Carl Anderson. Não demorou muito, depois que regressei do Everest, para ser convidado para uma expedição ao Aconcágua, o maior pico da América do Sul. A viagem seria nos meses de inverno, quando é verão no hemisfério sul. E já estava prevista a viagem ao Kangchenjunga para a primavera de 1989.

Já estava escrito. Eu tinha que dizer ao Steve "sim, *vai* acontecer de novo". Tanto ele quanto Carl disseram: "Ed, para nós não dá certo. Mas está tudo bem. Você não pode recusar um convite para ir ao Kangchenjunga. Você tem que fazer o que tem que fazer."

Então, lamentando, pedi demissão dos dois empregos. Naquela época, achei que seriam apenas dois ou três anos sabáticos da minha prática veterinária. Se eu soubesse que nunca mais voltaria a exercer a profissão pela qual me esforcei tanto, teria lamentado ainda mais, isso se não ficasse doido com a ideia.

A equipe do Kangchenjunga era muito competente: a base era formada por guias da RMI com experiência no Himalaia, incluindo George Dunn, Phil Ershler, Larry Nielson e Greg Wilson. Eric Simonson era o homem da base, responsável por conseguir os equipamentos, que foram despachados meses antes para Calcutá, chegando pela Índia ao Nepal, onde os receberíamos.

Nosso time de escaladores foi reforçado com a admissão de John Roskelley e Jim Wickwire, um dos maiores escaladores do estado de Washington. Fiquei meio intimidado pela ideia de ter essas duas lendas fazendo parte de nossa equipe. Se fosse no basquete, escalar com John Roskelley e Jim Wickwire seria como fazer umas cestas ao lado de Michael Jordan. Quando era adolescente em Rockford, Illinois, eu tinha um pôster de Wickwire na parede. E, para mim, Roskelley era um dos melhores montanhistas alpinos de sua geração. Ele não tinha medo de expressar sua opinião, não importava a quem doesse. Vivia sob suas próprias regras, sendo que uma delas era nunca jumarear por uma corda que não fora fixada por ele mesmo. Sua recusa de se deixar levar pela opinião alheia me parecia uma característica valiosa em lugares onde há riscos.

John e Jim planejaram chegar ao nosso acampamento depois de nós, vindos de uma expedição a uma espetacular montanha de 7.181 metros nunca escalada chamada Menlungtse, na fronteira entre Nepal e Tibete.

O Kangchenjunga é uma montanha imensa, extensa, com inúmeras possibilidades de vias. Optamos pela aproximação pelo norte, que levava a uma nova rota na face oeste espremida entre um par de vias originalmente abertas pelos lendários montanhistas Doug Scott e Reinhold Messner. Primeiro, a expedição ficou ameaçada porque houve atraso na chegada dos equipamentos ao acampamento-base, decorrente de atritos políticos entre os governos de Índia e Nepal. Isso não podia ter acontecido em pior hora. Nosso caminhão de carga ficou preso em um enorme congestionamento na fronteira entre os dois países. Foi só graças a Eric, que negociou brilhantemente e molhou algumas mãos, que nosso caminhão foi para o primeiro lugar da fila. Enquanto isso, escalamos o que deu, dando um jeito de montar dois acampamentos nas partes mais baixas da montanha.

Finalmente, cerca de três quartos do nosso equipamento chegou de helicóptero, o que nos permitiu preparar nossa passagem nas partes mais elevadas da montanha. O *crux* da via era a face oeste de 914 metros que levava à aresta norte. Nesse ponto havia muita parede de rocha e gelo – terreno com inclinação de até cinquenta graus –, sendo que a instalação de cordas fixas nesse trecho consumiu duas semanas de trabalho. Na maioria das vezes, Roskelley e Nielson lideravam a escalada; em 1983, Larry tornou-se o primeiro norte-americano a escalar o Everest sem oxigênio suplementar.

Geralmente eu escalava com Roskelley e Wickwire, e dei segurança a John em várias de suas guiadas espetaculares. Ainda relativamente um novato em técnicas de escalada em alta montanha, aprendi muito observando um mestre fazer seu trabalho. Normalmente, Jim vinha depois de nós, carregando a corda que tínhamos que fixar durante a escalada do dia. Mas, agora, ele estava se movendo com uma lentidão fora do normal, parecia que algo não estava bem.

Afinal, o médico diagnosticou que Jim estava com pneumonia. Para a tristeza de todos, ele decidiu ir embora. À essa altura, John e eu tínhamos alcançado o topo da aresta norte. A parte mais difícil da escalada tinha ficado para trás, mas a partir daí a aresta não parecia moleza. Quando nos sentamos lá em cima, John me disse que partiria com Jim. Fiquei decepcionado. Essa era a segunda tentativa de John no Kangchenjunga e ele agora ele tinha plenas condições de chegar ao cume. Mas alegou vagamente "questões pessoais", embora tenha admitido que alguma coisa na dinâmica da nossa equipe não funcionava bem para ele. Além disso, queria acompanhar o amigo Wickwire na volta para casa.

Depois que Jim e John partiram, ficamos sujeitos ao mal tempo. Contudo, em 17 de maio, três de nós estabeleceram o Acampamento V, a 7.300 metros. No dia seguinte, com o céu perfeito, em oito horas e meia de escalada, Phil Ershler, Craig Van Hoy e eu fizemos o cume, Craig e eu sem oxigênio suplementar. Escalamos encordados, com Craig no meio. Quando Phil estava à frente, restava a Craig e a mim acompanhar seu ritmo, já que ele contava com o impulso do oxigênio suplementar. Na minha vez de guiar, achei bem difícil escavar degraus com os pés, mas pelo menos eu podia estabelecer o ritmo. Com exceção de um trecho de neve, com uma crosta chata que tivemos que escavar com as botas, as condições estavam excelentes.

Às 13 horas do dia 18 de maio, nós três chegamos ao cume. Após 43 dias na montanha, eu finalmente escalei um pico de 8.000 metros. Três dias depois, outro trio de colegas fez o cume. No final, a expedição foi um sucesso.

Antes da primeira ascensão do Kangchenjunga, realizada pelos ingleses em 1955, o líder de equipe, Charles Evans, soube que o povo de Sikkim, estado indiano que faz fronteira com a grande montanha a leste, morria de medo de ela ser escalada.

Para os sikkimeses, *Kangchenjunga* significa "os Cinco Tesouros da Neve"; a montanha era um deus e um protetor. Em uma audiência com o marajá de Sikkim, antes do início da expedição, Evans só obteve permissão para escalar mediante a promessa de que sua equipe não pisaria na ponta do cume. Cumprindo sua palavra, em 25 de maio de 1955, George Band e Joe Brown pararam a seis metros do cume, tendo à frente apenas uma fácil subida nevada. No entanto, nenhum outro montanhista manteve a promessa feita na primeira ascensão.

Em 18 de maio de 1989, Phil, Craig e eu, apesar de todo o respeito pelos deuses da montanha, paramos imediatamente antes do cume de verdade, que estava a apenas alguns segundos de caminhada. Passamos uma hora no alto da aresta, sob um clima sereno e ensolarado, curtindo a paisagem e desfrutando de um tipo de profunda satisfação que escalar uma das maiores montanhas do mundo pode proporcionar. A treze quilômetros a oeste eu podia ver o contorno do Everest me impelindo a voltar.

Assim que voltei ao acampamento, Lou Whittaker disse que seu irmão, Jim — o primeiro norte-americano a pisar no ponto mais alto do planeta em 1963 — estava planejando uma expedição multinacional ao Everest para a primavera de 1990 e que me queria no grupo. Novamente, não havia como recusar o convite.

Depois da sua primeira ascensão do Everest em 1963, Jim passou a ter algumas ambições políticas após fazer amizades com nomes importantes do partido Democrata da época. Em 1965, liderou a primeira ascensão do nunca escalado Yukon, 4.238 metros. Entre os membros da equipe estava o senador Robert Kennedy, que nunca havia escalado uma montanha de verdade na vida. A equipe deu o nome ao pico de Monte Kennedy, em homenagem ao irmão de Bobby, assassinado apenas dois anos antes.

O Monte Kennedy tem algumas faces e arestas imponentes, nas quais outros montanhistas posteriormente abriram vias desafiadoras. Mas a rota da primeira ascensão era um pouco mais que um passeio na neve. Dizem as más línguas que Bobby Kennedy foi arrastado montanha acima, incentivado por Jim Whittaker e outros escaladores, que enxergavam o valor político em benefício próprio — e para a eventual campanha de Bobby à presidência — no fato de ele fazer o cume. Seja como for, Bobby era um bom atleta em forma razoável, com 39 anos na época, e chegou ao topo.

O nome dado e a primeira ascensão do Monte Kennedy foram considerados por vários montanhistas um golpe publicitário, mas o feito realizou sua mágica política.

No final dos anos 1980, Jim conquistou amizades de outras figuras públicas importantes do governo. Era o auge da Guerra Fria e Jim e mais dois dos seus amigos políticos discutiam sobre como fazer um movimento pela paz mundial. Dessa confabulação surgiu a ideia que Jim chamaria de Escalada Internacional do Everest pela Paz. O conceito era reunir montanhistas das três potências mutuamente antagônicas

(China, União Soviética e Estados Unidos) para uma campanha conjunta pela aresta norte do Monte Everest, a via usada nas primeiras tentativas de conquista da montanha nos anos 1920, onde Mallory e Irvine desapareceram próximos ao cume em 1924. Como Jim relatou em 1991 no *American Alpine Journal*:

> Nossa meta era juntar três escaladores, um de cada país, no topo do mundo. Eles demonstrariam que, por meio da amizade e da cooperação, é possível realizar metas ambiciosas. Chamamos nossos inimigos para escalarmos juntos — os soviéticos e os chineses. Isso foi antes da *Glasnost*, antes da *Perestroica*, antes da era Reagan-Gorbachev, antes do Gorbachev visitar Beijing. Seria o cume dos cumes, inimigos tornando-se amigos.

A expedição foi também uma campanha de limpeza, já que os membros retiraram o lixo de acampamentos e garrafas de oxigênio da aresta norte. Citando Jim, nós tentamos "limpar o mundo de cima para baixo".

Para mim, o convite para fazer parte da Escalada pela Paz significava outra chance no Everest. A dor de ter parado a apenas noventa metros do cume em 1987 não havia diminuído quase nada nesses três anos.

Uma vez fazendo parte de uma expedição ao Himalaia, tudo parecia funcionar precisamente. No final, os chineses enviaram apenas escaladores tibetanos ao Everest, seja porque eles consideravam os tibetanos como verdadeiros chineses, já que haviam ocupado o país em 1950, ou seja simplesmente porque os escaladores chineses não eram fortes o bastante. Achei uma ironia cruel que o governo chinês tivesse escolhido como seus representantes para o Everest pessoas de um povo que eles oprimiam há décadas.

No início de maio, após oito semanas de trabalho, estávamos em posição para a primeira tentativa de ataque ao cume. Jim havia me pedido para estar nesse grupo, mas estava insistindo na ideia de que todo escalador do primeiro ataque devia usar oxigênio suplementar para aumentar a chance de sucesso. Antes mesmo da expedição, quando aceitei o convite, eu disse a Jim: "Sei o quanto você quer planejar essa escalada, mas eu não vou usar oxigênio suplementar". Mas Jim era um cara teimoso. Eu também. Um dia ou dois antes de a primeira equipe do cume partir, ele pediu que eu fosse um dos dois norte-americanos do grupo de seis homens. Posteriormente, contou a um jornalista: "Eu escolhi Ed porque ele era muito forte, mas também por causa da sua experiência como guia no Rainier, onde ele auxiliava outras pessoas".

Tive que repetir com educação: "Desculpe, Jim, eu não vou escalar com oxigênio. Para mim não tem problema se você colocar outra pessoa nessa tentativa."

Ele disse: "Vá dormir e pense nisso".

"Jim, eu não vou mudar de ideia", eu concluí.

No dia 7 de maio, dois soviéticos, dois tibetanos e os norte-americanos Robert Link e Steve Gall fizeram o cume. Isso acabou com a pressão — a Escalada pela Paz conseguiu cumprir seu objetivo. Como o próprio Jim escreveu mais tarde no *American Alpine Journal*: "Depois que dois de cada país fizeram o cume juntos, ficamos livres para tentar o cume no estilo que nos agradava". No dia seguinte, 8 de maio, dois soviéticos e eu partimos do nosso acampamento avançado a 8.230 metros.

O último trecho da aresta nordeste é na verdade a parte mais técnica de toda a via. É formado por placas de rocha inclinadas, dispostas como telhas e cobertas por neve fresca solta, com centenas de metros de exposição sob seus pés. Os dois maiores obstáculos são os famosos Primeiro e Segundo Escalão, ambos com paredes de rocha vertical de nove metros de altura. Cada um deles estava equipado com uma curta corda fixa e agora está bem mais fácil passar o Segundo Escalão porque há uma escada de alumínio que, impressionantemente, os chineses transportaram e aparafusaram na parede em 1975. De qualquer modo, não havia cordas fixas em 1990.

Como os grampões arranhavam e escorregavam na rocha lisa e angulada, eu me movia com o máximo de cuidado. Qualquer deslize resultaria em uma queda fatal. Um dos soviéticos estava usando oxigênio suplementar, de modo que ele rapidamente passou à minha frente. Já o seu parceiro, Andrei Tselinshchev, era tão forte que mesmo sem oxigênio conseguia acompanhar seu conterrâneo. Escalando sozinho atrás deles, eu ainda me sentia seguro com as minhas habilidades.

Depois de superar o Segundo Escalão, lá estava eu novamente a meros noventa metros abaixo do cume, como Eric e eu estivemos em 1987. Primeiro eu tinha que atravessar uma encosta que estava cheia de neve funda e não compactada. Abrir passagem na neve nesse estado exigia muito tanto física quanto mentalmente. Eu tinha que respirar quinze vezes a cada passo e, após alguns passos, escorregava e perdia metade do progresso feito. Eu olhava para frente tentando localizar marcos naturais. Um pequeno afloramento de rocha ou um penacho de neve passava a ser meu objetivo imediato. Assim que o alcançava, escolhia outro marco. O cume ainda parecia inconcebivelmente distante. Eu me sentia lento e letárgico, pronto para dormir em pé, seja por causa da hipóxia, pelo tédio do meu passo de tartaruga ou pelo sono acumulado das várias noites anteriores, não sei.

Perto do final da travessia, encontrei os dois soviéticos descendo de seu bem-sucedido ataque ao cume. Trocamos tapinhas nas costas, abraços rápidos e poucas palavras, pois eles falavam bem pouco inglês e eu não falava nada de russo. Depois segui em frente, enquanto eles desciam.

Finalmente cheguei ao bloco rochoso do cume. A vigilância exigida para escalar me despertou e me pôs de novo em alerta. Um canal de neve íngreme leva à crista do cume. Enquanto escalava os últimos metros rumo ao topo, uma sensação de incredulidade tomou conta de mim — ali, finalmente, estava o objetivo pelo qual eu tinha trabalhado arduamente desde quando era um adolescente e sonhava com isso. De pé no cume, as lágrimas congelavam no meu rosto.

Naquele momento, sozinho física e emocionalmente, eu era a pessoa no ponto mais alto do mundo. Eu achava que era mínima a chance de voltar ao topo do Everest, então queria eternizar aquela memória. Tirei várias fotografias de mim mesmo com minha câmera, depois uma panorâmica das arestas das montanhas menores que pareciam ondas do mar. Depois de menos de uma hora no cume, comecei a descida. Como sempre faço em toda montanha de 8.000 metros, lembrei-me que a escalada ainda estava pela metade. Um grande número de escaladores, até os mais experientes, já havia morrido na descida depois de chegar com sucesso ao cume.

Graças ao bom tempo e à logística impecável, a Escalada pela Paz tornou-se a mais bem-sucedida expedição ao Everest da história: vinte escaladores fizeram o cume sem nenhum acidente grave. Apesar de alguns conflitos internos, a liderança de Jim Whittaker foi a liga que manteve a expedição unida. Eu fui o único norte-americano a fazer o cume sem oxigênio suplementar, embora quatro dos soviéticos tenham feito também.

Depois de três anos, resolvi minha diferença com o Everest. E escalei a montanha no estilo que havia determinado praticar em todas as minhas escaladas de grandes montanhas.

Nos anos seguintes, depois da primeira vez que escalei o Everest, a pergunta que mais ouvi foi: "Por quê? Por que você faz isso? Por que escalar é tão bom?".

Essa é a pergunta com que todo montanhista se depara e para a qual poucos deram respostas coerentes. Tenho uma resposta curta e uma resposta longa. A curta é: "Se você tem que perguntar, nunca saberá".

Na resposta longa, tento ser um pouco menos superficial. Porque, afinal, é uma questão que faz sentido: o não montanhista que assiste minha apresentação de *slides* vê basicamente sofrimento, frio, risco e até morte. Então tento explicar que, por natureza, eu sou extremamente orientado por objetivos e automotivado. Tenho muito incentivo e gosto de me impor desafios. Gosto do que não é fácil, do que não se consegue tão rápido.

E as montanhas são um lugar lindo onde posso enfrentar esses desafios. E o principal é que você enfrenta esses desafios ao lado de amigos escolhidos a dedo que têm metas, aspirações e ética similares às suas. Uma grande escalada é uma mistura maravilhosa de dificuldade e intimidade. O desafio é tanto físico (que é onde entra meu treinamento fanático) e mental. Se o corpo aguenta, a mente pode levar você a fazer coisas incríveis.

Por fim, a escalada em alta montanha é por si só viciante. Quando desço uma montanha, e vou para casa partindo do Nepal ou do Paquistão, não demora muito para querer mais. Preciso de uma dose daquele remédio mais uma vez.

Imediatamente após meu retorno do Nepal, voltei ao Rainier para meu nono verão guiando para a RMI. Mas, em vez de trabalhar como veterinário, passei aquele outono construindo casas por 20 dólares a hora, simplesmente porque era o tipo de emprego que podia largar a qualquer momento para entrar em uma expedição.

Estava trabalhando para um amigo chamado Dan Hiatt. Eu já tinha conhecimentos básicos de carpintaria, mas o Dan me ensinou os requintes do negócio. E ele entendia perfeitamente minhas faltas. Basicamente, ele disse: "Ed, você pode ir e voltar quando quiser". Mesmo assim, foi um passo assustador largar a carreira de veterinário por tempo indeterminado enquanto tentava ganhar a vida batendo pregos e como guia da RMI.

O inverno de 1990-1991 foi absurdamente gelado e úmido, até para os padrões de Seattle. Para construir uma casa no noroeste da costa do Pacífico, é preciso trabalhar faça sol ou faça chuva. Naquele inverno, Dan e eu estávamos construindo a casa na qual ele ia morar com sua família assim que estivesse pronta — uma grande estrutura de três andares em West Seattle, uma encosta às margens de Puget Sound. A casa era incrustada em uma colina a cerca de seis metros acima do nível da rua de acesso a ela. Toda semana, um caminhão entregava uma pilha enorme de madeiramento. Tínhamos que carregar peça a peça — vigas de telhado, compensados e incontáveis tábuas de 5 x 15 centímetros até a construção. Depois tínhamos que pregar cada uma em seu lugar.

Dan tinha a mania de não construir as escadas da casa até que a casa estivesse quase pronta. Elas teriam facilitado muito nossa vida, mas como eu não sabia como construí-las, ficava à mercê de Dan. Sendo assim, por meses, escalamos como macacos carregando as peças de madeira à medida que a casa ficava cada vez mais alta. Era um trabalho de cão.

Continuamos trabalhando mesmo sob chuva constante ou temperaturas congelantes. No fim, estabelecemos a "regra dos três choques". Em dias chuvosos, se tomássemos três choques ao usar ferramentas elétricas, tínhamos que parar e ir tomar um café. Nos piores dias, nossos gritos ecoavam pela casa. *Zap!* "Um!" — Dan gritava lá da sala de estar. "Dois!" — eu gritava do andar de cima. "Três!" — e largávamos tudo e íamos para a Starbucks.

Para mim, tempo era dinheiro. Quando Dan tinha outros compromissos, eu trabalhava sozinho para garantir meus 20 dólares por hora. Um dia, quando Dan estava fora da cidade, engendrei um verdadeiro embate para colocar as lâminas de compensado de 1,20 x 2,40 metros no forro inclinado a dez metros de altura do chão. A previsão era de chuva gelada à tarde, mas eu estava determinado a trabalhar até o último minuto. Usando uma tela de náilon, feita com minhas fitas de escalada, amarrei uma alça em cada folha. Depois subi as escadas até as vigas do telhado. Com essa segurança estática para me proteger, escalei o trecho final da inclinação do telhado, puxando a corda com uma mão enquanto rebocava a lâmina de compensado com a outra. Uma vez que conseguia colocar o painel no lugar certo, batia os pregos. De vez em quando começava a chover. Na hora de ir embora, batia na madeira para dar sorte enquanto deslizava no meu rinque de patinação com 45 graus de inclinação.

Steve Swaim tinha vendido a casa em que eu alugava um quarto no ano anterior; então eu precisava achar um novo lugar para morar. Um amigo chamado Dave Magee, que tinha alugado uma casa ao norte da universidade, convidou-me para morar em seu porão. O lugar era praticamente um calabouço sombrio. Ele disse que nunca tinha entrado lá. Mas ele sabia que eu estava duro, então falou para eu ir dar uma olhada.

O porão era terrível. Não tinha janelas e estava cheio de teias de aranha e fezes de rato. "Para mim está bom" — eu disse sem hesitar. Surpreso, Dave respondeu: "Que tal 50 dólares por mês?" "Fechado" — eu respondi.

Fiz uma faxina, varri toda a sujeira de rato e as teias de aranha, pintei as paredes e estendi um tapete velho. Como não havia janelas, às vezes eu não sabia se era dia ou noite. Morei quase dois anos nesse calabouço.

No final de cada dia exaustivo de trabalho na casa de Dan, eu ia para o meu porão. Àquela hora, geralmente estava escuro e frio. Eu sabia que se me sentasse, não ia conseguir levantar por horas, então aproveitava para correr antes disso. Dan soube do meu exercício noturno. "Não acredito que você vai correr agora" — ele dizia quando largávamos o serviço após oito horas de construção. Mas eu achava que tinha que continuar meu treino. A carpintaria não era um trabalho fácil, mas escalar as montanhas do Himalaia era ainda mais difícil.

Por meio de Phil Ershler, conheci um camarada de quase cinquenta anos chamado Hall Wendel. Ele era CEO da Polaris, fabricante de motos para neve, uma pessoa bem-sucedida. O bichinho da escalada o pegou relativamente tarde e ele agora tinha contratado Phil e eu para acompanhá-lo ao Everest na temporada de 1991. Phil convidou Robert Link e eu como guias-assistentes. Seria minha quarta expedição ao Everest, mas para mim surgia como uma viagem grátis ao Himalaia, com um pequeno salário para ajudar. E a equipe tentaria a rota pelo Colo Sul, um lado da montanha onde eu nunca havia estado.

Então, em algum momento antes da viagem, Hall e Phill tiveram um desentendimento. Robert e eu concordamos em assumir o trabalho como colíderes. Os únicos clientes seriam Hall e sua filha Amy que, aos 25 anos, era guia no Rainier, mas sem qualquer experiência no Himalaia.

Foi a primeira vez em que usei oxigênio suplementar em uma 8.000 metros. Eu já havia escalado o Everest e também não estava ali em busca dos meus objetivos pessoais, mas, sim, para cuidar dos meus clientes. Nessa situação, achei que usar oxigênio seria um fator de segurança a mais caso alguém estivesse em apuros. No fim, Amy adoeceu no Acampamento III da Face Lhotse e não conseguiu escalar mais. Hall chegou ao Colo Sul, a 7.900 metros, mas, por pouco, escalando com muita lentidão e dificuldade. Na verdade, ele teve um excelente desempenho para a primeira vez em uma 8.000 metros, mas o esforço o desgastou. Parte dessa debilidade deve-se à incerteza de não saber o que esperar em uma montanha como o Everest. Normalmente, são duas ou três tentativas para saber como se preparar e como se fortalecer. Embora seja algo duro de fazer, no dia seguinte tive que dizer a Hall: "Aqui é o máximo que você deve subir".

No momento em que nos ajeitamos em nossas barracas no Colo Sul, eram 22 horas e eu me sentia exausto. Eu estava tão cansado pelo trabalho de guiar e montar acampamentos que achava que o único jeito de fazer o cume seria usando oxigênio suplementar o resto do percurso.

Pela manhã, mais ninguém queria fazer o cume, nem Robert Link. O que não era surpresa alguma: depois de oito semanas transportando carga, fixando cordas e abastecendo acampamentos, a maioria dos escaladores sente-se fisicamente exausta, bem como exaurida mentalmente e com saudade de casa. Se você pega um resfriado em alta montanha, ele dura semanas. Você desenvolve uma tosse seca que não passa. Um cortezinho no dedo nunca sara. Isso é o que o corpo pode fazer para funcionar a um nível mínimo. Ao saber que faltam 915 metros até o cume, é muito fácil jogar a tolha.

Mesmo assim, eu achava que seguir adiante compensaria mais que desistir, e as condições da neve e do clima estavam boas. No Himalaia, existe uma antiga e respeitada tradição que diz que toda a equipe deve trabalhar em conjunto para que dois escaladores estejam aptos a tentar o cume. Eu achava que, se conseguisse fazer o cume, seria uma pequena vitória para toda a trupe.

À 1 hora da madrugada, do dia 15 de maio, parti do Colo Sul. Estava usando oxigênio suplementar, mas logo depois o sistema todo parou. Livrei-me da máscara e dos tanques e continuei sem oxigênio, afinal, eu já tinha feito isso um ano antes.

Aquele dia, enquanto caminhava penosa e lentamente montanha acima em meio às nuvens, ocorreu-me o pensamento de que estava seguindo os passos dos meus heróis, Edmund Hillary e Tenzing Norgay. Embora já tivesse escalado o Everest pelo norte, cada passo ali era terreno novo para mim.

Doze horas depois da saída do acampamento, estava me aproximando do cume. Vi um cara em pé lá em cima, olhando para baixo, tirando fotos de mim. Mais tarde ele disse que estava imaginando quem eu seria. Antes da expedição, Hall Wendel quis que todos nós usássemos roupas iguais. Robert Link fez o pedido, mas o único tecido disponível indicava "magenta" no catálogo. Para nós, as roupas mais pareciam rosa choque! Mesmo assim, uma roupa de graça é uma roupa de graça.

Então eu estava escalando perto do cume, usando a tal roupa cor-de-rosa; e o cara no cume pensando *hum, escalador sem oxigênio, sozinho, roupa rosa – deve ser francês.*

Dava para vê-lo esperando, enquanto eu me esforçava para percorrer os últimos metros. Eu estava irritado com a ideia de que, de algum modo, aquele cara ia estragar minha experiência de imensidão. Mais irritado ainda porque ele não parava de tirar fotos minhas e eu queria era ficar sozinho naquele último esforço e não ser um potencial objeto a aparecer em alguma revista. Quando cheguei ao topo, encarei o escalador. Ele tirou sua máscara de oxigênio e olhei bem na cara dele.

"Andy?!", disse surpreso.

"Ed?!", ele respondeu, igualmente surpreso.

Era Andy Politz, meu velho amigo das disputas de carga da RMI e da Face Kangshung; ele havia escalado a face norte como membro de uma expedição liderada por Eric Simonson. Uma hora antes, o próprio Eric bem como George Dunn tinham feito o cume também; era a primeira vez no Everest para ambos. Andy e eu chegamos ao cume com apenas alguns minutos de diferença um do outro. Estávamos simplesmente abismados com a coincidência.

Andy queria ficar mais um tempo ali papeando, mas vi que o tempo estava começando a virar e queria descer logo. Eu disse: "Ligo quando voltar para casa para conversarmos". Depois de apenas alguns minutos no topo, nos abraçamos e começamos a descer por caminhos distintos. "Até mais", nós dois dissemos.

No inverno de 1991-1992, eu estava ocupado planejando a viagem ao K2 com Scott Fischer. A escalada das 8.000 metros tinha realmente me pegado, embora eu ainda não tivesse pensado na ideia de escalar todas as catorze.

Ao mesmo tempo, aquele inverno foi um dos períodos de maior ansiedade da minha vida. Scott e eu estávamos implorando desesperadamente para arrecadar fundos para pagar nossas vagas em uma permissão russa para o K2. Eu tinha uma dívida de 25 mil dólares do tempo de faculdade. Eu estava pagando o valor mínimo mensal para liquidar o empréstimo.

Naquele ano, em momentos difíceis, eu era levado a encarar a triste realidade da minha vida profissional. Dei duro por nove anos para me formar veterinário. Consegui concluir o doutorado em medicina veterinária e consegui alguns bons empregos, só para largar tudo porque essa opção era incompatível com minha carreira de escalador. Naquele momento, prestes a completar 33 anos, estava batendo pregos e guiando para me sustentar. Era isso o que eu queria para o resto da minha vida? Muitos escaladores tinham feito essa escolha para ganhar a vida e continuar escalando. Dez anos antes, morando a quilômetros de Seattle, Jon Krakauer tinha trabalhado na construção civil para poder largar tudo e ir para o Devil Thumb ou Cerro Torre quando quisesse. Foi só em 1981, depois de cinco ou seis anos batendo pregos e trabalhando em pesqueiros no Alasca, que Jon teve coragem de tentar ganhar a vida como escritor.

Na primavera de 1992, enquanto Scott e eu planejávamos a viagem ao K2, eu estava muito empolgado com o desafio que nos aguardava. Mas ter uma fonte de renda segura proveniente de algo que tivesse a ver com montanhismo... bem, parecia não haver chance alguma de isso acontecer.

Dobradinha e o verdadeiro amor

Nunca vou conseguir pensar na nossa expedição ao K2 de 1992 sem uma mistura de sentimentos. Não importa o que Charley Mace ou Scott Fischer pensaram da nossa decisão de continuar para o cume enquanto uma tempestade se formava e nos alcançava, eu ainda tenho convicção de que aquele foi um dos grandes erros da minha carreira de escalador. E, até hoje, penso que o momento em que Scott e eu fomos arrastados pela avalanche até eu conseguir fazer o autorresgate e interromper nossa queda é o tipo de situação extrema pela qual espero nunca mais passar.

Ao mesmo tempo, voltei do Paquistão naquele mês de agosto com uma enorme sensação de orgulho pelo que realizamos — não só pelo nosso papel no resgate de Gary Ball e Chantal Mauduit, mas por persistir tanto na montanha e passar por tantos contratempos, para finalmente conseguirmos ter a chance de fazer o cume. E eu estava orgulhoso por ser o primeiro norte-americano a pisar no cume das Três Grandes: Everest, K2 e Kangchenjunga, todas sem usar oxigênio suplementar.

Por isso, fiquei completamente surpreso com o que aconteceu algumas semanas depois do meu regresso a Seattle. Durante a temporada de outono, telefonei para Lou Whittaker para falar sobre o trabalho de guia em 1993. Eu esperava passar todo o verão na RMI no ano seguinte.

Lou disse: "Bem, Ed, sabe como é, você ficou fora uma temporada. Acho que não posso trazer você de volta com o mesmo salário. Temos que acertar um valor menor."

Eu fiquei boquiaberto. Havia dez anos que eu guiava na RMI. Comecei como peão até me tornar relativamente um guia sênior. Meu salário tinha passado de 500 dólares por mês a 1.200 dólares. E agora, ao ouvir o que Lou estava dizendo, eu pensei, *O quê? Você vai cortar meu salário? Só porque fiquei fora no K2?* Desliguei sem tomar uma decisão.

Antes de viajar para o Paquistão em junho, conversei com Gerry Lynch, coproprietário da RMI: "Olha, não sei ao certo quanto tempo ficarei fora. Mas não conte comigo no próximo verão." Enquanto isso, no Rainier, todos os meus amigos guias comentavam entre si: "Puxa, o Ed está no K2, não é o máximo?".

Eu não conseguia entender o raciocínio de Lou. Se eu fosse dono de uma prestadora de serviços de guias e um dos meus guias tivesse acabado de voltar do Everest ou do K2, acho que os clientes iam cair em cima. Eu adoraria dizer: "Sabe quantos guias da RMI já escalaram o Everest?" Eu seria um *outdoor* fazendo propaganda da nossa experiência e de nossas conquistas.

Levei um tempo processando aquela ligação, mas sabia que estava decidido. Disse a mim mesmo: *Não vou me rebaixar. Não vou implorar para voltar ao Rainier. Ponto. Deu. Vou procurar outro emprego.* Escrevi uma carta a Lou recusando educadamente sua oferta de salário menor. Obrigado, mas não, obrigado. Como resultado, nunca mais guiei em período integral.

O que parecia inexplicável é que o próprio Lou havia liderado três expedições ao Himalaia: ao Everest em 1982 e 1984 e ao Kangchenjunga em 1989. No Kangchenjunga, nos demos muito bem. Ele era o líder da expedição, e eu fui eleito pelos colegas o escalador líder. Lou arrecadou o dinheiro para a viagem e montou a equipe, mas não tinha qualquer ambição de fazer o cume. No fim, não passou do Acampamento II. Mesmo assim, considerou a expedição um grande sucesso já que seis dos guias da RMI fizeram o cume.

A diferença, aparentemente, é que essas três expedições ao Himalaia aconteceram durante a primavera, entre março e maio, ou seja, não houve conflito com a temporada de verão e guiada da RMI no Rainier. No Nepal, para os escaladores, o verão é quase sempre um fracasso total — praticamente nenhuma expedição se arrisca porque a monção, com a infindável precipitação de neve, encobre o Himalaia de junho a agosto. Mas, no Paquistão, a monção quase não tem impacto, de modo que as expedições ao K2 e a outras grandes montanhas do Karakoram são ocupadas nos meses de verão. Ao ir para o K2, tive que abrir mão da temporada na RMI de 1992. Mas nunca imaginei que estava me enforcando ao fazer essa escolha.

Naquele verão, Lou estava com 63 anos. Quando era jovem, tinha sido parte ativa da cena da escalada. Esteve no K2 em 1975 com uma expedição norte-americana em que houve muito conflito interpessoal e não conseguiu avançar muito na montanha. (Galen Rowell, membro da equipe, posteriormente escreveu um relato detalhado da viagem, intitulado *In the Throne Room of the Mountain Gods*.)

Portanto, Lou tinha estado no Everest, no K2 e no Kangchenjunga, mas nunca chegou perto do cume de nenhuma dessas três maiores montanhas do mundo. Para completar, como era gêmeo idêntico de seu irmão Jim, era sempre confundido com o primeiro norte-americano a pisar no topo do Everest. As pessoas quando o conheciam costumavam dizer: "Ah, você escalou o Everest". E ele tinha que responder: "Não, foi o meu irmão". Essas negativas devem ter sido cansativas depois de um tempo.

Enquanto isso, Lou estava fazendo o próprio nome. Ele havia fundado e agora administrava um dos serviços de guia mais bem-sucedidos dos Estados Unidos. Por muitos anos, esteve envolvido com a JanSport. Como principal porta-voz do montanhismo na empresa, levou a marca a um novo patamar. Era um ótimo contador de histórias e palestrante — e ainda é. Reza a lenda que ele criou a arte da autopromoção. Eu o admirava por ganhar a vida como escalador e também porque era um professor talentoso.

Depois do telefonema de 1992, eu era cordial sempre que encontrava com Lou. Nunca existiu um impasse entre nós. Eu sentia que a bola estava nas mãos dele. Mas, se nós estivéssemos trabalhando juntos, ele não me olhava nos olhos.

Quando voltaram ao Rainier no verão de 1993, todos os meus colegas da RMI comentaram entre si: "Cadê o Ed? O que aconteceu?". A fofoca começou a circular bem rápido: ele foi demitido, ele e Lou se desentenderam... Quando encontrei um dos meus amigos guias e ele perguntou: "Ed, o que aconteceu?", eu contei a ele. Todos disseram "O quê?!" Ninguém acreditou também na proposta do Lou de "temos que acertar um valor menor". No fim, todos os guias sabiam do desentendimento, mas ninguém falava a respeito.

Há poucos anos, na feira Outdoor Retailer em Salt Lake City, Lou aproximou-se de mim e disse: "Ed, sinto de verdade pelo que aconteceu. Espero que ainda sejamos amigos." Ele não admitiu em muitas palavras que tinha cometido um erro, mas encarei o gesto como um pedido de desculpas. Acho que, com o tempo, ele envelheceu e se deu conta de que não há problema algum em ser professor de um aluno que o superou.

Agora, quando participamos de algo juntos, do seu jeito Lou elogia minhas realizações. Sempre acreditei que desenvolvi muito das minhas habilidades no montanhismo não só com os ensinamentos de Lou, mas com os dos outros guias também. Não há ressentimentos entre nós e posso dizer que Lou é um grande amigo.

Durante o inverno de 1992-1993, eu ainda me sustentava como carpinteiro. Já fazia três anos desde meu último trabalho como veterinário. O "período sabático" que pensei em tirar da minha profissão estava começando a parecer uma mudança definitiva.

Vendo em retrospectiva, abandonar a carreira de verão como guia da RMI foi uma benção. Fiquei livre para fazer escaladas de verdade de acordo com o dinheiro e os parceiros que conseguia arregimentar. Em 1993, participei de três expedições diferentes ao Himalaia, duas a mais do que eu conseguia fazer antes em um mesmo ano.

Hall Wendel, o cliente que guiei no Colo Sul do Everest em 1991, tornou-se um grade amigo nesse ínterim. Ele tinha um apetite voraz por aventura e adorava sair por aí de uma hora para outra. Ele me ligava e dizia: "Eddo, (ele sempre me chamava de "Eddo") o que você vai fazer depois de amanhã? Vamos para o México? Tenho só seis dias e quero escalar o Popo e o Orizaba. Vou mandar as passagens pela FedEx."

Eu o alertei sobre o risco de desenvolver o mal da montanha ao sair do nível do mar para 5.700 metros em dois dias, mas não adiantou. Como precaução, o convenci a começar a tomar Diamox, uma droga que ajuda você a lidar com a altitude. Naquela viagem, saímos de Seattle para a Cidade do México e fomos de carro até o refúgio a 4.270 metros no Popocatepetl no primeiro dia e alcançamos o cume a 5.452 metros na manhã seguinte. De volta ao vilarejo para um filé com cerveja, refúgio no Orizaba no dia seguinte, e no outro dia o cume. Mais um dia de viagem para Cidade do México e decolamos para casa. Em um bate e volta de seis dias, escalamos dois dos três maiores vulcões da América Latina.

Eu literalmente viajei pelo mundo inteiro com Hall. Navegamos e mergulhamos no Caribe, escalamos no Equador e na Nova Zelândia, onde fizemos voos acrobáticos em bimotores. Hall sofre de intensa claustrofobia, então, para enfrentar esse medo, também nos aventuramos em cavernas na Nova Zelândia. Hall é graduado pela Escola Naval dos Estados Unidos de Annapolis, onde, entre todas as coisas, ele esteve a serviço em submarinos!

Na Nova Zelândia, contratamos um guia de caverna profissional, um cara magro e esguio, para nos guiar. Equipados com lanternas de acetileno e cadeirinhas, fizemos um passeio de treinamento em uma gruta de dificuldade moderada. Alguns dias depois, queríamos explorar uma caverna bem mais casca grossa chamada Howard's Hall, que começa com um rapel de 182 metros em um abismo. O único jeito de sair dali era continuar descendo até a saída, que implicava passagens bem estreitas.

Hall teria ido direto para a Howard's se eu não o tivesse alertado na caverna de "treinamento". Lá, vários metros adentro, Hall não conseguiu lidar com o confinamento e teve que voltar. Eu avancei um pouco mais, mas, depois de ver nosso pequeno guia se espremer por um apertado túnel submerso, eu disse: "Nem pensar!" É mesmo uma caverna de treinamento!

O mais louco é que, apesar de se descontrolar na nossa caverna de treinamento, Hall ainda queria tentar a Howard's no dia seguinte. Eu estraguei seu plano.

Primeiro, o negócio com Hall era que ele sempre me contratava para ser seu guia nessas viagens, mas, depois de um tempo, tive que dizer: "Hall, somos muito amigos para eu continuar cobrando". Todavia, ele sempre pagava a conta da viagem.

Em 1993, nem um pouco abalado pela dificuldade que tinha enfrentado no Everest dois anos antes, Hall contratou-me para guiá-lo no Pumori, uma bela montanha de 7.161 metros que flanqueia o sul do Everest. De todas as minhas expedições ao Himalaia e ao Karakoram, o Pumori foi a única vez que escalei uma montanha com menos de 8.000 metros. Éramos apenas quatro pessoas na expedição: Hall, eu e dois xerpas. Fiz todo o trabalho de guiada e fixação de cordas. No final, não conseguimos fazer o cume porque acabamos em uma área de *seracs* perigosos no dia da tentativa de ataque, mas, no fim foi uma expedição muito agradável. No alto do Pumori, onde a montanha era toda nossa, podíamos ver a multidão no acampamento-base do Everest lá embaixo, no Glaciar Khumbu. À noite, nos divertíamos sinalizando com nossas lanternas para os escaladores do Everest, que sinalizavam de volta.

Sem regressar aos Estados Unidos, fui direto do Pumori ao Tibete para me juntar a uma expedição de Eric Simonson. Ele estava à frente de uma expedição comercial ao Shishapangma, com 8.013 metros, a menor das catorze 8.000 metros, mas a última a ser escalada, feito realizado pelos chineses em 1964. Eric contratou-me, não para guiar clientes um a um, mas simplesmente para reforçar o grupo. Para mim era um negócio perfeito.

No final apenas um cliente chegou ao Acampamento IV, a 7.430 metros, e não conseguiu passar disso. Com isso, outro guia e eu ficamos liberados para fazer a única tentativa de cume da expedição. Mal saímos do acampamento, ele parou e disse: "Ed, não vou continuar. Não estou pronto para isso."

Não dava para acreditar. Eu disse: "Bom, eu vou sozinho então. Não estou pronto para voltar." Eu já tinha ido para o cume do Everest sozinho em 1990 e 1991, de modo que tinha certeza de que podia fazer o mesmo no Shishapangma. E tudo parecia bem, não havia gretas com que se preocupar e a escalada estava dentro dos limites.

Às 8 horas — extremamente cedo para uma 8.000 metros —, pisei no cume central do Shishapangma. Mas então me dei conta do problema. O verdadeiro cume estava a uma centena de metros adiante e a menos de seis metros verticais, mas a crista entre ambos corria sério risco de avalanche. Disse a mim mesmo que não podia atravessar aquele trecho sozinho. Era muito perigoso.

Foi terrível ter que voltar estando tão perto do topo, bem mais perto que os noventa metros verticais que ficaram entre Eric e mim e o cume do Everest em 1987. Se fossem outras condições, eu teria cruzado aqueles cem metros da crista em menos de uma hora. Há rumores de que outros escaladores que estiveram nas catorze 8.000 metros forjaram ascensões como a que eu quase fiz no Shishapangma, contando um cume secundário como o verdadeiro. Mas eu nunca faria isso e, mesmo que ficasse tentado a fazê-lo, Elizabeth Hawley jamais me permitiria ir adiante com isso.

Vivendo em Katmandu desde 1960, antiga jornalista da *Time* e da *Life*, Liz Hawley, a eterna "Miss Hawley" para todos, exceto para alguns amigos que a conheciam melhor e há mais tempo, firmou-se como a escrupulosa cronista e árbitra implacável do montanhismo no Himalaia. Toda primavera ou inverno, ela aguardava os membros de cada expedição em seus quartos de hotel em Katmandu na ida e na volta para descobrir seus vários objetivos. Assim que você se registrava no hotel, depois de um voo de trinta horas para o Nepal, Miss Hawley sabia que você havia chegado. O telefone na mesinha do quarto toca e você não tem outra escolha a não ser marcar um horário com ela.

Miss Hawley questiona os escaladores como uma promotora pública do diabo para saber quais foram suas verdadeiras realizações. Suas mais de quatro décadas de registros (só recentemente disponibilizados pelo American Alpine Club em CD) formam um arquivo insubstituível da história do montanhismo. Mesmo assim, pessoalmente, Miss Hawley, que nunca se casou, mas é notório que teve casos com vários pretendentes famosos e exóticos, é uma formidável grande dama. Na minha volta do Tibete em 1993, depois de Miss Hawley ter me examinado, ela me olhou direto por cima dos óculos e disse com firmeza: "Você sabe que não escalou o Shishapangma, não é, Ed? Terá que voltar e fazê-lo por completo."

Hall e Eric me pagaram um pequeno salário para guiar no Pumori e no Shishapangma e arcaram com todas as despesas. Mas esse dinheiro e o pouco que consegui guardar do trabalho de carpintaria no inverno era toda a minha receita de 1992-1993. E isso era um grande problema, porque o projeto que havia decidido tocar ia custar muito dinheiro.

Havia decidido que no outono de 1993, depois da temporada das monções, queria retornar ao Grande Corredor do Everest e tentar escalá-lo em solo, sem o auxílio de xerpas. Seria a coisa mais audaciosa que já havia tentado nas montanhas, em alguns aspectos, até mais "ousado" que o K2. O modelo seria o impressionante solo de Reinhold Messner de 1980 de três dias pelo Grande Corredor e aresta norte sem oxigênio suplementar, um feito que há muito representava para mim um tipo de a melhor performance no Himalaia.

Minha outra fonte de motivação vinha da experiência no K2. Depois de todas as dificuldades pelas quais passamos lá, com uma equipe tão inadequada, com vários membros realizando tarefas extenuantes só para ajudar os demais, eu queria concentrar minhas energias em uma montanha que fosse só minha. O desafio psicológico de estar sozinho em um lugar perigoso por semanas também me intrigava.

Sendo assim, durante todo o inverno, mesmo quando estava trabalhando na construção civil, tentei juntar dinheiro para meu projeto solo no Everest. Scott Fischer e eu aprendemos a correr atrás de verba antes do K2, quando finalmente conseguimos juntar uma pequena quantia vendendo as camisetas fornecidas pela JanSport. Eu sabia que o segredo para colocar em prática uma viagem, como essa para o Everest sozinho, era atrair patrocinadores. Mas, naquele tempo, nos Estados Unidos, escalador patrocinado era quase uma lenda. As empresas de equipamento de escalada, como a Black Diamond, diziam: "Ed, podemos fornecer vários mosquetões, mas não temos orçamento para te dar dinheiro". Equipamento de graça não me ajudaria a pagar a permissão e a passagem aérea.

Basicamente, passei o inverno de 1992-1993 pedindo. Pegava o telefone e ligava para alguma grande empresa como a Coca-Cola. Isso foi antes de a internet tornar-se acessível, então eu não tinha como pesquisar o nome do gerente de marketing da Coca-Cola eu acabava passando de um assistente para outro. Empresas desse tipo têm "barreiras", pessoas cujo trabalho é *evitar* que você chegue ao gerente de marketing ou a quem manda de verdade. Elas dizem: "Vou dar seu recado e ele retornará sua ligação". É claro que eles nunca ligavam.

Se eu fosse do tipo marqueteiro, já soltaria de uma vez: "Essa é a minha proposta. Isso é o que posso oferecer em contrapartida. Vou usar sua logomarca nas minhas roupas. Vou endossar seu produto. Farei uma palestra gratuita para seus funcionários quando voltar."

Não sou bom em me vender e detesto todo esse processo. Naquele inverno, gastei mais com ligações do que consegui de possíveis patrocinadores!

Demorou, mas percebi que as ligações não resolviam o problema. Eu precisava falar pessoalmente com pessoas que conheciam pessoas que conheciam pessoas... Fui a todos os coquetéis que pude. Conversava com todo mundo na cara dura.

A primeira surpresa veio de um encontro desses. Na Escalada Internacional do Everest pela Paz, organizada por Jim Whittaker em 1990, parte dos recursos veio da venda de vagas para a "caminhada de apoio". Os clientes pagariam um valor considerável só para poder caminhar ao lado da nossa equipe até o acampamento-base e estar ao lado dos escaladores. Um dos clientes daquele ano foi uma nova-iorquina chamada Jodie Eastman. Ela era casada com John Eastman, advogado que havia representado os Beatles — na verdade, era o irmão de Linda McCartney, ou seja, os Eastman tinham contato com pessoas de alto escalão. Jodie e eu continuamos em contato nos anos seguintes. Ela me ligava ou escrevia: "Ed, qual é o plano agora?"

Quando contei a ela sobre meu projeto solo no Everest, e todas as dificuldades que estava tendo para captar recursos, Jodie disse: "Vou ficar de olho". Um dia, assim do nada, recebi uma ligação de um cara de Los Angeles chamado Gil Friesen. Ele havia se aposentado havia pouco tempo de um cargo de chefia da A & M Records, onde tinha começado como *office-boy*. Era uma pessoa muito perspicaz e inteligente e, por algum motivo, interessava-se por pessoas como eu. Ele disse: "Vou tentar ajudá-lo". Fiquei surpreso com essa generosidade por parte de um completo desconhecido. Só para fazer a coisa acontecer, Gil pagou aos chineses minha permissão para o Everest.

Logo depois, Gil almoçou com um amigo, Tom Freston, que era presidente da MTV. Ele deve ter tido uma lábia muito boa, porque, de repente, alguns executivos da MTV me comunicaram que queriam ser o patrocinador máster. Ofereceram uma quantia substancial e, em troca, pretendiam fazer um documentário da escalada que seria exibido no canal MTV, no qual os telespectadores veriam a bandeira da empresa fincada no cume.

Enquanto isso, Jodie falou com alguém da Polo Ralph Lauren. A empresa estava lançando uma linha de roupas *outdoor* chamada Polo Sport. Simples assim, consegui o segundo patrocinador. A Polo nunca havia fabricado casacos de pena de ganso ou luvas para escalada antes, mas eu enviei aos modelistas meu equipamento antigo e eles o copiaram. Eu ajudei a desenhar alguma coisa da nova linha também. E, no Everest, tudo que eu vestia tinha a logomarca da empresa. Adoro dizer hoje que, no outono de 1993, eu era o escalador mais bem-vestido do Everest de todos os tempos.

Infelizmente, tive o azar de escolher uma das piores temporadas de outono da história recente do Himalaia. Basicamente, a monção não foi embora naquele ano. Fiz cinco tentativas de escalar o Grande Corredor, todas derrotadas pelo mal tempo e pelo terrível risco de avalanche. Foi um sobe e desce, sobe e desce, sobe e desce.

No acampamento-base, contava com o apoio de uma pequena equipe formada por um xerpa e minha amiga Carolyn Gunn, uma norte-americana que fazia o papel duplo de cozinheira e médica. A cada tentativa, eles me desejavam boa sorte quando eu partia rumo ao Acampamento I a 6.550 metros, bem na base da face norte. Armei minha barraca bem no meio de um campo de gretas, na esperança de que essas gargantas engolissem a maior parte das avalanches que desciam pela encosta. Na minha minúscula barraca, algumas noites, eu ouvia o estrondo dos deslizamentos. Estava pronto para sair correndo a qualquer momento, mas como eu saberia quando se tratava de uma ameaça real? Às vezes, aumentava ao máximo o volume do walkman para não ouvir o barulho. Mas, então, começava outra tempestade e eu me mandava de volta para o acampamento-base em busca da amizade e do conforto que os amigos ofereciam. No entanto, depois de um curto intervalo, eu me preparava para outra tentativa.

Meu plano era escalar em estilo alpino a partir do Acampamento I, levando comigo tudo que eu achava necessário para os três dias de ascensão até o cume. Na quinta tentativa, minha mochila pesava dezoito quilogramas. À uma da madrugada, estava frio e limpo, e eu achei que podia tirar proveito do frio que estabilizaria a neve que cobria o corredor. Mas, depois de algumas horas, tive que desviar por uma encosta íngreme à direita. Ali as condições não eram nada melhores, e agora havia milhares de metros de exposição sob meus pés. Experimentei dar alguns passos. De repente, toda a encosta se deslocou com um barulhento *Whompf!* Quase sujei as calças: aquele tipo de deslocamento era sinal de que toda a encosta estava prestes a despencar em uma imensa avalanche. Retroagi com o máximo de cautela, recolhi o resto do meu equipamento e deixei de uma vez a face norte para trás. Em cinco tentativas, não passei dos 7.160 metros.

Na hora, só pensei em desistir da expedição. Mas parte de mim protestou: *Droga, eu não estou pronto para ir embora.* Decidi caminhar pelo Colo Norte e tentar a rota pela face nordeste, que eu havia escalado em 1990. Mas, quando cheguei lá, já era muito tarde na temporada. Naquele outono, alguns escaladores fizeram o cume do Everest no início de outubro, pelas duas vias "padrão", o Colo Sul e a face nordeste, mas ninguém conseguiu chegar ao topo a partir do dia 10 de outubro. Quando finalmente estava em posição de ataque, já era quase novembro. Fiz duas tentativas, mas ventava muito forte e fazia muito frio. Na face nordeste, cheguei a 7.620 metros, só um pouco além da altitude que alcancei no Grande Corredor.

Sete tentativas ao longo de dois meses e nada a mostrar, só fracasso. Não cheguei nem perto de escalar o Everest. A MTV nunca fez o documentário. E como seu patrocínio, bem como o da Polo Ralph Lauren, era um negócio único, quando voltei aos Estados Unidos em novembro de 1993, tive que recomeçar do zero, pedindo dinheiro a desconhecidos.

Esse fim de outono foi o mais deprimente da minha vida. Eu ficava sentado no meu porão, olhando para o telefone, pensando *o que eu vou fazer?*. Estava pensando seriamente em voltar para a veterinária. Num relance, vi meu diploma da Estadual de Washington emoldurado pendurado na parede me encarando. Essa fase não foi só deprimente; foi realmente assustadora. Eu estava com 34 anos, havia largado minha profissão e, mesmo com todas as expedições das quais havia participado, não conseguia ver no futuro um jeito de me manter com o montanhismo.

Um dia, eu estava sentado, literalmente com a cabeça entre as mãos, quando o telefone tocou. Era John Cumming, um camarada guia do Rainier. O pai dele, Ian Cumming, era um rico empresário que estava ligado a um pequeno grupo de projetistas e outros funcionários que trabalharam para a respeitada fabricante de equipamentos para esportes *outdoor* Sierra Designs. Naquele outono, seis deles tentaram comprar a empresa e, quando a oferta não foi aceita, pediram demissão. Agora queriam fundar sua própria empresa, que se chamaria Mountain Hardwear.

Ian Cumming havia entrado com o dinheiro para abrir o negócio. Tanto Ian quanto John seriam diretores. Agora, pelo telefone, John, que tinha conhecimento das minhas expedições e também da minha dificuldade financeira, explicou a situação e disse: "Nós queremos que você faça parte da Mountain Hardware. Queremos que você seja nosso principal escalador patrocinado."

Jesus!, pensei, *É o salvador!*

Aquele telefonema seria um dos pontos de virada da minha vida. Em novembro de 1993, mesmo com o tanto que eu tinha me dedicado ao montanhismo de altitude, tinha pouco a mostrar. De repente, surgem John Cumming e a Mountain Hardware. Era alguém disposto a reconhecer o que eu estava tentando fazer.

No começo, a empresa só podia me pagar um salário de 15 mil dólares por ano. Contudo, para mim, era uma mina de ouro. Em troca pelo patrocínio, eu não só usaria a marca Mountain Hardware em todo lugar como também ajudaria a empresa a projetar seus equipamentos.

Treze anos depois, John Cumming, Gil Friesen e Jodie Eastman são meus amigos de longa data. Ainda sou patrocinado pela Mountain Hardware. A empresa e eu crescemos juntos. Minha parceria com esse grupo de pessoas maravilhosas, que nasceu num momento de total desespero em um porão, tem sido o negócio mais feliz e proveitoso da minha carreira. Foi ela que viabilizou tudo que veio depois.

Quase imediatamente, comecei fazer planos para a primavera de 1994. No ano anterior, Rob Hall tinha perdido seu parceiro inseparável, Gary Ball, no Dhaulagiri, quando ele sucumbiu ao edema pulmonar e morreu. Apesar de seu luto, Rob estava determinado a continuar com a Adventure Consultants. Ele já tinha uma permissão para guiar no Everest pelo Colo Sul em 1994. Ele então me convidou para ser o segundo em comando.

Quando chegamos ao acampamento-base em meados de março, éramos uma equipe de dezessete pessoas: seis clientes, seis xerpas escaladores, dois cozinheiros para o acampamento-base, Rob, sua esposa Jan Arnold e eu. Estava muito contente por Hall Wendel estar de volta como um dos clientes. Éramos um grupo bem diversificado, com dois clientes da Alemanha e um da Noruega, mas funcionávamos bem como um time. O norueguês, Erling Kagge, tinha ido aos polos norte e sul. Não tinha experiência de verdade em escalada, mas era muito forte. No Everest, Erling esperava tornar-se a primeira pessoa a pisar nos três "polos" do planeta.

Eu também tive uma nova ideia para tentar com Rob. Tinha visto centenas de fotos do lado sul da "ferradura" do Everest — um círculo gigante formado no alto do Glaciar Khumbu pelo Everest e seu vizinho, o Lhotse, a quarta maior montanha do mundo com seus 8.500 metros. E, é claro, quando escalei o Everest pelo sul em 1991, passei muito tempo admirando o Lhotse como quem não quer nada. Sabia que 60% da via de escalada do Lhotse segue pelo mesmo percurso da via de escalada do Everest. Apenas os últimos dois dias de escalada diferenciam a rota do Lhotse do trajeto do Everest, com um desvio a cerca dos 7.600 metros. No Lhotse, basta seguir um corredor reto e íngreme de neve e gelo direto até o cume.

Minha ideia era que já estávamos ali, guiando no Everest. Haveria mais pessoas escalando o Lhotse ao mesmo tempo. Para economizar, talvez pudéssemos comprar vagas na permissão delas. Se tudo corresse bem no Everest, e nos sobrasse tempo e energia, Rob e eu poderíamos tentar uma ascensão relâmpago do Lhotse sem clientes. Já estaríamos aclimatados e poderíamos subir no nosso próprio ritmo. Seria um estilo divertido de escalada, sem todo o tédio do transporte de cargas e montagem de acampamentos. Era pisar no acelerador e escalar o mais rápido possível, estilo alpino,

dobradinha e o verdadeiro amor

com a intenção de fazer o cume em três dias. Parte do raciocínio era que, apesar da sorte de ter o patrocínio da Mountain Hardware, eu ainda não conseguia arcar com o custo de organizar duas expedições distintas, uma para o Everest e outra para o Lhotse, no mesmo ano.

Rob ficou curioso. Ele disse: "Tudo bem, mas estamos aqui pelos clientes. Nosso primeiro compromisso é com eles. Se tudo der certo, sim, podemos tentar o Lhotse."

Naquela primavera as coisas deram certo. Sem incidentes, levamos todos os seis clientes e três xerpas ao cume do Everest. Depois das tentativas fracassadas no Everest e no Pumori, Hall Wendel ficou muito feliz por conseguir pisar no topo do mundo. Com a experiência que adquiriu nas expedições anteriores, ninguém segurava Hall em 1994. Ele foi o primeiro dos nossos clientes a fazer o cume. Conforme minha regra fundamental para guiar no Everest, usei oxigênio suplementar, assim como Rob. E dada a antecedência com que fizemos o cume, em 9 de maio, tínhamos tempo de sobra antes de a monção chegar. Rob e eu conduzimos os clientes com segurança até o acampamento-base e descansamos dois dias. Em seguida, com as mochilas pesando apenas vinte quilogramas cada, voltamos à montanha, com destino ao Lhotse.

Essa estratégia não foi invenção minha. Como muitos outros, esse ótimo precedente foi aberto pelo visionário Reinhold Messner, em 1984, quando ele e seu parceiro de longa data, Hans Kammerlander, fizeram uma travessia contínua e em estilo alpino do Gasherbrum I e do Gasherbrum II, um par adjacente de montanhas de 8.000 metros no Karakoram. Mas, desde então, pouquíssimos feitos comparáveis foram realizados.

O problema é que, depois de uma 8.000 metros, normalmente o escalador está tão cansado que só pensa em ir para casa. Portanto, quando nos preparamos para nossa campanha de 1994, fiquei lembrando a mim mesmo o tempo todo de que o Everest era apenas metade do plano. Preparei-me mentalmente para me poupar para a segunda metade.

Rob e eu estávamos em tão boa forma física e tão bem aclimatados que voamos montanha acima no Lhotse. Ele usou oxigênio suplementar, eu não. Outras equipes já estavam descendo, limpando a montanha, de modo que nem pudemos usar suas cordas fixas. Escalamos o Lhotse em estilo alpino num bate e volta de apenas quatro dias desde o acampamento-base. Fizemos o cume em 16 de maio, só uma semana após fazermos o cume do Everest. Quando escalamos a montanha, ao passar pelo Acampamento II, encontramos ainda muitos escaladores. Apenas dois dias depois, descemos todo o percurso do cume ao Acampamento II sem paradas, e o encontramos totalmente deserto. Montamos nossa pequena barraca ali. Foi muito legal. Estávamos sozinhos naquele lugar maravilhoso. Todo o Circo Ocidental era só nosso.

De brincadeira, passamos a chamar nosso duplo triunfo de "dobradinha", como em "dois pelo preço de um". Foi uma tática que eu viria a empregar nos anos seguintes para aproveitar a viagem. Quando funcionava perfeitamente, eu quase achava que estava trapaceando, de tão tranquilo. Por fim, meu amigo Neal Beidleman cunhou outro nome para a jogada. Nós fazíamos a segunda montanha tão rápido, e com tão pouco esforço, que pareceu apropriado batizá-la de "passadinha".

Durante o verão de 1994, recém-chegado do Everest e do Lhotse, mais uma vez fui trabalhar com meu amigo Dan Hiatt, o carpinteiro que me ensinou as artimanhas do negócio. Planejamos construir duas casas do alicerce ao telhado. Eu adorava o trabalho. Exigia esforço físico, eu ficava ao ar livre e todos os dias, na hora de ir para casa, tínhamos a recompensa de ver nosso projeto com uma nova cara.

Nessa época, estava morando no porão da casa da madrasta de Dan, em uma rua bem sossegada. Eu fugi do calabouço de Dave Magee e, embora minha nova morada também fosse um porão, este tinha janelas e um pórtico que se abria para uma vista panorâmica de Puget Sound. Eu tinha uma vista de 1 milhão de dólares a preço de banana. Dan morava do outro lado da rua, com sua mulher e dois filhos, na casa de três andares que construímos dois anos antes. Naquele mês de junho, estávamos trabalhando em uma garagem semi-subterrânea, assentando concreto, serviço que implicava carregar muitas lâminas de compensado e barras de aço. Era um serviço pesado e no final do dia estávamos exaustos. Mesmo assim, depois do trabalho, eu continuava correndo. Dan dizia surpreso: "Não acredito que você vai correr agora".

Dan jogava hóquei. Ele e seus colegas de jogo disputavam várias partidas. Em 3 de julho — não é difícil lembrar da data, devido ao que aconteceu aquele dia —, ele me convidou para uma dessas reuniões. Eu pensei *ah, não, não aguento outra reunião de amigos*. Quase não fui. Mas Dan me disse que seria ao ar livre, para tomar cerveja, fazer um churrasco, jogar pingue-pongue. Então, eu fui, em parte porque calhou de ser um belo domingo ensolarado.

Como todos os homens eram esportistas, naturalmente transformamos o pingue-pongue em uma competição de todos contra todos. Você colocava seu copo de cerveja na mesa e se o outro conseguisse acertar a bolinha dentro dele, ganhava um ponto extra.

Enquanto estava jogando pingue-pongue, dei uma olhada geral na área de churrasco. "Uau", disse a mim mesmo, "ela é uma gata!". Ela media cerca de 1,60 metro, com o cabelo loiro jogado sobre um olho. Estava vestindo uma saia meio amarela, meio alaranjada, jaqueta jeans e tamancos. Logo notei que tinha belas pernas. Depois disso, não consegui mais me concentrar no pingue-pongue.

Quando minha partida acabou, tomei coragem e fui falar com ela. Seu nome era Paula Barton. Tinha acabado de se mudar de Portland para Seattle. Tinha ido à festa com sua melhor amiga e colega de quarto, Janine Duncan, uma loira alta que atendia pelo apelido de J. D. Seu namorado, outro jogador de hóquei, era o anfitrião da festa. Na verdade, Paula também quase não tinha ido ao churrasco, sentindo-se meio deslocada no meio daquela gente desconhecida. De perto, vi que ela tinha lindos olhos azuis e um belo sorriso.

Mais tarde, Paula admitiu que também estava de olho em mim. Ela notou que eu estava bronzeado e era musculoso. Mas ficou um pouco tímida pelos olhares que eu continuava lançando. "Quem é esse cara que fica me encarando com esses grandes olhos castanhos?", perguntou a J. D.

"É o Ed Viesturs. Ele é escalador. Acabou de voltar do Everest."

Paula hesitou e disse: "Humm... onde exatamente *fica* o Everest?".

Ficamos um tempo de conversa fiada. Eu tentava agir naturalmente, então não pedi a Paula seu telefone. Sabia que podia consegui-lo com o namorado de J. D. Mais tarde durante a festa eu abordei o cara: "Então, qual é o lance da Paula?", perguntei.

"Ela é solteira."

"Que bom. Você tem o telefone dela?"

Dan e eu íamos comemorar o 4 de Julho no dia seguinte, no deque da casa dele. Ainda estávamos de conversa fiada e aproveitei para convidar Paula e J. D., mas ambas tinham planos que não pretendiam mudar. Mesmo assim, pareceram desapontadas por não poderem ir, o que aumentou minhas esperanças. Mudei o assunto para escalada das montanhas. Alguém disse que já tinha ido ao Camp Muir no Rainier. Então planejamos vagamente uma ida do grupo todo para uma trilha até Camp Muir em algum dia daquele verão. Não foi como convidar Paula para um encontro.

Agora eu tinha o telefone da Paula. Mas, alguns dias depois, ainda não tinha tido coragem de ligar para ela. Um dia, estava correndo em Alki Beach e depois de terminar os exercícios resolvi deitar na grama. O condomínio em que Paula e J. D. moravam ficava em Alki Beach. Elas costumavam caminhar na orla para se exercitarem. Paula me viu esparramado na grama e disse a J. D.: "Parece o Ed, o cara que conhecemos outro dia na festa". O namorado de J. D. já havia contado a ela "ei, o Ed pediu seu telefone". Elas vieram conversar.

Eu disse: "Vamos para o Red Door amanhã à noite. Por que não nos encontramos lá?" O Red Door era um *pub* de Fremont, um dos lugares mais badalados de Seattle.

Paula tinha aula na noite seguinte, mas era em Fremont, a um quarteirão do *pub*. Ela disse: "Encontro você no Red Door depois da aula".

Quando Paula chegou, Dan, J. D. e eu já tínhamos bebido algumas cervejas. Naquele horário já tinha fila na porta para entrar. Paula foi direto para o começo da fila, onde, de algum jeito, conseguiu garantir sua entrada.

Conversamos por horas, quase gritando por causa do volume da música e do barulho das pessoas. Finalmente, Dan disse: "Ed, temos que ir embora". Nós tínhamos ido para o Red Door juntos no meu carro. Olhei para Paula. Sem hesitar, ela disse: "Eu levo você para casa". Entreguei a chave do carro para Dan.

A essa altura, já sabíamos que morávamos a menos de quatro quilômetros um do outro, de modo que seu desvio não seria perigoso. Nós entramos no seu antigo fusca conversível. Ela me levou para casa e aceitou meu convite para tomar a saideira na varanda de casa, com a vista de Puget Sound. Conversamos por horas, tomamos vinho, enquanto as velas derreteram inteiras. Não precisou de mais nada desde então. Nunca marcamos um encontro. Simplesmente nos conhecemos.

Paula tinha 27 anos, eu estava com 35. Passamos um tempo maravilhoso nos conhecendo melhor nos meses seguintes. Trabalhávamos o dia inteiro, depois íamos comer pizza e tomar cerveja assistindo David Letterman no apartamento dela. Aos fins de semana, saíamos para caminhar ou correr ou ainda ir a outra série de churrascos que parecia interminável. Levei Paula à festa de noivado do meu amigo guia Robert Link em Ashford. Lá ela conheceu todos os meus amigos da RMI.

Mais cedo, no mesmo dia, no trabalho, eu estava desmontando a estrutura de uma varanda, martelando por baixo de uma tábua particularmente resistente. Estava quase solta quando apliquei um pouco mais de força ao movimento, errei a tábua e acertei a martelada na testa. Vi estrelas e quase desmaiei. No espelho do banheiro, pude ver a marca certinha do padrão quadriculado do martelo na minha testa. À noite, estava sangrando. Paula riu da minha desgraça. Um dos meus colegas da RMI tirou sarro: "Bonito esse terceiro olho".

Ao longo dos anos, tive várias namoradas, várias delas foram um relacionamento sério, embora não tenha chegado a morar com nenhuma. Na maioria das vezes, não eram escaladoras, mas a princípio meu estilo de vida aventureiro despertava seu interesse.

Mas então eu ia viajar ou ficava falando de escalada. E o interesse ia acabando.

Se eu viajasse em uma expedição, algumas ficavam deprimidas e tristes. Chegava ao ponto de eu temer entrar no assunto de escalada. Até que dizia: "É isso que eu faço. Não vou parar de escalar. Acho que não vai dar certo." Às vezes era ela que terminava antes, às vezes, era um acordo entre as partes.

Nesses anos, às vezes saía com alguém realmente atraente em algum lugar exótico, como aconteceu com Chantal no K2. Mas então ficava claro que a relação não daria em nada sério.

Quando viajei para o Everest e o Lhotse em 1994, estava namorando, mas a garota não aceitou o fato de eu ficar tanto tempo longe. Quando voltei, terminamos. Finalmente compreendi que não precisava de uma namorada para me sentir bem comigo.

Naquele mês de junho, estava muito contente comigo. Havia acabado de escalar duas 8.000 metros em uma expedição. Estava sendo patrocinado pela Mountain Hardware. Tinha uma carreira que me permitia viver aventuras no mundo todo. Eu já estava planejando uma viagem para o Cho Oyu com Rob Hall no outono.

Paradoxalmente, sentir-me bem comigo e perceber que não precisava ter uma namorada me deu liberdade para me abrir. Foi quando conheci Paula. Em julho, nem estava procurando uma namorada.

Quando a conheci, Paula tinha dois empregos, um na Nordstrom, uma grande loja de roupas, e outro em uma pizzaria local, a Pegasus Pizzas. Como havia acabado de se mudar de Portland para Seattle, arrumou esses empregos até conseguir algo melhor, em administração ou na área social. Paula era formada em sociologia pela Universidade de Oregon e Portland. O principal motivo de sua mudança foi se livrar de um relacionamento que não estava dando em nada e expandir seus horizontes pessoais. J. D., amiga de Paula desde a infância, tinha acabado de alugar um apartamento e precisava de alguém para dividir o aluguel. Apesar de ser oito anos mais nova que eu, Paula tinha tido vários namoros sérios e tinha morado com um namorado, embora nenhum deles tivesse se revelado um possível marido.

Mais tarde ela me disse que, tendo isso em vista, eu não era o tipo dela. Ela nunca tinha namorado um cara atlético como eu, preferindo o que ela imaginava ser os caras "artísticos". Mas, naquele momento, Paula estava começando a trabalhar seu lado atlético. Com J. D., havia completado recentemente a corrida ciclística Portland-Seattle. Foi uma volta de 320 quilômetros que ambas fizeram com bicicletas velhas, levando dois dias para concluir o percurso, rindo e brincando o tempo todo. O pelotão de ponta terminou a prova no primeiro dia.

Desde o começo, adorei a personalidade de Paula. Era uma pessoa alegre, confiante, assertiva, interessante e disposta a descobrir novas aventuras. Eu gostava do jeito como ela se vestia, feminina, mas descontraída. Tinha uma beleza natural. Não se preocupava com maquiagem e esmalte. Eu não tinha paciência para mulheres que levavam uma hora de manhã para "dar um jeito no rosto". Eu sempre precisava só acordar e fazer alguma coisa.

Devagar, apresentei meu mundo a Paula. Naquele verão, com J. D., subimos até Camp Muir. Paula se divertiu muito, curtindo a novidade do desafio físico de caminhar na neve. Depois escalamos o Monte Baker juntos e, depois de um ou dois anos, o Rainier. No cume, estava absurdamente frio e ventava forte, mas Paula ria enquanto roía um bagel congelado.

Durante essas trilhas e escaladas leves, eu mostrava a Paula o que eu via no meu domínio das montanhas. Ela gostou da parte atlética da coisa, mas não sabia muito da escalada de verdade. Primeiro, ela não se deu conta do quanto era perigosa, pois não conhecia o bastante para ficar assustada.

Quando contei a ela que ia para o Cho Oyu no outono com Rob Hall, ela simplesmente disse "tudo bem". Ela tinha seus próprios planos para o outono: esperava conseguir um emprego de assistente social em um lugar chamado Childhaven, um centro de tratamento para crianças que sofriam abusos, eram abandonadas ou enfrentavam problemas relacionados a drogas. Paula tinha vocação para o voluntariado e se o trabalho tivesse algo a ver com crianças, ela se entregava.

Nos apaixonamos bem rápido. Bastou nos aproximarmos e pronto, tudo funcionou. Paula foi a primeira namorada que tive que não falava "ah, não, você vai viajar de novo?". Para mim, isso era muito importante. Paula aceitava o que eu fazia. Ela não tinha necessidade de tentar mudar isso. Eu precisava de alguém que me permitisse ser quem eu sou e eu jurava deixá-la ser quem ela era.

Eu sabia que Rob levaria um telefone satelital para o Cho Oyu. Ele era do tamanho de uma maleta, então não era possível levá-lo além do acampamento-base, e a ligação era muito cara, cerca de vinte dólares o minuto. Mas eu disse a Paula: "Provavelmente, vou poder ligar para você uma vez por semana durante a expedição", e ela respondeu: "Ótimo".

Foi depois de Rob e eu termos feito o cume do Lhotse na primavera anterior que comecei a cogitar a ideia de escalar as catorze 8.000 metros. Já havia escalado quatro delas e, lá no fundo, contava o Shishapangma, apesar de ter parado a uma centena de metros do cume real. Era uma 8.000 com asterisco. Ter o apoio de um patrocinador comprometido, a Mountain Hardware, me deu a confiança de que eu podia realizar meu sonho.

Naquele ano, eu finalmente tive coragem de falar publicamente sobre tentar as catorze. E embora não tivesse ideia do impacto que essa revelação teria, o próprio anúncio virou uma ferramenta promocional. Eu havia estabelecido para mim um objetivo que levaria anos para se cumprir, oferecendo à Mountain Hardware um empreendimento em torno do qual elaborar uma campanha publicitária com um extenso cronograma. Dei à minha jornada um nome que achei sugestivo: Endeavor 8 000. A Mountain Hardware comprou a ideia e colocou-a em prática.

Em 1994, eu ainda não era um montanhista famoso. Depois que escalei o K2 e me tornei o primeiro norte-americano a fazer as Três Grandes, a revista *Outside* publicou um pequeno artigo a meu respeito. Significativamente, o título era "Ed Quem?"

Localizado a somente 32 quilômetros a nordeste do Everest, o Cho Oyu (8.201 metros), é a sexta maior montanha do mundo. Foi escalada pela primeira vez em 1954 por uma equipe australiana e, desde então, ganhou a fama de ser, provavelmente, a mais fácil das 8.000 metros. Rob estava interessado nela porque ainda não tinha feito essa escalada, mas também para ver se podia incluí-la na lista de opções de viagens guiadas regulares da Adventure Consultants. Eu queria ir, obviamente, porque o Cho Oyu seria mais uma 8.000 no meu currículo.

Formamos uma equipe modesta: dois clientes, alguns xerpas, Rob, eu e Jan Arnold, esposa de Rob. Mais uma vez, eu estava recebendo um pequeno salário para ir ao Himalaia. Também ia poder testar em campo e divulgar alguns dos mais novos produtos da Mountain Hardware.

No longo voo para Katmandu, frustrado porque não consegui fazer o programa de áudio funcionar, peguei meu diário e escrevi uma entrada inicial:

> Foi um verão incrivelmente fantástico. Mas passou muito rápido. O melhor de tudo, sem dúvida alguma, foi Paula. Uau! Ela é a mulher mais maravilhosa que já conheci. Estou perdidamente apaixonado e não paro de pensar nela. Meu coração está grudado no dela. Me diverti tanto com ela e sei que tem mais por vir.

No Cho Oyu, infelizmente, nossos clientes logo desistiram. Mas, com isso, Rob, Jan e eu ficamos livres para tentar o cume no nosso próprio ritmo. Escalamos até o Acampamento II, a 7.100 metros, e até o cume em um dia. Sem clientes, estávamos fortes o suficiente para passar direto pelo acampamento avançado a 7.470 metros. Eu escalava sem oxigênio suplementar, enquanto Rob e Jan usavam-no.

O topo do Cho Oyu é um imenso platô e mede três ou quatro campos de futebol. Desde o topo da via normal, é preciso atravessar a maior parte desse platô; leva cerca de trinta minutos até chegar ao extremo do cume, que é repleto de bastões, bandeiras de orações e outras lembranças de ascensões anteriores. Se você escalou o Cho Oyu, ao partir do Nepal, na parada em Katmandu, Elizabeth Hawley irá pegá-lo com uma pergunta capciosa: "O que você viu lá de cima?". Se você não responder "Everest, Lhotse e Nuptse", ela sabe que você não chegou ao verdadeiro cume.

Fizemos o cume em 6 de outubro. Uma semana antes, liguei para Paula pelo telefone satelital no acampamento-base. Foi ótimo falar com ela. Bem antes de eu partir de Seattle, ela havia se candidatado para trabalhar no Childhaven. Agora, pelo telefone, ela anunciou feliz "consegui o emprego!" Como viria a sentir com o passar do tempo, no Childhaven Paula finalmente encontrou o trabalho que a inspirava e completava. Já eu estava ansioso para voltar para casa depois da expedição.

Rob e eu nos sentíamos tão inebriados depois do sucesso de 1994, que planejamos escalar quatro montanhas de 8.000 metros em 1995, fazendo duas dobradinhas no mesmo ano. Primeiro, guiaríamos no Everest, depois percorreríamos apenas um pequeno trecho até um vilarejo onde conseguiríamos que um helicóptero nos pegasse e nos levasse até o Makalu. A quinta maior montanha do mundo, com 8.462 metros,

Malaku fica ainda mais perto do Everest que o Cho Oyu, embora no lado oposto, a sudeste. Foi escalada pela primeira vez em 1955 por uma equipe francesa muito forte liderada pelo veterano do Annapurna Lionel Terray e Jean Couzy.

Passaríamos um tempo em casa e logo decolaríamos para o Paquistão, ainda durante os meses de verão, onde tentaríamos o Gasherbrum II e o Gasherbrum I. Se tudo desse certo, eu teria mais três montanhas na lista do meu projeto Endeavor 8 000, totalizando oito — ou nove, com o asterisco no Shishapangma. Eu já teria mais da metade do meu objetivo de catorze.

Jan Arnold nos acompanharia como gerente do acampamento-base no Everest e no Makalu, então achei que seria de bom tom convidar Paula. Ela aceitou na hora, embora nunca tivesse viajado para nenhum país do terceiro mundo.

Para o Everest, Rob arregimentou vários clientes, incluindo Doug Hansen, que trabalhava nos correios em Renton, Washington. Doug queria tanto ir ao Everest que assumiu um turno noturno nos correios e trabalhava na construção civil de dia só para juntar o dinheiro para comprar sua vaga na equipe da Adventure Consultants. Outro cliente nominal era Chantal Mauduit, que tinha comprado sua vaga só para tentar realizar seu sonho de ser a primeira mulher a escalar o Everest sem oxigênio suplementar.

Infelizmente, foi o ano em que as condições da neve estavam realmente ruins nas arestas superiores da via Colo Sul. Rob, seu conterrâneo e guia Guy Cotter e eu levamos cinco clientes ao Cume Sul, a menos de 110 metros verticais do cume, mas sabíamos que seria muito arriscado seguir em frente. Foi nessa expedição que Chantal sucumbiu no Cume Sul e teve que ser carregada de volta ao Colo Sul.

Doug Hansen era uma pessoa muito agradável e Rob ficou tão decepcionado por não conseguir fazer com que o cara dos correios chegasse ao topo que ofereceu a ele um desconto enorme se ele voltasse em 1996. Ele praticamente prometeu a Doug levá-lo ao cume dessa vez. Uma promessa que teve sérias consequências.

Enquanto isso, atuando como gerente assistente de Jan Arnold no acampamento-base, Paula ficou realmente frustrada por não ter mais responsabilidades. Ela se revelou na caminhada de dez dias pelos cada vez mais altos e distantes vilarejos do Vale do Khumbu. Ela não reclamou com relação aos primitivos alojamentos ou com as condições precárias. Os outros ficaram impressionados de ver aquela mulher tirar naturalmente uma aranha morta da tigela de arroz, dizer "eca" e continuar comendo. Mas, agora, ela tinha muito tempo sem nada para fazer. Ela sabia que não tinha experiência suficiente para ir além do acampamento-base, mas, além de ficar monitorando o rádio, não havia grandes surpresas no dia a dia. Pelo rádio, nós minimizamos o drama que foi o resgate de Chantal até o Colo Sul. Como era de se esperar, Paula se preocupava com nossa segurança, mas confiava nas minhas habilidades e no meu discernimento. Eu enfatizei várias vezes o quanto seria cuidadoso lá em cima.

Mas o Everest nunca é fácil e é sempre perigoso. Descobri com o passar dos anos que não importa onde eu mostre *slides* ou faça uma palestra, na hora das perguntas, as pessoas querem saber coisas básicas. O que você usa no dia do cume? O que você come e bebe? Como você faz para ir ao banheiro?

Talvez uma digressão maior esteja sendo feita aqui, para dar respostas mais detalhadas a essas dúvidas, explicar como é de verdade, dia a dia, minuto a minuto, escalar uma montanha de 8.000 metros.

Primeiramente, o que se usa em um dia típico de escalada acima dos 7.315 metros? Nos pés, botas duplas — uma bota de plástico com uma bota interna isolada feita de Alveolite, um tipo de espuma não comprimível. Dentro das botas, calço dois pares de meias grossas, fabricadas com uma combinação de lã e expandex. As antigas botas de couro que os escaladores usaram por mais de um século são muito inferiores ao plástico, pois o couro absorve umidade, que congela. É a receita natural para gangrenar os dedos. Lachenal e Herzog perderam os dedos dos pés no Annapurna em 1950 porque estavam usando botas de couro (embora eles não tivessem outra opção, já que as botas de plástico levariam ainda trinta anos para serem inventadas). Apesar dos recentes avanços na tecnologia das botas, os escaladores ainda sofrem congelamentos em expedições ao Himalaia e, por conta disso, perdem os dedos dos pés.

Por cima das botas, usamos sobrebotas isolantes feitas de espuma com uma cobertura de Gore-Tex. Prefiro sobrebotas que, além de cobrirem a parte superior da bota, possuam isolamento sob a sola. Você não precisa da melhor borracha no solado da bota para não escorregar na rocha, como se fosse fazer escalada alpina em altitudes menores, porque no Himalaia se usam grampões o tempo todo, mesmo para escalar rocha. Os grampões têm dez pontas sob a sola para cravar na neve e no gelo, bem como dois dentes frontais para escavar degraus em terreno íngreme. Por anos, preferi usar grampões com tiras, que são mais difíceis de calçar que o estilo mais moderno que tem travas, porque achava que uma boa correia prendia melhor os grampões nas botas. Um grampão que se move no meio de uma encosta técnica pode ser o motivo de um desastre. Outra coisa que todos os bons escaladores aprendem é a não enroscar a ponta frontal na perna da calça oposta à da passada, o que pode fazer você cair de cara no chão — uma péssima ideia em lugares íngremes.

Um dos problemas dos grampões é que em certos tipos de neve relativamente molhada, um punhado de neve tende a ficar grudado na área do arco do pé a cada passo. Essas bolas de neve sob o calçado podem fazer o escalador escorregar. A única solução quando isso acontece é bater na lateral do grampão com a ponta da piqueta para soltar a neve. Um processo cansativo, diria até mesmo chato.

Outra coisa: você não pode calçar os grampões dentro da barraca. Se fizer isso, logo terá uma barraca com o chão repleto de furos. Portanto, você tem que conseguir calçá-los do lado de fora e sem tirar as luvas. É por isso que todos os escaladores hoje preferem as travas. Quando eu ainda usava o modelo com correias, tinha que garantir que elas tivessem o mais simples sistema de ajuste possível.

No peito, usamos uma segunda pele. É preferível tecido sintético à lã, que tende a dar coceira. Algodão não serve, porque encharca de suor e não retém calor tão bem como o sintético. Sobre a segunda pele, usamos um macacão sem luvas de fleece. Não é prático usar uma blusa de fleece que você terá que enfiar para dentro da calça de fleece; considerando que ainda tem a cadeirinha e a barrigueira da mochila presas entre o quadril e a cintura, já tem muita coisa ali.

Se estiver muito frio, uso um casaco de fleece adicional sobre o macacão de fleece. E, depois, o macacão de plumas por cima de tudo, uma toca que posso fechar até formar um túnel para deixar de fora apenas olhos, nariz e boca. Ao longo dos anos, a Mountain Hardware preferiu as cores vermelho e amarelo para meus macacões de plumas, pois elas ficam bem nas fotografias.

Proteger as mãos é absolutamente vital. No ataque ao cume, nem as luvas mais grossas seguram o frio, e é preciso usar *mittens*. Eu prefiro usar uma luva interna dupla de fleece com aplique de couro na área da palma (o couro é melhor para segurar coisas) e náilon com enchimento na parte das costas da mão. E a parte da luva depois do elástico deve ir até o meio do antebraço. Muitos de nós usam "cordões de segurança" que prendem os *mittens* ao pulso, nada muito diferente do que as mães usam nas luvas das crianças no inverno para que elas não as percam. Voltando ao Annapurna de novo, durante a descida do cume em 1950, Herzog tirou as *mittens* e as colocou no chão para pegar algo na mochila. Em seguida, não pôde fazer nada além de ficar olhando enquanto as luvas escorregavam precipício abaixo. Por causa desse erro bobo, mais tarde ele teve todos os dedos amputados.

Sob a toca do macacão, uso uma toca de lã grossa. E também um tipo de bandana tubular, feita de lã, que se veste pela cabeça e se puxa para proteger o rosto, do pescoço até abaixo dos olhos. Eu faço um corte na altura da boca para me permitir respirar, mas deixo cobrindo o nariz. Finalmente, os óculos de proteção. Se não estiver muito frio, uso óculos de sol, mas em temperaturas extremas, preciso dos óculos de proteção vedados e superescuros. O ar é tão rarefeito nessas altitudes e a radiação ultravioleta tão forte que, mesmo em um dia nublado, se você tirar os óculos de proteção ou de sol para enxergar melhor, corre um sério risco de desenvolver cegueira da neve, como aconteceu a Chantal quando regressava do cume do K2.

Dá para imaginar que, com toda essa roupa, você fica parecendo um boneco de pelúcia. E é difícil não se sentir meio atrapalhado. Você tem até cinco camadas nos pés e três nas mãos. Se ainda usar máscara de oxigênio, pode se sentir em um traje espacial. Apesar de estar rechonchudo e feito um balão, você ainda tem que conseguir enxergar seus pés o tempo todo. Leva um tempo para se acostumar com tudo isso e dá para imaginar quanto demora para se vestir. À uma da madrugada, com dois caras em uma barraca minúscula se matando para colocar toda a roupa, é quase como disputar uma partida tortuosa de Twister sem respirar.

Nas 8.000 metros, carrego apenas uma câmera reflex com lente simples e corpo de plástico. Estou começando a usar equipamento digital, mas, por anos, usei filme. Trocar um filme é uma das coisas mais difíceis em altitude elevada. Você tem que calcular muito bem onde poderá tirar os *mittens* apenas por tempo suficiente para executar a tarefa. Tem que se proteger do vento, ou no mínimo ficar de costas para ele. E é fácil deixar o rolo cair — e lá se vão 36 imagens de um ou dois dias de escalada, fotografias insubstituíveis que você sofreu muito para tirar. Em algumas poucas ocasiões em que deixei o rolo cair, entrei em um breve debate comigo mesmo sobre se valia a pena ou não arriscar minha vida para ir atrás do rolo pela encosta. Com filme, eu fazia a mesma foto duas vezes, então tinha uma cópia da câmera para entregar ao meu parceiro mais tarde.

A cadeirinha também é essencial. Você deve colocá-la dentro da barraca e conferir se está bem posicionada e bem fechada. Se você tiver que se encordar, fará isso prendendo a corda na cadeirinha com um nó de oito ou lais de guia. Nas alças laterais da cadeirinha, pendura-se um mínimo de equipamentos. Eu levo um ou dois parafusos para gelo, um piton tipo *knifeblade*, duas ou três fitas de náilon e apenas quatro mosquetões, sendo dois de trava. O equipamento é para algum pequeno trecho técnico que eu tenha que resolver e não é o suficiente para escalar trechos complicados, como aqueles com que nos deparamos na parte baixa da Face Kangshung do Everest em 1988.

Também é necessário um descensor oito de metal para rapéis, seja para descer por cordas fixas ou montar um rapel com a corda de escalada. E você precisa também de um par de jumares ou ascensores, dispositivos que se agarram à corda com firmeza no sentido para baixo e deslizam facilmente para cima. São usados para garantir sua segurança ao subir por cordas fixas. Para passar pelas ancoragens, você clipa o ascensor superior à próxima corda antes de removê-lo da inferior, assim você permanece o tempo todo preso. Todo esse equipamento também passa a ser vital no caso de você ter que puxar um colega para fora de uma greta.

Eu carrego uma piqueta de 55 centímetros com enxó para cortar neve ou gelo em uma ponta da cabeça e uma ponta bem inclinada na outra para fincar no gelo íngreme. Essa ferramenta é bem melhor que a clássica piqueta usada por quase um século de montanhismo, um dispositivo com uma haste de freixo ou nogueira que media pelo menos um metro, longa o bastante para servir de bastão de caminhada nas geleiras, o que acabava sendo sua função principal. Nos idos dos anos de 1960,

111

esses estilosos, mas não tão eficientes machados, eram a ferramenta usada por montanhistas do mundo inteiro.

Minha piqueta é minha ferramenta mais importante nas montanhas. Com ela, posso interromper uma queda na neve ou no gelo, escalar com segurança trechos íngremes, usá-la para me equilibrar em encostas ruins e para escavar um platô na neve ou no gelo para minha barraca. Em terreno moderado, costumo usá-la como bastão para ajudar no equilíbrio.

Normalmente, levo comigo um monte de estacas para demarcar a via. São estacas verdes de um metro vendidas para produtores de tomate. Acrescento um pedaço de fita adesiva vermelha em uma das pontas de cada estaca. Antes de uma expedição, vou a uma loja de jardinagem e compro umas duzentas. O vendedor sempre diz: "Nossa, você vai plantar muito tomate este ano".

Na montanha, transporto as estacas em um compartimento da mochila como se fossem flechas em uma aljava. Fico espantado de saber que alguns montanhistas não pensam em levar estacas. Elas são uma segurança barata — livraram nossa pele várias vezes. Não dá para garantir que na descida o tempo estará tão bom como na subida.

Então todos querem saber, sendo sua roupa quase um traje espacial, como você faz para ir ao banheiro, especialmente se precisa defecar? Para falar a verdade, é um perrengue. Tenho sorte, sou bem regulado, assim geralmente consigo ir ao banheiro de manhã, antes de sair do acampamento. Mas geralmente, em alta montanha, os escaladores desenvolvem diarreia. Isso pode ser um verdadeiro problema.

Sendo assim, as três camadas — segunda pele, macacão de fleece e macacão de plumas — vêm com o que chamamos de *moon zips*, aberturas para que você possa ir ao banheiro sem ter que tirar as calças. Normalmente, é preciso também soltar as pernas da cadeirinha, então é importante que ela tenha essa opção.

Normalmente se tenta usar um lugar mais afastado da via de escalada, de preferência fora da aresta, acima de uma face íngreme. Ou se tenta cavar um pequeno buraco, se puder. Mesmo assim, um lugar como o Colo Sul do Everest é cheio de fezes humanas. As pessoas jogam uma pedra em cima de seus dejetos, mas, naquela altitude, nada degrada. O papel higiênico simplesmente é levado pelo vento.

À noite na barraca, se precisar urinar, é melhor levantar e sair. Mas todo mundo mantém uma garrafa, para as noites de tempestade ou para o caso de você estar se sentindo muito letárgico para sair. Desenhamos uma caveira com ossos cruzados na garrafa para não confundi-la com a garrafa de água. (Mais de um escalador cometeu esse engano no escuro.) Pela manhã, a urina virou uma gosma amarela que você tenta descartar em algum lugar fora da barraca. Alguns homens dominaram a arte de fazer xixi na garrafa deitados, mas eu nunca consegui fazer isso.

A barraca tem que ser forte o bastante para resistir à força do vento, mas relativamente pequena tanto para não pesar (o normal é que a barraca para duas pessoas pese dois quilogramas) quanto para preservar o máximo de calor possível. Nenhum som é mais familiar a um escalador do Himalaia que os ruídos das paredes das barracas balançando com o vento. Eu acho esse som alto demais para poder dormir, exceto na noite que precede o ataque ao cume, porque aí você não dorme mesmo, em parte porque está muito ansioso, mas também porque vai tentar sair por volta da uma ou duas da madrugada.

O tecido da barraca tem que ser respirável, mas outro aspecto chato de acampar em alta montanha é que toda a respiração exalada durante a noite se condensa e congela no teto e nas paredes. Se estiver ventando, cai gelo no seu rosto a noite inteira. Se não venta, é impossível não bater na camada que se acumulou. Ao se movimentar para se arrumar, certamente você causará uma pequena nevasca dentro da barraca.

Você pode achar que precisa do saco de dormir mais quente possível a 7.900 metros, mas eu uso um para zero grau Fahrenheit (-17ºC). Ele pesa só dois quilogramas. Consigo me virar com ele porque fico com toda a roupa, exceto as botas. Meu macacão de plumas funciona como um segundo saco de dormir interno. Geralmente, quando escalo realmente leve com um parceiro, levamos apenas um saco de dormir para os dois, abrimos o zíper e nos cobrimos com ele como um cobertor, "puxando" enquanto deitamos ao mesmo tempo, de costas. Como base, prefiro usar um colchonete de espuma de 9 centímetros de espessura e célula fechada, em que caiba o corpo inteiro, dos pés a cabeça.

Na hora de dormir, tudo que precisa permanecer aquecido tem que ir para dentro do saco de dormir com você. Botas internas, *mittens*, garrafas de água, câmera, baterias, meias extras e até a lata de combustível do fogareiro que será usada na manhã seguinte.

E para comer e beber? De longe, o mais importante na altitude é se hidratar na noite anterior à escalada. Falar é mais fácil que fazer. Usamos fogareiros que queimam uma mistura de gás propano-butano. Antes de entrar na barraca, um de nós enche um grande saco de lixo com gelo que escavamos e o deixamos do lado de fora, bem na porta da barraca. Quando não há gelo, temos que encher o saco de neve seca. Esse é nosso suprimento de água. Você enche panela a panela, mas, se tiver que usar neve seca, ela pode ter tanto ar que uma panela cheia pode dar só um oitavo da panela de água. O ponto de fervura é tão baixo nessas altitudes que a água mal passa do ponto de morna. Muitas vezes leva-se três, às vezes quatro, horas à noite para conseguir se reidratar para o dia seguinte.

A tarefa de derreter gelo ou neve, beber e encher as garrafas é um procedimento entediante, porém necessário. Normalmente, se eu derreto água para o jantar, meu

113

parceiro fica com o trabalho para o desjejum na manhã seguinte. Há vários relatos entre escaladores de alta montanha sobre sérias tensões interpessoais que surgiram porque uma das pessoas não executou sua parte da tarefa de derreter gelo e cozinhar.

Bebemos chá com açúcar e leite. Ou sopa instantânea — adoro as de ervilha. Eu também encho garrafas de água para o dia do cume, depois durmo com elas para não congelarem. Quanto mais alto, menos apetite. Tanto o exercício intenso quanto a altitude extrema funcionam como supressores de apetite. Às vezes tentamos jantar dividindo um prato congelado desidratado, como arroz e feijão ou chili mac. Comemos direto na embalagem. Prefiro os pratos condimentados tanto pelo sabor quanto pelo leve efeito de aquecimento que os temperos proporcionam.

Outras vezes, você não tem energia ou paciência para cozinhar, então tenta engolir um petisco. Castanha de caju, queijo, biscoito, salame com mostarda, carne seca, fruta desidratada. Mas nunca conseguimos comer o suficiente para repor as calorias necessárias, e é por isso que todo mundo que escala uma 8.000 metros perde alguns quilos.

O desjejum é mínimo: se você conseguir ferver água, pode tomar um café — nosso único luxo — com tubos de leite condensado. Cookies ou barras de cereal. Por algum motivo, biscoito recheado virou meu alimento favorito no Himalaia. Comer alguma coisa como um mingau de aveia faria você vomitar. No fim, qualquer coisa que você consiga engolir serve para fornecer calorias, não importa o quanto faça mal quando você está ao nível do mar.

No dia do cume, é importante escalar o mais leve possível. O almoço, que pode ser qualquer coisa que você coma durante o dia, pode ser reduzido a um doce — Snickers, Twix e chocolate meio amargo são meus favoritos. A barra energética normal fica dura como uma pedra; você tem que usar a piqueta para tirar um naco. Acabei preferindo géis energéticos, tubos com gel de alta caloria em vários sabores. Você espreme o gel na boca e engole como ostra fresca. Gosto de dizer, de brincadeira, que com o gel você ainda poupa a energia que gastaria mastigando.

Não dá para carregar mais de dois litros de água; geralmente, levo um litro para um dia de dezoito horas. Às vezes nem levo mochila, só enfio o almoço e uma garrafa de água nos bolsos. Geralmente é tão difícil parar que é quase muito esforço fazer uma pausa para beber ou comer um pedaço de um doce. Sem oxigênio suplementar, você começa a congelar em minutos. É uma questão de metabolismo: o oxigênio extra ajuda você a digerir a comida, aquecendo e fornecendo energia para o resto do corpo. No ar rarefeito acima dos 7.900 metros, sem a ajuda artificial, o metabolismo é muito lento. Sempre acho que fui abençoado com uma fisiologia incomum que me permite prosseguir por horas e até dias sem comer muito e mesmo assim sem adoecer.

dobradinha e o verdadeiro amor

Se não houver gretas ou trechos íngremes que exijam segurança, às vezes não levamos nem corda no dia do cume. E, é claro, quando fiz a escalada solo do Colo Sul ao topo do Everest em 1991, uma corda não teria ajudado muito.

O que mais eu levo? Uma lanterna de cabeça, porque você sai do acampamento no escuro, e também por segurança pois você pode ser pego pela próxima noite durante a descida na volta do cume. Pilhas de reserva. Um par extra de *mittens* (perder um *mitten* pode custar sua vida, não só os dedos). Um kit mínimo de primeiros socorros: curativo, gaze, Diamox para aclimatação na altitude, dexametasona, que é um esteroide anti-inflamatório para o caso de edema cerebral. Um frasco pequeno de colírio anestésico. Levo algum tipo de acelerador, como Dexedrine, como último recurso para o caso de precisar fazer alguém continuar andando. Até hoje, nunca precisei usá-lo.

Mesmo escalando leve, especialmente sem oxigênio suplementar, seu ritmo é reduzido a um rastejo interminável. Quinze respirações a cada passo, como eu tive que fazer na neve funda acima do Segundo Escalão do Everest em 1990, não é algo incomum. Se você olhar para o cume e disser a si mesmo: "Tenho 1.200 metros verticais para escalar nas próximas doze horas", isso é psicologicamente desanimador. Você provavelmente não vai conseguir. O que faço é dividir essa distância nas menores unidades possíveis. Aquela pedra a doze metros passa a ser o primeiro alvo. Digo a mim mesmo que não vou parar até chegar àquela pedra. Assim que chego lá, escolho outro alvo próximo. Cada trecho entre um par de minialvos passa a ser por si só um desafio. Apenas ao superar essas distâncias imediatas é que você consegue superar o todo.

Mesmo assim, sempre achei que o dia do cume é de cinco a dez vezes mais difícil que qualquer um dos dias de transporte de carga do início da expedição. Depois de semanas de trabalho pesado na montanha, você se sente fisicamente exausto e emocionalmente abalado. Você precisa de muita concentração e força de vontade para se manter firme para o ataque final ao cume.

Tudo isso pode fazer a escalada de uma montanha de 8.000 metros soar como uma das mais miseráveis ocupações conhecidas da humanidade. Na verdade, tais escaladas implicam doses excessivas de pura agonia, desconforto, tédio e frustração. Sem falar do medo caso as coisas comecem a sair dos trilhos.

Porém, um prazer imenso é proporcionado quando se consegue reduzir tudo isso em uma ciência, em escalar uma 8.000 metros da maneira mais eficiente e segura humanamente possível. E não há nada na vida como chegar ao cume. Além disso, sempre achei que, quanto maior o desafio, maior a recompensa.

Enquanto Rob e eu guiávamos clientes no Everest, Veikka Gustafsson estava escalando o Lhotse, o vizinho de 8.000 metros e a quarta maior montanha do mundo.

Na maior parte do caminho, seguíamos a mesma rota, de modo que nos vimos com frequência nos meses de abril e maio. Na primavera de 1993, Veikka tinha sido cliente de Rob e Gary Ball no Everest. Ao fazer o cume, tornou-se o primeiro finlandês a realizar tal feito. No outono de 1993, no Dhaulagiri, Veikka não foi como cliente, mas, sim, como parceiro qualificado de Rob e Gary. Após a morte de Gary, Veikka escalou a montanha sozinho, fazendo o cume em homenagem a ele.

Conheci Veikka rapidamente em Katmandu na primavera de 1993, em uma cafeteria chamada Mike's Breakfast, onde Rob nos apresentou. Gostei dele na hora, mas não tinha ideia de que Veikka viria a ser meu parceiro preferido nas montanhas de 8.000 metros. No fim, participamos juntos de pelo menos treze expedições para as maiores montanhas do planeta.

Agora, em maio de 1995, findas nossas respectivas escaladas, Veikka juntou-se a nós no acampamento-base do Everest. Caminhamos os três dias pelo vale até a cidade de Lukla, onde, como tinha sido programado, um helicóptero nos pegaria e nos levaria diretamente ao acampamento-base do Makalu. Éramos seis pessoas: Rob, Veikka e eu, mais Jan Arnold, Paula e um cozinheiro xerpa. Como planejávamos tentar o Makalu em estilo alpino, não precisávamos de uma grande quantidade de equipamentos e comida. Levamos tudo para o acampamento-base em um único voo.

Ao fazer as malas para nossa rápida ascensão, escolhi a nova barraca Trango 3 que estava testando para a Mountain Hardware. Queria convencer Rob e Veikka que ela era o abrigo que devíamos usar na escalada. Ventava naquele dia, assim em vez de armar as varas da barraca, joguei algumas pedras dentro dela para que não fosse levada pelo vento. Veikka e Rob aprovaram imediatamente a barraca, então a dobrei para a viagem. Veikka ficou com ela para levar na sua carga.

Sabíamos que, algumas semanas antes, havia uma expedição australiana no Makalu. Um de seus membros sofreu uma queda e morreu durante a descida, de modo que a equipe evacuou a montanha rapidamente. Disseram que haviam deixado uma barraca em cada área de acampamento e que podíamos usá-las. Não dá para ter certeza de que as barracas ainda estarão lá; assim levei minha Trango 3 para garantir.

A ideia por trás da estratégia da dobradinha é usar a primeira montanha para se aclimatar e conseguir escalar a segunda em velocidade máxima. E, naquela primavera, isso funcionou perfeitamente. Rob, Veikka e eu levamos somente quatro dias para escalar do acampamento-base ao cume do Makalu. Fizemos o cume apenas dez dias depois de ter deixado o Everest. No ataque ao cume, Veikka e eu escalamos sem oxigênio suplementar e Rob usou o dele.

Ao longo de todo o percurso, encontramos uma barraca australiana danificada em cada acampamento. Desenterramos cada uma delas da neve, consertamos uma ou duas varas e as usamos como abrigo. Mesmo uma barraca danificada, mas já mon-

dobradinha e o verdadeiro amor

tada, exige bem menos esforço do que armar uma do zero; ou seja, Veikka carregou a Trango 3 o tempo todo até o acampamento avançado e na descida e ela nem foi usada.

Jan era a física médica que normalmente atuava como médica da equipe nas viagens da Adventure Consultants. Era também uma excelente montanhista, tendo escalado o Everest e o Cho Oyu. Mas, naquela primavera, estava contente de ficar no acampamento-base com Paula. Não havia muito o que gerenciar, pois subimos e descemos rapidamente; elas então faziam caminhadas até a altitude de 6.400 metros, em que se revelavam as belezas da paisagem ao redor, tão diferente do imundo e lotado acampamento-base do Everest.

A partir do fato de que tiramos todo mundo do Everest com segurança naquela primavera, e ainda fizemos o Makalu com aparente facilidade, Paula pode ter formado uma ideia um pouco irreal do que realmente é a escalada no Himalaia. Certamente, ela nunca viveu nem um pouco da loucura que envolve os riscos que eu poderia correr no Everest ou no Makalu. No dia do cume no Makalu, estava ventando e frio. Lá de baixo, Jan e Paula viram a faixa de nuvens aproximando-se do cume e concluíram que não tínhamos chance alguma. Porém, assim que alcançamos a crista do cume, o vento parou. Do topo, chamamos pelo rádio e pegamos Jan e Paula de surpresa. Lá do cume, dava para ver os minúsculos pontos que eram as nossas barracas no acampamento--base, 3.048 metros abaixo.

Naquela primavera, Paula não estava esperando aflita no acampamento-base; estava, em vez disso, curtindo a novidade de tudo aquilo. Infelizmente, isso logo mudaria.

Achei que não podia contar a dupla Everest-Makalu como uma verdadeira dobradinha já que não fizemos o cume do Everest, mas chegamos o mais perto possível de fazê-lo sem, contudo, concluir a tarefa. E, com o Makalu, minha lista agora contava com seis 8.000 metros. Comecei a perceber que não podia mesmo contar o Shishapangma entre as 8.000 sem seguir a instrução de Miss Hawley de voltar e concluí-la direito — cruzar os cem metros finais da crista que leva ao verdadeiro cume.

Voltamos à base em um dia e então usamos o gigantesco telefone satelital de Rob para ligar a Katmandu e pedir para o helicóptero vir nos buscar. Por cinco manhãs consecutivas repetimos a mesma rotina: empacotar tudo às 6 da manhã, observar o mal tempo abaixo do vale e lentamente perceber que o helicóptero não viria. Nosso suprimento de alimentos ficou reduzido a um saco de tortillas e alguns M & Ms. Veikka usou uma colher para extrair as últimas migalhas e o sal do fundo do pacote de salgadinho. Passamos o dia jogando cartas e sonhando com saladas e pizza.

Finalmente, na manhã do sexto dia, o helicóptero veio nos pegar. Assim que possível, fomos para casa: Rob e Jan para a Nova Zelândia, Paula e eu para Seattle.

Rob e eu combinamos de nos encontrar em duas semanas em Islamabad, de onde partiríamos para o Gasherbrum I e o II. Se você tiver que ir do Nepal para o Paquistão, pode muito bem passar em casa, lavar a roupa, comer uma pizza e tomar uma cerveja no meio do caminho.

No final de junho, Rob e eu estávamos cruzando o Glaciar Baltoro rumo ao acampamento-base do Gasherbrum. Fomos incluídos na permissão de dois poloneses e um escalador mexicano. Um dos poloneses, Krzysztof Wielicki, e o mexicano, Carlos Carsolio, estavam tentando escalar as catorze 8.000 metros.

No acampamento-base, finalmente montei a barraca Trango 3 que Veikka havia carregado na ida até o acampamento avançado do Makalu e na volta. Assim que acabei de armá-la, descobri uma pedra do tamanho de uma bola de beisebol dentro dela. Era uma das pedras que eu tinha jogado na barraca para segurá-la na base do Makalu para demonstrar suas qualidades a Veikka e Rob. Enrolada na barraca, a pedra viajou todo o Makalu nas costas de Veikka, foi para Seattle, voltou ao Paquistão e subiu o Baltoro até nosso acampamento-base no Gasherbrum. Sem conseguir conter o riso, removi gentilmente a pedra e a depositei entre os cascalhos em seu novo lar. Um pouco mais tarde, Rob e eu ligamos do telefone satelital para Veikka, na Finlândia, para contar isso a ele.

Senti que a preparação física e a aclimatação que ganhamos no Everest e no Makalu contribuiu muito para nosso esforço no Karakoram. E, para mim, funcionou. Rob e eu levamos apenas três dias para alcançar o Acampamento III do Gasherbrum II, a 7.280 metros. Na manhã seguinte, partimos para o cume, mas não havíamos avançado muito quando Rob parou e disse: "Ed, vou voltar. Não estou me sentindo forte o suficiente hoje." Fiquei muito desapontado, mas decidi continuar sozinho. Escalei com mais atenção que o usual até a crista final. Não havia levado estacas dessa vez, então deixei um bastão de esqui fincado na neve para demarcar o ponto onde devia virar para entrar na rota de descida para o caso de o vento soprar a neve e cobrir minhas pegadas.

Pisei no cume na manhã de 4 de julho. Eu podia imaginar todos os fogos de artifício e as festas que eu sabia que estavam acontecendo em todos os Estados Unidos, mas não queria estar em outro lugar da Terra que não fosse ali. Pensei: *meu Deus, é ótimo estar tão preparado, me sentir tão bem, escalar outra 8.000 metros em apenas quatro dias.*

Rob e eu descemos para o acampamento-base e nos reagrupamos. Ele ainda não se sentia bem e, depois de um ou dois dias, tomou uma decisão. "Ed", disse ele com uma cara de cachorro perdido, "não consigo fazer mais nada este ano. Vou fazer a caminhada de volta e vou para casa."

Foi uma grande decepção perder a companhia da pessoa com quem eu havia estado em seis expedições a montanhas de 8.000 metros, mas tive a sorte de me

dobradinha e o verdadeiro amor

juntar aos poloneses e a Carlos Carsolio, que também planejavam fazer o Gasherbrum I. No final, estávamos nos sentindo tão fortes que escalamos todo o percurso do acampamento-base ao cume do Gasherbrum I em apenas trinta horas. Em certo sentido, foi minha melhor performance em uma 8.000 metros.

Quando voltei do cume, passei um rádio para Rob, que estava descendo o Baltoro. "Rob, fizemos o cume hoje", contei a ele, "pena que você não estava conosco. Faz um favor? Quando chegar a Islamabad, você pode ligar para Paula e dizer a ela que estou bem e em segurança? Vamos voltar para casa." Naquele mesmo instante, em Seattle, Paula estava se mudando para meu apartamento.

Durante a caminhada de volta, continuei pensando como tinha sido uma excelente campanha a temporada de primavera e verão. Um par de dobradinhas, com apenas duas semanas em casa entre ambos. Três novas 8.000 metros no bolso. E, mesmo considerando que o Cume Sul do Everest é mais alto que o Makalu e os Gasherbrums, não posso dizer que escalei quatro 8.000 metros em um ano. Escalei três e 99% da quarta.

Uma noite de outono, Paula e eu estávamos deitados na cama de nosso apartamento. Naquele dia havíamos negociado o fusca conversível dela e comprado uma Nissan Pathfinder usada em parceria e já estávamos morando juntos. Ficamos conversando na cama e o assunto acabou sendo o futuro da nossa relação. Paula perguntou: "Com tudo isso que estamos fazendo juntos, onde vamos parar?"

Respondi na hora: "Estou pronto para o próximo passo". Houve um momento de silêncio.

"Como assim?", Paula perguntou.

"Quer se casar comigo?"

"Espera aí", disse ela. "O que você disse? Deixe-me acender a luz para poder ver seu rosto."

Pedi novamente. Paula aceitou.

Vendo agora, é meio embaraçoso que tenha sido ela a conduzir a conversa para algo sério como o casamento. Quando a conheci, eu finalmente estava pronto para me casar, mas antes não. Em 1994 e 1995, houve diversas ocasiões em que eu poderia, deveria e tinha que ter feito o pedido. Eu sabia que era com ela que queria passar o resto da minha vida. Desde o instante em que nos conhecemos, parecia que a conhecia há muito tempo. Apaixonei-me quase imediatamente. Tínhamos um nível de conforto que para mim era perfeito. Mas, pedir uma pessoa em casamento era algo novo para mim, bem como saber quando seria a hora certa e manter a calma, o que não era fácil. Acho que é porque não me sentia confiante perto das mulheres.

De qualquer modo, assim que ela aceitou, levantei da cama, fui até a geladeira e peguei a única cerveja que tinha, que dividimos para brindar ao nosso futuro. Foi um momento doce e emocionante.

Ficamos noivos, mas eu já havia planejado uma expedição ao Everest para a primavera de 1996. Tinha duas opções. Uma era guiar outra vez com Rob. O outro projeto era bem mais interessante, mas ainda não havia recursos suficientes. Seria uma verdadeira aposta me comprometer com ele. Expliquei meu dilema a Rob. Ele prometeu que, se o outro projeto não rolasse, eu ainda seria bem-vindo como o segundo em comando no Everest.

A questão agora era como encaixar um casamento nas nossas agendas. Paula estava muito ocupada no Childhaven e eu passava muito tempo fora, ministrando palestras e apresentações para a Mountain Hardware. Consultamos nossas agendas e escolhemos uma semana de fevereiro. Seriam duas semanas antes da ida para o Everest. Em 1996, Paula atuaria como gerente responsável pelo acampamento-base do nosso novo projeto, e não a assistente de outra pessoa.

Nós queríamos nos casar em uma praia, em uma cerimônia íntima com a presença dos amigos e não uma superprodução em uma igreja. Não demorou muito para escolhermos a praia de Puerto Vallarta, na costa oeste do México. Alugamos uma casa com quatro banheiros, planejando dividi-la com outros três casais. Convidamos os amigos e familiares para a celebração.

Eu havia conhecido os pais e as três irmãs de Paula em Bend, Oregon. Aquela primeira visita foi um tipo de novidade para mim, já que a família dela tinha um jeito bem diferente da minha. Paula e eu dormimos em um colchão no chão da casa do namorado de uma de suas irmãs. Durante os três dias de visita, fiquei assustado ao testemunhar um tipo de um ritual de perseguição entre as quatro irmãs. Elas literalmente gritavam umas com as outras, buscando velhas histórias de suas infâncias. E, um segundo depois, já era "e aí, o que tem para jantar?". Elas conseguiam brigar e depois de cinco minutos se abraçar e fazer as pazes. Nada mais diferente que a infinita e silenciosa tensão que pairava sobre a mesa de jantar em Rockford quando Velta e eu éramos adolescentes.

Mas gostei muito da família dela e, aparentemente, eles gostaram de mim e me aprovaram. O mesmo ocorreu com Paula e a minha família.

Convidamos amigos e familiares: "Tirem uma semana de férias em Puerto Vallarta, com um casamento no meio". Essa viagem seria mais cara e complicada que um casamento comum, de modo que não tínhamos ideia de quantas pessoas compareceriam. No fim, quarenta convidados apareceram, incluindo todos os pais e irmãos. Até alguns colegas da Mountain Hardware estavam presentes.

Como Paula e eu não éramos religiosos, pagamos a passagem de um diácono de Seattle, chamado Gib Curry, para que fosse ao México e realizasse a cerimônia. Desde então, Gib tornou-se um grande amigo. Scott Fischer, que tinha pretensões de fotógrafo profissional, foi para fotografar o casamento. Ele estava tão bonito que todas as amigas de Paula passaram mal e perguntaram "quem é aquele cara?". Scott roubou a cena.

O casamento foi realizado em uma quarta-feira, bem ao pôr do sol. Dan Hiatt foi meu padrinho e J. D. a dama de honra de Paula. A cerimônia foi realizada no pátio do terceiro andar da casa, com vista para a praia, o oceano e o pôr do sol. Todos vestiam shorts. Bebemos margaritas e foi servido um *buffet* ao som de uma banda mariachi. Posteriormente, vários dos nossos amigos disseram que foi o melhor casamento ao qual foram.

Não tivemos tempo para lua de mel antes do Everest, então consideramos nossa semana em Puerto Vallarta como uma lua de mel "embutida". No início de março, estávamos viajando para o Nepal, esperando viver outra grande aventura juntos. Normalmente, eu não estaria disposto a participar de mais uma expedição ao Everest: já tinha estado em sete e feito o cume três vezes. Mas nosso projeto secreto surgiu como um desafio incrível. Se conseguíssemos concretizá-lo, seria um feito inédito e radical para os anais do montanhismo de alta montanha.

Sempre tive ciência de que em qualquer expedição a uma montanha de 8.000 metros as coisas podem dar errado. Afinal, em 1992 no K2, o mexicano que caiu quando o bastão de esqui que usava como ancoragem se desprendeu havia morrido e nós tivemos sorte de não perder outros quatro ou cinco escaladores, incluindo Scott Fischer e a mim, na avalanche no Ombro do Esporão dos Abruzzos.

Enquanto caminhávamos pelo Vale do Khumbu, na primavera de 1996, nem nas minhas fantasias mais pessimistas poderia imaginar que estávamos prestes a fazer parte do pior desastre da história do Everest.

Hora da despedida

No acampamento-base da face sul do Everest, trombei com David Breashears. Eu o conheci brevemente em 1987, quando dividimos um caminhão chinês rumo ao acampamento-base na face norte (tibetana) da montanha. Em 1990, nos encontramos novamente na face norte do Everest, quando estávamos em expedições diferentes. Isso foi quando eu era membro da Escalada Internacional do Everest pela Paz, organizada por Jim Whittaker, e David estava fazendo um filme para a BBC, utilizando o ator Brian Blessed para recriar a investida e o desaparecimento de Mallory na aresta noroeste, em 1924. Depois disso, não o vi por outros cinco anos.

Em 1995, David não pretendia ir ao cume do Everest, pois já o havia escalado duas vezes. Em vez disso, ele estava apenas andando perto do acampamento-base, conduzindo testes para o projeto semissecreto que seria revelado na primavera de 1996.

David havia sido abordado pela MacGillivray Freeman Films, companhia pioneira em produzir filmes em IMAX, com uma ideia ousada: fazer um documentário para cinema sobre uma escalada do Everest. Greg MacGillivray procurou David porque ele era uma lenda como criador de documentários em lugares difíceis, incluindo o Monte Everest. Greg imaginou que, se existisse alguém capaz de fazer esse trabalho, seria Breashears.

No começo, a ideia parecia impossível para David, uma vez que a câmera IMAX da época pesava cinquenta quilos. Isso porque ela tinha que ter uma roda volante gigantesca para estabilizá-la, como um giroscópio. Com imagens projetadas em uma tela de quinze metros de altura, a menor tremida da câmera causaria enjoos na plateia toda.

Ainda assim, David ficou intrigado e por quase um ano trabalhou com os engenheiros da IMAX enquanto eles redesenhavam radicalmente a câmera. Por fim, conseguiram um modelo com apenas dezenove quilos (incluindo bateria, lente e um rolo de filme). Ainda é uma carga difícil de carregar pela rota do Colo Sul, e problemas como posicionar um tripé superestável com vento forte ou trocar os rolos gigantes de filme podiam tornar-se intransponíveis.

Eu fiquei bastante curioso, e quando David perguntou se poderia tirar um dia de folga e escalar alguns *seracs* na Cascata de Gelo do Khumbu para que ele pudesse gravar um vídeo de teste, e eu respondi: "Claro". Em sua autobiografia de 1999, *Alto risco*, David escreveu um parágrafo lisonjeiro sobre me ver alcançar o cume sem oxigênio suplementar na Escalada pela Paz de 1990:

Lembro-me de estar sentado no acampamento-base avançado a manhã toda, com um telescópio de mil mm apontado para Ed... [Ele] era afável, bondoso e quieto. Mas aquela aparência contida escondia um escalador do Himalaia completamente focado e altamente motivado. Observando-o pelo telescópio, eu estava impressionado em vê-lo alcançar o topo. Era sua terceira tentativa no Everest, e eu sabia como ele havia treinado duro para a escalada.

Após escalar nos *seracs* de Khumbu enquanto David gravava o que viria a ser um tipo de trailer promocional do filme, não demorou para que ele dissesse: "Se isso tudo der certo, Ed, eu queria que você estivesse envolvido no projeto na próxima primavera." Eu não hesitei em aceitar. Pensei *David é um renomado cineasta, fazer parte do filme pode ser divertido e interessante, e seria um desafio completamente novo*. Eu me perguntava: como tornar o Everest mais difícil? É assim. Leve a maldita câmera até o cume, mesmo com todo mundo dizendo ser impossível.

Desde o início, David disse que eu seria o líder de escalada dessa equipe. Ele falou: "Eu estarei tão envolvido com filmagem e direção que não quero pensar na logística da subida. Só quero que os acampamentos estejam prontos quando eu chegar lá. Preciso de alguém para tocar a expedição. Esse alguém é você." Também ficou entendido que, lá em cima, a história cinematográfica da subida seria em parte focada em mim. David queria fazer o filme em torno de alguém que chegasse ao topo sem o auxílio de oxigênio suplementar.

Ir para o Everest em 1996 para fazer o filme da IMAX significaria, obviamente, colocar minha Endeavor 8 000 em espera. Mesmo assim, eu planejava, se houvesse tempo antes das monções, ir direto ao Manaslu após o Everest para outra dobradinha, com Rob Hall, Scott Fischer e Veikka Gustafsson. Chantal Mauduit, que estava no Lhotse enquanto estávamos no Everest, planejava vir conosco também. Dividiríamos nossa licença com Carlos Carsolio, o escalador mexicano fortíssimo com quem eu havia chegado ao cume do Gasherbrum I no verão anterior. Se Carlos subisse o Manaslu, ele completaria as 8.000 metros, sendo apenas a sexta pessoa a realizar o feito.

Mas eu nunca tive pressa alguma para fazer todas as 8.000 metros. Não defini uma meta de uma por ano. Apenas pensei que era uma oportunidade boa demais para perder. Consegui o envolvimento da Mountain Hardwear logo de cara. O filme, eu imaginei, seria demais para uma companhia nova como ela. Imagine como um logotipo fica em uma tela de quinze metros!

Ao mesmo tempo, junto com o convite de David veio muita pressão. Eu pensei comigo: *Tenho 37 anos agora, será que ainda consigo subir o Everest sem oxigênio suplementar? Faz oito anos desde a última vez que eu fiz isso*. Eu sabia que milhões de dólares seriam investidos no projeto, muito mais que em qualquer uma das minhas outras expedições. No fundo da minha mente persistia um alerta: *se eu esquecer um detalhe crítico e falharmos na montanha por causa disso, bem, vou decepcionar muitas pessoas.*

David montou a equipe e o fez com um olhar astuto para as possibilidades mercadológicas do filme. Jamling Norway, filho do famoso Tenzing, sempre quis escalar o Everest como tributo à primeira ascensão de seu pai, em 1953. Se ele conseguisse chegar ao topo, essa história sozinha poderia carregar o filme nas costas. O austríaco Robert Schauer não era apenas um cineasta talentoso, mas também um montanhista de altitude de primeira classe, com escaladas como a ascensão precursora da enorme e altamente técnica face oeste do Gasherbrum IV, a apenas 71 metros da altitude mágica de 8.000 metros. A rota de Schauer ainda é considerada uma das maiores e mais difíceis subidas já feitas em qualquer lugar do mundo. Na montanha, Robert não seria apenas a unidade de reforço de David atrás das lentes, ele também ficaria encarregado da logística de levar o filme e a câmera para cima e para baixo na montanha. E também assumiu a árdua e ingrata tarefa de pré-carregar os rolos de filme toda noite, para que eles estivessem prontos para a filmagem do dia seguinte.

Araceli Segarra era uma forte escaladora espanhola de 26 anos que David havia conhecido no acampamento-base do Everest em 1995. Durante a malograda tentativa naquela primavera, um de seus companheiros de corda havia morrido em uma avalanche. David foi até o acampamento-base espanhol prestar suas condolências e acabou tendo uma longa conversa com Araceli. Como escreveu em *Alto risco*:

> Enquanto ela falava, um universo de emoções distintas passou pelo seu semblante, de descrença a dor e, finalmente, resignação. Eu nunca havia visto uma demonstração de sentimento humano tão honesta e assombrosamente aberta. Ator nenhum poderia tê-las invocado — ou mostrado — de modo tão fácil e com tanta graça.

Araceli não apenas ajudaria a levar o filme para o mercado europeu, como também despertaria o interesse de mulheres do mundo todo. E não atrapalhava em nada o fato de ela ser bonita a ponto de ganhar a vida também como modelo em Barcelona.

Finalmente, David fechou a equipe com outra mulher, Sumiyo Tsuzuki, a quem conheceu na face norte do Everest em 1990. O apetite japonês por filmes em IMAX já era aguçado, e a união de Sumiyo e Jamling representava uma presença asiática forte em um filme que, afinal, seria filmado na Ásia.

Para minha felicidade, ao conhecer Paula no acampamento-base em 1995, David decidiu imediatamente que ela seria perfeita para gerenciar o acampamento-base para a expedição da IMAX no ano seguinte. E Paula ficou animada para aceitar. Em 1996, ela não seria mais assistente de alguém, com muito tempo livre em suas mãos, mas uma organizadora completa, com todas as responsabilidades que poderia querer. E nós achamos que o Everest poderia ser uma segunda lua de mel, apenas algumas semanas após a nossa lua de mel "embutida" no nosso casamento em Puerto Vallarta.

Sobre nossa equipe, David escreveu posteriormente em sua autobiografia: "Não havia uma prima-dona no grupo. Nenhum de nós alimentou qualquer ilusão de quem era a diva de verdade. O Everest seria a estrela."

O inverno de 1995-1996 quase me derrubou. Eu ainda estava viajando com a Mountain Hardwear, mesmo enquanto Paula e eu planejávamos o nosso casamento, e, como se não bastasse, ainda estava encarregado de organizar equipamentos e suprimentos para toda a expedição da IMAX.

Decidir qual seria o equipamento necessário, depois encomendar e comprar tudo era relativamente rotineiro. A maior parte dessa tarefa era matemática simples: determinado número de barracas para o acampamento-base, quatro barracas de três pessoas para o Acampamento I, seis barracas de duas pessoas e uma barraca grande para refeitório no Acampamento II, tantos metros de corda fixa e tantos parafusos para gelo para a face Lhotse, e por aí vai. Eu também tinha que equipar os acampamentos com fogareiros, panelas, galões de combustível, sacos de dormir, cordas para prender as barracas, pás, isqueiros e rádios. David e eu calculamos o oxigênio que iríamos precisar, e então adicionamos uma porcentagem extra para imprevistos. Encomendamos as garrafas de oxigênio de uma companhia russa chamada Poisk, esperando que elas chegassem a tempo ao Nepal.

A comida foi uma tarefa muito mais complicada. Como eu iria adivinhar o que vinte pessoas diferentes iam querer, e quanto de cada coisa eles iriam consumir durante uma expedição de três meses? Criar cardápios para uma coisa dessas não era o meu forte. Paula foi de uma ajuda tremenda. Enviamos um questionário a cada integrante para saber o que eles preferiam. Depois fizemos um cardápio bem variado. Pensei que talvez pudéssemos levar toda a comida para o acampamento-base e deixar os membros separarem o que levar aos acampamentos superiores. David era a favor de levar comidas requintadas para o acampamento-base, já que era lá que nós descansaríamos das nossas incursões na montanha. Em uma expedição, eu consigo me virar com comidas locais, como arroz, batata, frango e ovos. Mas, para o acampamento-base, pedimos carnes defumadas, bacon enlatado, molhos e temperos exóticos, e até mesmo algumas garrafas de bom vinho.

Paula e eu fizemos quase todas as compras em Seattle, carregando meu caminhãozinho vermelho em viagens e mais viagens até a REI, a Costco e a várias outras lojas de alimentos, equipamentos e especialidades. Eu havia alugado uma pequena garagem onde poderia estocar e embalar tudo. Toda a comida e o equipamento foram colocados em caixas de papelão encerado, cada uma capaz de aguentar até trinta quilos, uma carga normal. Numerei cada caixa e listei seu conteúdo, com o cuidado de não colocar as duas únicas unidades de um item na mesma caixa.

No final da nossa maratona de compras, eram noventa caixas carregadas e estocadas na nossa garagem de aluguel. Quase três toneladas de suprimentos. Isso nem incluía todo o equipamento adicional da filmagem: filme, baterias e outros equipamentos técnicos que David traria. Em anos anteriores, teríamos enviado toda a carga antes de nós; mas agora parecia mais seguro, rápido e barato levar tudo conosco como excesso de bagagem.

Aluguei uma caminhonete, que Dan Hiatt e eu enchemos até a boca; e depois ele nos levou ao aeroporto. Eu havia ligado para a companhia aérea uma semana antes avisando sobre a nossa iminente avalanche de bagagem, mas, quando chegamos ao aeroporto, eles estavam desconcertados. Nem preciso dizer que o custo da bagagem extra excedeu em muito o preço das nossas passagens, então a companhia aérea graciosamente nos colocou na primeira classe. Paula e eu voamos para o Nepal apreciando um Chardonnay, enquanto as nossas toneladas de suprimentos voavam abaixo de nós, no compartimento de carga do 747.

Na aproximação de dez dias pelo Vale do Khumbu, de vez em quando David pedia um item específico. O meu sistema permitia que eu soubesse rapidamente onde ele estava. Às vezes, a caixa ainda estava uma ou duas vilas atrás de nós, já que os nossos carregadores tendiam a ficar para trás. Nessas ocasiões, era minha tarefa trazer a caixa certa para que David pudesse usar o que quer que ele precisasse. Fiz das tripas coração durante a escalada, tentando manter todo o nosso equipamento protegido e organizado. Somente quando levamos toda aquela extravagância de caixas para o acampamento-base é que pude relaxar.

Naquela primavera, havia mais escaladores que nunca na face sul do Everest. Havia uma equipe taiwanesa de cinco; uma equipe sul-africana de 21 (incluindo xerpas e o pessoal do acampamento-base); um coletivo de nove pessoas, incluindo escaladores britânicos, dinamarqueses e finlandeses; uma pequena equipe norte-americana de seis; e um único sueco independente chamado Göran Kropp, que queria entrar na história indo e voltando de bicicleta da Suécia até o Everest e escalando solo, sem ajuda de outros escaladores a não ser por uma eventual beliscada no café da manhã. Para completar a multidão, havia duas grandes expedições de clientes guiados pelos meus bons amigos e antigos parceiros de Himalaia Scott Fischer e Rob Hall. A equipe Mountain Madness de Scott somava 23 pessoas; a comitiva Adventure Consultants de Rob, 26.

Entre os clientes de Rob estava Jon Krakauer, em uma missão para a revista *Outside*. Em 1987, a *Outside* enviou Jon até o Denali para uma matéria sobre os absurdos que começavam a emergir anualmente na popular rota West Buttress. O artigo que ele escreveu, intitulado "Clube Denali" (reimpresso na coleção *Sobre homens e montanhas*), era uma hábil narrativa cômica centrada nas façanhas de um burlesco louco chamado Adrian, o Romeno. Quase uma década depois, a *Outside* esperava obter outro artigo zombeteiro e hilário de Krakauer sobre as tolices que estavam começando a atormentar a igualmente tumultuada rota do Colo Sul do Everest.

Jon e Scott se conheciam de Seattle, e já há algum tempo eles imaginavam que ele iria ao Everest como cliente inscrito na equipe da Mountain Madness. Mas, em 1996, um lugar tanto na equipe de Scott quanto na de Rob custava 65 mil dólares, muito mais do que a *Outside* estava disposta a pagar. No último minuto, o editor da revista conseguiu um acordo com Rob Hall, envolvendo uma taxa de apenas 10 mil dólares, sendo que a diferença seria paga com anúncios gratuitos nas páginas da *Outside*. Quando soube do ocorrido, Scott ficou arrasado, já que a publicidade de aparecer em um artigo da maior revista sobre atividades *outdoor* do mundo teria um impacto decisivo em seus negócios. Como Jon escreveu mais tarde, quando Scott recebeu a má notícia, em janeiro de 1996, ficou "transtornado. Ele me ligou do Colorado, aborrecido como eu nunca tinha visto, insistindo que não daria a vitória a Hall." No entanto, no fim, Scott não conseguiu superar a proposta de Rob com a *Outside*, e Jon veio ao Everest como cliente oficial da Adventure Consultants.

Eu nunca havia conhecido Jon antes do Everest, pois fui um covarde e não o contatei após encontrar um aviso dele no mural de uma loja de escalada em Seattle, quando ele estava procurando parceiros. Eu havia lido tudo que ele tinha escrito para a *Outside*, assim como seu best-seller *Na natureza selvagem*. Para mim, ele parecia ser não somente um respeitado escritor, mas também um escalador muito talentoso. No acampamento-base, Jon revelou-se um cara legal, modesto, sempre com um sorriso no rosto. É um prazer conhecer alguém que vejo como famoso e que pessoalmente é amigável e despretensioso.

No acampamento-base, foi ótimo poder conversar com Scott novamente, e especialmente poder passar um tempo com Rob. Tenho lembranças agradáveis de guiar no Everest com Rob em 1994 e 1995, assim como de nossas escaladas no Cho Oyu, Lhotse, Makalu e Gasherbrum II. Mas eu estava feliz de pelo menos essa vez não guiar no "Grande E". Nesse ano, Jan Arnold tinha ficado em casa na Nova Zelândia, pois estava grávida do primeiro filho do casal.

Veikka Gustafsson também estava lá, como parte da equipe britânica-dinamarquesa-finlandesa. Estava tentando sua segunda ascensão no Everest, dessa vez sem oxigênio suplementar. Chantal também estava lá, na esperança de poder escalar o Lhotse. Era como se todos os meus companheiros de Himalaia mais próximos tivessem se encontrado para uma reunião.

Ao mesmo tempo, todos nós da equipe IMAX estávamos muito preocupados com a multidão que se juntava no acampamento-base para escalar o Everest. Esteticamente era um problema para a gravação do filme, pois não queríamos que os espectadores vissem dezenas de escaladores aparecendo no fundo e pensassem: *Quem diabos são aqueles caras?* Era também um dilema para a segurança. A parte mais exposta e perigosa de todo o Colo Sul é no alto, na aresta final, em lugares complicados como o Escalão Hillary, a apenas 76 metros do cume. Escaladores demais enfileirados na crista podem criar um verdadeiro engarrafamento, com os clientes mais lentos estabelecendo o ritmo de todo o resto.

Para organizar a intrincada logística desse ataque múltiplo à montanha, realizamos reuniões semanais com os líderes de equipe no acampamento-base. Uma equipe já havia se encarregado de fixar as cordas na Cascata de Gelo do Khumbu (em muitos aspectos, a parte mais perigosa da montanha), e o resto de nós pagou a eles uma taxa pelo esforço. Mais alto na montanha, cordas fixadas por várias equipes seriam utilizadas por todos os escaladores, então nós tentamos distribuir as tarefas necessárias. Apesar de alguns atritos ocasionais entre as equipes, o clima geral era de cooperação.

Rob havia decidido que iria ao cume no dia 10 de maio. A data já havia lhe trazido sorte no passado. Toda primavera tem uma janela, um período de dias calmos e claros que acontecem quando as monções, vindas da Índia, deslocam o ar à sua frente e empurram as correntes para longe do Everest. Em alguns anos essa janela aparece no começo de maio, em outros, não se vê mudança até o fim do mês. Pela experiência de Rob, o dia 10 de maio seria mais ou menos no meio da janela. Pensando bem, talvez ele tenha fixado demais seu planejamento em uma data arbitrária.

Rob e Scott eram amigos, mas também rivais. Logo, assim que Rob definiu o dia 10, Scott escolheu o mesmo dia. Na verdade, eles decidiram unir forças para o ataque ao cume. Enquanto isso, sem o conhecimento deles, a equipe tailandesa decidiu ir junto. Isso significa que no dia 10 de maio haveria uma multidão absurda (quarenta escaladores ou mais) tentando o cume pelo Colo Sul. Tanto a equipe de Rob quanto a de Scott tinham três guias, oito clientes e sete xerpas escaladores cada uma.

Então, durante uma de nossas reuniões no acampamento-base, ficou decidido que a equipe IMAX partiria um dia antes das demais equipes. Se tudo desse certo, faríamos o cume no dia 9 de maio, e naquele dia teríamos a parte superior da montanha só para nós, o que seria ideal para as filmagens de David.

Durante todo o mês de abril, filmamos algumas cenas na parte baixa da montanha. A logística para a mais simples cena era surpreendente. Só o tripé pesava dezessete quilos (ele precisava ser pesado assim para assegurar a estabilidade da câmera montada nele). E a cabeça, um mecanismo controlador que conectava a desajeitada câmera ao tripé, pesava mais 21 malditos quilos. Cada rolo de filme pesava 4,5 quilos. Mas como o filme de 65 milímetros usado rodava a 1,7 metro por segundo, um único rolo (152 metros de filme) registrava apenas noventa minutos de imagens.

O trabalho mais difícil de todos foi carregar e arrumar o filme na câmera. Como David escreveu posteriormente:

> Eu precisava sentir o filme e o mecanismo da câmera com minhas próprias mãos. Com o filme passando pela câmera a 1,7 metro por segundo, qualquer defeito poderia danificar a câmera, pondo fim à filmagem do dia e talvez por semanas. Se uma imagem fosse descartada, eu queria que fosse por causa de um erro na cena, não porque a minha mão com luvas fez um trabalho porco ou deixou fiapos na câmera.

Nada podia ser filmado espontaneamente, como David havia feito tantas vezes antes, com câmeras de mão. Mesmo as cenas mais simples tinham que ser preparadas cuidadosamente. E o material era tão pesado e caro (a quantidade de filme 65 milímetros equivalente a uma hora de gravação custava 20 mil dólares) que não podíamos nos dar ao luxo de gravar muitas cenas que acabariam no chão da sala de edição. Cineastas normalmente contam uma proporção de vinte para um das cenas gravadas para as que de fato entram no filme. No topo do Everest, teríamos que usar basicamente todos os segundos preciosos de ação que David e Robert pudessem capturar.

David, no entanto, é um perfeccionista, e ele conseguiu não apenas levar o equipamento pesado para lugares bem cabeludos, como também filmar algumas sequências surpreendentes. Uma das partes mais impressionantes do filme (a plateia sempre suspira em uníssono quando assiste) é focada em Araceli cruzando uma enorme greta na Cascata de Gelo do Khumbu em uma escada de metal. Usando grampões, encordada, com cordas de mão para mais segurança, mesmo assim ela avança dolorosamente devagar e de modo incerto. De repente, David gira a câmera para baixo, revelando a profundidade da greta em toda sua terrível glória.

Durante toda a expedição, eu fiquei maravilhado com o trabalho duro que David e Robert fizeram para gravar o filme. Eles sempre acordavam antes de todo mundo de manhã e iam dormir muito depois de nós. As pessoas geralmente veem o filme em IMAX e pensam que nós tínhamos uma equipe de câmera e "talento", mais uma equipe separada para carregar todo o equipamento e armar os acampamentos. Na verdade, fizemos tudo sozinhos: carregar o equipamento, fixar cordas, armar o acampamento, assim como preparar a gravação e atuar dentro do nosso cronograma.

Finalmente era hora da nossa tentativa. Na noite do dia 7 de maio, estávamos abrigados no Acampamento III na face de Lhotse, a 7.315 metros. O plano era alcançar o Colo Sul e o Acampamento IV no dia seguinte, e então o cume no dia 9 de maio. A horda de escaladores — principalmente as equipes de Rob e de Scott — nos seguiria um dia depois, de modo que não tínhamos tempo livre no nosso planejamento. Enquanto estávamos no Acampamento III, eles já estavam entrincheirados no Acampamento II no Circo Oeste, apenas 850 metros abaixo de nós.

Naquela noite, estávamos bastante empolgados. Um ano de planejamento e trabalho duro daria frutos nos próximos dois dias.

No entanto, durante a semana anterior, eu havia ficado de olho no tempo. Toda tarde, as nuvens se amontoavam lá em cima. E ainda tinha muito vento na crista do cume. Aquela janela mágica de dias claros e calmos ainda não havia chegado.

Na manhã do dia 8 de maio, quando acordamos no Acampamento III, alguma coisa não parecia certa para mim. Conversei sobre isso com David e Robert. Nós três estávamos pensando a mesma coisa. O tempo estava bom, mas não ótimo. Se quiséssemos alcançar o cume, teria que ser com o melhor tempo possível. Nós teríamos apenas uma chance.

David e eu concordamos: tínhamos comida e equipamentos o suficiente no Acampamento II. Ainda havia duas semanas, talvez três, antes das monções. Nós seríamos idiotas de forçar uma tentativa agora, com o clima instável. A decisão foi unânime: voltaríamos para o Acampamento II e esperaríamos lá.

Então, no dia 8 de maio, em vez de seguir para o Colo Sul, descemos pelas cordas fixas. Não demorou muito para encontrarmos as equipes de Rob e Scott na subida. Ambos os líderes me perguntaram: "O que você está fazendo?", e eu respondi: "Descendo. Isso não está legal."

Lógico que as reações deles nos fizeram questionar nossas decisões. Será que estávamos perdendo uma boa oportunidade de chegar ao topo? Mas eu já havia visto a febre do cume antes. Se oito escaladores vão para o topo, eles puxam mais dez com eles. O clima é de: "Tal e tal pessoa estão indo? Droga, a gente precisa ir também." Mas, no Everest, ou em qualquer montanha, você precisa tomar suas próprias decisões.

Ali na face de Lhotse, quando passamos um pelo outro, apertei a mão de Rob e de Scott, dei um grande abraço nos dois e disse: "Façam uma boa viagem. Fiquem seguros."

Depois de me abraçar, Rob disse: "Vejo você lá em baixo, amigo".

Eu respondi: "Quando a gente descer, te pago uma cerveja".

Devido à imensa popularidade de *No ar rarefeito*, de Krakauer, parece que todos já estão familiarizados pelo menos com as linhas gerais do que aconteceu no Everest dia 10 de maio de 1996: o congestionamento na parte alta da montanha que paralisou os escaladores no meio do caminho; como a tempestade chegou de repente, transformando a confusão em tragédia; como apenas os atos heroicos de algumas pessoas impediram que o número de vítimas fosse maior. Os personagens daquele drama, como Sandy Pittman, Anatoli Boukreev e Beck Weathers, entraram para o folclore da aventura.

No ar rarefeito não foi apenas um *best-seller* instantâneo e duradouro, ele ainda é um dos melhores livros sobre montanhismo já escritos. Jon conseguiu organizar os detalhes e encontrar um arco dramático assustadoramente vívido em uma história caótica. Mesmo assim, com toda a sua narração assídua, sempre haverá mistérios sobre o que exatamente aconteceu no dia 10 de maio. Mesmo porque o drama envolveu tantos escaladores de várias expedições autônomas (Jon precisou de um prefácio com seis "Dramatis Personae" só para definir os personagens) que nenhum ponto de vista único pode dar conta da história definitiva. Dez anos após o desastre, montanhistas de sofá que nunca chegaram nem perto do Everest ainda argumentam ferozmente se Anatoli errou em descer para o Colo Sul para preparar chá para os retardatários, ou se Sandy ficou mesmo sem corda por causa de Lopsang Jangbu.

Não há motivo, então, para repassar a história toda em detalhes aqui. Inevitavelmente, no entanto, em *No ar rarefeito*, Jon apenas mencionou a importância da equipe IMAX no desastre de 1996. Já que ele próprio estava no olho do furacão, preso em um papel central no caos, Jon não sentiu a necessidade de capturar a nossa experiência do episódio. Mas a nossa perspectiva pode, em longo prazo, ajudar a explicar como as coisas deram errado na montanha naquela primavera.

O desastre do dia 10 de maio na verdade teve um capítulo anterior um dia antes, em um acidente que seria ridículo se não tivesse consequências tão sérias. Na manhã do dia 9, um escalador tailandês chamado Chen Yu-Nan saiu da sua barraca no Acampamento III para se aliviar. Ele não se preocupou nem em se prender às cordas fixas nem em calçar suas botas. Com sua bota interna de sola macia, ele escorregou e deslizou pela face da montanha uns 21 metros, antes de cair em uma pequena greta.

Dois de seus companheiros de equipe foram até lá, desceram uma corda e o puxaram para fora da fenda. No início, ele parecia mais constrangido que machucado. Garantiu que estava bem, mas seus companheiros insistiram que ele descansasse na barraca naquele dia, em vez de subir para o Colo Sul.

Quando vimos, Chen estava sendo levado pelas cordas fixas até o Acampamento II, acompanhado de um dos xerpas da sua equipe. De repente, Chen sofreu um colapso. Enquanto isso, um dos nossos xerpas, Jangbu, estava subindo as cordas fixas. Quando alcançou Chen, ele nos disse que o tailandês não tinha pulso e não estava respirando. "Ele está morto", Jangbu anunciou pelo rádio. Aparentemente a causa da morte havia sido os ferimentos internos sofridos na queda.

hora da despedida

No Everest, os xerpas fazem todo tipo de tarefas, sejam elas incrivelmente difíceis ou perigosas; esses esforços normalmente não são mencionados em artigos e livros que escaladores ocidentais escrevem sobre seus próprios feitos. Mas eles têm um horror profundo a corpos na montanha. Normalmente, para um xerpa, apenas ver uma pessoa morta na montanha já é um sinal de má sorte, e manusear uma está fora de questão. Por isso, Jangbu e o xerpa da equipe tailandesa deixaram Chen pendurado na corda e continuaram a descida.

Logo, sobrou para mim, para Robert e para David recuperar o corpo de Chen. Foi um trabalho brutal, pois seus grampões e um dos braços ficavam prendendo nas protuberâncias do gelo enquanto tentávamos descê-lo. Finalmente, vários dos tailandeses companheiros de Chen nos encontraram, colocaram-no em um saco de dormir e nos ajudaram a levá-lo de volta ao Acampamento II. Lá, morbidamente, ninguém (especialmente os xerpas) queria dividir uma barraca com o cadáver, ou mesmo mantê-lo no acampamento. Em vez disso, nós o carregamos para fora até o gelo, pensando que seria mais fácil descer um corpo congelado pela Cascata de Gelo do Khumbu.

Como David escreveria mais tarde em *Alto risco*:

> Eu me senti muito mal pela morte desse homem. Ele morreu olhando nos olhos de estranhos com quem não podia falar por não saber a língua, sem poder dizer adeus às pessoas que amava... Eu o carreguei depois de morto, então pude perceber intensamente a solidão dos seus últimos minutos.

Na manhã seguinte, 10 de maio, sabíamos que as equipes de Rob e Scott sairiam do Colo Sul em direção ao cume por volta da meia-noite. O dia começou com um aspecto tão perfeito que não havia motivo para não ir. Nós tínhamos um telescópio conosco no acampamento para poder monitorar o progresso deles. Embora não estivéssemos conectados via rádio com as equipes lá de cima, podíamos falar com Paula no acampamento-base e ouvir o relatório deles em segunda mão.

Passou da 1 hora da tarde. Perto das 2 horas, podíamos discernir pelo telescópio escaladores espalhados pelo alto das arestas; eles pareciam apenas pontinhos vermelhos e amarelos alinhados, esperando sua vez de escalar o Escalão Hillary. Era preocupante a quantidade de tempo que esses pontinhos ficavam parados sem se mover. O congestionamento havia começado a causar problemas.

Alguns já tinham alcançado o cume a essa hora (Jon chegou lá mais ou menos às 13h10, só alguns minutos depois de Anatoli, que guiava a equipe de Scott sem oxigênio suplementar), mas a maioria ainda estava subindo. Olhando pelo telescópio, murmurei alto, como se aqueles pontinhos anônimos pudessem me ouvir: "Pessoal, vocês saíram à meia-noite. Já são 2 horas! Vão ser 3 ou 4 horas até vocês chegarem ao cume." Então, enquanto olhava a procissão imóvel, meu ânimo começou a ficar mais sombrio. "Galera, o que vocês estão fazendo? Acordem! Caras, saiam daí, saiam daí", eu insistia. Era como se eu estivesse tentando enviar uma mensagem telepática a eles. E claro que ela nunca chegou lá em cima.

Então, a grande tempestade chegou. O cume desapareceu, as nuvens desceram, engolindo a parte alta da montanha cada vez mais, até que finalmente a nossa visibilidade não chegava nem ao Colo Sul. Enquanto isso, as coisas estavam ficando feias lá em cima. As baterias dos rádios começaram a acabar. Não sabíamos mais nada sobre o que estava acontecendo.

No Acampamento II, sentamos em nossas barracas e ficamos esperando, todos cada vez mais soturnos a cada minuto que passava. Só às 22 horas é que tivemos alguma notícia. Naquela hora, Paula contatou-nos pelo rádio. Ela disse: "Apenas metade das pessoas que saíram do Colo Sul essa manhã conseguiram voltar".

Xingamos em voz alta. Eu tentei imaginar o pesadelo que estava se passando lá em cima. Estava ventando, escuro, fazia um frio congelante, e nós sabíamos que as garrafas de oxigênio deviam estar todas vazias a essa hora.

No Acampamento II, a equipe de Rob havia montado uma estação de monitoramento com um rádio em uma barraca. Veikka Gustafsson, que estava acampado próximo às barracas da IMAX, agora havia se mudado para a barraca de Rob, para dormir perto do seu rádio. Deitamos em nossas barracas com os pequenos rádios de mão ligados, aguardando notícias, mas nenhum de nós conseguiu dormir naquela noite.

Acordamos e fizemos café por volta das 3 ou 4 horas da manhã, ainda esperando o melhor. E então, lá pelas 5 horas da manhã, recebemos nossa primeira transmissão lá de cima. Era Rob. A essa altura, estávamos todos amontoados na barraca do rádio com Veikka, para que pudéssemos ouvir a transmissão. E o que Rob disse foi ao mesmo tempo profundamente preocupante e completamente confuso. Com uma voz fraca e cansada, ele disse: "Eu estou todo ferrado. Estou no Cume Sul. Eu esperei a noite toda. Doug se foi."

Doug Hansen, funcionário dos correios de Renton, era um cliente com quem Rob havia feito amizade um ano antes, e quando Doug teve que dar meia-volta no Cume Sul, a decepção de Rob havia sido tão grande quanto a de Doug. Ele havia chegado tão perto do seu limite em 1995 que tudo o que pude fazer foi levá-lo de volta ao Colo Sul, gritando para ele para mantê-lo em movimento. Mas após aquela expedição, Rob havia oferecido um grande desconto na taxa de inscrição se ele voltasse em 1996, e havia garantido que ele chegaria ao cume na segunda tentativa.

Mais tarde, juntamos as partes que faltavam das transmissões que Rob havia feito para sua gerente de acampamento-base, Helen Wilton. No dia 10 de maio, Rob subiu a montanha entre os últimos da sua equipe, a Adventure Consultants. Ele chegou ao cume bem depois das 3 horas da tarde, onde esperou por Doug, que mais uma vez estava dando tudo de si (até demais), em face do tempo cada vez pior. Quando Doug apareceu, Rob desceu até onde ele estava e o ajudou a completar o trajeto até o topo. Imagino Rob colocando o braço nos ombros de Doug e o ajudando a andar até o topo. Mas foi só às 16 horas que Hansen, exausto, chegou lá. Já tinham passado pelo menos duas horas do horário de retorno-limite que Rob teria insistido tão firmemente em outra ocasião. Sua vontade de levar Doug até o topo infelizmente afetou seu julgamento normalmente impecável.

Rob havia transmitido ao acampamento-base do topo o sucesso dele e de Doug. Então, meia hora depois, ele usou o rádio de novo para falar que os dois estavam em apuros e precisavam de oxigênio. Mike Groom, um guia da Adventure Consultants, ouviu a transmissão de um ponto mais baixo da aresta, enquanto guiava outro cliente que havia falhado de volta para o Colo Sul. Groom sabia que havia duas garrafas de oxigênio cheias guardadas no Cume Sul. Mas ele também estava tendo problemas com a transmissão, e demorou um tempo até que conseguisse transmitir a notícia a Rob.

Enquanto isso, Doug Hansen havia caído no topo do Escalão Hillary. Sem conseguir descer seu cliente pelo penhasco de doze metros, Rob ficou com ele, aparentemente disposto a arriscar um bivaque bem acima dos 8.500 metros.

Guy Cotter, que havia sido nosso companheiro na rota do Colo Sul um ano antes, estava liderando uma expedição no Pumori. No acampamento-base, ouvindo as transmissões cada vez mais incompletas, ele implorou para que seu velho amigo deixasse Hansen e voltasse para o Cume Sul, pelo menos para pegar as garrafas de oxigênio, conseguir respirar e ganhar força para ajudar seu cliente. Rob respondeu que ele podia voltar para o Cume Sul sozinho, mas Doug não. Quarenta minutos depois ele não havia dado um passo.

Nesse ponto, logo após das 18 horas do dia 10 de maio, Guy insistiu que Rob fizesse uma triagem desesperada: deixasse Doug para trás para poder se salvar. Como Guy contou posteriormente a Krakauer: "Eu sei que isso parece canalhice da minha parte, dizer a Rob para abandonar seu cliente, mas àquela altura estava óbvio que deixar Doug era sua única escolha".

No entanto, Rob não estava disposto a seguir esse conselho. Às 2h45, Guy ouviu algumas palavras de uma transmissão entrecortada com o vento uivando ao fundo. Guy suspeitou que Rob não estava nem tentando transmitir, mas que o seu microfone acoplável, na alça da sua mochila, estava sendo pressionado e transmitindo de forma intermitente. O que ele ouviu foi Rob gritando algo como: "Continua andando! Continua andando!" É evidente que ele estava tentando empurrar Doug para o Cume Sul no meio da noite, durante a tempestade, por pura força de vontade.

Todo esse drama da noite do dia 10 ao dia 11 passou despercebido a nós no Acampamento II — até que, às 5 horas da manhã, ouvimos a transmissão desesperada de Rob, começando com o terrível pronunciamento "Eu estou todo ferrado".

Àquela hora, Rob havia descido uns 106 metros verticais para um ponto bem próximo ao Cume Sul. De algum modo ele havia sobrevivido, sem sequer um bivaque para proteção. Mas Doug *se foi*. Nós nunca soubemos o que essas três palavras realmente significavam. Ele morreu no caminho de hipotermia e exaustão? Ele caiu por uma cornija e despencou na face Kangshung? Ou ele morreu congelado do lado de Rob, apenas para ser soterrado pela neve? Até hoje, o corpo de Doug nunca foi encontrado.

Agora a voz de Rob pelo rádio era quase indistinta: "Estou preso aqui", ele disse. "Minhas mãos estão ferradas. Quando alguém vai subir para me ajudar?" Ouvindo isso no Acampamento II, Veikka não conseguia conter as lágrimas.

Foi então que David me aconselhou: "Ed, pega o rádio. Você conhece Rob melhor. Fala com ele. Vê se consegue fazê-lo andar."

Àquela hora, sabíamos através de relatórios transmitidos do Colo Sul que tinha gente perdida por toda a aresta sul. O próprio Scott Fischer não havia voltado. O plano era mandar qualquer xerpa que tivesse força para subir na manhã do dia 11 até o Cume Sul, se possível, para tentar resgatar Rob, Scott e os outros guias e clientes que estavam desaparecidos. Mas isso era pedir muito para os xerpas que haviam subido ao topo ainda no dia anterior. E a tempestade continuava forte. Mesmo assim, essa era a esperança que eu tinha que passar a Rob. Sabíamos que ele estava a cerca de seis metros abaixo do Cume Sul, em uma pequena depressão do lado oposto. Ele teria que escalar esses últimos seis metros para começar a descida. Peguei o rádio. "Rob", eu implorei, "rasteje se for preciso. Chegue até o Cume Sul. Se você conseguir descer por ali, os xerpas vão encontrar você no caminho. Você pode encurtar o tempo indo até eles."

Como ele não respondeu, tentei fazer uma piada, qualquer coisa para animá-lo a se mexer. "Quando isso acabar", disse pelo rádio, "nós vamos para a Tailândia, e eu vou ver as suas pernas finas e brancas pela primeira vez na praia". Rob nunca usava bermudas, mesmo no calor escaldante, então eu realmente nunca havia visto suas pernas.

Ele riu e disse: "Obrigado por isso". Eu consegui fazer Rob rir! Isso me renovou a esperança de poder salvá-lo. "Nós vamos tirar você daí", eu disse. Meu mantra era *Não diga nada negativo*. "Mas Rob, você *precisa* se mexer!"

Nesse momento, Paula contatou-nos. Outros no acampamento-base, especialmente Guy Cotter e Helen Wilton, também estavam tentando animá-lo. Paula disse: "Ed, todos estão sendo muito bonzinhos. Você precisa gritar com Rob. Fique bravo com ele."

hora da despedida

Ela estava certa. Mesmo que expressar raiva traísse meus verdadeiros sentimentos, eu transmiti: "Rob, vamos, cara! Você não pode ficar sentado aí!"

Para ajudar na ascensão da IMAX, nós já havíamos transportado equipamento para o Colo Sul. Dentro da nossa barraca Trango 3 no Colo Sul, havia cinquenta garrafas de oxigênio e baterias novas para os rádios. A barraca, no entanto, estava trancada com um cadeado barato acoplado ao zíper, porque, infelizmente, já haviam ocorrido casos de equipes roubando equipamentos de outras. Odiamos ter que trancar nossas barracas, especialmente em um lugar como o Colo Sul, mas nossos xerpas insistiram. Nessa hora, David não hesitou, embora soubesse que o sacrifício pudesse acabar com qualquer esperança nossa de chegar ao cume. Jon Krakauer, nós sabíamos, estava no Colo Sul. David queria contatá-lo via rádio e dizer: "Jon, entra naquela maldita barraca e pega tudo que você precisar!".

Mas o rádio de Jon estava sem bateria. Quando David transmitiu, ele conseguiu falar com o líder da equipe sul-africana, que estava acampada no Colo Sul. Pediu que o homem emprestasse o rádio a Jon. Incrivelmente, ele recusou! Mas a mensagem por fim chegou ao destino.

Nesse meio-tempo, ficamos animados em ouvir de Rob que ele havia encontrado as duas garrafas de oxigênio no Cume Sul. Ele levou quatro horas para remover o gelo de sua máscara, mas, às 9 horas da manhã, já estava respirando o gás novamente. Pelo rádio, todos nós o estávamos estimulando para descer pela aresta. Do acampamento-base, Helen Wilton ordenava: "Rob, vê se pensa naquele seu bebezinho". Na Nova Zelândia, Jan Arnold estava grávida de sete meses. "Você vai ver a cara dele daqui uns meses, continue descendo."

Durante horas eu o incentivei. Algumas vezes brincava, em outras ralhava e em outras eu jurava que os xerpas estavam a caminho. Eu disse a ele: "Não fale muito. Apenas se apresse e comece a descer." Transmitir gasta muito mais bateria que receber. Durante todo esse tempo, achávamos que Rob já havia começado a descer. Enquanto isso, Ang Dorje e Lhakpa Chhiri tinham começado a subir do Colo Sul em uma tentativa de resgate verdadeiramente heroica. O céu havia clareado um pouco, mas um vento feroz ainda açoitava a parte alta da montanha. A incerteza estava me matando. Após quatro ou cinco horas, eu precisei perguntar: "Rob", implorei pelo rádio, "como está indo?"

"Eu não me mexi", ele respondeu.

Todos nós, que estávamos ouvindo a transmissão, ficamos completamente chocados e desanimados com a notícia. Agora sabíamos que a única esperança para Rob era que os dois xerpas conseguissem chegar até ele e trazê-lo de volta.

A essa altura, nós já havíamos nos mobilizado. Não sabíamos exatamente o que fazer para ajudar, mas David, Robert, Araceli, Veikka e eu decidimos subir pelas cordas fixas da face de Lhotse até o Acampamento III. Fiz uma última transmissão: "Rob", eu disse, "estou indo agora. Vou subir a montanha. Vejo você amanhã. Nos falaremos de novo assim que possível."

Algumas horas depois, eu estava uns quinze metros acima de David, preso nas cordas fixas, quando o ouvi dizer: "Ed, pare! Tenho novidades, e elas não são boas". David estava carregando nosso único rádio de mão, e tinha acabado de ouvir notícias do acampamento-base. "Ang Dorje e Lharkpa voltaram ao Colo Sul", David anunciou. "Eles simplesmente não puderam escalar nessas condições".

David respirou profundamente, e então me disse: "Acho que é hora de se despedir de Rob".

Foi aí que eu perdi o controle. Fiquei pendurado na corda, soluçando. David também estava chorando.

Incrivelmente, apesar de ter ficado fora umas 36 horas, a maior parte do tempo sem oxigênio suplementar e acima dos 8.500 metros, Rob ainda estava vivo e lúcido no anoitecer do dia 11 de maio. Naquele momento, estávamos acampados no Acampamento III, preparando-nos para fazer o que fosse possível para ajudar no dia seguinte. Às 18h20, Guy Cotter conseguiu uma conexão com Jan Arnold na Nova Zelândia com um telefone satelital. A despedida de Rob e Jan virou parte da lenda do Everest.

Antes que Rob pudesse encontrar forças para conversar com sua esposa, ele pediu um minuto para comer um pouco de neve e umedecer a boca. Então, falou: "Oi, minha querida. Espero que você esteja bem quentinha na cama. Como é que você está?"

"Você nem imagina o quanto estou pensando em você!", Jan respondeu. "Você está com uma voz tão melhor do que eu esperava... Está bem aquecido, meu querido?"

"Estou mais ou menos confortável."

"Como estão seus pés?"

"Não tirei as botas para checar, mas acho que devem ter congelado um pouco."

Jan sabia que havia pouca esperança — ela própria já havia estado no topo do Everest. E Rob devia saber também. Mas, em suas palavras finais, eles mantiveram a comovente ficção de que se veriam novamente em breve. "Não vejo a hora de poder cuidar de você quando voltar para casa", Jan prometeu. "Eu sei que você vai ser resgatado. Não se sinta sozinho. Estou mandando toda minha energia positiva para você!"

Rob encerrou a conversa com: "Eu te amo. Durma bem, minha querida. E, por favor, não se preocupe demais."

Aquelas foram as últimas palavras ditas por Rob — e se ele disse mais alguma coisa, não havia ninguém lá para ouvir.

hora da despedida

De tão focados que estávamos no drama de Rob, mal percebemos que não fazíamos ideia do que estava acontecendo com Scott Fischer. Parte do problema era que o rádio de Scott não funcionava, e nenhum de nós conseguia se comunicar diretamente com ele. Não sabíamos sequer se ele estava vivo ou morto. Em algum momento, caiu a ficha de que Scott provavelmente estava enfrentando a mesma dificuldade que Rob. Mais tarde, Jon Krakauer e os outros reconstruíram os movimentos de Scott nos dias 10 e 11 de maio.

Scott alcançou o cume às 15h40, também muito depois do seu horário de retorno. O sirdar (ou xerpa chefe) da Mountain Madness, Lopsang Jangbu, um dos mais fortes escaladores na montanha, esperava por ele lá. Segundo Lopsang (entrevistado mais tarde por Jon), Scott ficou no pico por uns quinze ou vinte minutos, quando reclamou da sua condição física. Parafraseando Lopsang, o que ele disse foi: "Estou cansado demais. Também estou doente, preciso de remédio para o estômago." Alarmado, Lopsang insistiu: "Scott, por favor, desce depressa".

Quando eles começaram a descida, Rob ainda estava no cume esperando Doug Hansen. Scott estava tão mal que não conseguia dar conta dos pequenos e normalmente fáceis rapéis nos escalões de rocha na parte alta da aresta. Para contornar uma série de escalões, ele deslizou, sentado, por um declive de neve paralelo a eles, mas depois teve que percorrer um caminho de cem metros com neve até os joelhos para voltar à rota.

Às 18 horas, logo acima de uma plataforma larga conhecida como Balcony, a 8.412 metros, Lopsang, que havia ficado para trás para ajudar os outros em apuros, alcançou Scott. Vendo que ele havia retirado sua máscara, Lopsang a colocou de volta e conferiu se ele estava respirando oxigênio. Mas o que Scott disse provou mais ainda que seu estado era grave. De acordo com Lopsang: "Ele disse: 'Estou muito doente, muito doente para descer. Eu vou pular.' Ele diz isso várias vezes, agindo como louco, então eu amarro ele na corda, depressa, senão ele pula para o Tibete."

Amarrando Scott, Lopsang o levou por mais uns noventa metros montanha abaixo até ele cair, incapaz de andar. Em um ato de extraordinária lealdade, Lopsang se entrincheirou com seu líder de equipe em uma saliência coberta de neve, preparando-se para passar a noite com ele. Como Lopsang contou depois a Krakauer: "Ele me disse: 'Lopsang, você desce. Desce.' Eu digo para ele: 'Não, eu fico aqui com você.'"

Às 20 horas, outro refugiado aparece na escuridão. Era Makalu Gau, líder da equipe tailandesa, acompanhado de dois dos xerpas da sua equipe. Do mesmo modo que Scott, Makalu alojou-se na mesma saliência, liberando seus xerpas para descerem até o Colo Sul.

Durante outra hora, Lopsang dividiu a vigília com os dois escaladores feridos, mesmo quando ficou tão frio que ele próprio duvidava das suas chances de sobrevivência. Mas Scott implorou mais uma vez: "'Você desce, manda o Anatoli subir.' Então eu digo: 'Certo, eu desço, mando um xerpa rápido e o Anatoli.'"

Anatoli Boukreev, o brilhante escalador russo que estava servindo de guia para a Mountain Madness, era o homem mais forte tanto na equipe de Scott quanto na de Rob. Escalando sem oxigênio suplementar, ele ainda havia sido o primeiro a alcançar o cume no dia 10 de maio, alguns minutos antes de Jon (que estava usando o oxigênio). Após a tragédia, muitos, incluindo Jon, questionariam as decisões e ações de Anatoli naquele dia. Ele deveria ter usado oxigênio suplementar para ter uma reserva de força e energia no caso de seus clientes estarem em apuros? Não tenho o hábito de julgar os outros, mas eu sempre recorria ao oxigênio suplementar quando trabalhava como guia no Everest, justamente por esse motivo.

Anatoli foi criticado ainda mais veementemente por correr até o pico e voltar ao Colo Sul, em vez de ajudar os clientes debilitados. Para os seus juízes mais severos, isso foi um ato de montanhismo egoísta, pensando no seu próprio triunfo e ignorando seus clientes. No entanto, Anatoli insistiu que ele fez exatamente o que Scott pediu — Scott teria pedido para ele voltar ao Colo Sul para preparar chá e juntar algumas garrafas de oxigênio para levar aos que estavam em apuros mais acima. Isso pode ser verdade, mas, para mim, não faz sentido. Você fica com um grupo para evitar um desastre; você não deixa o grupo para se preparar para um.

De qualquer modo, a decisão de Anatoli de subir sem oxigênio suplementar pode ter determinado a sua rápida ascensão e descida. Sem gás, você fica muito gelado para sentar e esperar os outros.

Há várias linhas de raciocínio diferentes para explicar o porquê de Anatoli ter feito o que fez no Everest naquele mês de maio. A crítica de Jon em *No ar rarefeito* é apenas uma delas. Em um livro chamado *A escalada*, coescrito com o jornalista Weston DeWalt, Anatoli fez a sua réplica a Jon, explicando suas ações e, por sua vez (através das palavras de DeWalt), atacando Krakauer por suas próprias ações, ou falta de ação, durante a catástrofe. Uma versão melhor, eu acho, aparece em *Above the Clouds*, uma narrativa com base nos diários de Anatoli e editada pela sua namorada, Linda Wylie. Eu recomendo que qualquer um que se interesse pelo episódio de 1996 no Everest leia esse livro antes de julgar Anatoli. Infelizmente, *Above the Clouds* foi publicado após a morte de Anatoli, que faleceu no dia de Natal em 1997, quando foi arrastado por uma avalanche em uma tentativa tipicamente corajosa no Annapurna durante o inverno. Esses diários publicados postumamente agora são a única chance de Anatoli se defender e, em minha opinião, é o que melhor representa seu caráter fenomenal.

Na noite em que Lopsang começou a descer, Anatoli estava perambulando em meio à tempestade, próximo ao acampamento do Colo Sul, em busca de um grupo grande de escaladores que havia saído da trilha, e agora não tinha a menor ideia de onde estava o acampamento, abrigando-se em um platô perigosamente próximo da borda da face Kangshung. Encontrando esses retardatários e trazendo-os de volta para o acampamento, Anatoli cumpriu uma missão genuinamente heroica. Não há dúvida de que ele salvou muitas vidas naquela noite.

Na manhã seguinte, dois xerpas da equipe de Scott, Tashi Tshering e Ngawang Sya Kya (este, pai de Lopsang), subiram a montanha para tentar resgatar Scott. Apesar do vento forte, forçaram o caminho até a saliência usada como bivaque. Encontraram Scott quase sem respiração, com um olhar fixo e inexpressivo; tentaram administrar oxigênio, mas não parecia fazer efeito. Scott estava apenas um pouco mais de trezentos metros verticais acima da segurança do Colo Sul, mas ele poderia muito bem estar do outro lado da lua. Makalu Gau estava em um estado quase tão ruim quanto o de Scott, mas conseguiu beber um pouco de chá e respirar com as garrafas de oxigênio que os xerpas haviam trazido. Em mais uma tentativa heroica de resgate, Tashi e Ngawang amarraram Makalu e o desceram até o Colo Sul.

Por não conseguirem levantar Scott e o descer, os xerpas tinham, na verdade, desistido dele, considerando-o morto. Mas Anatoli não podia aceitar esse veredito. Embora estivesse exausto, saiu às 17 horas (pouco mais de uma hora antes do anoitecer) para um último esforço na tentativa de salvar Scott. Foi somente por volta das 19, 20 horas que ele conseguiu chegar à saliência usada como bivaque. Ali, sob a luz da sua lanterna, viu que era tarde demais. Como Anatoli disse depois para Jon: "Sua máscara de oxigênio estava no rosto, mas a garrafa estava vazia. Não estava usando luvas; as mãos completamente desprotegidas. O traje de penugem de ganso estava aberto, ele tinha tirado o ombro e um dos braços para fora. Não havia nada que eu pudesse fazer. Scott estava morto." Anatoli pôs a mochila de Scott sobre seu rosto e desceu para o Colo Sul.

O que muitos de nós acreditamos hoje é que Scott estava à beira de um edema cerebral. A alucinação de que ele poderia simplesmente pular de volta ao acampamento é uma manifestação típica do edema. No entanto, como ele era o líder da equipe, não havia mais ninguém apto a reconhecer sua condição e mandá-lo de volta para baixo. O próprio edema provavelmente evitou que ele reconhecesse sua situação. Ele simplesmente pensou que estava cansado, sentindo-se mal ou tendo um dia difícil. Não havia razão para Scott ir até o cume, mas seria impensável para ele deixar seus clientes subirem sem sua companhia. De certo modo, Scott havia subestimado o Everest. Ele era conhecido por brincar sobre como a rota do Colo Sul era fácil, que era a estrada de tijolos amarelos para o cume. Do mesmo modo, após a nossa expedição com sucesso em 1994, Rob havia anunciado "100% de sucesso" para os clientes da Adventure Consultants no Everest.

Além disso, a escolha do momento certo era tudo. Sem aquela tempestade súbita e violenta no dia 10, tanto Rob quanto Scott poderiam ter saído ilesos, mesmo com a sua chegada tardia ao cume. Em 1995, por exemplo, com um tempo decente, havíamos descido clientes completamente exaustos como Doug Hansen com segurança, assim como outra escaladora, Chantal, que havia sucumbido no exato lugar onde Rob morreria em 1996.

Em 12 de maio, cinco escaladores de ambas as equipes estavam mortos: não apenas os dois líderes, mas também o guia de Rob, Andy Harris; sua cliente, Yasuko Namba; e, claro, seu cliente e amigo, Doug Hansen. No final da temporada mortal da primavera de 1996, o Everest havia tomado a vida de doze dos seus aspirantes.

No dia 11 de maio fomos até o Acampamento III na face do Lhotse, onde passamos a noite. Na manhã seguinte, no Colo Sul, os guias sobreviventes estavam tentando organizar uma evacuação. Contaram com muita ajuda de Todd Burleson e Pete Athans, líderes de outra expedição norte-americana, que haviam interrompido sua própria campanha para subir e ajudar no dia anterior. Escaladores experientes e guias veteranos (a essa altura Pete já havia alcançado o topo do Everest sete vezes, mais que qualquer outro norte-americano), Burleston e Athans agiram, com efeito, como controladores de voo no Colo Sul.

Foi ideia de David montar um tipo de posto de passagem no Acampamento III. Conforme os escaladores e clientes exaustos desciam pelas cordas fixas na face do Lhotse, podiam parar brevemente no nosso acampamento, beber um pouco de chá ou tomar sopa e entrar nas nossas barracas para se aquecer. Mas era essencial que eles continuassem descendo a montanha.

Vimos o primeiro grupo de refugiados quando eles desceram para o Acampamento III, guiados por Neal Beidleman, terceiro guia de Scott, que tinha sido parte da nossa equipe no K2 em 1992. Como David contou depois a Krakauer: "Quando vi aqueles caras, fiquei assustado. Parecia que eles tinham voltado de uma guerra de cinco meses."

Mas eu fiquei perplexo por um motivo completamente diferente. Um ou dois dos clientes de Scott, ao nos ver pela primeira vez, disseram: "Eu cheguei no cume! Estou tão feliz!" Eu só olhei para eles, sem palavras, pensando: *Vocês têm alguma ideia do que está acontecendo aqui?*

A essa altura havíamos ouvido sobre a milagrosa sobrevivência de Beck Weathers. Dado como morto no platô do Colo Sul próximo à face Kangshung, Beck havia, de algum modo, juntado força de vontade para subir de volta na tarde do dia 11 e se abrigar no Acampamento IV. Para a equipe de resgate no Colo Sul, a chegada de Beck foi como uma aparição do outro mundo. Como Jon escreveu depois: "A mão direita sem luva, nua naquele vento gélido, estava estendida num tipo de saudação estranha, congelada. Fosse quem fosse, fez Athans pensar numa múmia num filme de horror lado B."

Percebendo que seria preciso um esforço coordenado para tirar Beck da montanha, Robert Schauer e eu decidimos subir até o Colo Sul no dia 12 de maio, deixando Araceli, Veikka e David a cargo do nosso posto de passagem. Um pouco acima de um grande penhasco que cruza a face do Lhotse a 7.620 metros, encontramos Todd e Pete guiando Beck na descida. O trabalho era tão árduo que eles estavam exaustos. Robert e eu assumimos a tarefa. No topo da Franja Amarela, amarrei Beck em uma corda e o abaixei de cima, enquanto Robert descia de rapel ao lado dele, ambos clipados às cordas fixas. Beck estava cego devido à neve e suas mãos eram inúteis, de modo que tivemos que refixar seu freio oito a cada apoio, mas pelo menos ele conseguia ficar de pé e andar.

Descemos Beck até o Acampamento III. Reconhecendo o quão perto da morte o homem ainda estava, David se juntou à nossa equipe para levá-lo até o próximo acampamento. David e Robert literalmente colocavam o pé dele em cada degrau, enquanto eu seguia um pouco atrás, com um braço preso nas cordas fixas e o outro segurando a parte de trás da sua cadeirinha.

A disposição de Beck era incrível. Apesar do seu sofrimento, ele disse de repente: "Cara, eu estou com as estrelas da escalada!" E contava piadas, cantava.

Em determinado momento eu disse: "Beck, você tem a melhor disposição de qualquer um que eu já resgatei na montanha".

Ele respondeu: "Ed, depois que você morre, tudo fica uma beleza!".

Devagar e com segurança, levamos Beck até o Acampamento II onde Ken Kamler, o médico na expedição Athans-Burleston, começou a tratar as gangrenas, descongelando seus dedos.

Enquanto isso, no acampamento-base, Guy Cotter estava fazendo todo o possível para mobilizar um resgate com helicóptero, algo extremamente arriscado nessas altitudes. Recebemos instruções do acampamento-base para pegar Beck e levá-lo até o Acampamento I, logo acima da parte superior da Cascata de Gelo do Khumbu, a 5.790 metros. Assim que chegamos lá, com a ajuda de Jon Krakauer, sondamos uma plataforma de pouso perto da extremidade superior da cascata de gelo, que David marcou com um grande X pintado com suco em pó. Amarrei uma bandana grande em um bastão de esqui para usar de biruta. Assim que ouvimos o *vap-vap-vap* das hélices do helicóptero, Makalu Gau chegou com graves congelamentos nas mãos e nos pés, ele que havia sido trazido montanha abaixo como um defunto por meia dúzia de xerpas.

Um dos verdadeiros heróis desconhecidos da tragédia de 1996 no Everest foi o tenente-coronel Madan Khatri Chhetri, do exército nepalês. Em um helicóptero Esquilo B2, ele voou até o acampamento-base e removeu todos os equipamentos desnecessários da aeronave, incluindo as portas. Depois ouvimos rumores de que ele havia drenado o tanque de combustível, deixando apenas alguns galões para diminuir o peso do helicóptero, antes de partir para o nosso local de pouso.

Apenas uma vez um helicóptero havia pousado no Circo Oeste: em 1973, uma expedição italiana usou um para transportar equipamento. Aquele helicóptero acabou chocando-se contra a cascata de gelo, finalizando o experimento italiano. Ninguém havia tentado o feito nos 23 anos seguintes, e todos nós sabíamos que descartar uma carga de equipamento não era o mesmo que decolar com o peso adicional de uma pessoa totalmente debilitada. O coronel Madan chegou, fez uma aterrissagem cautelosa e uma decolagem de teste. Ele estava pronto para tentar uma evacuação.

O helicóptero havia sido mandado especificamente para resgatar Beck. Mas, quando Gau apareceu inesperadamente em cena, David, Jon e Pete Athans decidiram que o escalador tailandês deveria ser resgatado primeiro, pois os terríveis congelamentos em seus pés o impossibilitavam de caminhar ou mesmo ficar em pé, e as condições de voo estavam deteriorando rapidamente. Beck teria que esperar um segundo voo, se fosse possível voar novamente.

Naquele momento, a magnanimidade de Beck foi brilhante. Sendo ele próprio um médico, concordou com a decisão: "O estado de Makalu é pior que o meu. Ele deve ir no primeiro voo."

Jon, David e eu levamos o tailandês para bordo e assistimos sem respirar enquanto o coronel Madam forçava os motores, mal saindo do chão. Então ele deu uma guinada para a borda da cascata e voou para longe da nossa vista. Ouvimos o trovejar dos motores se afastando, rezando para que o helicóptero não caísse.

O tempo todo eu pensava: *Ai meu Deus, e se não tiver um segundo voo?* De algum modo, teríamos que levar Beck para baixo pelo perigoso labirinto da Cascata de Gelo do Khumbu. Com mão de obra suficiente, poderíamos levá-lo (isso já havia sido feito antes), mas era uma tarefa que não agradava a nenhum de nós.

Mas, logo em seguida, o coronel Madan voltou e decolou levando Beck consigo. Dentro de uma hora ele estava em um hospital de Katmandu, sendo tratado perto de Makalu Gau. Juntamos nosso equipamento e, percebendo o quanto estávamos cansados, corremos para o acampamento-base.

Ali, fizemos um funeral para os mortos. Em um altar de pedra, fizemos uma pequena fogueira de galhos de junípero para realizar um *puja*, a tradicional cerimônia dos xerpas dirigida aos deuses, normalmente realizada antes de uma expedição, não depois de uma. Uma a uma, as pessoas se levantaram e disseram algumas palavras sobre seus amigos mortos. Seus cabelos estavam desgrenhados, os rostos e narizes de alguns estavam roxos e com marcas de ulceração, parcialmente cobertos com curativos. Havia muitas coisas que eu gostaria de falar sobre os amigos próximos que tinha perdido, mas não consegui. Eu sabia que se levantasse e tentasse, não conseguiria dizer duas palavras sem engasgar.

Paula estava como em estado de choque. No ano anterior, no acampamento-base do Everest ou do Makalu, ela tinha vivido um tipo de inocência feliz, nunca tendo se preocupando muito com o que eu estava fazendo lá no alto da montanha. Ela passou a crer que se eu escalasse com a segurança que eu dizia ser possível, muito pouco poderia dar errado. Ela nunca tinha conhecido alguém que tivesse morrido na montanha.

Agora ela havia conhecido o lado mais pérfido do montanhismo na Zona da Morte. Rob e Scott haviam se tornado seus amigos próximos e ela teve que manter a vigília pelo rádio enquanto os dois congelavam lentamente até a morte. Ela havia visto todos os sobreviventes descerem mancando pela Cascata de Gelo do Khumbu. O sentimento de catástrofe que pairava sobre o acampamento-base teve um efeito profundo nela.

Mas essa ainda não foi a pior parte. Durante a retirada das equipes, ela ouviu uma transmissão de David pelo rádio para alguém da equipe IMAX no acampamento-base. David disse: "Quando tudo isso acabar, vamos nos reagrupar e voltar lá para cima".

Paula estava espantada. Como qualquer pessoa normal, ela pensou que, após o desastre, iríamos pelo menos discutir o que fazer em seguida. A ideia de ter que esperar no acampamento-base enquanto a nossa equipe — e eu, em particular — corria de volta para a mesma montanha que tinha há pouco matado alguns dos melhores escaladores do mundo parecia intolerável. Ela ficou indignada pela decisão ter sido apresentada como fato consumado. Mais tarde, relembrando-se dos seus sentimentos quando ouviu a transmissão de David, ela disse que quis gritar: "Ei, nós não somos um time? Nós não vamos discutir isso? Não vamos nem ter uma reunião?"

Apesar de ter ficado para o funeral, Paula sentiu que tinha que sair do acampamento-base. Como a equipe de Guy Cotter estava fazendo as malas para ir embora, levando os sobreviventes da equipe de Rob, ela decidiu juntar-se a eles e descer até o vale por alguns dias. Como ela me disse: "Eu tenho que sair daqui. Eu preciso ver um pouco de mato, árvores, flores. Preciso de alguns dias para clarear as ideias."

Eu entendia seu sentimento de impotência durante os dias anteriores. Enquanto o resto de nós estava ocupado com resgates e evacuações na montanha, ela podia apenas ouvir pelo rádio e correr de um acampamento-base ao outro para passar informações. Seu papel era fundamental, mas não poder ajudar pessoalmente gerou uma imensa frustração.

Assim, alguns dias após o funeral, Paula acompanhou a equipe de Guy de volta até o vilarejo de Dingboche, um dos lugares mais encantadores de todo o Vale de

Khumbu. Mas, quando estávamos prontos para subir a montanha, ela já estava de volta ao acampamento-base. Com a cabeça em ordem, ela agora apoiava completamente a nossa decisão de subir a montanha de novo.

Duas decisões tomadas por David durante o desastre de 1996 me pareceram completamente admiráveis, e Jon também as destacou em *No ar rarefeito*. A primeira foi oferecer às equipes que estavam em apuros, sem a menor hesitação, nossas vitais garrafas de oxigênio, baterias e outros equipamentos estocados na barraca Trango 3 no Colo Sul. O oxigênio, em particular, foi um presente divino para os clientes mais debilitados, e certamente salvou algumas vidas. O segundo foi sua recusa em filmar qualquer um dos episódios dramáticos que se desenrolavam na nossa frente quando os sobreviventes desciam com dificuldade a face Lhotse. Em termos de bilheteria, uma filmagem como essa seria ouro puro, mas David estava decidido a não explorar a tragédia para os propósitos do filme da IMAX.

Durante a tragédia, David esteve em contato com os caras da MacGillivray Freeman em Laguna Beach, Califórnia. Eles também foram admiravelmente altruístas e compreensivos. Eles haviam investido 5,5 milhões de dólares no nosso projeto, mas nunca nos pressionaram para terminar a escalada. Em vez disso, disseram a David: "A decisão é de vocês. Entendemos pelo que vocês passaram. Seus amigos morreram. Se vocês quiserem voltar para casa, tudo bem. Voltamos no ano que vem." David, por sua vez, deixou a decisão para o resto do grupo. Se quiséssemos voltar para casa, ele estaria pronto para voltar no ano seguinte com um grupo menor.

Quanto a mim, mesmo durante o resgate, eu estava ponderando o que fazer depois que a poeira abaixasse. Logo percebi que queria voltar para cima. Parte dessa decisão foi devida à minha velha compulsão de ver um projeto terminado, de encerrar o caso. Não consigo abandonar algo tão perto do final, depois de me esforçar tanto, como em 1987, quando larguei o Everest a apenas noventa metros do topo. E, a essa altura, eu já havia gastado oito meses inteiros na empreitada da IMAX.

Mas havia também outro motivo para subir a montanha de novo. Eu queria gravar o nosso filme para mandar a mensagem de que é possível escalar o Everest e viver para contar a história. Eu já havia feito isso três vezes. Eu queria que as pessoas soubessem que é possível sair do Everest sem congelamentos. A vontade de escalar não é um pedido para morrer. E, finalmente, não queria fugir da montanha enquanto uma sombra de morte pairava sobre ela. Eu queria tornar o fim da temporada algo positivo.

Todavia, as pessoas perguntam como eu pude voltar a escalar a montanha apenas alguns dias depois de perder dois dos meus melhores amigos e mais queridos companheiros. Acho que usei a razão. A tragédia não foi nossa culpa. Nossa equipe não tinha se metido em problemas — até ali tínhamos feito tudo certo. Eu não teria feito o que Scott e Rob fizeram no dia 10 de maio. Eu não teria ido ao topo às 4 horas da tarde.

Muito antes de 1996, desenvolvi uma fórmula que se tornou minha regra número um nas grandes montanhas. Eu a repeti tantas vezes em entrevistas e apresentações que ela já faz parte de mim, como uma tatuagem.

A fórmula é: *Chegar ao topo é opcional. Descer é obrigatório.*

Acho que essa regra veio do meu treinamento como guia da RMI. Mas ela é o meu ponto de honra mais profundo. Quando me perguntam se eu acho que Mallory chegou ao topo do Everest em 1924, respondo, brincando — mas nem tanto —, que tanto faz. Ele não conseguiu descer.

Mesmo quando estou escalando uma 8.000 metros, todo o meu planejamento é calculado em torno da descida. Você não pode chegar a um cume e depois planejar a descida. Até lá pode ser tarde demais.

De certo modo, planejo minha escalada de trás para frente. A hora que quero estar de volta ao acampamento é que define quando preciso chegar ao cume, que, por sua vez, define a hora em que preciso começar a subida. Eu sempre sei que, se não estou perto do cume às duas da tarde, preciso dar meia-volta e descer. Se eu me permitir levar doze horas até a ascensão final, preciso deixar o acampamento no máximo às duas da manhã. Normalmente saio até mais cedo. Tudo isso com base na minha decisão de não utilizar oxigênio suplementar.

Se, no entanto, você estiver usando oxigênio suplementar, então seu limite será baseado na quantidade de gás que você pode carregar. Logo, no dia 10 de maio, o horário de retorno-limite das duas da tarde era irrelevante. Todos saíram à meia-noite. Cada um tinha um suprimento que duraria cerca de dezoito horas, não apenas para chegar ao cume, mas também para ter o suficiente para voltar ao Colo Sul. Insistir no cume depois de doze ou treze horas significaria que eles inevitavelmente corriam o risco de ficar sem oxigênio na descida.

É por isso que — não apenas em 1996, mas constantemente no Everest — escaladores se metem em problemas na descida. Se você deixar o Colo Sul à meia-noite, utilizando garrafas de oxigênio, 2 horas da tarde — imagine 4! — é tarde demais para ainda estar subindo a montanha. Além disso, uma jornada de dezesseis horas, com ou sem oxigênio suplementar, é muito desgastante para a maioria das pessoas. Muitos escaladores dão tudo de si na subida, ficando sem forças para descer. Se você estiver respirando oxigênio suplementar e ele acabar de repente, é como puxar um plugue. Você simplesmente desliga e para de se mexer.

Esse pode parecer um julgamento severo para Rob Hall e Scott Fischer, mas acredito que eles perderam a vida em parte por não seguirem com a devida seriedade a segunda metade da fórmula: *Descer é obrigatório.*

Paula diz que, nas montanhas, eu compartimentalizo meus sentimentos. Provavelmente é verdade. Você precisa fazer isso de alguma maneira quando está escalando, porque se abrir o seu coração para a angústia de perder um amigo, isso pode paralisá-lo.

De qualquer forma, mesmo antes de chegar ao acampamento-base, eu já sabia que queria voltar lá para cima. Todos queríamos — David, Robert, Araceli, Jamling e Sumiyo. Ainda havia tempo para fazer o filme da IMAX no Everest.

Mas eu sabia que, se chegássemos ao topo, no dia do cume eu teria que passar pelos corpos de Rob e Scott. E seria muito difícil.

A essa altura, havíamos doado tanto dos nossos suprimentos que precisávamos reabastecer nossos acampamentos superiores. Guy Cotter nos ofereceu garrafas de oxigênio, e recebemos mais algumas dos sobreviventes da equipe de Rob. Mesmo assim, levamos uma semana para levar todas as nossas coisas de volta para o Acampamento IV, no Colo Sul, a fim de nos prepararmos para o nosso ataque ao cume. Todos na equipe estavam entusiasmados, mas, ao mesmo tempo, concordávamos com a afirmação de David: "Faremos uma tentativa segura e conservadora. Se não der certo, caímos fora daqui."

Fizemos algumas filmagens no caminho de volta à face do Lhotse, mas sabíamos que a principal gravação seria no dia do cume. David é um líder bastante exigente. Se você não estiver pronto para tudo, vai levar bronca. Na verdade, ele é conhecido por repreender quem acha que não está fazendo seu trabalho. Não tenho problema com isso: se você é contratado para uma tarefa ou se é esperado que você faça alguma coisa, então faça. David nunca me repreendeu. Sempre fiz meu trabalho e ele reconhecia isso, dizendo coisas como: "Ed, com você eu não preciso me preocupar se as barracas estarão prontas no Acampamento III. Eu sei que você vai cuidar de tudo."

O próprio David trabalha mais que todo mundo. Ele sempre está à nossa frente. Essa é a minha definição de um bom líder. Acho que mais ninguém no mundo conseguiria fazer o que David fez no filme da IMAX.

Robert Schauer também trabalhou muito. Ele estava sempre ao lado de David, entregando-lhe o filme, arrumando o tripé, e por aí vai. E toda noite na sua barraca ele tinha que pegar uma mochila preta e recarregar os rolos de filme sem luz nenhuma.

Na noite do dia 22 de maio, já estávamos acampados no Colo Sul, prontos para nosso ataque ao cume na manhã seguinte. Infelizmente, nesse momento, David teve que dizer a Sumiyo que ela não faria parte da equipe do cume. Ela estava com sérias dificuldades para se adaptar à altitude, com acessos de tosse que lesionavam seu diafragma mesmo a 7.315 metros. David já tinha gravação suficiente de Sumiyo na parte baixa da montanha, mas ele estava preocupado que sua fraqueza pudesse comprometer a nossa tentativa de cume. Ao deixá-la no Colo Sul, David estava, como ele mesmo escreveu posteriormente, não "pensando como um cineasta [mas] pensando como um montanhista".

O plano era que eu partisse do acampamento às 22 horas, e os demais às 23 horas. Escalando sem oxigênio suplementar e abrindo a trilha pela neve, eu provavelmente seria mais lento que os outros que estavam respirando com a ajuda das garrafas de oxigênio, e por isso precisava de uma vantagem inicial. Idealmente, eles me alcançariam em algum lugar próximo à Balcony, a 8.412 metros, onde começaríamos a filmagem com a primeira luz da manhã.

Paula esteve no acampamento-base desde o início da nossa escalada de volta. Eu a contatei pelo rádio na noite do dia 22. Mesmo admitindo, depois, que estava profundamente preocupada, ela me disse: "Escale a montanha como você nunca escalou antes".

Eu só consegui responder "Entendido". Paula entendeu errado a nossa conversa. Mais tarde, ela disse: "Entendido? Isso é tudo o que você conseguiu dizer?" Ela achou que eu estivesse compartimentalizando de novo.

A verdade é que o pedido dela foi tão comovente que fiquei completamente engasgado. Tudo o que consegui falar foi aquele "entendido" curto e radiofônico, enquanto o que eu realmente queria dizer era: "Meu Deus, isso é tão lindo. Obrigado."

As suas palavras ficaram comigo durante todo o dia seguinte. A ordem espontânea dela teve vários significados diferentes. Na minha oitava expedição ao Everest, eu escalaria a montanha por um motivo completamente diferentes de todas as minhas outras tentativas. Eu escalaria a montanha como nunca antes havia escalado. E escalaria com todas as minhas forças. Eu queria desesperadamente terminar o projeto no qual havia me esforçado durante oito meses.

Sequer tentei dormir antes de subir a montanha. Nem David e Robert, que ficaram acordados a noite toda preparando os rolos de filme e os equipamentos da câmera. Parti às 22 horas como planejado. Era uma noite clara e sem luar, com a temperatura em torno de -37°C. Após cruzar a larga extensão do Colo Sul, é preciso encontrar a vala certa na encosta acima, mas eu sabia o caminho de 1991, 1994 e 1995, e, mesmo na escuridão, me guiando com a luz da lanterna, tinha uma boa intuição da rota certa.

Enquanto escalava, de vez em quando eu via as luzes distantes das outras lanternas abaixo de mim; intrigava-me porque elas não pareciam estar se aproximando. Logo abaixo da Balcony, onde eu ainda estava mais ou menos protegido do vento, cavei um lugar para sentar na neve e esperei por quase uma hora. Mas começou a ficar muito frio e tive que continuar a escalar. Já a uns trinta metros abaixo da Balcony, encontrei um objeto nas saliências rochosas que cruzavam a rota. Eu sabia que era o corpo de Scott. Ele estava na posição em que havia morrido, com a mochila cobrindo a parte superior de seu peito, do jeito que Anatoli o havia deixado no dia 11 de maio. Eu não conseguia ver seu rosto e não sabia se queria ver – preferia lembrar-me dele vivo. Queria passar um tempo com Scott e com Rob mais acima, mas resolvi que tinha que continuar subindo a montanha. Eu não queria me atrasar com nada nem pôr em risco o sucesso da nossa expedição. Pararia e passaria um tempo com os dois no caminho de volta.

Escalei por horas, e as luzes lá embaixo não pareciam se aproximar. David contou depois a um escritor do *Men's Journal* que, assim que saiu da barraca, ele olhou para cima e murmurou para si mesmo: "Céus, aquela lanterna está bem mais alta do que eu pensava que estaria". Aparentemente, sem oxigênio suplementar e abrindo caminho pela neve, eu conseguia subir tão rápido quanto, ou até mais rápido que, os outros respirando com as garrafas de oxigênio e seguindo a minha trilha. Antecipando como essa escalada seria difícil, eu treinei bastante. E agora estava o mais focado possível, e visualizando a trilha com toda a intensidade. Abrir caminho pela camada profunda de neve era difícil, mas eu estava tendo um dia espetacular e sentia que nada podia me parar. Até mesmo David havia subestimado a velocidade com a qual eu podia avançar. Como ele disse ao escritor do *Men's Journal*: "Eu saí da trilha e tive que abrir caminho pela neve por apenas trinta metros e fiquei exausto".

David também praguejou por um erro nas cargas dos xerpas. Ele pensou que o nosso equipamento mais pesado (a câmera, que pesava doze quilos) seria levado por Jangbu, nosso xerpa mais forte. Em vez disso, ela foi dada a um dos xerpas mais fracos. Enquanto o grupo principal avançava pela crista, a câmera ficava cada vez mais para trás. Uma hora Jangbu largou sua própria carga e voltou para pegar a câmera com o xerpa lento, mas demorou horas até que detectassem o problema.

Enquanto isso amanheceu, e os outros não estavam nem perto de me alcançar. Fiz várias outras paradas, mas o frio me obrigava a continuar subindo. O problema era: isso significava que David não conseguiria a gravação que queria, eu guiando os outros sem oxigênio suplementar.

Ele teve que tomar rapidamente a decisão de filmar Araceli e Jamling se movendo sob a luz da manhã. Devido ao frio, era incrivelmente difícil montar a câmera no tripé e posicioná-la. No filme terminado, essa cena é talvez a mais dramática, mas David quase não conseguiu aproveitar um segundo sequer dela. Ele descreve o caos em *Alto risco*:

> Com um gesto de Robert, Jamling e Araceli subiram penosamente a aresta sudoeste. Com dez segundos de filmagem, percebi que eles haviam saído da linha da crista. Vista pelas lentes da câmera, a cena parecia estranha, como se eles es-

tivessem descendo. A cena não estava funcionando. Robert continuava contando os segundos. Eu dei mais dez segundos, dezessete metros de filme, para ajeitar a subida e então desliguei a câmera. Eu não conseguia acreditar, vinte preciosos segundos de filme arruinados. Furioso, eu fiquei de pé, arranquei minha máscara de oxigênio, e falei para eles voltarem e escalarem na minha direção mais uma vez, em uma linha mais direta.

Araceli e Jamling voltaram pela crista e refizeram seus passos em direção a David enquanto ele filmava novamente. Essa filmagem hoje é conhecida como "o take dois mais alto do mundo".

Sem saber dos problemas que estavam acontecendo com a filmagem lá embaixo, continuei marchando para o topo. Embora tivesse feito tantas paradas quanto fosse possível, somente quando cheguei ao Cume Sul, a 8.747 metros, menos de 106 metros abaixo do topo, David finalmente me alcançou. Mas a câmera em si ainda estava muito mais para baixo. David disse: "Ed, continua. Não tem como você esperar a câmera chegar até aqui."

No final, levei doze horas para ir do Colo Sul até o cume. Sem minhas paradas para esperar os outros, poderia ter feito a escalada em nove ou dez horas. Pela terceira vez, eu havia efetivamente escalado sozinho o Everest. Senti que o dia 23 de maio de 1996 tinha sido o meu dia mais forte nas montanhas. Meu corpo e minha mente estavam em perfeita sincronia, e, mesmo tendo me esforçado tanto, ainda me sentia bem dentro dos limites.

De lá de cima, eu consegui contatar Paula pelo rádio. "Não posso subir mais", disse. "Eu alcancei o cume. Viva!"

Nosso plano de filmagem não saiu como o planejado, já que David não conseguiu nenhuma imagem minha indo para o topo. Pessoalmente, não me senti decepcionado com isso. Eu estava feliz demais de ter conseguido chegar ao cume e de saber que havia feito o meu trabalho. Pareceu que, pela primeira vez em meses, podia começar a relaxar. Apesar de todos os obstáculos surgidos com a tragédia do dia 10 de maio, permanecemos focados e completamos nossa missão. Começamos a expedição como completos estranhos e usamos todos os contratempos para formar uma equipe coesa e praticamente imbatível de escaladores e cineastas generosos.

Eu passei aproximadamente uma hora no cume antes de começar a descer. Apenas David me encontrou lá, ainda sem a câmera. No caminho de volta, passei por Araceli, Robert, Jamling e nossos seis xerpas. Nós todos nos abraçamos, porque sabíamos que todos iriam chegar com segurança ao cume. Nas costas fortes de Jangbu, a câmera também chegaria ao topo, onde David gravou Araceli e Jamling se abraçando, e depois Jamling depositando suas oferendas no chão: um elefante de brinquedo pela sua filha, várias bandeiras com orações e fotos, não apenas do Dalai Lama, mas também de sua mãe e de seu famoso pai.

O filme que a MacGillivray Freeman projetou na telona, simplesmente intitulado *Everest*, permanece sendo até hoje o filme da IMAX de maior bilheteria já feito. Isso é gratificante, claro, mas mais importante ainda são os testemunhos de pessoas que vêm até mim e me contam o efeito que o filme teve em suas vidas. Recentemente eu conheci um cara que tem uma filhinha de cinco anos com quem, segundo ele, assiste o filme a cada dois ou três anos. Outros me dizem: "Que coisa linda você fez" — e eles não se referem somente ao filme, mas a como nós nos comportamos e agimos na montanha durante o maior desastre de sua história. Muitas pessoas disseram simplesmente: "Obrigado por nos dar esse filme".

No caminho de volta, pouco antes do Cume Sul, parei para passar algum tempo com Rob. Antes daquele dia, 23 de maio, ninguém havia estado ali desde a sua morte, no dia 12 daquele mesmo mês. Agora ele estava deitado de lado. A parte de cima do seu corpo estava com neve, cobrindo sua cabeça. Um braço e uma perna estavam visíveis. Ele estava sem uma luva, e sua mão parecia uma grande garra azul e inchada. Havia uma pilha de garrafas de oxigênio ao redor dele, como se ele tivesse tentado improvisar um tipo de abrigo contra o vento.

Estranhamente, havia quatro piquetas cravadas na neve ao redor de Rob. Eu tirei uma foto delas, e, mais tarde, descobrimos que uma delas havia pertencido ao guia de Rob, Andy Harris. O que aconteceu com Andy continua sendo um mistério tão grande quanto o que aconteceu com Doug Hansen. Nenhum dos corpos nunca foi encontrado. Talvez ambos tivessem simplesmente dado um passo para fora da aresta e caído pela gigantesca face Kangshung. Mas, então, por que suas piquetas estavam ali? Você não larga a sua piqueta, não importa o que aconteça.

Durante os dez dias após o desastre, ouvimos dizer que Jan Arnold, na Nova Zelândia, e a esposa de Scott, Jean, em Seattle, queriam que resgatássemos uma única lembrança de cada corpo. Jan queria o velho relógio Rolex que Rob nunca tirava do pulso. E Jean sabia que Scott usava sua aliança em um cordão de couro no pescoço, enfiado dentro da camiseta.

Mas quando cheguei ao corpo de Rob, não consegui fazer nada. Eu não poderia virá-lo, cavar até o relógio e tirá-lo do seu pulso. Eu simplesmente não queria perturbá-lo.

Em vez disso, apenas sentei do lado dele, absorvendo a cena, tentando imaginar o que havia acontecido durante a tempestade. Aquele não era apenas um cadáver do meu lado — era alguém que eu conhecia muito bem, com quem eu havia dividido várias expedições. Aqueles momentos, sentado ali, eram como um funeral, eu sendo o único de luto. Eu disse a mim mesmo: "Tudo bem, esta é a última vez que eu vou ver

Rob". Aquele não era um lugar onde eu podia ficar por muito tempo, pois precisava continuar me mexendo. Então eu disse adeus a ele e continuei a descer.

Durante os dez dias anteriores, eu havia pensado em como Rob permaneceu sereno durante o seu martírio. Era difícil para mim imaginar como deve ter sido sentar desamparado no Cume Sul e enfrentar as suas últimas horas de vida. Rob era inteligente e experiente o bastante para saber que, na sua segunda noite lá, ele dormiria e nunca mais acordaria. Mesmo assim, ele disse a Jan pelo rádio que ficaria bem. Isso não era uma negação; pelo contrário, acho que era um ato surgido de uma força de caráter magnífica.

Duas horas mais tarde, sentei novamente, dessa vez do lado do corpo de Scott. Ele estava deitado de costas, com uma perna flexionada e o joelho apontando para cima. A parte superior de seu peito estava coberta pela mochila, envolta pela corda que Anatoli tinha usado para amarrá-la.

Novamente, não consegui perturbá-lo, fuçando em suas roupas para recuperar a aliança no cordão em volta de seu pescoço. Se fosse alguém que eu não conhecesse, talvez conseguisse fazê-lo. Enquanto eu estava lá, me ocorreu que, enquanto Rob esteve se comunicando conosco até os seus momentos finais, falando com Jan e os outros, que por sua vez podiam falar com ele, Scott havia sofrido a mais solitária das mortes. Suas últimas horas foram cheias de um profundo vazio.

Olhei em volta e depois olhei para o corpo de meu amigo, congelado na encosta. Eu falei alto: "E aí, Scott, como vai?" Apenas o som do vento me respondeu.

"O que aconteceu, cara?"

Encerramento

Levamos mais dois dias para descer a montanha. Então — quanto perfeccionismo! — quando estávamos a uns noventa metros do acampamento-base, David nos fez parar para que ele pudesse filmar nossa chegada. Ali estava Paula, a apenas noventa metros, e eu não via a hora de abraçá-la e beijá-la. Mas David disse: "Vocês esperem aí até Robert e eu arrumarmos tudo. Eu avisarei quando vocês puderem ir." Tinha que ser verdadeiro; David não se contentaria com uma reencenação. Eu disse a Paula, como uma criança à beira das lágrimas: "Eu ainda não posso ir".

Enfim David disse: "Ação!", e pudemos nos arrastar mais aqueles noventa metros. Dei o abraço mais apertado que pude em Paula. Nós todos nos abraçamos, na verdade, em todas as combinações possíveis, enquanto David filmava a reunião.

Todos nós queríamos sair do acampamento-base imediatamente, mas ainda precisávamos de uns dias para arrumar o resto do equipamento. Finalmente, fomos embora, descendo o vale em direção a um ar menos rarefeito. Após um longo dia, chegamos a Dingboche, onde fomos cercados pela grama verde e pelas flores que haviam restaurado o ânimo de Paula. Nada podia ser mais satisfatório que perceber que tudo havia chegado ao *fim*.

Tenho uma foto de David, Araceli, Paula e eu nos degraus de pedra do alojamento em Dingboche, bebendo cerveja. Parece que estamos em estado de choque: felizes, tristes e exaustos, tudo ao mesmo tempo. Aliviados por ter saído da montanha, mas ainda não acreditando no que havia acontecido à nossa volta.

Durante os últimos dias da nossa trilha para fora da montanha, refleti longa e profundamente sobre o que havíamos passado e realizado. O fardo físico e psicológico que tanto a tragédia quanto a gravação nos impuseram parecia quase inconcebível. Eu nunca havia me envolvido em um projeto tão desgastante quanto aquele.

Não passei por nenhum tipo de depressão após a tragédia no Everest, e minha decisão de escalar todas as 8.000 metros não foi abalada. A parte terapêutica foi que conversamos bastante sobre o que aconteceu, não somente Paula e eu, e não somente durante a descida, mas por anos, sempre que reencontrava David, ou Araceli, ou Robert. E sempre que eu dou uma palestra ou faço uma apresentação de *slides* falo sobre a tragédia de 1996 no Everest. Dez anos depois, ainda engasgo em algumas partes da história e é difícil continuar.

Rob, Scott, Veikka Gustafsson e eu havíamos comprado lugares na licença para o Manaslu, já que originalmente esperávamos ter tempo para uma dobradinha na primavera de 1996. Agora, depois de passar praticamente o mês de maio inteiro envolvido na tragédia e depois na escalada da equipe IMAX até o cume do Everest, o Manaslu estava obviamente fora de cogitação, mesmo se tivéssemos estômago para outra escalada. Depois de perder Rob e Scott, tudo o que Veikka e eu queríamos era ir para casa.

Naquele verão, Jan Arnold deu à luz uma menina, que chamou de Sarah. Três anos depois, Paula e eu fomos visitá-las em Queenstown, na Nova Zelândia. Sarah era a imagem cuspida de Rob. Com três anos de idade, falava pelos cotovelos. Fiquei mais que surpreso quando ela me chamou de "Papai". Eu poderia mesmo ter surtado com isso, mas Jan deixou claro que ela estava só brincando. Aparentemente, ela já havia chamado alguns outros homens de "Papai". De certo modo, fiquei feliz porque ela se sentiu confortável o bastante para me chamar assim. Mais tarde, Jan casou-se de novo e teve um segundo filho com seu novo marido.

Rob e eu havíamos planejado guiar no Cho Oyu juntos no outono de 1996. Quando ele morreu, já havia clientes marcados para a viagem no outono. Guy Cotter, que trabalhava para Rob, assumiu a Adventure Consultants. Decidimos que, para manter a empresa, teríamos que fazer as viagens que já haviam sido anunciadas e vendidas. Como eu já planejava ir ao Cho Oyu naquele outono, decidi ir em frente e liderar a viagem da Adventure Consultants. Foi uma expedição tranquila, graças a Deus. Consegui levar dois clientes ao cume. Como o Cho Oyu é mais de seiscentos metros menor que o Everest, fiquei dentro dos meus limites escalando sem oxigênio suplementar. No dia do ataque ao cume, nós três escalamos encordados, para que os clientes ficassem completamente seguros.

No mês de fevereiro seguinte, próximo ao nosso primeiro aniversário de casamento, Paula e eu voltamos a Puerto Vallarta. Um dia, enquanto jogávamos *frisbee* na praia, vi que ela não conseguia parar de olhar para outra turista, uma mulher grávida brincando com seu filho de dois anos. No avião de volta para Seattle, ela disse: "Estou pronta para ter um bebê".

Surpreso, eu disse: "Tudo bem, vamos ter um bebê". Já havíamos concordado que queríamos ter filhos. Paula costumava dizer que ela queria ter filhos desde que tinha idade suficiente para segurar sua primeira boneca. Eu também queria ter filhos, mas não sabia bem quando. E não sabia como ser pai afetaria a minha Endeavor 8000. Mas agora parecia ser a hora certa.

Gilbert Edmund Viesturs nasceu dia 29 de outubro de 1997. Escolhemos o nome pensando em três Gils que haviam sido amigos importantes para nós: Gil Friesen, o empreendedor que havia se tornado meu amigo sem nem me conhecer direito

encerramento

e ajudado a arrumar meus primeiros patrocinadores; Gil ("Gib") Curry, o diácono que nos casou em Puerto Vallarta, em uma cerimônia que combinou graça espiritual e uma atmosfera serena; e o avô de Paula, Gilbert Bremicker, também um diácono.

Não foi o parto mais fácil do mundo. Sabíamos que o parto de Gil seria complicado, e nos avisaram que quando a bolsa estourou, havia risco de prolapso do cordão umbilical, ou que ele começasse a sair antes do bebê. Isso poderia comprometer o fluxo de sangue para ele momentos antes do parto. Fomos aconselhados a, durante o percurso até o hospital, deixar Paula em uma variação da posição de yoga chamada "cachorro olhando para baixo" (cabeça para baixo, bunda para cima).

A bolsa de Paula estourou por volta da uma da manhã. Entramos rapidamente no nosso pequeno SUV, com os bancos de trás já abaixados, e ela assumiu sua posição. Com a rua sem trânsito no meio da noite, dirigi um pouco acima do limite de velocidade, só reduzindo para passar nos sinais vermelhos. O único outro carro na rua era, naturalmente, um carro de polícia. O policial emparelhou, com a sirene ligada, e sinalizou: "O que houve, amigo?"

Eu apontei o dedo para o banco de trás. O policial viu Paula na sua posição "cachorro olhando para baixo", sorriu e acenou para que eu continuasse. Chegamos com segurança ao hospital, e o parto sem traumas de Gil ocorreu pouco depois.

A essa altura, eu estava começando a ficar meio famoso, não apenas no círculo da escalada, mas para o público geral. E quando o arrasador filme da IMAX foi lançado, minha popularidade cresceu mais ainda. David tornou a nossa "segunda lua de mel" no Everest um elemento da história. Há uma filmagem de nós andando de bicicleta juntos em Utah antes da expedição, enquanto eu treinava para a subida. E no acampamento-base, Paula aparece na câmera dizendo: "Eu não estava pronta para ver o Ed subir a montanha de novo. Simplesmente criei coragem e falei para ele ir em frente. Foi a coisa mais difícil que já fiz na vida."

O mundo corporativo também notou o filme. O telefone começou a tocar, e logo David e eu estávamos sendo chamados para apresentações em seminários e atividades corporativas. Embora tenha ficado meio nervoso e desajeitado na primeira apresentação de *slides* sobre minhas expedições, logo me senti confortável falando para uma plateia. Fiz o meu melhor para entreter e inspirar, esperando nunca exagerar e parecer um *showman*. Eu era apenas um escalador contando uma história — nada mais, nada menos.

Em 1997, também havia começado a atrair outros patrocinadores, além da Mountain Hardwear. Eu precisava do auxílio financeiro de companhias para fazer o que eu queria nas montanhas. Equipamento de graça não ia comprar passagens de avião, licenças ou pagar as minhas contas em casa. Assumi uma postura mais agressiva na hora de pedir dinheiro para as empresas, além de equipamentos. Essencialmente, eu estava propondo que as empresas me pagassem para usar seus produtos e ajudar a promovê-los. Obviamente, sabia que teria que oferecer algo em contrapartida. O que eu poderia dar a eles que tivesse algum valor? Credibilidade, acima de tudo. Se um montanhista conhecido aprova o produto de uma empresa, e esse apoio é visto como sincero, um sem-número de "guerreiros de final de semana" vai querer comprá-lo.

Como essas relações se desenvolvem com o passar dos anos, pude oferecer aos meus patrocinadores outros benefícios além da credibilidade. Eu dava opiniões sobre o projeto testando protótipos de novos equipamentos nas condições mais exigentes. De vez em quando eu ia até eles com ideias próprias para novos produtos, e os patrocinadores promoviam os produtos com o meu nome neles. E, dependendo do nível de investimento da empresa, eu concordava em cumprir um número de "dias úteis" por ano, quando ia até as lojas para fazer apresentações de *slides*, autografar pôsteres e bajular os clientes. Na convenção anual Outdoor Retailer, em Salt Lake City, eu participaria do encontro de vendas da empresa.

Conforme fui ganhando experiência no jogo, mais dura ficava a negociação. Eu queria contratos por vários anos, não acordos rápidos, de um ano. Mesmo que a companhia contasse com a minha credibilidade em troca do seu investimento, deixei claro que eu tomaria todas as decisões sobre onde e como escalaria. Eu seria o capitão do navio e eles poderiam ser os passageiros. Se uma empresa tentava me pressionar para fazer algo de acordo com a sua programação nas montanhas em vez da minha, eu terminava a parceria e procurava outra.

No mercado *outdoor*, as empresas não têm orçamentos enormes para patrocinar atletas. Mas eu consegui o patrocínio de algumas empresas provando que me apoiar era um bom negócio. Como resultado, em vez de ter um patrocinador grande, a Mountain Hardwear, eu tinha cerca de uma dúzia de patrocinadores menores. Esse portfólio diversificado me proporcionou mais liberdade e flexibilidade. Se eu perdia um patrocinador ou dois, me virava com os demais. Eu sentia o peso financeiro de perder um patrocinador, mas não era o fim do mundo.

Algumas das relações que estabeleci dessa maneira correram tão bem quanto um bom casamento. Outras, no entanto, foram tão desconfortáveis quanto um encontro às cegas. Às vezes, no final de um contrato de um ano, a relação era tão estranha que achava melhor acabar com tudo. Normalmente, isso se dava por mudanças de gerenciamento ou na direção do marketing da empresa, fatores sobre os quais, obviamente, eu não tinha controle algum.

Por exemplo, em 2002, a nova diretora de marketing de um patrocinador me chamou para uma reunião de duas horas. Foi pouco depois de eu ter fracassado em duas 8.000 metros que ainda não havia escalado. Ela perguntou quando é que eu ia tomar jeito e me sair melhor na montanha. Ela não sabia nada sobre escalada em alta montanha; não tinha ideia que o fracasso faz parte do jogo. Para terminar a reunião, disse que me ligaria em uma semana. Nunca mais tive notícias dela, mesmo deixando um monte de mensagens. No fim, considerei a relação terminada e sem grandes perdas.

Desde a época em que guiava no Rainier, eu conhecia um dos diretores da JanSport, Skip Yowell. Ele sempre me fornecia mochilas informalmente. Lou Whittaker era o principal atleta patrocinado pela JanSport, e eu certamente não queria passar a perna no meu chefe. Mas, quando Lou estava prestes a se aposentar, pensei que seria a hora certa para formalizar meu relacionamento com a JanSport. No final dos anos 1990, eu estava ajudando a projetar as novas mochilas da empresa.

Outra companhia com a qual eu tinha um relacionamento informal de longa data era a Outdoor Research, de Seattle, uma fabricante de luvas profissionais, *mittens*, polainas e sobrebotas. Os produtos eram extremamente bem-feitos — um dos motivos pelo qual eu ainda tinha todos os dedos das mãos e do pés. Após a expedição da IMAX, firmei um acordo formal com a Outdoor Research, que hoje promove uma linha de produtos chamada "Ed's Choice", que eu ajudei a projetar.

Alguns contratos eu tentei fechar pessoalmente porque já havia usado os produtos da empresa. Mas, em diversos casos, o produto pertencia a um nicho tão específico que me fornecer apoio financeiro não fazia o menor sentido. Um exemplo é o tipo de gorro de lã que usei em todas as minhas viagens ao Himalaia. Eles são feitos por uma pequena empresa familiar chamada Wapiti Woolies, de Greenwater, Washington. Mesmo que a Mountain Hardwear e a Outdoor Research façam gorros, elas entendem que vou usar Woolies na montanha. É um gorro que aprendi a amar, e eu não quero mudar.

A essa altura eu já estava muito melhor em conseguir patrocinadores do que naqueles dias sombrios em que ligava de surpresa para as empresas do meu porão sem janelas. Agora parecia relativamente fácil conseguir ser apresentado às pessoas certas. O divisor de águas havia sido a ajuda de Jodie Eastman com a Polo Ralph Lauren e a de Gil Friesen com a MTV.

Um dia, durante a primavera de 1994, eu estava voltando de uma reunião com Ian Cumming, um dos fundadores da Mountain Hardwear e pai do meu companheiro guia da RMI. Do nada, ele perguntou qual seria o meu patrocinador dos sonhos.

"Rolex", eu disse. Eu sempre achei a nata das empresas. Na montanha, sempre fui um fanático pelas horas, então seria legal usar o melhor relógio do mundo no meu pulso. Ian imediatamente conseguiu uma reunião com o presidente da Rolex. Em questão de meses, eu tinha uma visita agendada ao escritório da Rolex em Nova York para realizar uma apresentação de *slides* sobre o que já havia conquistado nas 8.000

metros e o que ainda pretendia fazer. Pouco antes dessa reunião, Ian e a Mountain Hardwear me deram um lindo Rolex Explorer II novinho. Eles acharam que ajudaria a minha imagem se eu usasse aquele relógio no pulso durante a reunião em vez do meu Casio de vinte dólares.

Na sede da empresa, na Fifth Avenue, fui levado à sala de reunião onde fiz a minha apresentação para Roland Puton, o cortês e distinto presidente da filial norte-americana da empresa suíça. Depois disso, saboreamos um requintado almoço em um restaurante francês. Puton ficou intrigado com a minha empreitada, mas não podia prometer nada naquele momento e pediu para que eu mantivesse contato.

Durante um ano e meio, me correspondi com Puton e mandei cartões-postais dos acampamentos-base das minhas várias expedições. Para minha grande surpresa, recebi uma carta em dezembro de 1995 informando que eu havia sido convidado para me juntar à Rolex como seu embaixador. Eu estava em estonteante companhia, com indivíduos como Sir Edmund Hillary, a lenda das corridas Sir Jackie Stewart, Arnold Palmer e Chuck Yeager. Com o reconhecimento da Rolex, senti que havia chegado lá. Ian Cumming pavimentou o caminho para a minha associação com uma das companhias de maior prestígio no mundo.

Graças a anos de trabalho duro vendendo minha imagem, fazendo centenas de ligações, procurando parcerias como louco e, claro, fazendo o que eu estava fazendo nas montanhas, eu gradualmente acumulei apoio financeiro suficiente para, em 1996, poder finalmente dizer que eu era um escalador profissional autossuficiente. Levei dezesseis anos, desde a primeira tentativa como guia da RMI, para chegar lá.

Naquele verão, Paula e eu compramos nossa primeira casa. Quando entreguei o maior cheque que já havia preenchido na vida como pagamento para a financiadora foi um baque. Anos de trabalho em empregos de merda, economizando nas despesas e guardando cada dólar foram embora com aquele único pedaço de papel. Naquela noite precisei de vários coquetéis para acalmar os nervos. Mas quando Paula e eu mudamos para nossa casa em West Seattle, com vista para Puget Sound, senti que finalmente estava vivendo os meus sonhos.

Nos quatro anos seguintes, da primavera de 1997 até o verão de 2001, eu participaria de oito expedições a montanhas de 8.000 metros. Mesmo assim, ainda não tinha pressa para terminar todas as catorze. Não era uma competição, e saber que outro montanhista norte-americano, Carlos Buhler, já tinha escalado seis das grandes em 1997 não me deu a menor vontade de ganhar essa corrida. Nunca foi meu objetivo levantar uma placa dizendo "Primeiro Escalador Americano a Escalar Todas as 8.000 Metros"; era uma campanha com motivações estritamente pessoais. Como prova da minha disposição em deixar o projeto Endeavor 8 000 de lado, voltei ao Everest na primavera de 1997 para ajudar em outro filme.

Dessa vez seria um documentário para a Nova, a altamente conceituada série da PBS promovida pela WGBH, de Boston. Liesl Clark, uma diretora muito talentosa, estava interessada em fazer um filme que, pela primeira vez, exploraria com seriedade a psicologia da alta montanha. Liesl era namorada de David Breashears, de modo que eles estavam determinados a dirigir juntos o documentário.

Para a história do filme, eu tinha que ter uma função na montanha, então a premissa é que estava trabalhando como guia para Guy Cotter. Um antigo colega guia da RMI, meu amigo Dave Carter, seria o meu "cliente" para as câmeras. Dave era suficientemente competente para não ser guiado, já que ele tinha guiado no Rainier incontáveis vezes, assim como no Denali, e em 1991 havia trabalhado para mim quando guiamos Hall Wendel no Everest. Como Dave não tinha conseguido fazer o cume naquela expedição, ele estava ansioso para se inscrever como cliente na viagem de Guy para ter outra chance no Everest. Para o propósito do documentário, era a escolha perfeita. Dave seria estudado pelos psicólogos como cliente enquanto eu seria estudado como guia. David Breashears também participaria dos testes. A tese era que veteranos do Himalaia, como Breashears e eu, temos um desempenho melhor em altitude que um cliente como Carter.

Veikka Gustafsson também estaria na nossa equipe, mas por trás das câmeras. Ele se juntou a nós para tentar uma investida ao Everest sem oxigênio suplementar. Quando alcançou o cume em 1993, como cliente de Rob Hall, ele estava usando-o. Essa seria a minha quinta escalada no Everest, mas seria uma experiência nova interpretar um guia em um filme.

Apesar da tragédia ocorrida na primavera anterior, a rota do Colo Sul estava mais uma vez abarrotada de escaladores. Novamente, conseguimos evitar o trânsito no dia do ataque ao cume, mas por bem pouco. Nessa primavera, todos na montanha ficaram empacados por semanas devido ao mau tempo. Como resultado, todos os escaladores planejaram ir ao topo no primeiro dia perfeito. Na noite do dia 22 de maio, assim que o céu clareou e o vento parou, fomos cercados por dúzias de outros escaladores acampados no Colo Sul. Nós realmente pensamos em não subir no dia seguinte por causa da multidão. Uma repetição do desastre do ano anterior parecia estar à espreita.

Haveria algum modo de subir no dia seguinte e ainda escapar do congestionamento? Sabíamos que a maior parte das outras equipes não partiria até a meia-noite, talvez até partissem mais tarde, em torno das 2 horas. Então David e eu tivemos a ideia de sair do acampamento às 22 horas. Com certeza haveria congestionamento no Escalão Hillary conosco tentando descer o paredão de doze metros e a multidão esperando sua vez de subir. Assim levamos uma corda extra para fixar no Escalão, uma via para nossa descida enquanto as outras equipes usavam a corda já fixada como sua via de subida.

No fim, fizemos o cume às sete da manhã em perfeitas condições. Era um dia do ano após o cume da nossa equipe IMAX em 1996. E, graças ao tempo bom, naquela primavera não houve nenhum desastre no Everest.

Durante a subida, vi o corpo de Scott Fischer de novo, ainda na plataforma rochosa onde ele havia morrido um ano antes. O caminho batido dos escaladores agora tomava uma direção mais afastada do seu local de descanso. Somente porque eu conhecia o lugar tão bem eu conseguia ver onde ele estava, a parte de cima ainda coberta por sua mochila, amarrada com corda. Como havia feito em 1996, visitei-o brevemente, de novo deixando a vigília para a descida.

Mais alto na montanha, no Cume Sul, não havia sinal de Rob Hall. Talvez ele tivesse sido levado devagar pela pressão do monte de neve que seu corpo havia criado, até ser empurrado para fora da crista e cair pela face Kangshung. Não ver Rob foi ao mesmo tempo um alívio e um desapontamento. Planejávamos investigar o lugar esse ano, com a esperança de esclarecer melhor o desaparecimento de Andy Harris e Doug Hansen. Ao mesmo tempo, estava feliz em saber que o corpo de Rob não estava mais lá, pois todos os escaladores em direção ao cume teriam que passar pela sua forma congelada.

Ainda mais alto, no Escalão Hillary, encontramos a última vítima da tragédia de 1996: o escalador sul-africano Bruce Herrod. Seu grupo havia sido o último a alcançar o cume no ano anterior, dois dias depois da nossa equipe IMAX. Apesar de ser o líder eleito de sua equipe, ele havia ficado muito para trás, mas se recusava a voltar. Escalando sozinho, fez o cume apenas às 17 horas, sete horas após os seus companheiros, que já estavam de volta no Colo Sul. Ele transmitiu para seus amigos que havia chegado ao topo, e então nunca mais se soube dele.

Herrod era o membro mais simpático e amigável da equipe sul-africana. Eu me lembro de, em 1996, tocar em seu ombro e desejar boa sorte enquanto passava por ele na descida. O mistério do seu desaparecimento só havia sido solucionado agora, em 1997, quando encontramos seu corpo no Escalão Hillary. Ele estava pendurado de cabeça para baixo entre as cordas fixas, com um pé preso em um emaranhado de cordas velhas. Especulamos que, quando ele desceu de rapel por uma nova corda fixa, seu grampão deve ter prendido em uma das cordas velhas, fazendo-o virar até que a parte de cima do seu corpo ficasse balançando sob seus pés. Exausto, sem forças para sentar novamente, ele deve ter ficado pendurado naquela posição até morrer.

Recuperamos a câmera de Herrod para poder mandá-la para sua família (o filme, quando revelado, continha uma foto dele no cume). Fizemos então a única

encerramento

coisa que parecia oferecer àquele homem alguma dignidade: cortamos sua corda e o deixamos cair pela face sudoeste.

Em altitudes tão elevadas, e em lugares tão precários, não há muito que fazer para trazer um corpo de volta. Cortar a corda de Herrod para fazê-lo cair por uma tumba de gelo onde, provavelmente, ele nunca seria visto de novo, pode parecer meio insensível. Mas era melhor que deixá-lo pendurado de cabeça para baixo nas cordas fixas, um fantasmagórico *memento mori* para todos os escaladores que fossem ao topo do Everest.

É muito raro quando escaladores conseguem descer um corpo de uma altitude acima dos 7.315 metros. Em 1997, nossos xerpas receberam uma bela quantia do marido de Yasuko Namba, a cliente japonesa de Rob que havia morrido durante a tempestade no Colo Sul, para trazer seu corpo de volta da sua tumba a 7.924 metros. Apesar do tabu com relação a cadáveres, os xerpas completaram a missão, mas foi uma operação difícil e perigosa, mesmo com Yasuko pesando menos de 45 quilos.

As pessoas às vezes pensam que o Everest é lotado de corpos, como uma zona de guerra, mas não é verdade. Talvez metade dos escaladores que morrem na montanha simplesmente desaparece, caindo por uma face ou outra ou sendo cobertos pela neve. Os poucos corpos que permanecem à vista não são extravagantes; eles estão essencialmente secos, desidratados pelo ar extremamente seco, e congelados, em um tipo de mumificação natural. Em 1999, em uma expedição liderada por Eric Simonson, Conrad Anker descobriu o corpo de George Mallory na face norte do Everest, onde permaneceu por 75 anos. Seu cadáver estava tão bem conservado que sua pele de alabastro e os músculos fortes das suas costas e pernas mantinham um aspecto humano sinistro, e os seus dedos ainda formavam uma garra nas pedras, na posição em que ele havia morrido, evidentemente tentando parar sua queda com as próprias mãos.

Em 1997, no entanto, mais uma vez a morte quase cercou nossa subida. Quando escalamos em direção ao cume, Dave Carter começou a sentir dificuldade para respirar. Ele já havia desenvolvido uma tosse, o que era bem normal em expedições no Himalaia, mas suas vias aéreas pareciam se contrair cada vez mais à medida que íamos subindo. Quando chegamos de volta ao Colo Sul, após quinze horas de escalada, Dave não estava nada bem. Oxigênio suplementar nenhum conseguia amenizar sua situação. Sabíamos que, se não o levássemos mais para baixo na montanha, ele morreria naquele mesmo dia.

Tendo acabado de voltar do topo do Everest, concordamos que a última coisa que qualquer um de nós queria agora era continuar a descida. Mas eu me candidatei voluntariamente a acompanhar Dave pela face do Lhotse. Eu tinha esperança de conseguir levá-lo até o Acampamento II, a 6.400 metros.

Infelizmente, descemos na velocidade de uma lesma. Mesmo com o oxigênio suplementar aberto no máximo, Dave só conseguia dar meia dúzia de passos antes de engasgar e sufocar com a obstrução causada pelo acúmulo de muco na garganta. Após vários minutos, eu conseguia fazê-lo seguir em frente. O processo se repetiu diversas vezes: alguns passos para baixo e um novo colapso, com uma tosse agonizante. Ele estava perfeitamente ciente de sua condição, mas não conseguia puxar o ar para dentro de seus pulmões.

Ao anoitecer, havíamos alcançado apenas o Acampamento III, a meros sessenta metros abaixo do Colo Sul. Ambos estávamos exaustos e nos arrastamos para dentro de uma das barracas vazias. Mesmo estando em contato com o médico da expedição, Howard Donner, no acampamento-base, que me deu dicas valiosas pelo rádio, eu me senti tão isolado quanto um homem na lua. Ainda que estivéssemos cansados depois de estar em movimento por quase 24 horas, sabíamos que não conseguiríamos dormir. Passei a noite observando Dave para garantir que ele ainda estava respirando. Eu também tentava mantê-lo relaxado, porque toda vez que ele ficava preocupado com a possibilidade de morrer engasgado, o pânico causava um novo acesso de tosse e sufocamento.

O muco parecia aumentar a cada hora. Seguindo o conselho de Donner pelo rádio, quando Dave sentia que não ia aguentar mais, eu executava a Manobra de Heimlich nele. Com toda minha vontade, eu empurrava o meu punho contra o seu peito dando-lhe um abraço de urso gigante por trás, na esperança de deslocar uma parte do muco. Depois de vários apertões dolorosos, Dave mal cuspia uma parte pequena do acúmulo, mas era o suficiente para deixá-lo mais aliviado por cerca de uma hora. Meus esforços vigorosos, porém, o fizeram perder o controle sobre a bexiga.

Criamos então um sistema. Dave apontaria para a garganta, indicando que era hora de Heimlich entrar em ação, mas primeiro ele sairia da barraca para urinar. Apesar do meu esforço, quase não conseguíamos tirar nada da sua garganta. O monte de muco cresceu, assim como a ansiedade de Dave. Temendo que ele desmaiasse e morresse, eu estava pronto para uma traqueostomia de emergência. Havia aprendido a técnica na faculdade de veterinária. Como último recurso, eu cortaria a sua garganta e abriria um buraco até a traqueia abaixo da obstrução, criando uma nova passagem de ar. Uma vez que eu fizesse o buraco, segundo o conselho de Donner, poderia mantê-lo aberto colocando um cilindro de plástico de uma seringa nele. Fiquei sentado lá a noite toda, com a faca na mão, pronto para realizar a cirurgia.

Ao amanhecer, antes de começarmos a descer, executei mais uma série hercúlea de Manobras de Heimlich no peito de Dave. Após vários apertões violentos, ele cuspiu uma bola de muco nojenta, verde e com sangue, do tamanho de meia nota de dólar. Ficamos animados: era como se tivéssemos dado à luz uma criança. A desgraça

encerramento

da nossa vida nas últimas doze horas estava ali, jogada na neve do lado de fora da nossa barraca. Era tão nojenta que nós dois quase vomitamos só de olhar, mas Dave sentiu um alívio incrível.

Guy Cotter chegou logo depois, descendo do Colo Sul, e nós três começamos nossa descida até o Acampamento II. A recuperação de Dave durante o resto da viagem foi completa. Algumas semanas depois, de volta a Seattle, a noiva de Dave veio de Ohio para visitá-lo. Fui apresentado a ela na última reunião para discutir os resultados dos nossos testes em altitude. O nome dela, acredite se quiser, era Marta Heimlich!

O filme que David e Liesl fizeram juntos, *Everest: The Death Zone*, foi comercialmente menos chamativo que o filme da IMAX, mas a parte científica era muito boa, e foi sucesso de crítica. Trabalhar com David e Liesl foi um verdadeiro prazer, mesmo que ela própria seja uma diretora bem exigente, seu charme pessoal e sensibilidade balanceiam um pouco o perfeccionismo de David. Além disso, por ser um documentário, e não um filme com roteiro, tínhamos uma rotina mais relaxada lá no alto. Filmávamos os eventos conforme eles aconteciam e não seguindo um roteiro como em 1996.

Além da pesada câmera IMAX, em 1997, David usou (como já havia feito antes) uma câmera bem menor para a filmagem. A única dificuldade real da escalada foi ter que realizar testes psicológicos e mentais em cada acampamento, assim como no cume. Dave Carter, David Breashears e eu éramos os sujeitos da pesquisa. Entregaram a nós cartões com as palavras *vermelho*, *azul*, *verde* e *preto*, mas cada um em uma cor diferente, nunca a cor que a palavra indicava. Por exemplo, a palavra *vermelho* estava escrita em letras verdes. Com um limite de tempo, tínhamos que passar pelo máximo de cartões que podíamos, identificando a cor da palavra impressa, e não o nome da cor que estava escrito.

Ou liam uma frase longa e complicada pelo rádio e depois tínhamos que repetir de memória. Um exemplo: "Na segunda, John foi até a casa vermelha de seu primo Frank e juntos compraram três jaquetas de couro azuis na loja do Joe, que vendia mais calças, mas Joe conseguiu encomendar as coisas que John e Frank precisavam na quarta". Como você pode imaginar, esse exercício ficava cada vez mais engraçado conforme íamos subindo a montanha.

Como esperado, David e eu nos saímos um pouco melhor que Dave, já que estávamos acostumados a operar em altitudes mais elevadas. Sempre perfeccionista e um cara bastante competitivo, David estava determinado a conseguir uma pontuação alta em todos os testes. Conforme íamos subindo, todos nós naturalmente começamos a falhar um pouco. Mas David colocou a culpa do seu desempenho ruim no nervosismo pré-teste e várias vezes perguntou se podia começar de novo. Nós só ríamos dele, dizendo: "Sem chance, cara, é isso aí". Talvez a mais tediosa das nossas tarefas foi sentar no cume e ler aqueles cartões de plástico estúpidos pela última vez, enquanto transmitíamos as nossas respostas para o acampamento-base.

No ano anterior, em conjunto com uma revista que tem um perfil meu, fui submetido a uma bateria de testes por Brownie Schoene e Tom Hornbein, ambos médicos especializados em psicologia de altitude, no centro médico da Universidade de Washington. Desde que eu era criança, Hornbein foi um dos meus heróis. Ele foi consagrado para sempre como o pioneiro, juntamente com Willi Unsoeld, da memorável ascensão de 1963 da crista oeste do Everest e a primeira travessia da montanha.

Brownie e Tom prenderam eletrodos em todas as partes do meu corpo e me fizeram respirar por um tubo, e então me fizeram correr até a exaustão em uma esteira que começava devagar, mas ficava cada vez mais rápida, enquanto eles iam sadicamente aumentando o ângulo de inclinação. Somente quando eu estava deitado no tapete engasgando e quase vomitando é que os dois cientistas loucos leram os resultados em uma folha impressa.

Mesmo com o meu treinamento como veterinário, aquele relatório parecia grego para mim, mas Brownie o resumiu de modo sucinto. Provavelmente, o melhor indicador da habilidade de alguém para atuar no ar rarefeito é o chamado VO_2 máx. Trata-se da taxa de mililitros de oxigênio inalados por massa corporal em quilos, por minuto. Em termos simples, o VO_2 máx é basicamente a medida de quanto oxigênio você consegue absorver e efetivamente usar. A medida normal para sujeitos de teste é quarenta mililitros por quilo por minuto. A minha deu 66, bem acima, nos 98% ou 99%. A outra medição que eles fizeram foi do limiar anaeróbico. Isso indica a qual porcentagem de VO_2 máx você pode começar a funcionar em um estado anaeróbico (isto é, sem oxigênio). A média é 55%; o meu teste deu 88%. Resumindo, isso significa que enquanto pessoas normais estão parando por falta de oxigênio, eu ainda posso continuar.

Esses dois parâmetros são especialmente interessantes, pois não estão relacionados a um treinamento. O que limita seu VO_2 máx e seu limite anaeróbico é a sua própria fisiologia. Elas são capacidades genéticas, congênitas. Como Brownie me falou: "Você escolheu bem os seus pais".

Outra chave do quebra-cabeça foi a descoberta de Tom e Brownie de que meus pulmões são maiores que o normal. A capacidade dos meus pulmões é de sete litros, contra uma média de cinco. Eu sempre pensei que me saía melhor que os outros em altitude por causa do meu treinamento duro. Mas havia outra razão: eu tive a sorte de ter bons genes.

O que acontece com o corpo humano em altitudes elevadas ainda está longe de ser completamente entendido. Muito do trabalho pioneiro nesse campo hermético foi feito pelo dr. Charles Houston, um dos proeminentes montanhistas norte-americanos da sua geração, que colideroou as expedições de 1938 e 1953 ao K2. Em 1946, tentando resolver a questão do quão alto os humanos podem subir sem oxigênio suplementar, Houston planejou a Operação Everest. Ele pôs seus sujeitos de pesquisa em câmaras de despressurização, e então diminuiu lentamente o suprimento de oxigênio, simulando os efeitos da atitude elevada, enquanto monitorava cuidadosamente os sinais vitais dos sujeitos (incluindo ele próprio).

Em tempos mais recentes, especialistas como Brownie Schoene e Tom Hornbein, assim como o dr. Peter Hackett, consultor-chefe do filme da Nova, ampliaram nosso conhecimento sobre todas as coisas que podem dar errado com nosso corpo lá em cima, e o que fazer com elas.

Basicamente, a uma altitude de 5.181 metros, o corpo humano inevitavelmente começa a deteriorar. Séculos, talvez milênios antes que a ciência pudesse demonstrar esse limite, os povos nativos aprenderam do jeito difícil, por tentativa e erro de gerações. Hoje, não há moradores permanentes acima dessa marca em lugar nenhum do mundo, embora algumas minas nos Andes tenham sido operadas a até 6.096 metros. (Há uma história famosa sobre os executivos de uma dessas minas que deu a ideia de transferir a vila dos trabalhadores mais para o alto, a fim de poupá-los do trabalho de subir e descer a montanha todo dia. Os moradores recusaram educadamente.) Johan Reinhard, o pioneiro "arqueólogo alpino", descobriu abrigos temporários nos Andes a uma altura de 6.705 metros que aparentemente eram usados em rituais pré-colombianos, durante os quais os chefes incas sacrificavam vítimas nativas no cume de vulcões altos. Mas nunca foram encontradas ruínas de cidades permanentes acima dos 5.181 metros, tanto nos Andes quanto em qualquer outro lugar.

Trabalhando em sua câmara de despressurização, Charlie Houston chegou à alarmante conclusão de que mesmo o escalador mais saudável e em forma, se transportado do nível do mar a 243 ou 304 metros por hora até os 7.315 metros, permaneceria consciente por apenas dois minutos, e morreria em menos de uma hora. Pesquisas como essa, combinadas com a experiência de escaladores pioneiros no Everest, levaram à convicção de que o homem nunca chegaria ao ponto mais alto da Terra sem oxigênio suplementar, um axioma refutado não pela ciência (apesar da sua subversão ter sido predita por Houston), mas por Peter Habeler e Reinhold Messner e sua revolucionária ascensão sem oxigênio em 1978.

Também foi Houston quem primeiro sistematizou e analisou a maioria das condições fatais que podiam acometer o corpo em altitude, incluindo o Mal da Montanha (AMS), assim como o Edema Cerebral de Grande Altitude (HACE). Todas essas condições são causadas pela hipóxia, a privação infligida ao corpo no ar rarefeito à medida que ele absorve menos oxigênio que o necessário para funcionar normalmente. A 8.839 metros, no cume do Everest, a atmosfera contém somente um terço do oxigênio que contém no nível do mar.

A maior parte dos escaladores foi atingida por AMS em algum ponto de suas vidas. Os sintomas típicos são dor de cabeça, fadiga, falta de ar, problemas para dormir e às vezes náuseas e vômito. Como Houston explica em seu livro inovador *Going Higher: The Story of Man and Altitude*, "a AMS é como uma forte ressaca e, como ela, normalmente passa em um dia ou dois". Mas a AMS pode progredir para uma condição mais séria, como um HAPE ou HACE.

Os sintomas do HAPE são falta de ar, tosse severa, fatiga terrível, fraqueza e um catarro espumoso e sangrento nos pulmões, que pode ser ouvido colocando-se a orelha no peito da vítima. O HAPE é causado quando a hipóxia aumenta tanto a pressão sanguínea quanto o fluxo arterial nos pulmões, ao ponto de o líquido começar a escapar pelos capilares. A sequência das mudanças fisiológicas é bem complicada; os escaladores às vezes simplificam o processo dizendo que a vítima basicamente se afoga nos próprios fluidos pulmonares.

Brownie Schoene e Peter Hackett, através de uma estação de pesquisa instalada no Denali por alguns anos a 4.267 metros, descobriram que Diamox e dexametasona podem aliviar temporariamente o HAPE (assim como o HACE), mas a única cura real é levar a vítima para uma altitude mais baixa e o mais rápido possível. Entretanto, uma invenção criada em meados dos anos 1980 por Igor Gamow, um cientista brilhante do Colorado (EUA), também se provou eficaz. A Bolsa Gamow é um tubo de náilon com a aparência de um caixão no qual a vítima é colocada; o zíper é então bem fechado. Usando um pedal, seus companheiros aumentam a pressão do ar dentro da bolsa, simulando uma descida artificial de 2.438 metros. Quatro a cinco horas dentro da bolsa podem permitir que o escalador moribundo recobre a força para descer a montanha com assistência. As bolsas Gamow já salvaram dúzias de vidas em altitudes como a do Acampamento II do Everest (6.400 metros), mas os dispositivos são muito rudimentares para carregar até, digamos, o Colo Sul, a 7.924 metros, e exigentes demais para serem usados lá. A bolsa Gamow, por fim, não é uma cura: ela oferece um alívio temporário.

O HACE, que nós presumimos que matou Scott Fischer no Everest em 1996, é como o HAPE, exceto que o vazamento ocorre no espaço em torno do cérebro em vez de nos pulmões. Conforme o fluido vaza, porque está confinado na superestrutura do crânio, gera uma pressão contra o fino tecido craniano, com resultados devastadores. Como as células cerebrais são afetadas, os sintomas incluem alucinações (Scott pensava que podia pular para o acampamento) e confusão mental extrema. Novamente, a única cura é descer a vítima, e rápido.

HAPE e HACE não estão restritos apenas às altitudes do Himalaia. Ambas as doenças já foram bastante documentadas em escaladores, caminhantes e esquiadores em altitudes de apenas 2.743 metros. Normalmente o fator que desencadeia ambas as condições é uma ascensão súbita de uma altitude relativamente baixa. Um pico como o Kilimanjaro, na Tanzânia, é o local perfeito para a ocorrência do HAPE ou do HACE, já que centenas de caminhantes sobem todo mês dos 914 metros aos 5.791 metros em questão de dias. Contudo, para o desespero dos cientistas, o edema não ataca apenas escaladores fora de forma ou inexperientes e ainda não foi descoberto quem é mais suscetível ou relativamente imune a ele. E, aparentemente, ter HAPE ou HACE uma vez não aumenta a probabilidade de voltar a desenvolvê-lo.

Dada a descoberta de Charlie Houston com sua câmara de despressurização, é impressionante que o homem possa escalar o Everest. O fator atenuante é o misterioso processo chamado aclimatação. Em altitudes extremas, a atmosfera ainda contém a mesma proporção de oxigênio para nitrogênio, mas as moléculas de oxigênio estão mais esparsas. Portanto, cada respiração puxa menos oxigênio. Para compensar, o coração bate mais rápido, tentando carregar uma quantidade adequada de sangue aos tecidos que precisam de oxigênio. Isso funciona por um instante, mas, uma vez que o coração alcança seu máximo, o corpo não pode absorver mais oxigênio; o escalador apaga, incapaz de qualquer esforço extra.

O sangue também produz mais glóbulos vermelhos para carregar a quantidade cada vez mais escassa de moléculas. Isso também funciona até certo ponto; se o sangue do escalador ficar muito grosso, pode formar coágulos, normalmente em uma perna enquanto ele fica imobilizado na barraca. Foi precisamente isso que aconteceu com Art Gilkey durante a expedição de 1953 ao K2, na qual Charlie Houston era o médico. Houston diagnosticou tromboflebite e reconheceu o risco de ruptura do coágulo na perna de Gilkey, podendo então viajar pela corrente sanguínea e se alojar nos pulmões, causando morte súbita. Em uma tentativa desesperada de descer o imobilizado Gilkey do alto do Esporão dos Abruzzos, um homem deslizou, fazendo com que pares de cordas se soltassem e arrancassem outros escaladores da parede. Seis homens escorregaram sem controle em direção ao precipício fatal, salvos apenas pela lendária "segurança milagrosa" de Pete Schoening. Mais tarde, naquele terrível dia, Gilkey, enrolado em um saco de dormir e pendurado na encosta, foi levado por uma avalanche, um ato do destino que, seus companheiros concordaram relutantes, pode ter salvado suas próprias vidas.

Em nossa ascensão Nova em 1997, além de transmitir nossas respostas atrapalhadas para aqueles testes mentais demoníacos ao acampamento-base, tentávamos medir a pulsação e a saturação de oxigênio no sangue em cada acampamento e também no cume. A segunda é uma simples graduação de quanto oxigênio existe no sangue em comparação com a sua capacidade teórica. Ela é medida com um aparelho chamado oxímetro, um pequeno clipe que é espetado no dedo.

No nível do mar, um escalador em forma como David Breashears apresentava uma saturação de sangue de 100% e pulsação por volta de sessenta batidas por minuto. No Acampamento I, seu pulso estava em 78, com um nível de saturação de apenas 80%. Quanto mais se sobe, mais alta fica a pulsação e mais baixa a saturação. No seu pior estado, perto da morte durante a descida, antes de conseguirmos fazê-lo respirar oxigênio auxiliar a quatro litros por minuto, a saturação do sangue de Dave Carter abaixou a um nível potencialmente letal.

Como explica Peter Hackett, responsável por supervisionar nossos testes, acima dos 5.200 metros o corpo começa a deteriorar gradualmente, enquanto a aclimatação luta para compensar. Mas, acima dos 7.900 metros, a aclimatação é, nas palavras de Hackett, "essencialmente impossível". Essa é uma definição de Zona da Morte. E é daí que vem o lema dos escaladores do Himalaia: "escale alto, durma baixo". Você pode evitar a deterioração apenas temporariamente. É por isso que sempre voltamos das 8.000 metros tendo perdido muito peso. Normalmente, perco de 3,5 a 5,5 quilos em cada expedição, mas já cheguei a perder nove. E a perda não é apenas de gordura. Depois que a gordura some, o corpo começa a consumir os próprios músculos. Eu retornei não só magro, mas murcho, com minha massa corporal reduzida a ponto de lembrar o que eu era nos tempos do ensino médio.

Mesmo bem abaixo dos 7.900 metros, o corpo deteriora gradualmente. Simplesmente não há oxigênio suficiente para a regeneração dos tecidos. As unhas param de crescer, feridas levam séculos para cicatrizar e você precisa de semanas para se livrar de um resfriado, em vez dos poucos dias que levaria no nível do mar. A maioria dos escaladores desenvolve uma tosse persistente, forte e seca. Não é incomum escaladores do Himalaia tossirem com tanta força a ponto de fraturar as próprias costelas.

Como nossos testes mentais de 1997 demonstraram nitidamente, tudo se torna mais difícil de fazer ou pensar na altitude. Tarefas simples como cozinhar, colocar as botas ou remover a neve de cima das barracas exigem um esforço mental enorme. A motivação atrofia rápido. Os que vão para o alto precisam invocar reservas de motivação extraordinárias para ir mais alto. O dia do ataque ao cume é sempre o mais difícil. É por isso que tantos escaladores jogam a toalha e desistem.

Contudo, tudo o que acontece com o corpo em altitude permanece sob vários aspectos um mistério que cientistas como Hackett e Schoene estão diminuindo ano após ano. Como Charlie Houston escreve eloquentemente em *Going Higher*:

> A aclimatação à altitude é um processo maravilhosamente complexo, no qual diversas mudanças interligadas permitem a sobrevivência em condições extremas. Quando olhamos para o homem no nível do mar e observamos como ele fica inconsciente em segundos quando privado de oxigênio, o mistério de como

ele é capaz de chegar próximo ao cume inóspito e hostil do Everest aumenta. Ficamos ainda mais intrigados com as baleias que mergulham sem respirar por uma hora, as tartarugas que podem hibernar por meses debaixo d'água, os dipnoicos que vivem por anos sem respirar. A adaptação desses animais está muito além da nossa compreensão.

Descendo o Everest em 1997, Veikka e eu planejamos outra dobradinha. Depois de passar apenas dez dias em casa, nos encontramos de novo em Islamabad, de olho no Broad Peak, 12ª das catorze 8.000 metros, com 8.051 metros. A primeira ascensão ao Broad Peak, realizada por um quarteto de austríacos em 1957, incluiu o lendário Hermann Buhl, que alcançou o cume apenas dezoito dias antes de morrer em um pico vizinho, o Chogolisa.

Nesse ano, o início da dobradinha funcionou como por encanto. Em excelente forma física depois do Everest, Veikka e eu avançamos como um raio, escalando a maior parte do Broad Peak em apenas três dias no começo de julho. Havia só um problema: no terceiro dia, chegamos ao topo de um ponto proeminente que recebe o nome de falso cume. Muitos escaladores param lá, alegando terem conquistado o Broad Peak. Mas, do falso cume, a crista que leva ao cume verdadeiro é um percurso interminavelmente longo, com um ganho de altitude mínimo. Levamos mais algumas horas para atravessá-lo. Então, a apenas uns noventa metros do topo, fomos obrigados a parar. O último trecho da crista formava uma cornija de um lado, pronto para uma avalanche do outro. Não havia como julgar onde estava o estreito e invisível caminho central entre aquelas alternativas suicidas. Concordamos: encordados ou não, não tinha como continuar.

Foi como uma repetição do Shishapangma: escalada interrompida a apenas noventa metros do cume, não por fadiga ou pelo tempo, mas pelas condições traiçoeiras da neve. Outra 8.000 metros com um asterisco. Nosso consolo foi descobrir algumas pegadas que paravam exatamente onde Veikka e eu havíamos parado. Elas haviam sido deixadas por Anatoli Boukreev, que havia escalado solo no dia anterior. Se um escalador forte como Anatoli havia voltado de lá, nós não nos sentimos tão mal em dar meia-volta. Como estávamos escalando sozinhos naquele dia, podíamos ter mentido e alardeado que escalamos o Broad Peak, mas nenhum de nós conseguiria viver com aquela mentira.

Com Rob, Veikka e eu havíamos escalado o Makalu em 1995. E, durante o resgate em 1996 no Everest, ele e eu havíamos passado bastante tempo juntos. Mas 1997 realmente marcou o começo da parceria mais perfeita que eu faria nas 8.000 metros, um vínculo que duraria pelos próximos oito anos, em mais dez expedições após o Broad Peak.

Veikka é uns cinco centímetros mais alto que eu, mede cerca de 1,80 metro, e é dez anos mais novo. É dono de uma beleza finlandesa clássica: cabelo loiro curto e olhos azuis. Nunca se casou, mas sempre tinha uma namorada. Veikka é muito sociável e amigável; trabalha duro e sabe se divertir, adora uma festa. Eu já o vi, no fim de uma comemoração, apagar na barraca mais próxima, sem saber de quem era. Mas, quando estávamos escalando, sempre foi totalmente focado e dedicado.

O inglês de Veikka não era muito bom no começo, mas ficou muito melhor com o passar dos anos. Meu finlandês, nem preciso dizer, é inexistente. Às vezes, no entanto, eu o fazia gargalhar falando um longo monólogo sem sentido algum no que eu fingia ser finlandês.

Por ter sido o primeiro finlandês a escalar o Everest, em 1993, Veikka é uma estrela no seu país. Tem grandes patrocinadores e até uma *action figure* dele, vendida em lojas de brinquedos. Casais na Finlândia dão o nome Veikka aos seus filhos.

Por alguma razão, estamos sempre em sintonia. Muitas vezes, quando eu digo alguma coisa a Veikka, ele sorri e diz: "Eu estava pensando nisso". Temos uma espécie de telepatia, silenciosamente tomamos as mesmas decisões — virar à esquerda ou à direita, parar e acampar ou seguir em frente. Nunca tivemos um conflito sério.

Veikka é realmente muito bom para encontrar rotas. Se você precisa passar, digamos, por uma cascata de gelo difícil, ele é como um cão farejador: tem uma habilidade incrível para achar o caminho certo. E, descendo da montanha, diferente de alguns dos meus parceiros, ele consegue reconhecer facilmente coisas pelas quais passamos na subida. "Você lembra dessa elevação?", eu perguntava. "Sim, lembro", ele respondia, apontando sua piqueta, "temos que ir por ali".

Confiamos completamente na habilidade e no julgamento um do outro. Você precisa confiar se for atacar um terreno íngreme encordado e sem ancoragens. Eu preciso ter certeza de que Veikka não vai escorregar e cair, e ele precisa ter certeza de que eu também não vou. Em uma situação difícil (sob tempestade ou escalar à noite) é reconfortante saber que Veikka nunca entra em pânico; ele permanece calmo e lógico.

Se há alguma diferença entre nós, é que eu sou o cara dos detalhes. Fico a cargo da maior parte da organização, consigo a licença e digo que equipamento levar. No começo, é claro, eu tinha muito mais experiência em altitude que ele, mas Veikka aprende rápido. Ele está sempre disposto a ir adiante, mas sempre sabe quando voltar, como fizemos quando encaramos os últimos noventa metros da crista do cume do Broad Peak.

Por muitos anos, Veikka não conseguia acompanhar o meu passo. Normalmente, abrindo caminho pela neve, você troca a liderança a cada hora, mais ou menos. Eu percebi que, quando me oferecia para assumir a frente, ele falava: "Não, não, eu vou mais um pouco". Eu finalmente perguntei por que ele não me deixava abrir caminho. "Você vai muito rápido!", ele exclamou.

encerramento

Agora, entretanto, nós somos igualmente fortes nas 8.000 metros. E isso faz dele mais forte que qualquer parceiro que já tive. Como eu, Veikka dedica-se a escalar os picos mais altos no melhor estilo, sem oxigênio suplementar.

Na primavera de 1998, Veikka e eu nos juntamos a Guy Cotter para tentar o Dhaulagiri, a sétima montanha mais alta do mundo, com 8.167 metros. Essa foi a temporada na qual Chantal Mauduit morreu na sua barraca no Acampamento II, com seu parceiro xerpa Ang Tshering, ou por sufocamento ou, como o inquérito francês concluiu, por um pescoço quebrado (presumivelmente como resultado da queda de um bloco de gelo enquanto dormia no seu saco de dormir).

O Dhaulagiri e o Annapurna formam um par formidável de montanhas de 8.000 metros a uns quatrocentos quilômetros a oeste do Everest — as 8.000 metros mais a oeste do Nepal. Na famosa expedição de 1950, liderada por Maurice Herzog, a equipe francesa originalmente planejava escalar o Dhaulagiri. Com mapas absurdamente imprecisos, passaram semanas infrutíferas tentando achar um caminho pelas defesas externas do Dhaulagiri antes de desistir. Foi somente aí, na improvável data tardia de 14 de maio, que o Annapurna chamou a atenção deles. Resolveram uma via complexa e perigosa e escalaram a montanha na primeira tentativa, apenas um pouco mais de duas semanas antes das monções alcançarem a montanha, o que tornou o feito ainda mais extraordinário.

O Dhaulagiri foi finalmente escalado na sexta tentativa por uma equipe suíça e austríaca liderada por Max Eiselin em 1960. Àquela altura, o pico era um dos dois únicos 8.000 metros ainda não escalados, sendo que o último foi o remoto e pouco explorado Shishapangma, no Tibete. A equipe de Eiselin superou várias das dificuldades para chegar à montanha utilizando um avião Pilatus PC-6 (conduzido por um piloto muito corajoso) para levar toneladas de equipamento e itens pessoais até um glaciar a 5.699 metros, sob a aresta nordeste. Aqueles pousos ainda hoje são considerados os mais altos já feitos por uma aeronave com asas fixas no mundo. O Pilatus acabou caindo em uma das viagens de transporte de carga. Por sorte, ninguém ficou seriamente ferido. Os destroços do avião ainda podem ser vistos nas aproximações mais baixas da montanha.

Veikka já havia escalado o Dhaulagiri no outono de 1993, após a morte de Gary Ball por um edema pulmonar. Mas um ataque ao cume com sucesso me daria a 10ª das catorze 8.000 metros (ou 12ª, se eu estivesse disposto a contar os picos com asterisco, Broad Peak e Shishapangma, que no final eu não iria contar). Mas a primavera de 1998 não era uma boa época no Dhaulagiri. Veikka e eu chegamos a apenas 457 metros verticais do topo pela aresta nordeste, a rota da primeira ascensão. Voltamos por causa das condições de alto risco de avalanche que pareciam ter se formado em todas as encostas superiores da montanha.

Uma coisa estranha e chata aconteceu durante aquela expedição. Na nossa primeira investida, deixamos um depósito no nosso acampamento superior, um monte de comida e equipamentos embalados em uma barraca. Na próxima vez que subimos até o acampamento, prontos para passar a noite lá e fazer o nosso ataque ao cume no dia seguinte, ficamos pasmos ao descobrir que o depósito havia sumido. Tivemos que descer até o acampamento-base para reabastecer. Lá embaixo, encontramos alguns membros da expedição espanhola, tentando a mesma rota. "Ei, pessoal", nós dissemos, "vocês viram as nossas coisas no Acampamento III?" Não, eles insistiram, não haviam visto nem sinal do nosso equipamento.

Contudo, os espanhóis eram os únicos que haviam estado no Acampamento III ou mais para cima, e, de fato, eles haviam feito um ataque ao cume logo antes de subirmos e descobrir que nosso equipamento havia sumido. Anos depois, um dos membros da equipe encontrou com Veikka e confessou, aos prantos. Os espanhóis haviam voltado por causa das mesmas condições de avalanche que nos impediram. De puro desgosto, eles chutaram aquele embrulho do acampamento — na verdade, chutaram-no montanha abaixo. Já ouvi vários casos de equipes roubarem equipamentos umas das outras, mas nada como esse!

Quando parti para o Dhaulagiri em março de 1998, Gil tinha menos de cinco meses. Em 1995, Paula havia adorado o papel de gerente-assistente do nosso acampamento-base no Everest e no Makalu. No ano seguinte, embora traumatizada pela tragédia, ela havia sido um membro vital da equipe IMAX do começo ao fim. E seu apoio quando fui para o cume no dia 23 de maio foi inestimável para mim, assim como havia sido emocionante abraçá-la no acampamento-base e fazer a caminhada de volta com ela.

Depois que tivemos Gil, no entanto, Paula nunca mais veio para o acampamento-base de nenhuma das minhas expedições nas 8.000 metros. Sempre tínhamos um telefone satelital no acampamento-base, e às vezes conseguíamos um modelo mais leve para carregar montanha acima. Era importante para nós dois que eu pudesse ligar para ela da montanha. Paula normalmente prefere que eu ligue apenas quando estiver de volta ao acampamento superior após fazer o cume. Ligar do cume é um barato, mas sempre fica uma incerteza depois. Paula sempre sabe que, no cume, a escalada está apenas na metade. *Descer é obrigatório*: montanhistas demais já declararam vitória no cume, para nunca mais voltarem para o nível do mar.

Paula é uma mãe extremamente dedicada. Na minha ausência, ela sempre contou com vários amigos de Seattle que a apoiavam. Raramente contratava alguém para ajudá-la, ela sempre disse que preferia cuidar ela mesma dos filhos.

Enquanto eu estava no Himalaia ou no Karakoram, Paula ficava imersa na tarefa de ser a única provedora. Diferente de mim, ela se sentia confortável em meio ao caos:

encerramento

brinquedos espalhados por toda parte, comida esparramada, crianças engatinhando para todo lado. Como ela me dizia, quando eu estava fora e ela sabia que tinha que cuidar de tudo sozinha, sentia-se mais útil que quando estávamos os dois em casa. E, de certo modo, era difícil para ela quando eu voltava. Em suas palavras, significava que ela teria que abrir mão de um poder que tinha passado meses afirmando.

Eu lamentava não poder ter Paula no acampamento-base depois que tivemos filhos. Mas há algo com sua frequente reclamação de que na montanha eu compartimentalizo meus sentimentos. Já vi relacionamentos no acampamento-base acabarem por motivação de outros escaladores. Se eu tenho um trabalho a fazer em uma 8.000 metros, preciso guardar toda minha energia para mim. Se estiver preocupado se Paula está feliz ou ocupada no acampamento-base, isso pode tirar a minha atenção da escalada. Você precisa estar 100% focado. Se você estiver ligeiramente avoado na montanha, isso pode resultar em fracasso ou criar problemas.

Mas também gosto de pensar que sou um bom pai. Na primavera de 1998, foi muito difícil deixar Gil em Seattle. Aos cinco meses, ele era um lindo garotinho loiro que já desenvolvia a personalidade que apresenta hoje: sociável, inteligente, um comediante.

Mais tarde, conforme Gil ia crescendo, ver minha partida tornou-se muito difícil para ele. Paula contou que, às vezes, quando eu estava me preparando para viajar em uma expedição, Gil ia até ela com um olhar aflito. "Mamãe, por que o papai precisa viajar?", ele choramingava.

A hora de dormir era a mais difícil. "É isso o que o papai faz", ela explicava. "Os pais dos seus amiguinhos vão para o trabalho todo dia das 8 às 5. Eles vão para o escritório todos os dias. Pelo menos, quando o papai volta, ele fica aqui." Mas o olhar aflito não desaparecia. Para Gil, naquela idade, as minhas viagens eram incompreensíveis. Como alguma coisa podia demorar tanto?

Outros escaladores que eu conheço diminuíram drasticamente suas ambições depois de ter filhos ou pararam de vez de escalar. Também vi outros escaladores tornarem-se pais totalmente ausentes: eles podem estar escalando tão bem como sempre, mas você fica com a impressão de que a expedição passa a ser uma desculpa para eles saírem de casa. Sempre dei o meu melhor para ser um pai dedicado, mesmo tentando escalar com o máximo da minha habilidade. Tenho que admitir, no entanto, que depois de ter filhos eu escalei menos por ano que nos meus tempos de solteiro, mas aproveitei ao máximo a maioria das expedições das quais participei.

Durante os oito anos após o nascimento de Gil, eu me esforcei num malabarismo delicado. Eu queria estar lá pelos meus filhos quando estava em casa. Era mais do que obrigação, porque eu os amo de verdade e amo estar com eles, vê-los crescer. Mas, ao mesmo tempo, eu precisava voltar ao Himalaia e ao Karakoram. Em

175

entrevistas, normalmente dizia que não me importava de não conseguir escalar todas as catorze 8.000 metros se o risco fosse muito alto. Insistia que ficaria feliz em parar apenas com doze ou treze. Mas me esforcei muito no projeto Endeavor 8000 para desistir. Era a minha velha obsessão de terminar um projeto, de bater o último prego da construção.

Em 1999, Veikka e eu conseguimos o que hoje considero a nossa dobradinha mais perfeita. Fomos primeiro para o Manaslu, a oitava maior montanha do mundo, com 8.163 metros, escalada pela primeira vez pelos japoneses em 1956. O Manaslu desponta sozinho, a cerca de 96 quilômetros a leste do Annapurna, em uma parte do Himalaia nepalês que eu nunca havia explorado antes. Nossa expedição era apenas um trio: Veikka, eu e Dorje, um xerpa que era ao mesmo tempo nosso cozinheiro e sirdar.

Há muito menos tráfego nessa parte do Himalaia em comparação com o Vale de Khumbu ou o circuito em torno do Dhaulagiri e do Annapurna, lotados de equipes comerciais de caminhantes toda primavera ou outono. Como resultado, os moradores das aldeias próximas ao Manaslu ainda não se cansaram dos ocidentais. Eu constantemente me surpreendia com a cordialidade com que eles nos recebiam. Na caminhada até a montanha, Dorje perguntava a um fazendeiro se podíamos usar o fogo da sua cozinha para preparar o jantar, ou entrávamos para visitar uma família em suas casas ou às vezes dormíamos nos estábulos.

Eu não conhecia muito bem o trajeto até o Manaslu: em 1999, o pico ainda não era escalado com tanta frequência. Após toda a pesquisa que fiz, não havia muita informação disponível. Mesmo que estivéssemos indo pela via "normal", ainda assim seria uma aventura para Veikka e eu. Não havia linha pontilhada para nos guiar até o cume. Precisávamos encontrar a via procurando a rota de menor resistência, o que Veikka e eu descobrimos conforme fomos seguindo. Levou catorze dias e quatro acampamentos para subir a montanha, evitando cascatas de gelo e avalanches, tecendo nosso caminho por campos de gretas. No 14º dia, com tempo perfeito, pisamos no cume.

Na sequência, caminhamos até uma aldeia próxima, onde havíamos marcado para um helicóptero nos pegar. Voamos de lá direto para o acampamento-base do Dhaulagiri. Essa "transição rápida" permitiu que tirássemos o máximo de proveito da nossa condição física e da aclimatação feita no Manaslu. E dessa vez já conhecíamos a via pela aresta nordeste do Dhaulagiri. Escalando em estilo alpino, subindo muito leves, com uma tenda bivaque feita sob medida e um edredom de plumas que usávamos no lugar de um saco de dormir, escalamos o Dhaulagiri como um raio em apenas três dias. Com a montanha só para nós, não pude deixar de imaginar a multidão que estava indubitavelmente lotando todo o Everest naquele exato momento.

encerramento

Foi uma grande temporada, Veikka e eu escalamos juntos como um relógio. Tudo que podia dar certo deu. Duas escaladas seguidas sem grandes problemas. Mas, mesmo quando tudo está dando certo, é preciso lembrar que você está na corda bamba. Não se pode ser complacente, não se pode abaixar a guarda. Em qualquer 8.000 metros, inevitavelmente, há centenas de coisas que podem dar errado. Um erro trivial, como perder as luvas ou torcer um tornozelo, pode custar sua vida.

No Dhaulagiri, enquanto saía de uma ravina bastante íngreme e subia a última crista até o cume, fui lembrado desses axiomas eternos com um súbito tapa na cara. Ali, a alguns metros de mim, estava o corpo de um escalador. Suas roupas indicavam que ele estivesse ali talvez havia uns vinte anos. Estava deitado de costas, como se tivesse decidido tirar uma soneca e nunca tivesse acordado. Ele pode ter ficado exausto na subida e não ter tido forças para descer.

Bum! Eu pensei comigo mesmo: *cara, um errinho besta e podia ser você deitado ali*. Ninguém consegue chegar até ali para salvá-lo. Aquele corpo foi um aviso instantâneo do quanto Veikka e eu havíamos esticado o cordão umbilical da segurança. No entanto, esticar aquele cordão significava fazer algo que poucas pessoas haviam feito. Confiar por completo nas suas próprias habilidades e julgamento, sem qualquer tipo de rede de segurança, é algo raro na vida cotidiana e é estranhamente gratificante por isso. Mesmo em formas tão extremas de aventura, como atravessar desertos ou cruzar oceanos navegando sozinho, normalmente é possível um resgate. Acima dos 6.700 metros em um pico do Himalaia, um resgate é, por enquanto, impossível.

Dois anos depois, na primavera de 2001, Veikka e eu tentamos outra dobradinha. Primeiro, fomos ao Shishapangma. Eu queria apagar o asterisco que vinha me incomodando por oito anos, enquanto Veikka nunca havia estado lá. Em maio, conseguimos ter a montanha só para nós. Passamos dezesseis dias armando apenas dois acampamentos (em oposição aos quatro normais) e depois fomos para o cume. Dessa vez, as condições eram ideais. As encostas superiores estavam cobertas por uma neve crocante, a qual nossos grampões mordiam firmemente. Quando chegamos aos últimos noventa metros da crista do cume, que havia sido muito perigosa para tentar sozinho em 1993, vimos como atravessá-la. Não havia cornijas, mas a própria crista era um agrupamento afiado de neve compactada. Para transpô-la, usamos uma técnica chamada *à cheval*, pois é como montar a cavalo. Você simplesmente sobe na crista com uma perna de cada lado e desliza usando as mãos e a virilha. Pode não ser a técnica mais elegante ou a mais confortável, mas é eficaz. Nos sentimos tão seguros lá que nem nos encordamos. Depois de uma hora deslizando, chegamos ao cume principal.

Do Shishapangma, cada um voltou para sua casa na Finlândia e nos Estados Unidos, e então nos encontramos algumas semanas depois no Paquistão para uma investida ao Nanga Parbat. A nona montanha mais alta, com 8.126 metros, fica a 193 quilômetros sudoeste da cordilheira Baltoro em volta do K2, onde se concentram quatro das catorze 8.000 metros. O Nanga Parbat é uma montanha de lendas, sendo que a principal delas é sobre a sua fantástica primeira ascensão em 1953, quando, desobedecendo as ordens do líder Karl Herrligkoffer, Hermann Buhl foi sozinho ao cume. Ele passou quarenta horas sozinho, escalando sem parar na Zona da Morte. Na descida, Buhl sobreviveu a um bivaque em pé e congelou os pés, o que lhe custou alguns dedos, mas garantiu fama eterna.

Veikka e eu planejamos uma investida pela via Kinshofer na face Diamir, um precipício enorme e irregular, com *seracs*, gretas e glaciares pendentes. A Diamir, também, é cercada de lendas, pois foi lá, em 1970, que Reinhold Messner e seu irmão Günther fizeram uma descida desesperada, após a dupla ter alcançado o cume pelo lado oposto, a face Rupal. Próximos da exaustão, Reinhold passou à frente de seu irmão, resolveu as últimas dificuldades da grande parede, alcançou o trecho final da geleira e sentou para esperá-lo. Mas Günther nunca apareceu. Morto de preocupação, Reinhold escalou de volta o glaciar mais baixo, onde se deparou com os detritos de uma avalanche que, ele sabia, cobriam o corpo de seu irmão. Por fim, exausto e com congelamentos, desceu até as campinas abaixo do glaciar, onde apagou. Ele foi levado por moradores da aldeia, e enfim se reuniu com o restante da equipe.

Aquela travessia histórica gerou uma duradoura controvérsia que foi acesa novamente em 2001, quando Reinhold Messner atacou os antigos companheiros de equipe em uma reunião pública em Munique. Tendo mantido silêncio por três décadas, vários de seus companheiros atacaram de volta, acusando Messner não só de ter inventado a história da morte de Günther, mas também de o abandonar perto do cume só para ganhar sua própria fama "a la Buhl" por atravessar sozinho a montanha, desafiando o próprio líder da expedição, Herrligkoffer, que havia batido de frente com Buhl.

Após 1970, Messner continuou voltando à face Diamir para procurar o corpo de Günther. No ano passado, em julho de 2005, três guias paquistaneses reportaram a pavorosa descoberta, em um ponto baixo da face Diamir, de um corpo sem cabeça, reduzido a um amontoado de ossos, alguns tufos de cabelo, pedaços de roupa rasgados e uma bota de couro. Messner correu para a montanha, disse que os restos eram do seu irmão e depois, como para resolver de vez a questão, cremou os ossos ali mesmo. Ele deixou um pequeno pedaço de osso para a análise de DNA em Munique, e os resultados confirmaram estatisticamente que aquele osso pertenceria a Günther. Os delatores de Messner, no entanto, argumentaram que, como os restos haviam sido queimados, não havia como refazer o teste para uma confirmação. Para Reinhold, esse foi o fim de um amargo capítulo da sua vida; para outros, o livro continua aberto.

encerramento

A sorte que Veikka e eu tivemos no Shishapangma não nos acompanhou no Nanga Parbat. Armamos rapidamente o Acampamento I na base da face Diamor, e então começou a nevar. Voltamos para o acampamento-base para esperar, mas nevou todos os dias durante as duas semanas seguintes. Conforme os dias iam passando, percebi que as condições não iam melhorar. Mesmo se o tempo limpasse, haveria tanta neve fresca empilhada que a face (já normalmente propensa a avalanches) ficaria especialmente perigosa.

Como fiquei extremamente nervoso com o tempo, finalmente decidi ir para casa. Veikka ficou na montanha e se juntou a uma equipe alemã. Alguns dias depois, fez o cume com os alemães.

Seria fácil dizer que tomei a decisão errada indo para casa. Mas, mesmo se eu ficasse, não tenho certeza de que teria continuado a subir a montanha depois que o tempo clareasse. Tomei minha decisão. Fui embora. Depois, Veikka admitiu que, apesar do sucesso, a escalada com os alemães pareceu bem perigosa.

Um dos aspectos da minha carreira no montanhismo de que mais me orgulho é que nunca sucumbi à febre do cume, exceto talvez no K2 em 1992. Desisti de várias escaladas quando as coisas não me pareciam certas. Eu vivi o meu lema obstinadamente: *Chegar ao topo é opcional. Descer é obrigatório.*

No verão de 2001, eu estava com 42 anos. Gil tinha três anos e meio; Ella havia acabado de fazer um ano. Eu havia feito o cume de onze das catorze 8.000 metros. As que faltavam eram o asterisco no Broad Peak, o Nanga Parbat e, ironicamente, o mesmo pico que havia me inspirado a ser um montanhista: Annapurna.

Quando planejei o Endeavor 8000, nunca imaginei que o Annapurna se revelaria o mais difícil de alcançar dos catorze cumes. Mas, no ano anterior, na primavera de 2000, fiquei paralisado aos pés da face norte do Annapurna. Paralisado como nunca havia ficado em uma 8.000 metros e, além disso, intimidado. Foi quando comecei a imaginar se algum dia colocaria os pés na crista de neve aos 8.078 metros pisada pela primeira vez em 3 de junho de 1950 por dois franceses, triunfo que marcou o início da Era de Ouro de catorze anos do montanhismo no Himalaia, quando, uma após a outra, todas as 8.000 metros sucumbiram às suas primeiras ascensões. Será, pensei tristemente naquela primavera, que eu nunca chegaria aonde os meus heróis Herzog e Lachenal haviam chegado?

Nêmesis: Annapurna

Depois da dobradinha vitoriosa que Veikka e eu fizemos no Manaslu e no Dhaulagiri em 1999, eu pensei: E agora? O Annapurna estava há muito tempo na minha cabeça e, do alto do Dhaulagiri, tínhamos uma excelente vista da montanha, a apenas quarenta quilômetros. Os dois picos são separados pela profunda garganta do Kali Gandaki, uma corrente feroz que desemboca no Ganges. Foi por aquele cânion que os franceses abriram caminho para sua exploração em 1950, antes de mudar seu objetivo, do Dhaulagiri para o Annapurna.

Sugeri o Annapurna a Veikka para a primavera de 2000. Ele aceitou sem qualquer hesitação. Nenhum de nós havia estado na montanha antes e Veikka havia começado a lançar sua própria campanha para subir todas as 8.000 metros. (No outono de 2006, Veikka já havia conquistado onze dos catorze cumes, faltando apenas o Gasherbrum I, o Gasherbrum II e o Broad Peak, no qual ele e eu paramos a noventa metros do cume.)

Decidimos tentar o Annapurna pela face norte, o mesmo lado atacado pelos franceses exatamente cinquenta anos antes. Foi em parte uma chance de me reconectar à história que havia me seduzido a pisar no mesmo terreno percorrido pelos meus heróis no livro de Maurice Herzog, o qual havia mudado minha vida quando adolescente. Mas, se essa rota se provasse inviável, havia outras opções no norte, particularmente a Costela Holandesa, um contraforte à esquerda da rota francesa, escalada pela primeira vez por um xerpa e um holandês em 1997, na quarta ascensão ao Annapurna. Visualmente, por se projetar da face norte, a Costela Holandesa parecia mais segura que o longo e curvo arco pelo qual os franceses investiram face acima, constantemente ameaçados por falésias de gelo penduradas e avalanches. Um pouco mais à frente, erguendo-se de um acampamento-base diferente, também havia o Pilar Noroeste, uma via tecnicamente difícil escalada pela primeira vez em 1985 pela formidável dupla Reinhold Messner e Hans Kammerlander, mas apenas depois de quatro fracassos anteriores de outros grupos, com o custo de seis vidas. O próprio Messner admitiu mais tarde que a via foi bem perigosa.

Contemplando o Annapurna, e percebendo que seguiríamos uma rota longa e complicada por uma face com poucos abrigos decentes, senti que o projeto era grande demais para Veikka e eu sozinhos. Decidi que seria bom levar outra dupla de escaladores conosco. Neal Beidleman havia estado na nossa equipe do K2 em 1992, mas teve que deixar a montanha antes que o resto de nós fizesse nosso ataque ao cume. Nós nos demos muito bem e eu achava que ele tinha grandes chances de alcançar o cume. Fiquei mal de vê-lo partir. Então, em 1996, guiado por Scott, Neal teve um papel central guiando os retardatários perdidos na tempestade de volta ao acampamento no Colo Sul e depois ajudando os refugiados a descer a face do Lhotse.

Neal é engenheiro aeroespacial, um verdadeiro cientista de foguetes que vive em Aspen, onde tem o seu próprio negócio de projeto e consultoria. Ele não é apenas forte, um escalador técnico talentoso e em ótima forma, mas é também um cara muito legal. Por muito tempo, ele me disse: "Ed, se você quiser levar mais alguém em uma de suas expedições, eu ficaria feliz de ir". Então o convidei. E sugeri que ele trouxesse um parceiro, para que tivéssemos duas cordas com dois escaladores. Neal procurou um pouco e encontrou um companheiro de Aspen, Michael Kennedy.

A maior realização da carreira de Michael havia sido como editor da revista *Climbing*: ele pegou uma publicação pequena e malfeita dirigida a entendidos e a transformou em uma publicação internacional de alta qualidade, tornando-se talvez a publicação mais respeitada do mundo no seu segmento. Nos seus quarenta anos, Michael nunca havia escalado uma 8.000 metros, e no ano 2000 estava quase se aposentado da carreira de montanhista de verdade. Mas nos seus dias de glória, ele havia sido a força-motriz de expedições em algumas das vias mais fortes do mundo, como o esporão Infinite no Monte Foraker, no Alasca, e uma investida corajosa no Latok I, no Paquistão. Animado com a ideia do Annapurna, Michael entrou em forma bem rápido naquele inverno.

Com o reforço de Neal e Michael, pensei que tínhamos reunido uma equipe bem forte. No fim de março, começamos a caminhada de 64 quilômetros de Beni até a montanha. Naquela época, Paula estava grávida de seis meses do nosso segundo filho, que nasceria pouco depois do meu retorno do Nepal. Nesse sentido, a primavera de 2000 não foi a melhor época para eu ir ao Himalaia. No entanto, Paula me falou para ir — como ela diz, ela sempre foi a fã número um durante a jornada do Endeavor 8000. Mas, para aliviar a culpa pela separação em um momento emocional tão crítico nas nossas vidas, prometi que ligaria para ela do nosso telefone satelital em intervalos de alguns dias.

Os franceses chegaram ao acampamento-base no Annapurna subindo um cânion lateral profundo e em forma de V chamado Miristi Khola, formado por um afluente a leste do Kali Ghandaki. No ano 2000, uma aproximação um pouco melhor foi descoberta, mas muito dela coincide com a rota francesa. A caminhada até o acampamento-base da face norte do Annapurna não é nada como o passeio pelo Vale de Khumbu até o acampamento-base do Everest. É uma jornada séria por si só — não o tipo de caminhada que uma companhia de turismo em sã consciência promoveria para seus clientes. É necessário atravessar declives cheios de mato e tão íngremes que, se alguém escorregar e cair, provavelmente não vai voltar. Em lugares como esses declives, tivemos que fixar cordas em nossos carregadores. (Voltando do Annapurna em 1950, um dos carregadores da equipe francesa caiu para a morte ali. Curiosamente, Herzog não menciona o incidente em *Annapurna*. Sabemos da morte apenas através de uma entrada no diário de Lachenal, publicado postumamente.)

Como se essas passagens já não fossem cansativas, conforme se escala o Miristi Khola, você sobe 1.219 metros até uma passagem, desce 914 metros até o outro lado, então mais 914 metros para cima e mais 609 para baixo. É exaustivo e angustiante, especialmente para os carregadores com cargas pesadas. A caminhada até o acampamento-base, que levou oito dias, fez com que todos nós respeitássemos ainda mais os franceses de 1950: eles haviam atravessado aquela passagem em apenas quatro dias, dando coragem a seus carregadores aterrorizados que atravessavam um conjunto de pontes improvisadas sobre a corrente de água.

Preocupado com a logística de chegar ao acampamento-base, não pude ligar para Paula por alguns dias. Não é sempre que é possível encontrar um sinal de satélite no fundo do vale, mas acho que decidi esperar até o acampamento para fazer a ligação. Quando liguei, ela me disse que estava nervosa. Escrevi no meu diário: "Pedi desculpas, mas não sei se ajudou. Foi bom ouvir sua voz e conversar e ouvir as novidades. Gil estava dormindo, então vou ligar de novo à noite."

Um telefone satelital pode ser uma bênção, mas é também um fardo. Paula e eu nunca chegamos a um acordo explícito sobre a frequência das ligações. Mas algumas vezes ela espera que eu ligue mais vezes do que realmente ligo. Quando estou na montanha, preciso ficar focado naquele momento. Tem vezes que a última coisa que quero pensar é: *Ah, eu preciso ligar para os Estados Unidos*. Mesmo assim, quando você tem uma família e filhos, a importância de manter contato fica maior.

Algumas pessoas podem pensar que Paula estava sendo irracional, mas eu assumo total responsabilidade por não ligar. É a minha natureza. Quando os outros ficam nervosos, sinto que a culpa é minha.

Mas apenas vinte ou trinta anos antes, em expedições a lugares remotos, ligar para casa não era uma opção. Os escaladores saíam de casa e ficavam dois ou três meses sem contato algum com o mundo exterior. Noivas e namoradas (e os maridos e namorados de mulheres escaladoras) tinham que lidar com o silêncio, mesmo se preocupando diariamente se seus amados estavam vivos ou mortos. E é possível voltar ainda mais no tempo — digamos, para as expedições navais britânicas que tentavam a passagem noroeste dos anos 1840 até os anos 1870. Não raro suas embarcações encalhavam no gelo, e a tripulação tinha que esperar todo o inverno. Algumas expedições duraram até três anos e os tripulantes não podiam dar o menor sinal para as famílias. É difícil de imaginar como essas famílias conseguiam passar por esses períodos de ausência, especialmente sabendo que as jornadas eram pelo menos tão perigosas quanto o montanhismo no Himalaia.

De qualquer forma, chegamos ao acampamento-base um pouco antes de dois outros grupos que tentariam a face norte naquele ano: uma equipe espanhola e um grupo de guias militares franceses. Ambos estavam lá para homenagear os cinquenta anos da primeira ascensão.

Após estudar a face atentamente com o uso de binóculos, começamos a subir. Antes mesmo de chegar à face norte propriamente dita, é necessário escalar alguns caminhos tortuosos pelas encostas geladas mais baixas que se espalham pela montanha como um avental. Para evitar uma cascata de gelo inicial complicada, escalamos um contraforte à esquerda dessa área, fixando cordas, já que precisaríamos subir e descer o contraforte em condições de gelo. Levamos alguns dias para armar o Acampamento I, ainda fora da face norte. Mas, dali, conseguíamos finalmente ver todas as características da montanha. A Costela Holandesa projetava-se muito a leste de nós, mas como chegar lá saindo daqui? Pairando bem acima de nós estavam todos os tipos de paredes de gelo, coroadas pela famosa Foice, a parede de gelo circular enorme que funciona como uma barreira entre a face norte e o campo de neve do cume relativamente pouco inclinado acima. Passar pela Foice foi o último desafio ao triunfo francês em 1950.

Um dos motivos para eu estar grato de ter Neal e Michael conosco era que eles também tinham esposa e filhos. Eles seriam, eu achava, tão conservadores quanto eu. Mas, agora, todos nós estávamos em dúvida. Do Acampamento I, ficamos observando a face, preocupados com a atividade que ela apresentava: pequenas avalanches deslizavam regularmente e *seracs* quebravam sem aviso. A Foice parecia pairar sobre a rota como uma enorme espada de Dâmocles.

Registrei nossas emoções no meu diário. No dia 11 de abril, ainda no início da expedição, escrevi: "Durante o café da manhã, parecíamos reticentes em relação à subida. Fora das barracas, olhamos em volta, ninguém se mexeu. Sugeri um dia de descanso e todos concordaram imediatamente."

Tendo estudado a face, pensamos que havia um recesso onde poderíamos armar o Acampamento II entre várias paredes de gelo. Acima dessas paredes, grandes gretas entrecortavam as encostas. Esperávamos que qualquer avalanche vinda do alto da montanha seria engolida por aquelas gretas e que outros detritos pudessem despencar do topo das paredes que protegiam nosso acampamento e passassem direto por nós.

Conseguimos montar aquele acampamento, passamos apenas uma noite lá e nos aventuramos um pouco mais acima para ver a face. Ela estava tão ativa, com partes escorregando, que ficamos com medo de atravessar. Seria ruim o suficiente passar por lá uma vez e sabíamos que seria necessário fazer várias viagens só para montar o acampamento superior em algum lugar acima da Foice. Simplesmente não conseguíamos nos convencer a subir. Como um de nós disse: "A gente não consegue correr tão rápido!"

Então, juntamos as coisas do Acampamento II e voltamos ao acampamento-base. Estávamos pensando que talvez houvesse uma rota alternativa mais à esquerda. Alguns dias depois, voltamos ao Acampamento I para sondar nossa nova via, mas ainda havia deslizamentos contínuos entre nós e a Costela Holandesa. Até mesmo a travessia necessária para alcançar a Costela estava ameaçada por *seracs* enormes pendurados milhares de metros acima. E Neal percebeu uma rachadura grande no glaciar, pendente diretamente abaixo da Costela, que havia destacado um bloco de gelo do tamanho de um arranha-céu que parecia prestes a cair. Estava particularmente quente naquela primavera e não havia tanta neve na face quanto de costume. Nessas condições, a montanha estava desintegrando na nossa frente.

Olhando para nossa nova rota, concordamos que ali também não havia nada. Mesmo quando tentamos uma investida de teste em direção ao pé dessa nova rota, uma pequena avalanche passou por ela. Naquele momento todos dissemos: "Vamos embora". Aquilo não era divertido, nem seguro. O veredito foi unânime.

Uma vez que decidimos desistir, a tensão se dissipou como ar escapando de uma bexiga furada. Dissemos a nós mesmos: *Vamos só aproveitar a última noite na montanha, aqui no Acampamento I; estamos a salvo aqui.* Com aquilo, eu fiquei completamente relaxado.

No meio da noite, eu estava deitado no meu saco de dormir, ainda acordado. De repente, ouvi um estrondo vindo lá de cima. Abri a barraca para olhar e vi uma explosão de neve, uma bomba atômica de uma avalanche descendo a face norte. Acordei Veikka. "Olha aquilo!", eu exclamei.

O Acampamento I estava a uns bons três quilômetros da base da face, então sabíamos que não havia perigo de sermos atingidos pela avalanche. Mas, um deslizamento daquele tamanho cria uma rajada de vento, cheia do mais fino chuvisco. Sabíamos que a rajada varreria nosso acampamento. Gritamos para acordar Neal e Michael. "Preparem-se!", gritei. Sob um céu límpido e com a lua cheia, a visão daquele turbilhão vindo em nossa direção era hipnotizadora. As distâncias eram tão colossais, que a avalanche parecia estar em câmera lenta. Assisti até o último momento, e então fechei a barraca. Veikka e eu seguramos as varas da barraca.

O acampamento foi martelado pela rajada de vento. Parecia que um bando de pessoas estavam do lado de fora da barraca, balançando furiosamente. Veikka e eu olhamos um para o outro, com os olhos arregalados, ainda grudados nas varas.

Finalmente o vento cedeu, mas uma poeira fina da tempestade de neve pairou sobre o acampamento, até que a partícula mais fina carregada pelo vento fosse levada.

De manhã, vimos que os blocos de gelo mais próximos haviam sido segurados por uma geleira a apenas algumas centenas de metros. Foi a maior avalanche que qualquer um de nós já havia visto. "Cara", um de nós gritou, "tomamos a decisão certa!" Olhamos para ver a devastação na encosta acima: parecia que um rodo gigante havia limpado a montanha. Todas as estruturas de gelo altas que havíamos visto nos dias anteriores tinham sido carregadas, destruídas como se uma bomba tivesse atingido uma cidade.

Você sempre tem dúvidas ao abandonar uma montanha. Fica imaginando se, com um pouco mais de coragem, teria tido sucesso. Mas aquela imensa avalanche reiterou nossa decisão de uma vez por todas.

Naquela primavera, ninguém escalou o Annapurna pelo norte. O mais alto que qualquer equipe chegou foi a apenas 7.040 metros. Nossa derrota, no entanto, foi de uma natureza completamente diferente daquela do ano seguinte no Nanga Parbat. Lá, a rota que esperávamos escalar pela face Diamir parecia perfeitamente razoável para mim. Foram duas semanas de neve constante que a tornaram, no meu julgamento, perigosa demais para tentar.

A rota do Annapurna, ao contrário, parecia muito além do limite seguro. Constrangido pela experiência que tivemos, quando cheguei em casa, reli *Annapurna* pela sétima ou oitava vez. Como os franceses haviam feito em 1950? Naquela época, nenhum dos membros da equipe tinha qualquer experiência no Himalaia (a Segunda Guerra Mundial e seus desdobramentos haviam impedido o montanhismo em locais distantes por quase uma década). Seria um caso de "a ignorância é uma bênção"? Os franceses só deram sorte, ou perceberam o quão difícil era aquela via? Talvez a pressa com que eles subiram a montanha, sabendo que tinham poucos dias antes das monções, havia contribuído para sua sorte: quanto menos tempo você passa por encostas perigosas, menos estará sujeito a acidentes.

Há uma longa passagem em *Annapurna*, na qual os quatro principais escaladores (Herzog, Lachenal, Terray e Rébuffat) sentam-se sob a face, tentando traçar a rota e discutindo se era perigoso demais. Eles mudaram bastante de ideia, mas a discussão termina com a decisão de seguir a rota. O registro que Herzog fez do debate termina assim:

"Vamos indo", Terray continuou dizendo, com grande animação. Lachenal, não menos animado, veio e gritou no meu ouvido:

"Cem contra zero! Essas são as nossas chances de sucesso!"

E mesmo o mais cauteloso Rébuffat assumiu que "É a proposta menos difícil, e a mais razoável".

Na descida da face norte no começo de junho, com temperaturas altas demais e as monções já em seu encalço, com os quatro principais escaladores já mutilados por congelamentos e afetados pela cegueira da neve, a equipe francesa realmente jogou roleta-russa com as avalanches. Descendo pela Foice, os homens soltaram um grande pedaço de gelo que atingiu o Acampamento IV lá embaixo, carregando uma barraca, mas milagrosamente deixando ilesos os quatro xerpas que estavam ali abrigados. Mais tarde, Herzog e dois xerpas, encordados juntos, causaram outra avalanche que os levou descontroladamente em direção a uma queda de 457 metros. Apenas o feliz acaso da corda enroscar em uma crista de gelo evitou a queda e salvou as três vidas. Mas, mesmo com esse acidente quase fatal, em nenhum momento em *Annapurna* Herzog julga a via escolhida pela equipe injustificavelmente perigosa.

Foi só no ano passado que um amigo apontou uma passagem muito interessante e visionária no diário de Lachenal, *Carnets du Vertige*, publicado em sua versão completa e sem cortes apenas em 1996, 41 anos após a morte de Lachenal em uma greta enquanto esquiava em Vallée Blanche, acima de Chamonix. Como eu não leio francês e *Carnets* nunca foi traduzido para o inglês, não conhecia essa passagem.

Em um apêndice ao seu diário, chamado "Commentaires", escrito na época de seu retorno à França, Lachenal, sistematicamente descrito por Herzog como um louco impulsivo e imprudente em *Annapurna*, escreve:

> Na base do Annapurna [...] tínhamos apenas mais alguns dias antes da chegada das monções para subir e equipar toda uma grande e desconhecida parede coberta de gelo. Isso nos levou a escolher logo de cara uma via extremamente perigosa. Entre o Acampamento II e o Acampamento IV, nossa linha tomou a forma exata de um cone de ejeção [de restos de avalanche] enorme. Hoje eu acredito que encaramos um risco desconhecido [ali] [...] Face a face com o Annapurna, não tínhamos escolha: era essa via ou um completo fiasco [...] Mas para a segunda ascensão [...] sou expressamente contra a via que tomamos.
>
> Na minha opinião, é melhor, em vez dela, escalar pela extrema esquerda dos desfiladeiros que levam ao subcume oriental.

Vinte e dois anos antes de ela ser escalada, Lachenal recomendou a via que hoje é conhecida como Costela Holandesa. Nós mesmos teríamos optado por aquela alternativa, mas não encontramos um modo seguro de atravessar até a base daquele contraforte.

Carnet du Vertige foi publicado pela primeira vez apenas alguns meses após a morte de Lachenal, mas foi editado pelo irmão de Herzog, Gérard, e depois severamente censurado por Maurice Herzog e seu amigo e mentor Lucien Devies, presidente do Clube Alpino Francês. Herzog e Devies apagaram qualquer comentário no diário de Lachenal que criticava a liderança de Herzog, ou mesmo que indicava divergências na equipe. A dupla acabou removendo completamente o incisivo "Commentaires" de Lachenal. Quando a versão sem cortes foi finalmente publicada em 1996, Herzog, à época o único dos principais veteranos da expedição ao Annapurna em 1950 ainda vivo, processou o editor, Michael Guérin.

Quando li *Annapurna* pela primeira vez, aos dezesseis anos, não tinha conhecimento para julgar a rota dos franceses. Eu achava que todos os quase acidentes eram parte do jogo. Agora, reexaminando o livro de Herzog, após voltar do Annapurna em 2000, eu conseguia ler nas entrelinhas. Dava para ver o quão perto a equipe estivera de perder vários membros. Pensei: *Uau, eles realmente andaram na corda bamba.*

De um lado, a escalada havia sido um feito espantoso: dominar a difícil aproximação e subir a montanha em pouco mais de duas semanas, ter sucesso em alcançar o cume não somente da primeira 8.000 metros já escalada, mas também a única que seria escalada na primeira tentativa. De outro lado, pode haver alguma verdade na teoria da "ignorância é uma bênção". Aqueles caras eram escaladores muito experientes nos Alpes. Terray, Lachenal e Rébuffat estavam entre os seis ou oito melhores escaladores do mundo naquela época, mas não tinham experiência no Himalaia para ter uma visão mais ampla da escalada. Em 1950, ninguém realmente sabia o que era necessário para se dar bem em uma 8.000 metros. O Himalaia era uma arena completamente nova depois dos Alpes, em escala muito maior.

Alguém me perguntou recentemente se eu achava que o triunfo da equipe de 1950 era brilhante ou imprudentemente louco. Minha resposta teria que ser: "Ambos".

Talvez, por ter sido a primeira 8.000 metros a ser escalada, o Annapurna tem sido muito subestimado desde então. Mesmo assim, é provavelmente a mais difícil de escalar de todas as catorze, pois é a única montanha sem uma via razoavelmente segura em qualquer flanco. Além disso, o Annapurna é também a mais mortal das 8.000 metros.

Um historiador do montanhismo fez uma compilação minuciosa das estatísticas de mortalidade nas 8.000 metros. Sua análise, que abrange dados até 2003, usou um critério simples porém eficaz: o número de escaladores que alcançaram o cume com sucesso comparado com o número dos que morreram na montanha. No Everest, a proporção é de sete para um. No K2, que tem a reputação de ser o mais perigoso dos picos altos, a proporção é um pouco mais de três para um. Mas, no Annapurna, a proporção é exatamente de dois para um. A cada dois escaladores que chegam ao topo, um escalador morre tentando.

O Annapurna assombraria meus pensamentos pelos próximos cinco anos. Talvez, na primavera de 2000, nós tenhamos encontrado a montanha em condições particularmente perigosas, devido ao calor e à falta de neve. Mas eu não queria mais voltar à face norte. Eu não via a rota francesa se encaixando no meu limite de risco aceitável.

Contudo, naquele momento, podia pôr o Annapurna em banho-maria. Cheguei em casa do Nepal no final de maio. Paula deu à luz nosso segundo filho, uma menina chamada Ella, no dia 25 de junho. Consegui ficar em casa durante os primeiros oito meses de sua vida e, apesar de algumas viagens curtas para fazer apresentações para a Mountain Hardwear e outros patrocinadores, era pai em período integral. Conforme Ella crescia, eu podia ver que ela era uma criança saudável, forte e independente, de porte atlético. Eu a achava adorável. Devido à sua atitude forte e confiante, alguns amigos nossos a apelidaram de "Navy Seal".[1] Ela aprendeu a andar bem rápido. Tinha um dom para acalmar a si mesma, parecia ficar feliz sozinha. Enquanto isso, em outubro daquele ano, Gil fez três anos. Ele estava virando um tagarela. Sua curiosidade era insaciável e ele insistia em entreter qualquer um que estivesse por perto. Paula e eu estávamos encantados em ver a delicadeza com a qual Gil tratava sua nova irmãzinha.

No outono de 2001, nós nos mudamos de nosso pequeno bangalô em West Seattle para Bainbridge Island, a 35 minutos de trem do centro de Seattle através de Puget Sound. Na "casa inicial" da nossa família, nós quatro, junto com o meu velho e confiável gato Slick, frequentemente acabávamos pisando um nos outros, mesmo com as reformas esporádicas que fiz no bangalô durante os cinco anos, com a ajuda do mestre carpinteiro e meu amigo Dan Hiatt.

Uma dessas reformas poderia ter acabado com a minha carreira de escalador. Para construir uma varanda curva de cedro adjacente à nossa cozinha e sala de estar, eu estava usando uma serra circular para cortar um ângulo no fim de uma placa grande. Era uma tarefa complicada, pois a proteção da lâmina tende a prender na borda da placa assim que você começa o corte, impedindo que a serra continue. Dan havia me ensinado como prender um lápis na proteção para mantê-la na posição certa. A desvantagem é que a lâmina, girando a centenas de rotações por minuto, fica perigosamente exposta; mas eu já havia usado esse truque inúmeras vezes.

Quando terminei o corte e soltei o gatilho, deixei a serra descer devagar um braço de distância. Como sou destro, a serra deveria descer pelo lado de fora da minha perna direita. Esquecendo de alguma forma que a minha perna ainda estava no caminho, observei enquanto a lâmina desacelerando rasgava meu jeans e a minha

---

1 Os *Navy Seals* são parte do Comando de Guerra Especial da Marinha e também integram o comando das Operações Especiais dos Estados Unidos. Eles compõem uma força de elite do Exército norte-americano e recebem treinamento intensivo para atuar no mar, ar e terra. Contudo, são mais conhecidos por sua extrema habilidade para atuarem na água. (N. E)

pele, logo acima do meu joelho direito. Horrorizado, larguei a serra e fiquei lá sentado por um momento, sem querer ver o estrago. Estava surpreso de não sentir dor nem ver nenhum sangramento. Mas tudo que eu conseguia pensar era: *Merda, olha o que eu fiz agora!*

Com cuidado, puxei o jeans rasgado para fora do caminho e descobri um rasgo de quinze centímetros na minha perna, com músculo e tecido aparecendo pela borda esfarrapada da carne. Devido aos meus conhecimentos como veterinário, pude ver que a brutalidade da lâmina tinha na verdade tido um efeito hemostático, fazendo com que as veias cortadas se fixassem de volta. Uma incisão com uma lâmina afiada, como em uma cirurgia, teria causado um sangramento muito maior.

Minha primeira reação foi pensar que eu mesmo poderia costurar a ferida. Eu tinha os instrumentos certos, sobras de uma expedição, guardados em um pacote esterilizado dentro de casa. Mas, depois, percebi que poderia ter rompido algum nervo ou tendão — só um médico experiente poderia dizer com certeza. Sem dizer uma palavra, fui mancando para dentro de casa, grudei três curativos no corte, peguei as chaves do carro, encontrei Paula e perguntei: "Você pode me levar para o hospital?"

Lá, um residente em seu primeiro dia no pronto-socorro examinou a ferida, concluiu que não havia dano a nenhum nervo ou tendão e começou a me costurar. Mas o procedimento acabou virando alguma coisa saída dos Keystone Kops.[2] O médico não sabia direito como segurar o fórceps ou a agulha; nem tinha certeza de qual era o ponto certo. Eu tive que guiá-lo durante toda a operação. Demorou tanto que ele precisou injetar três doses consecutivas de anestesia local nas bordas da ferida, conforme o efeito da dose anterior ia passando. Quando a última dose estava começando a perder o efeito, ele se preparou para aplicar uma quarta. Eu rangi os dentes, ignorei a dor e mandei continuar costurando.

No final, eu tinha uma cicatriz monstruosa. Hoje, quando as pessoas veem a minha perna direita descoberta e perguntam: "Ei, como você conseguiu essa cicatriz?", eu respondo casualmente: "Mordida de tubarão". Mas foi preocupante pensar que, tendo sobrevivido a tantas expedições no Himalaia, eu quase cortei minha perna construindo uma varanda em casa!

Em nossa nova casa, queríamos mais espaço interno e um quintal grande. Em 2000, Paula e eu descobrimos que Bainbridge Island tinha preços razoáveis, com es-

---

2 Keystone Kops (ou Keyston Cops) foram personagens de uma série de filmes de comédia produzidos nos Estados Unidos a partir dos anos 1910, ainda na época do cinema mudo. Os filmes traziam um grupo de policiais atrapalhados em perseguições a pé ou de carro. A popularidade dos Keystone Kops foi bem expressiva em território norte-americano entre 1912 e 1917 e o produtor de seus filmes, Mack Sennett, acabou ficando conhecido como O Rei da Comédia. (N. E.)

colas públicas de qualidade. Queríamos que os nossos filhos tivessem uma experiência parecida com a nossa quando éramos crianças, em bairros onde podíamos sair para brincar nos bosques sem nos preocuparmos se alguém espreitava no matagal. Depois de uma longa busca, encontramos um terreno de dois acres onde um construtor já havia feito planos para uma casa. Com um adiantamento no pagamento podíamos opinar na escolha do acabamento, cores para a pintura, opções de carpete e armários. A casa planejada, cujo projeto nós amamos, teria vários toques pessoais quando nos mudássemos.

Levou um ano para construir nossa "casa de fazenda moderna" no refúgio de Bainbridge Island, longe o suficiente de Seattle para nos sentirmos afastados da multidão enlouquecedora, com um pouco de vida selvagem nos fundos, mas perto o suficiente para podermos manter contato com o cenário cultural da cidade e com nossos amigos que lá moravam. Com quase trezentos metros quadrados de espaço, nossa nova casa era o dobro do nosso bangalô em West Seattle. Agora tínhamos dois andares inteiros, quatro quartos, três banheiros e uma garagem desligada da casa, com um espaço em cima que eu transformei em um confortável escritório.

O vilarejo de Brainbridge, cujo centro é formado por alguns quarteirões de lojas antigas, tem apenas dois semáforos. A dez minutos dali, sapos e salamandras abundavam no nosso quintal. Graças a amigos em comum com filhos e uma miríade de atividades escolares, rapidamente nos sentimos bem-vindos àquela comunidade.

Paula e eu nos esforçamos para tornar aquela casa realmente nossa. Com seu senso inato de estilo e seu dom para decoração de interiores, ela escolheu os móveis, as cortinas e os acessórios para tornar o ambiente mais confortável.

Também fizemos um grande trabalho de paisagismo. Depois que os construtores terminaram a obra, ficamos com montes de terra em volta da casa. Uns dez metros depois de toda aquela terra, começava uma densa floresta de pinheiros, cedros e amieiros, com uma vegetação rasteira de samambaias. Então, plantamos grama e cavamos canteiros para flores e outras plantas. Eu me senti bastante recompensado em ver as plantas crescendo ano após ano.

Sempre que eu ficava preso em casa durante muito tempo, caindo no desespero que Paula denomina meu estado de "flor murcha", ela me mandava para o jardim. Ali eu encontrava verdadeiro conforto e me sentia rejuvenescido executando tarefas mundanas, mas difíceis, como cavar buracos, mover pedras que alguma geleira havia deixado espalhadas pelo nosso terreno alguns milhões de anos antes, ou cortar lenha. Eu também me divertia aumentando a varanda de cedro e fazendo caminhos e pátios de pedra. Alguns dos meus amigos de escalada, aqueles que só haviam visto o vagabundo inquieto que não podia esperar para sair em uma nova expedição, ficavam chocados em ver o trabalhador doméstico que eu me tornei em Bainbridge Island.

Foi na primavera, antes de comprarmos a casa em Bainbridge Island, que Veikka e eu tentamos nossa dobradinha no Shishapangma e no Nanga Parbat. Mesmo enquanto escalava aquelas montanhas, ou esperava o fim das intermináveis tempestades de neve no acampamento-base do Nanga Parbat, não parava de pensar no Annapurna.

Quando estávamos saindo do Shishapangma, em uma pequena cidade tibetana, cruzei com um escalador francês chamado Christian Trommsdorff. Ele sabia da minha investida sem sucesso pela rota francesa, e ele próprio já havia estado no Annapurna, mas não no lado norte. Em vez disso, ele havia tentado a face leste, fazendo a aproximação pelo sul. A caminhada daquele lado é muito mais fácil que a perigosa marcha Miristi Khola acima e é tão reta que o percurso para caminhantes no popular circuito Annapurna-Dhaulagiri passa sob o lado sul da montanha.

Christian havia fracassado na aresta leste, mas o que ele me contou me fez sentar e ouvir. Ele disse que, embora a aresta fosse muito longa, parecia relativamente segura. Recomendou entusiasticamente que eu considerasse essa via. E ela havia sido feita apenas uma vez, em 1984.

Quando cheguei em casa e pesquisei sobre a primeira ascensão pela aresta leste, o que eu descobri deveria ter me feito hesitar. A façanha havia sido feita por uma dupla de suíços, Erhard Loretan e Norbert Joos. Em 1995, Loretan havia se tornado a terceira pessoa a escalar todas as 8.000 metros. Ele era famoso por seus ataques aos picos não pelas vias mais fáceis, mas frequentemente por novas rotas que ele próprio abria. Nenhuma era tão corajosa quanto a via da aresta leste do Annapurna. Ninguém menos que Reinhold Messner havia considerado Loretan "o montanhista de altitude mais significativo de sua geração".

No outono, durante a temporada pós-monções de 1984, os companheiros suíços de Loretan e Joos os ajudaram a montar o Acampamento III a 6.900 metros, no flanco sul da face leste. O que torna a aresta tão "fora do circuito" é o fato de que o único caminho razoável para a aproximação sobe até uma greta a 6,5 quilômetros do cume. Para ir de lá até o topo, Lorean e Joos tiveram que passar por vários subcumes, percorrendo a garganta inteira a mais de 7.300 metros. Além disso, a aresta não fica mais branda, ela se acentua e frequentemente tem cornijas do início ao fim.

Em seu segundo dia na aresta, tendo subido e atravessado três subcumes, a dupla deu de cara com uma parede de cem metros impossível de ser escalada. Eles tinham apenas dois *pitons*, que haviam sacrificado para fazer um rapel pelo lado norte. Então, alcançando uma encosta de neve escalável, continuaram em direção a oeste e enfim pisaram no cume às 13h30 do dia 24 de outubro.

Contudo, o desesperador agora era que os dois não tinham a menor esperança de descer pela aresta leste: eles não podiam subir a parede pela qual tinham descido de rapel. Sua única chance era encontrar outro caminho pela montanha. No bolso de Loretan, ele carregava um cartão-postal da face norte, a única coisa próxima a um guia. Já próximos da exaustão, abriram caminho pelo longo campo de neve do cume, tentando encontrar o topo da Costela Holandesa. Eles precisaram de um novo bivaque, já que perderam umas duas varas da barraca e tiveram que segurar o teto com as mãos enquanto faziam chá e sopa.

É infinitamente mais difícil achar uma rota de cima do que pegá-la de baixo. Loretan e Joos, porém, fizeram um incrível trabalho e acharam algumas cordas fixas velhas despontando no gelo. Com apenas cinquenta metros de corda de cinco milímetros de diâmetro (muito mais fina que qualquer corda normalmente usada para se amarrar a outro escalador), e um único parafuso de gelo como equipamento, Loretan e Joos desceram, em parte escalando, em parte de rapel, a Costela Holandesa.

Naquela noite, na barraca, foram atingidos por uma avalanche. Ouvindo-a chegar e sem forças para mais nada, cobriram a cabeça com o saco de dormir e rezaram. Os dois sobreviveram ao deslizamento, e então se arrastaram até o acampamento-base de uma expedição japonesa e tcheca, cujos membros cuidaram deles até que eles melhorassem.

Mesmo só com o resumo que pude encontrar daquela ascensão, a aresta leste soou como algo completamente épico. Se eu também conseguisse ler alguma passagem do relato de Loretan (escrito em francês), poderia ficar ainda mais intimidado com a possibilidade de uma segunda ascensão na rota leste. Como meu amigo que fala francês traduziu no ano passado, o texto de Loretan descrevia o martírio da seguinte forma: "Durante toda a descida, que levou dois dias e meio, havia três de nós: Norbert, eu e o medo". Sobre o que haviam achado da Costela Holandesa, Loretan acrescentou: "Ali estava um lugar que deveria ser reservado apenas àqueles que estavam cansados de viver".

Mesmo assim, eu estava focado na ideia de que uma aresta mais longa, mesmo em altitudes tão extremas, certamente seria mais segura que uma face cheia de avalanches. Em uma aresta, nada que vem de cima pode cair em você. E se não fosse muito técnica, seria bem o meu território, já que resistência e perseverança eram o meu forte.

Veikka e eu decidimos tentar a aresta leste na primavera de 2002. Novamente, pensamos que seria melhor ter companheiros de equipe para formar um grupo mais forte, e dividir a licença parecia ser mais viável economicamente que comprar a nossa própria. Para encontrar parceiros para o Annapurna, usei uma estratégia que nunca havia empregado antes: procurei na internet.

Não demorei muito para descobrir que outros escaladores de primeira linha estavam interessados na aresta leste do Annapurna. Uma das primeiras pessoas que contatei foi um alpinista francês chamado Jean-Christophe Lafaille. Eu não conhecia J.-C. (como seus amigos o chamavam), mas sabia da sua reputação como um dos montanhistas mais talentosos da Europa, tendo conquistado algumas das rotas mais difíceis dos Alpes, muitas delas escalando solo.

É meio estranho ir a uma expedição séria com alguém que você sequer apertou a mão. É um pouco como marcar um encontro pela internet. Enquanto J.-C. e eu trocávamos e-mails, tentávamos conhecer um ao outro, tentando julgar nossa compatibilidade na montanha. Eu quase não tive apreensões sobre J.-C., e meu primeiro pensamento foi: *Uau, esse cara quer escalar comigo?*

Acho que ele tinha algumas ressalvas a mais. Eu dei algumas referências, amigos em comum com quem nós dois já havíamos escalado. Na época, nós dois trabalhávamos com a marca de botas Asolo. Nosso contato mútuo lá era um cara chamado Bruce Franks, que agia como intermediário. Como um cara juntando dois amigos em um encontro, Bruce exaltou as virtudes de um para o outro. Ironicamente, J.-C. sabia como eu era fisicamente, porque havia visto o filme de Hollywood *Limite vertical*, no qual eu fiz uma ponta. Em sua autobiografia, *Prisionner de l'Annapurna*, publicado em 2003, J.-C. escreveu sobre o processo de me conhecer.

> Eu tinha uma imagem incompleta de Ed. [...] Sabia que ele tinha vários recursos para patrocinar seus projetos, uma conclusão que seu site, muito profissional e orientado aos negócios, confirmou na primeira visita. Mas eu não sabia como ele era de verdade. Muitos escaladores garantiram que ele era um bom organizador, ao mesmo tempo atento a detalhes e muito humano. Um alpinista alemão até o elogiou falando de "um norte-americano que não tinha nada de norte-americano em si". Esses depoimentos me convenceram.

Pela internet, J.-C. e eu logo estávamos em contato com os três escaladores bascos que também planejavam subir a aresta leste. O mais forte dos três, Alberto Iñurrategi, era praticamente desconhecido nos Estados Unidos, apesar de Veikka e eu já termos nos encontrado com ele no Dhaulagiri em 1998. Com relativo anonimato, Alberto havia se tornado um dos escaladores mais fortes do Himalaia e, na primavera de 2002, já havia alcançado o cume de treze das catorze 8.000 metros, faltando apenas o Annapurna.

Nós finalmente concordamos em unir forças. Eu conseguiria a licença. No papel, seria o líder da expedição; na prática, seríamos todos iguais no processo de tomada de decisões. Essas democracias de fato se tornaram a norma entre equipes pequenas de escaladores experientes no Himalaia, em profundo contraste com as equipes nacionais hierarquicamente organizadas dos anos 1950 e 1960. Para J.-C., Veikka e eu, eu organizaria a comida, o equipamento e os carregadores. Os bascos fariam sua própria organização logística, contratando seus próprios carregadores e cozinheiro para o acampamento-base, mas dividiriam nossa licença. Na montanha, trabalharíamos juntos para montar acampamentos e nos revezaríamos para preparar a via.

Em 2002, o desafio do Annapurna estava começando a virar parte da minha bagagem pessoal. Mas, se eu achava que a derrota na rota francesa dois anos antes pesava na minha alma, não era nada comparado ao que o Annapurna significava para J.-C.

No outono de 1992, alguns meses depois de eu escalar o K2, Lafaille partiu em sua primeira expedição no Himalaia para o Annapurna. Muito antes, em 1970, uma equipe britânica extremamente talentosa, liderada por Chris Bonington, deu um salto memorável no Himalaia escalando a íngreme e perigosa face sul do Annapurna, com 3.048 metros de altura. O estilo usado foi o método tradicional de fixar cordas, revezar cargas e montar acampamentos, com um par de escaladores abrindo caminho enquanto os outros atrás deles carregavam equipamentos e comida até os acampamentos semipermanentes. Depois de quase dois meses avançando laboriosamente pela via, às vezes ganhando apenas trinta metros de terreno em um dia inteiro de trabalho, a equipe conseguiu subir um belo pilar de gelo na margem esquerda da face sul.

No fim, o grupo de Bonington conseguiu montar seis acampamentos naquele pilar, normalmente em plataformas vacilantes entalhadas no gelo. Entre os oito escaladores de primeira linha da equipe, surgiu uma rivalidade acirrada, e a questão de quem iria ao cume gerou uma manipulação maldosa pela posição na rota. Finalmente, no dia 27 de maio, Dougal Haston e Don Whillians alcançaram o topo. Eles foram, talvez, a dupla mais motivada na via, mas também os melhores no jogo das posições. Uma segunda tentativa feita por outros dois escaladores fortes fracassou pouco antes do cume.

Mesmo assim, era um triunfo da equipe, e os britânicos haviam feito de longe a via mais perigosa em qualquer 8.000 metros na época. Tristemente, logo acima do acampamento-base, quando a equipe preparava sua retirada, Ian Clough, talvez o cara mais legal da equipe e um dos que mais haviam ajudado a carregar o equipamento para ajudar os líderes, morreu quando um *serac* caiu em cima dele na cascata de gelo na margem baixa da montanha.

Vinte e dois anos depois, J.-C. e um único parceiro, Pierre Béghin, voltaram à face sul com uma programação precipitadamente ambiciosa. Sem ajuda de xerpas, e com o mínimo de cordas fixas na parte baixa da montanha, propuseram um ataque por uma via à direita da rota britânica, uma ainda mais íngreme e direta, em uma ascensão leve e no estilo alpino.

Béghin, com 41 anos, era o escalador de alta montanha francês mais proeminente da sua época. Lafaille, com 27, era seu aprendiz, embora já tivesse conquistado várias das primeiras ascensões solo nos Alpes, algumas delas feitas no inverno.

A dupla chegou aos 7.300 metros pela sua nova via e se preparou para um bivaque. Incapazes de encontrar uma plataforma decente, os dois passaram a noite pendurados em suas cadeirinhas contra uma encosta de setenta graus. No entanto, não conseguiram nem piscar por conta de uma tempestade feroz. Mesmo assim, seguiram adiante na manhã seguinte. Mas, como o clima piorou, perceberam que não poderiam continuar. A 182 metros acima do lugar onde haviam dormido, decidiram voltar.

A parede era íngreme demais para desescalar, então Béghin e Lafaille fizeram uma série de rapéis. Como haviam subido leves, tinham à mão o mínimo de equipamento (*pitons*, *cams*, parafusos para gelo) para usar na ancoragem. Eles precisavam fazer aquele pequeno estoque de "peças" render para uma descida de milhares de metros. Béghin praticava uma economia assustadora. Como ancoragem, ele estava disposto a descer de rapel por um único parafuso para gelo que não havia conseguido prender até o fim. Isso era demais para Lafaille, que insistia em dar apoio ao parafuso sacrificando uma de suas ferramentas para gelo, a piqueta cravada na neve e ligada ao parafuso por um fio de náilon.

No topo de seu quarto ou quinto rapel, Lafaille pregou um *piton*, enquanto Béghin enfiou um *cam* grande, chamado *Friend*, em uma fenda. Béghin começou o rapel primeiro. Assim que começou a descer pela corda, ele disse para seu parceiro: "Tire o *piton*. Meu *Friend* é bom."

Béghin andou como um caranguejo descendo um cone de neve, com seus grampões pregando na crosta. Vários metros abaixo, a parede se tornava vertical, e Béghin colocou todo o peso na corda. Ele olhou para cima, seu olhar encontrou o de Lafaille.

De repente, Lafaille ouviu um som agudo. Bem na sua frente, o *Friend* escapou. Sem dizer uma palavra, Béghin desapareceu no abismo.

"Demorou muito até que eu pudesse me mover", Lafaille disse mais tarde a um jornalista. "Talvez meia hora. Eu estava petrificado de medo e desespero."

Lafaille sabia que a mochila de Béghin continha todas as cordas e o equipamento. E a corda de rapel havia ido embora com o corpo em queda livre. Em sua mochila, Lafaille carregava um fogareiro, comida, os sacos de dormir e uma barraca para bivaque, mas nem um palmo de corda ou mesmo um *piton* ou um parafuso para gelo. O que por fim salvaria a sua vida é que, no último minuto antes do rapel, Béghin havia entregado ao seu parceiro sua piqueta, para levar na sua carga.

Abaixo de Lafaille estava uma parede quase vertical de gelo e pedra de 213 metros. Na subida, os dois escaladores haviam se amarrado um ao outro e colocado uma proteção ali. Agora, Lafaille teria que descer sozinho, apenas com seus grampões e um par de piquetas (a sua e a de Béghin) para mantê-lo preso. "Se eu não tivesse escalado tanto sozinho nos Alpes", ele relatou mais tarde, "eu teria morrido".

Descendo com todo o cuidado do mundo, mesmo enquanto a adrenalina e a tristeza percorriam seu corpo, Lafaille finalmente alcançou o fim da parede. Escavou uma plataforma na neve, montou a barraca de bivaque e se esgueirou para dentro dela. Mais uma vez, passou a noite acordado.

No dia seguinte, com a tempestade diminuindo, Lafaille continuou a descida. Do local do bivaque, recuperou um rolo deplorável de corda que eles haviam deixado durante a subida. A corda tinha vinte metros, e Lafaille improvisou uma série de rapéis de dez metros (mesmo os melhores escaladores ficam arrepiados ao ouvir sobre esses improvisos desesperados).

No meio da tarde, Lafaille alcançou o topo das cordas fixas. Ele pensou que finalmente estava a salvo. Uma neblina quente e sem vento havia tomado o Annapurna. Assim que se clipou à ancoragem superior da corda fixa, ele ouviu um barulho assustador, adivinhando imediatamente que uma saraivada de pedras estava caindo. Quando olhou para cima, colocou instintivamente o braço acima da cabeça para protegê-la. Somente no último instante as pedras emergiram da névoa. Ele se encolheu junto à parede, mas uma pedra acertou em cheio seu braço, quebrando-o em uma fratura exposta.

Mesmo com um ferimento tão sério, Lafaille conseguiu descer até a plataforma que havia servido como o acampamento mais elevado da dupla. Tendo apenas um braço bom, não conseguiu armar a barraca, e apenas a enrolou em si mesmo. Por sorte, o braço não estava sangrando muito. Lafaille conseguiu enrolar sua jaqueta em volta dele, improvisando um tipo de tala. Atrapalhado com seu braço esquerdo, após 45 minutos de esforço, ele conseguiu acender o fogareiro para derreter um pouco de neve.

Lafaille passou dois dias naquela plataforma, nunca muito longe do mais completo desespero. Como ele contou mais tarde para um jornalista: "Foi aí que o Annapurna se tornou não uma montanha, mas um ser que quer matar você. Eu me sentia como um animal perante um caçador. Ele não quer matar de uma vez, quer torturar primeiro." Durante esses dois dias de espera, ele se sentiu "completamente arrasado, física e mentalmente. Eu pensava: Chegou meu fim. Estou morto."

Durante a segunda noite, Lafaille levantou para um último esforço. Decidiu descer no escuro, quando a face estaria congelada, com menos pedras caindo. Não tinha nada a perder. Primeiro, tentou de rapel, usando seu braço bom e seus dentes para ajeitar a corda, mas viu que assim era difícil demais. Em vez disso, ele tentou desescalar em solo novamente, usando seu braço esquerdo para manejar uma única piqueta.

De manhã, havia chegado ao fim da colossal face. Foi cambaleante até o acampamento-base de uma expedição eslovena que o havia visto do alto. Admiravelmente, ele havia decidido não gritar por socorro, por medo de arrastar escaladores desconhecidos para um resgate que poria suas próprias vidas em risco. No entanto, a apenas trezentos metros da face, afundou até o peito em uma greta. Ele se arrastou para fora e continuou tropeçando, mas foi a última gota. Naquele momento, resolveu parar de escalar para sempre.

Finalmente, um xerpa do acampamento-base esloveno o encontrou com um copo de chá e uma trouxa de comida. Os dois homens se abraçaram e começaram a chorar.

Em cinco dias, Lafaille havia descido sozinho 2.438 metros em uma das paredes mais difíceis já tentadas no Nepal, sendo que, nos últimos dois dias e meio, estava com um braço quebrado. Sua escapada do Annapurna é considerada hoje o maior autorresgate já feito no Himalaia.

De volta à França, Lafaille foi recebido como um herói, mas caiu em uma depressão profunda. Infeccionado até o osso, seu braço passou por diversas cirurgias dolorosas. Levou meses até que ele pudesse simplesmente caminhar pela sua cidade natal, Gap, em Dauphiné. Psicologicamente, ele estava perdido. Mesmo tendo visitado vários psicoterapeutas (uma tática rara entre alpinistas extremos), Lafaille estava dominado pela culpa e tristeza pela perda de Béghin, cujo corpo nunca foi encontrado. "Eu me fechei como uma ostra", disse a um entrevistador francês. O redemoinho custou seu casamento.

A despeito da sua promessa de nunca mais escalar, ele começou a fazer algumas subidas fáceis nos contrafortes em volta de Gap. Como guia profissional, sentiu que havia perdido seu verdadeiro ofício. Mas, assim que se recuperou de seu martírio, ele estava escalando bem de novo, abrindo mais vias novas nos Alpes. E, durante os anos seguintes, fez travessias sozinho no Gasherbrum I e II e no Karakoram. Decidiu, então, tentar ser o primeiro francês a escalar todas as catorze 8.000 metros. Em 2002, já tinha sete em seu currículo.

Mas o Annapurna o assombrava. Em 1995, ele havia voltado à face sul, determinado a fazer uma investida sozinho e sem apoio pela rota de 1970 da equipe britânica. Em um esforço brilhante, Lafaille chegou aos 7.500 metros, exatamente a mesma altitude alcançada por ele e Béghin há três anos, antes de ser forçado a recuar devido ao mau tempo e à neve. Sobre aquela expedição, ele contou depois a um jornalista: "Naquele ano foi mais difícil descansar na barraca que escalar. À noite eu tinha muitas lembranças ruins."

Em 1998, Lafaille voltou à face sul com uma equipe italiana para tentar a rota de Bonington, mas a viagem foi um fracasso. Ele estava desanimado com a decisão dos italianos de escalar no estilo ultrapassado de cordas fixas e acampamentos abastecidos, considerada a pior forma de escalar pelos melhores escaladores do Himalaia na época. E a empreitada foi por água abaixo quando um xerpa morreu em uma avalanche.

Esses outros fracassos só aumentaram a obsessão de Lafaille. Em várias entrevistas, ele repetiu: "Eu trocaria dez 8.000 metros por dez minutos no topo do Annapurna". Nossa viagem de 2002 para a aresta leste, então, seria nada menos que uma vingança à montanha que havia aplicado o maior golpe de sua vida. Eu sabia que, no Annapurna, J.-C. estaria bastante motivado.

Alberto Iñurrategi também estaria motivado. Não apenas o Annapurna seria a sua última 8.000 metros, mas também serviria como um tipo de coroa de flores que seria posta no túmulo de seu irmão Felix. Os dois haviam sido parceiros de escalada inseparáveis, triunfando juntos em onze das 8.000 metros. Mas, dois anos antes, em 2000, Felix havia morrido no Gasherbrum II. A tristeza de Alberto foi no mínimo tão forte quanto a de J.-C. após perder Pierre Béghin.

Veikka e eu encontramos J.-C. pela primeira vez em Katmandu. Confesso que foi um choque ver que, apesar de estar incrivelmente em forma, J.-C. tinha apenas 1,57 de altura. Eu o havia imaginado como um tipo de Super-Homem. Veikka acabou apelidando-o de Hobbit. Depois ficamos sabendo que era uma piada recorrente em Vallorcine, uma cidade logo acima do Vale do Arve em Chamonix, para onde ele havia se mudado, que, quando J.-C. abria a porta para estranhos ou vendedores, eles perguntavam se sua mãe estava em casa.

Desde o fim de seu primeiro casamento, J.-C. havia conhecido Katia, uma loira esbelta e bonita, que deve ser uns quinze centímetros mais alta que ele. Ela também era uma escaladora talentosa e havia tomado o controle das negociações comerciais de J.-C. Assim, estava a caminho de capitalizar suas capacidades brilhantes de escalador tornando-se uma máquina publicitária, transformando o montanhista reservado e tímido em (como os franceses dizem), uma celebridade *médiatique*.

Em *Prisonnier de l'Annapurna*, J.-C. laconicamente lembra de sua primeira impressão sobre mim e Veikka: "Ed me pareceu em todos os aspectos tão engajado e ponderado quanto haviam me falado [...]. Veikka era um cara sério, um pouco taciturno. Ele era antes de mais nada um explorador, tendo realizado várias travessias na Finlândia e no Ártico."

Os bascos haviam chegado ao Nepal mais cedo. Nós os alcançamos perto do fim da nossa caminhada de seis dias da cidade de Berithanti até o acampamento-base. Todo o interior parecia deserto, pois havíamos chegado no meio da campanha de terror maoísta contra o governo. Apenas dez meses antes, a família real nepalesa havia sido massacrada — não pelos maoístas, mas pelo filho do rei, aparentemente em uma disputa pela escolha de sua noiva. O massacre, no entanto, criou um vácuo do poder que foi aproveitado pelos maoístas. Mesmo assim, havíamos ouvido que os terroristas não estavam interessados em ferir turistas, e, com efeito, a caminhada ocorreu sem problemas.

No dia 12 de abril, montamos o acampamento-base a 4.150 metros, uma altitude relativamente baixa, em uma morena do glaciar abaixo da face sul, não muito longe do acampamento-base de J.-C. em sua investida solo pela rota britânica. Era um lugar sombrio, sinistro mesmo, com as paredes grandiosas do Annapurna e as montanhas adjacentes nos confinando por todos os lados. Toda tarde, por volta das 14 horas, o céu ficava coberto por nuvens e uma neblina úmida caía sobre nós. No começo, o chão estava coberto de neve, mas, depois que ela derreteu, podíamos descansar na grama de um prado convidativo abaixo da morena.

Os bascos, com sua própria equipe de cozinha, montaram suas tendas a uns cinquenta metros das nossas. Começamos a interagir e a conhecer uns aos outros, enquanto coordenávamos nossos planos para subir a montanha. Por conta da barreira linguística, eu não conhecia Alberto muito bem no começo, embora ele me parecesse gentil, inteligente e atencioso. Com sua personalidade discreta, esse homem belo, alto e magro dificilmente se encaixaria no estereótipo de um escalador estrelinha. Eu logo veria que ele era um escalador extremamente talentoso, tanto tecnicamente quanto em termos de velocidade e força.

Enquanto isso, Veikka e eu tivemos uma série de conversas com J.-C., ainda que um pouco limitadas pelo fato de que o Hobbit falava pouco inglês e Veikka e eu não falávamos nada de francês. Uma coisa que J.-C. e eu tínhamos em comum era que nossas famílias eram muito importantes para nós dois. Ele tinha três filhos, dois de seu primeiro casamento e um menino com Katia. Falamos sobre nossos filhos e sobre como ter uma família em casa nos apoiando nos dava muito de nossa motivação na montanha.

No geral, se houve uma coisa que impediu uma verdadeira integração como uma equipe era a mútua incompreensão das línguas. Além da divisão entre inglês e francês entre J.-C., Veikka e eu, havia o fato de nenhum dos bascos saber nada de francês, e apenas arranharem o inglês, e J.-C., Veikka e eu não sabermos nada de espanhol (que dirá basco).

Em 2003, J.-C. me enviou uma cópia de seu *Prisonnier de l'Annapurna*, com uma calorosa dedicatória em seu inglês improvisado. Mas, foi somente em 2005, no entanto, que um amigo que me visitou em Seattle traduziu várias passagens do livro sobre a nossa expedição de 2002. E algumas dessas passagens foram uma verdadeira surpresa para mim.

Eu admirava J.-C. como um montanhista corajoso e empenhado, e achava que sua paixão em subir o Annapurna era total e absoluta. Mas, em *Prisonnier*, ele escreve sobre aqueles dias no acampamento-base: "Eu estava sempre com saudades de casa, e olhava para o relógio uma centena de vezes, antecipando o próximo telefonema para Katia". (Eu havia levado um telefone satelital para que pudéssemos entrar em contato com nossas esposas em casa.) E:

> A umidade pesada pairava no ar, como minhas dúvidas pairavam em meu espírito e meu medo da escalada que se aproximava [...] Os bascos estavam no canto deles, os norte-americanos no deles, todos conversando entre si em suas próprias línguas maternas. Pior do que simplesmente estar sozinho, eu me senti isolado. Mais tarde, quando subimos a face, os outros interagiram comigo, mas no acampamento-base eu sentia que ninguém mais estava interessado em mim.

Essa última passagem me surpreendeu. No acampamento-base, como é a norma, cada um tinha sua barraca individual, para onde nos retirávamos para ler e ouvir música com fones de ouvido. Eu normalmente passo bastante tempo sozinho, já que sou introvertido, e ganho força com esse tempo solitário. Veikka, entretanto, passa horas tagarelando na barraca-refeitório após as refeições, até muito depois de eu ter me retirado silenciosamente. J.-C. parecia misturar essas duas características, mas me parecia bem feliz em estar sozinho em sua barraca.

No alto da montanha, J.-C. tinha uma barraca de bivaque pequena na qual dormia toda noite. Veikka e eu inicialmente perguntamos se ele queria dividir a nossa barraca na subida, mas ele sempre recusou a oferta. Eu pensei que ele simplesmente preferisse ficar sozinho. Talvez ele, por sua vez, achasse que *nós* queríamos ficar sozinhos! No fim, o mal-entendido foi provavelmente devido à barreira linguística e ao fato de ainda não nos termos conhecido direito. (É engraçado que, na passagem acima, J.-C. chama Veikka de "norte-americano", e conclui que o inglês era sua língua nativa!)

Eu fiz o meu melhor para incluir J.-C. em nossas tarefas, porque podia entender sua frustração em não dominar o inglês. Ao longo dos anos, fiquei nessa mesma situação com vários escaladores de outros países. Aprendi a falar mais devagar e de modo mais simples quando estava em sua companhia, tentando maximizar sua compreensão das nossas difíceis conversas.

No ano passado, troquei e-mails com J.-C. sobre esse assunto, por meio de um intermediário. Talvez por medo de ferir meus sentimentos, ele diminuiu um pouco o tom das afirmações de suas memórias. Ele escreveu: "De fato, no acampamento-base, eu não estava realmente isolado, porque conversava bastante com Ed e Veikka. Um trabalho de equipe se estabeleceu muito rápido entre nós. O meu isolamento era só por causa do meu domínio pífio do inglês." Mas ele continuou, dizendo: "O sentimento de isolamento era maior nos acampamentos superiores, pois ficamos separados em três barracas e de vez em quando eu me sentia bastante sozinho". J.-C. admitiu que, na montanha, nós nunca discutimos esse isolamento que pesava sobre ele.

Contudo, começamos a trabalhar na nossa subida pelo glaciar, e então no estabelecimento dos acampamentos, o primeiro em uma larga depressão de um pendente, o segundo no topo de uma cadeia bem acentuada. Nossa rota se esticava entre a aresta leste do Annapurna, à esquerda, e um pico chamado Singu Chuli, à direita. Eu não poderia ter ficado mais feliz com a ética de trabalho de meus companheiros, incluindo os três bascos. Normalmente, sou eu quem acorda primeiro de manhã, e frequentemente tenho que convencer os outros a continuarem o trabalho. Mas J.-C. e os bascos sempre estavam acordados às 5 ou 6 horas da manhã. Normalmente, combinávamos um horário na noite anterior para começar o trabalho na manhã seguinte, mas com frequência eles já estavam trabalhando antes da hora marcada. Às vezes Veikka e eu nos sentíamos quase encabulados: "Ei, esperem por nós!" E J.-C. e os bascos não só começavam cedo — eles também eram escaladores rápidos.

No meu diário, escrevi: "Estou impressionado com o quanto esses caras são empenhados. Nada de enrolação nem descanso... É ótimo estar com um grupo como este: extremamente competente, confiante, além de serem pessoas fáceis de se trabalhar".

Após treze expedições com Veikka, afirmo, sem qualquer sombra de dúvida, que, para mim, ele é o parceiro perfeito nas montanhas. Normalmente, nos damos tão bem que operamos como se fôssemos uma máquina. E geralmente ele cumpre todas as suas obrigações no acampamento, abre trilha e encontra a via certa.

Mesmo assim, no Annapurna, em 2002, pela primeira e única vez, alguma coisa não estava muito bem com Veikka. Naquele ano, ele parecia letárgico com frequência e, às vezes, tinha problemas para entrar no ritmo de manhã. Talvez ele não tivesse treinado o suficiente antes da expedição. Mas algumas coisas que ele fez — ou deixou de fazer — começaram a me dar nos nervos.

Com minha conduta habitual de evitar conflitos, não fiz crítica alguma a ele. Simplesmente assumi as tarefas que ele não fazia, ou não fazia direito. Dizia a mim mesmo: *Dane-se, eu mesmo cozinho*. Em um acampamento, concordei em montar a barraca se ele preparasse a plataforma. No fim das contas, ele não deixou o terreno plaino, e quando entrei na barraca, me vi deitado com a cabeça para baixo. Eu não consigo dormir nessa posição. Se vou passar um tempo em um determinado acampamento, é uma exigência minha que a plataforma esteja reta e nivelada debaixo da barraca. Veikka não havia se dado o trabalho de gastar mais meia hora nivelando a plataforma. Então tivemos que remover a maldita barraca e ajeitar a plataforma.

Meu diário virou a válvula de escape para a minha irritação. Naquele dia, escrevi o que nunca disse em voz alta para Veikka: "Meu sangue ferveu. Faz uma base decente!"

Outra entrada, no dia 1º de maio:

> VG não faz sequer um movimento para sair do saco de dormir — seu equipamento quente está no A II, então ele precisa ficar no saco de dormir para ficar quentinho! Então eu me mexo para acender o fogareiro, enquanto o passarinho fica quentinho no seu saco... Irritado de novo. Espero que ele se toque logo.

E outra: "VG não é muito bom em multitarefas, por exemplo, se vestir enquanto a água esquenta".

O pior desses lapsos ocorreu no dia em que J.-C. e eu saímos do Acampamento II para conferir a via acima. Saímos às 6h30, e era para Veikka ir conosco, mas ele não saiu da barraca até 9h30. Pela minha experiência com ele, isso era uma verdadeira aberração. Naquele ano, algo estava acabando com ele.

Um dia, quando deixou o acampamento tarde para voltar ao anterior e pegar o equipamento, o normalmente impecável farejador de rotas ficou temporariamente perdido. Escalando mais acima, J.-C. e eu observamos a saída tardia de Veikka. Novamente, eu estava perplexo: aquele não era o Veikka que eu conhecia. No fim, levou o dia todo para ele voltar à trilha, e quando chegou ao acampamento, estava à beira de uma hipotermia.

O desempenho de Veikka estava tão atípico naquele ano, que comecei a pensar que havia alguma coisa errada com ele. Algumas vezes cheguei a perguntar: "Ei, Veikka, o que está acontecendo?"

"Meu Deus, eu não faço ideia", ele respondia.

Embora não falasse, o próprio Veikka suspeitava que alguma coisa estava errada. Enquanto treinava no inverno anterior, ele se sentia fadigado constantemente. Dirigindo de volta de uma apresentação de *slides* em algum lugar da Finlândia, ficou tão cansado que foi obrigado a parar o carro e tirar um cochilo. Quando chegou ao Annapurna, ele achou que não havia feito um treinamento adequado por estar fazendo tantas coisas ao mesmo tempo nos últimos meses. Levou mais seis meses para ele descobrir a verdadeira resposta.

Como apresentador de um programa de viagens na TV finlandesa, Veikka vivia viajando pelo mundo, por exemplo, para mergulhar em Belize. No outono de 2001, foi fazer uma caminhada em Papua Nova Guiné.

Quando retornou do Annapurna, Veikka fez uma apresentação de *slides* que impressionou em particular um general das forças aéreas finlandesas, que perguntou a Veikka se ele queria pilotar um avião de caça. "Claro", Veikka respondeu.

Pediram para ele ir a uma escola de treinamento e também passar por um exame médico. Quando o resultado do exame de sangue saiu em setembro, o médico disse a Veikka: "Meu amigo, você está com anemia".

"Eu não", Veikka respondeu. "Eu escalo montanhas".

O médico descobriu que Veikka tinha ancilostomíase, quase certamente contraída durante sua viagem a Nova Guiné. É um processo horripilante: a larva penetra na pele e migra pelos pulmões até o trato gastrointestinal, onde, depois de eclodir como vermes, se prendem ao intestino e começam a se alimentar do sangue do hospedeiro. Por sorte, a doença pode ser rapidamente tratada com alguns dias de medicação.

Em uma semana, Veikka estava se sentindo bem como sempre. Ele me ligou para falar das novidades. Rimos muito disso, mas fiquei imensamente aliviado em saber que seu desempenho insatisfatório no Annapurna não havia sido por covardia ou falta de treino, mas, sim, por causa de um parasitazinho miserável.

Com certeza parte da minha irritação em maio de 2002 se devia ao fato de que eu nunca havia estado em uma expedição (nem mesmo o K2 em 1992) em que me senti sob tanta pressão. Dia após dia, aquela aresta leste de 6,4 quilômetros pairava sobre nós ao norte, um corredor polonês em altitude elevada do tipo que quase nenhum montanhista havia passado no Himalaia. Eu sabia que, uma vez que partíssemos por ela em nossa travessia de vários dias, estaríamos entrando em uma verdadeira terra de ninguém. O Annapurna começava a se revelar o meu nêmesis pessoal.

E estava com tanta saudade de casa quanto descobriria depois que J.-C. estava. Muitas vezes, eu só queria terminar a viagem para poder voltar para casa. Nunca falei isso para Veikka, mas meu diário mostra o meu verdadeiro estado de espírito. Dia 5 de maio:

> Estou com muita, muita saudade de Paula, Gil e Ella. Eu adoraria estar em casa com eles agora! Ainda pode levar mais vinte dias até eu poder voltar — ah! Ultimamente fico arrasado quando as viagens se prolongam, sei que não vou poder sair até o fim, mas adoraria estar em casa também. É necessário energia para estar aqui e pensar em casa! Paula fica ocupada com duas crianças, a casa, etc. Sinto tanta saudade e os amo tanto!

No dia seguinte, consegui falar com Paula pelo telefone satelital. "Ela me falou sobre Ella, a peixe", registrei no meu diário. Com dois anos, o que Ella mais gostava de fazer era ficar nadando na nossa banheira; aliás, foi lá que ela aprendeu a nadar. Eu acrescentei: "Gil dormindo com a minha foto! *Mal posso esperar para chegar em casa!*"

No passado, conseguia evitar esse tipo de estado mental dividido, mesmo no Everest em 1996. Mas ainda estava determinado a dar tudo de mim na aresta leste. No final, J.-C. e eu passamos a parte crucial da via até a aresta acima dos 7.000 metros. Eu esperava que o Hobbit fosse rápido e forte, mas, naqueles dias, ele me deixou impressionado. "J.-C. é inacreditável abrindo a trilha — vai, vai, vai", escrevi no meu diário. "Não consigo acompanhar!" Esta era uma experiência que nunca havia tido nas 8.000 metros: ir mais devagar que um companheiro que também estava escalando sem oxigênio suplementar.

No começo de maio, os dois outros bascos, vendo que já tinham ultrapassado seus limites, jogaram a toalha. Eles ajudariam Alberto nos acampamentos mais baixos, mas não tinham ambição de tentar a aresta leste. Restamos nós quatro, duas cordas de dois: Veikka e eu, J.-C. com Alberto.

Como era o escalador mais talentoso e mais rápido entre nós, J.-C. normalmente ia na frente nos trechos mais perigosos da via, com Alberto ajudando. Mais fortes para levar equipamentos, Veikka e eu carregamos cordas fixas até o outro par, ou fazíamos viagens rápidas até o acampamento, às vezes fazendo várias viagens em um único dia. Essa divisão de trabalho pareceu a mais lógica e eficiente. J.-C. gostava de estar no que os escaladores chamam de ponta, ou seja, assumindo a liderança nas partes mais difíceis. Em terreno mais moderado, revezávamos quem ia na frente.

Enquanto isso, sem o nosso conhecimento, J.-C. alimentava uma fantasia secreta. Só soube disso em 2005, com uma passagem traduzida das suas memórias. Lá, ele escreveu:

> Vou admitir: no começo, eu não estava feliz com essa opção [a aresta leste], que tinha a desvantagem de me privar da volta ao coração da face sul. Sem dizer nada a ninguém, eu sonhava que as condições me permitissem, sem muitos riscos, escalar em solo a via de 1992. Minha ideia era estar em grupo com os outros, dividir o mesmo acampamento-base, me aclimatar com o grupo, estabelecer uma face [indo para a face leste] com Ed e os bascos, mas depois [...]

Tenho que admitir que fiquei chocado quando soube, três anos após nossa expedição, que J.-C. pensava em abandonar nossos esforços na aresta leste para voltar sozinho à via que tinha matado Pierre Béghin e que quase o matou. Suponho que Alberto, Veikka e eu poderíamos ter continuado sozinhos, mas J.-C. era claramente a força-motriz. Mas, de certo modo, eu não podia culpá-lo. Por uma década, a ferida da tragédia de 1992 havia inflamado dentro dele. Que jeito melhor de se vingar do Annapurna que terminar a via mortal e sozinho?

No fim, J.-C. preferiu ficar conosco. Se isso foi por achar que as condições não estavam aceitáveis para uma investida na via de 1992 ou por ficar preso ao desafio único de subir e descer a aresta leste (como nem Loretan e Joos haviam sido capazes de fazer em 1984), eu não sei.

Na segunda semana de maio, estabelecemos nosso Acampamento III a 7.000 metros na crista da face leste, nossas barracas estavam abrigadas por uma parede vertical de gelo que bloqueava parcialmente o vento. Mesmo assim, fazia muito frio e ventava bastante naquele ponto. Uma entrada do meu diário:

> De pé às quatro da manhã. Frio pra caramba lá fora. Macacão e *mittens*. Tomei dois copos de café e alguns biscoitos. Tive que fazer cocô, e isso sempre deixa os dedos dormentes — toda vez! Ainda preciso colocar a cadeirinha — sem luvas! Arrumar tudo, colocar os grampões, fazer a amarração, e um frio do caramba.

Ainda estávamos a longos 6,4 quilômetros do cume. Depois de voltar ao acampamento-base, partimos de vez para nossa investida pela aresta leste. No dia 13 de maio, estávamos de volta ao Acampamento III, prontos para escalar no estilo alpino o resto do percurso. E, lá, J.-C. teve uma grande surpresa. Quando contatou o acampamento-base via rádio, ficou surpreso ao ouvir a voz de Katia falando com ele. Sem revelar-lhe seus planos, ela havia ido para Katmandu, chegado até Berithanti e caminhado com os carregadores até o nosso acampamento-base na metade do tempo que nós levamos.

Como J.-C. escreveu mais tarde: "Sua chegada ao acampamento-base me deixou louco de felicidade. Após dois meses de isolamento linguístico, eu finalmente tinha minha própria equipe no acampamento-base." Outro enorme benefício da chegada de Katia foi que ela podia usar o telefone satelital para entrar em contato com um amigo de J.-C. em Chamonix e receber previsões do tempo diárias e precisas. Durante os quinze anos anteriores, um pequeno grupo de especialistas, originalmente contratado para auxiliar balonistas a longa distância e marujos solitários em locais distantes, havia refinado exponencialmente a técnica de prever o tempo. Sentados na frente dos seus computadores na Europa ou nos Estados Unidos, eles podiam prever o tempo, digamos, no Annapurna, com muito mais precisão que qualquer serviço do Nepal. Essas transmissões de Chamonix foram cruciais em nosso primeiro ataque pela aresta leste.

No dia 14 de maio, carregando comida para cinco dias, começamos a travessia, indo para o topo em estilo alpino. Sabíamos que subir e descer levaria pelo menos dois dias, com uma grande possibilidade de se tornarem três ou quatro. Eu nunca havia tentado algo tão extremo em uma 8.000 metros.

Alberto e J.-C. saíram na frente, comigo logo atrás, e Veikka um pouco atrás de mim (um chamado da natureza havia atrasado sua saída). Seguimos desencordados.

Às 7h30, alcançamos a chamada Roc Noir. Trata-se de uma pirâmide triangular de neve e gelo que interrompe a aresta, formando um pequeno subcume, muito íngreme no lado sul, impossível de ser escalado pelo lado norte. O único jeito de passar por ela era fazer uma longa travessia pela esquerda, passando pela face da pirâmide para contornar uma grande greta, e então subir direto a face até a crista. Parei no pé da Roc Noir para esperar Veikka. J.-C. já estava bem à frente na travessia, com Alberto a apenas uns onze metros dele. Observei enquanto J.-C., com uma queda de milhares de metros abaixo dele, escavava um canal pela neve funda ao longo da travessia.

O único modo pelo qual J.-C. e Alberto podiam conversar era por meio de seu inglês limitado e incompleto. Agora, o ar estava calmo o suficiente para que eu pudesse ouvir J.-C. gritar, com firmeza e urgência em sua voz: "Tomem cuidado! A neve está ruim e as condições também!" Alberto parou, e então seguiu em frente devagar, colocando cada pé deliberadamente nos buracos feitos por J.-C. enquanto ele abria a trilha.

Para mim, era óbvio o quanto a Roc Noir era perigosa. A plataforma carregada estava pronta para desabar em uma avalanche a qualquer momento, só faltava algo para acioná-la. A essa altura, J.-C. já havia contornado a greta e estava seguindo para cima, mas estava abrindo trilha pela neve funda, com uma camada de rochas frágeis por baixo. A plataforma tinha uma angulação de pelo menos 45 graus, a neve não estava consolidada, e abaixo dele havia um precipício de 1.830 metros. J.-C. ainda tinha que subir de 240 a 270 metros para alcançar a crista novamente.

Por fim, J.-C. esperou até que Alberto o alcançasse. Eles recorreram a uma técnica que J.-C. havia aprendido escalando grandes paredes. Encordado, ele avançaria uns cinquenta metros sem carregar nada, abrindo a trilha pela neve, montaria uma única ancoragem para segurar a corda, e voltaria de rapel. Então, Alberto e J.-C. subiriam pela corda usando um jumar, carregando seus equipamentos. Tudo isso enquanto um vento feroz do norte batia em seus rostos.

Confrontados por essas condições perigosas e parado lá esperando Veikka, pensei: *Meu Deus, o que eu faço?* Eu odiava ficar nessa situação. Eu estava dividido: minha vontade mandava ir em frente, mas meu treinamento e o senso comum mandavam não ir. Tínhamos chegado tão longe e trabalhado tanto para subir até aquele ponto… Ter que tomar decisões realmente difíceis como essa é a pior parte do que fazemos na montanha.

Mesmo antes de Veikka me alcançar, eu disse a mim mesmo: *Ok, tenta.* Comecei a travessia, avancei nove metros, mas, a cada passo que eu dava, sentia-me pior. Meu cérebro estava me repreendendo: *Não é assim que se escala. Você não deveria ter medo de cada passo. Isso vai contra tudo em que você acredita.*

Voltei até o local seguro onde havia esperado e coloquei a mochila no chão. Veikka chegou alguns minutos depois. Ele percebeu a situação em uma olhada, mas disse: "Vamos tentar". Ajeitei a mochila e comecei a atravessar mais uma vez. Mas a sensação continuava. *Meu Deus, que droga*, eu pensei. *Não posso me obrigar a fazer isso*. Veikka parou e ficou me olhando. Eu recuei mais uma vez e falei para ele: "Isso é loucura. Não está certo." Ele não discutiu.

Decidimos acampar ali mesmo onde estávamos. Era um bom lugar na aresta para armar nossa barraca e simplesmente decidimos não tomar uma decisão naquele momento. Pensamos que talvez as condições estivessem melhores de manhã. Montamos a barraca e entramos. Por horas, permanecemos no mais completo silêncio. Mas podíamos ouvir o vento batendo, empurrando a neve que, sabíamos, iria carregar as encostas no lado protegido da aresta. Em vez de melhorarem, as condições estavam piorando.

Muito depois, J.-C. contatou-nos pelo rádio da barraca que ele e Alberto haviam armado do outro lado da Roc Noir. "Eu não tinha a menor intenção de minimizar os problemas que enfrentávamos", J.-C. escreveria depois. Pelo rádio, ele nos contou sobre a escalada que havia feito durante as últimas dez horas. No meu diário, escrevi uma paráfrase do que ele contou em seu inglês mínimo: "A encosta, mesmo com corda, estava ruim. Então, imediatamente acima da Roc Noir, havia uma travessia de gelo íngreme e difícil. Fomos muito além do limite da nossa segurança fazendo isso e ainda ter que retornar depois."

Fui eu quem finalmente tomou a decisão. "Acho que deu para nós", disse suavemente. Veikka murmurou de acordo. E, no minuto que tomamos a decisão, uma onda de alívio tomou conta de mim. Cinco semanas de ansiedade sem pausas nessa escalada, a expedição mais apreensiva da minha vida, dissolvidas em um instante.

Descemos todo o percurso até o acampamento-base no dia seguinte. Lá, encontramos Katia, que havia chegado dois dias antes de sua caminhada desde Berithanti. Não conseguíamos ver J.-C. e Alberto do acampamento-base, mas durante os próximos três dias, monitoramos seu progresso pelo rádio. Sempre que podia, J.-C. parava em um ponto seguro, ou em um acampamento, para se comunicar com Katia. Como o inglês dela era muito melhor que o de J.-C., ela podia traduzir as mensagens instantaneamente para nós. Aquela vigília pelo rádio foi a ascensão mais dramática que eu já vivi, mesmo indiretamente.

Mais tarde, J.-C. disse que a minha volta e a de Veikka o havia feito parar para pensar. Mas então ele acrescentou: "Eu estava com um bom pressentimento naquele dia". É uma frase, como eu soube depois, que ele normalmente usava quando falava de suas melhores escaladas. Naquela noite, no dia 14 de maio, ele e Alberto montaram um bivaque em uma depressão um pouco depois da Roc Noir. Mais tarde, ele diria a um jornalista: "Depois da Roc Noir, eu sentia uma porta se fechar atrás de mim. Eu estava longe da terra dos vivos. Nunca havia sentido isso em nenhuma outra montanha."

Durante todo o dia seguinte, J.-C. e Alberto teceram seu caminho pela interminável aresta, escalando saliências subsidiárias apenas para ter que descer para a passagem à frente. O terreno não era particularmente difícil, mas um vento constante de cinquenta ou sessenta quilômetros por hora fazia com que os homens dessem cada passo com muito cuidado. Fizeram outro bivaque logo abaixo do cume leste, a uma altitude de 7.984 metros, apenas 183 metros abaixo do cume verdadeiro, que, aliás, ainda estava a 1,5 quilômetro de distância.

Naquela noite, Katia pôde transmitir a previsão do tempo de Chamonix. A previsão para o dia 16 de maio era de um dia perfeito, praticamente sem vento. Mesmo assim, naquela noite, J.-C. pensou seriamente em desistir do cume e voltar pela manhã. Ele sabia que seguir em frente no dia seguinte exigiria um terceiro bivaque em uma aresta altamente exposta.

Contudo, pela manhã, os dois homens foram em frente, deixando a barraca de bivaque montada. Chegaram à parede que Loretan e Joos haviam escalado em 1984. De algum modo, J.-C. encontrou uma alternativa, desescalando quase trezentos metros na face norte da aresta. Então, ele fez um ângulo por uma travessia tecnicamente difícil de uma parede extremamente íngreme de gelo e rocha. Ali, precisou de todo o seu treinamento em escaladas extremas nos Alpes. Os dois homens permaneceram encordados, mas J.-C. guiou todos os trechos. Normalmente, ele não conseguiria colocar nenhuma proteção exceto por uma ancoragem no final de cada trecho, da qual ele podia dar segurança para Alberto. Mais tarde, J.-C. confessou: "Para mim, foi como escalar solo. Se eu caísse, não havia como Alberto me segurar."

Às 10 horas da manhã do dia 16 de maio, os dois homens alcançaram o cume. J.-C. transmitiu a notícia para Katia imediatamente. Sentada, lá no acampamento-base, ela explodiu em lágrimas de felicidade. E podíamos ouvir pela emoção em sua voz que J.-C. estava chorando também. Alberto havia carregado a piqueta de seu irmão Felix até o topo. Agora, ele a segurava apertada ao peito. Ele havia escalado sua 14ª, e última, 8.000 metros.

Em *Prisonnier de l'Annapurna*, há um relato forte da meia hora que os dois passaram no cume:

> Alberto tirou várias fotos enquanto eu gritava minha felicidade avassaladora para Katia pelo rádio. Uma nova onda de emoções tomou conta de mim agora que podíamos dividir esse momento. Minha garganta estava tão seca que eu quase não podia falar, mas apesar da exaustão, podia decifrar cada uma de suas palavras, e sentir a emoção que, 4.000 metros abaixo, tomava conta do acampamento-base. A altitude não havia afetado meu cérebro.
>
> À nossa volta não havia nada além de beleza e imensidão. Não pensei em nada, não meditei. Estava vivendo um momento inacreditável na minha vida, um

sonho de dez anos que agora se realizava: eu estava no topo do Annapurna, e a realidade era mais bela que o meu mais belo sonho.

O estalo do rádio me trouxe de volta ao presente. As últimas palavras de Katia foram: "Tenha cuidado. Vai devagar. Ainda não acabou". Minha vista se voltou para o leste; a faixa da aresta que se estendia até a Roc Noir era assustadoramente impressionante.

Liberado do Annapurna?

Naquele momento, eu me dei conta do quanto estávamos realmente isolados do mundo, ainda muito mais prisioneiros que homens livres, em um lugar que tinha mais a ver com o cosmos do que com a Terra... Katia estava certa: ainda não tinha acabado [pas fini]; me parecia o infinito [infini], quando medi com meus próprios olhos o que estava à nossa frente.

Descer é obrigatório. Para voltar à barraca, que haviam deixado do outro lado do cume leste, Alberto e J.-C. teriam que atravessar de novo as passagens técnicas pela parede íngreme de gelo e pedra. Mais uma vez, J.-C. liderou o trajeto todo. Alberto admitiu mais tarde que nesse ponto ele estava tentado a mudar para a face norte, como Loretan e Joos haviam feito. "Tínhamos nosso mapa", ele contou ironicamente a um jornalista, "e algumas rúpias em nossos bolsos" para comprar comida de moradores dos vilarejos lá embaixo, caso precisassem caminhar para o norte.

Mas a escalada brilhante de J.-C. os levou adiante. Depois, naquela mesma tarde, eles avistaram sua barraca, e a visão era, como J.-C. escreveu, "uma visão do terror". O vento havia arrancado três das quatro ancoragens que prendiam a barraca. Apenas uma estaca a segurava, que balançava com o vento como uma grande bandeira afixada na montanha. J.-C. praticamente correu na frente e se jogou naquela estaca, segurando o abrigo. Para ele, era questão de minutos para ela se soltar. Se a barraca fosse levada, com todo seu equipamento vital dentro, eles seriam homens mortos.

Os dois guardaram a barraca e seguiram em frente, mas a fadiga e a sede desesperadora faziam de cada passo um martírio. Para diminuir o peso, abandonaram os sacos de dormir. Finalmente, escolheram um lugar para o bivaque, onde passaram uma noite sombria e insone. A dupla havia ficado sem combustível para o fogareiro, então tinham pouquíssima água para aquela noite e para o dia seguinte. O normalmente confiante J.-C. ficou profundamente preocupado.

No dia seguinte, para diminuir ainda mais o peso, J.-C. jogou sua teleobjetiva em uma greta (Katia deu uma bronca nele por perder algo tão caro!). E, mais tarde, os dois homens deixaram a barraca para trás. Eles sabiam que não sobreviveriam a outro bivaque e cada quilo a menos em suas mochilas significava um pouco mais de energia para eles.

Monitoramos o rádio durante todo o dia 17 de maio. Foi um processo angustiante. Era como ouvir a *Apollo 13* cair de volta à Terra.

Sobre aquele quarto dia saindo da aresta leste, J.-C. reportou depois: "Estávamos mentalmente exaustos, mas ainda não fisicamente". Finalmente, chegaram à Roc Noir. Ambos conseguiram descer a crista, recuando pela plataforma de neve traiçoeira, viraram na grande greta e contornaram até o chão firme. "Finalmente havia reaberto a porta que fechei atrás de mim quatro dias antes", J.-C. diria. "Eu havia entrado no mundo dos vivos novamente". Os dois homens seguiram em frente pela trilha fácil e caíram exaustos nas barracas do Acampamento III.

Quando Alberto e J.-C. começaram a descer do Acampamento III dia 18 de maio, escalei um longo caminho pelo glaciar para encontrá-los, levando comida e chá em uma garrafa térmica. Havia começado a chover, estava absurdamente frio e uma parte do terreno na base da face estava um pouco perigoso também. Parecia o mínimo que podia fazer por eles. Afinal, eles haviam passado oito dias inteiros lá em cima, quatro deles andando na ponta dos pés na Zona da Morte ("Os oito melhores dias da minha vida como alpinista", J.-C. os chamaria depois em *Prisonnier*). Esperei por eles durante um bom tempo. Quando apareceram, eu os abracei. Então, carreguei a mochila de J.-C. de volta para o acampamento-base.

Mais tarde, J.-C. reconheceu o quanto aquele gesto havia significado para ele. Ele disse a um jornalista: "Depois de oito dias de escalada, naturalmente estávamos exaustos, e o tempo estava ruim... Em uma curva na morena, lá estava Ed sozinho, esperando por nós na chuva fria com uma garrafa térmica de chá. Silenciosamente, nós nos abraçamos. Que classe ele mostrou!".

J.-C. depois disse que achava que Veikka e eu conseguiríamos fazer a escalada com ele e Alberto. Mas também insistiu que a ascensão pela aresta leste havia sido a coisa mais difícil que ele já havia feito na vida.

Em *Prisonnier*, ele discorreu mais sobre seus sentimentos quando Veikka e eu voltamos:

> Sinceramente, eu estava um pouco decepcionado com Ed. Afinal, a expedição inteira era um projeto seu, mas a encosta crucial pareceu muito perigosa para ele. Eu sei o quanto custou para ele tomar essa decisão. Às vezes é mais difícil voltar que seguir em frente. Eu entendi seus motivos: havíamos conversado bastante sobre nossas responsabilidades como pais de família. Elas pesaram em sua decisão. Para mim, outros fatores pesaram do outro lado da balança. E para Alberto, outras mais. O alpinismo é uma aventura pessoal.

Para mim, nem por um minuto pensei que havíamos tomado a decisão errada ao voltar. Nem pensei que J.-C. e Alberto estavam errados em seguir em frente. Como o próprio J.-C. admitiu, ele e eu tínhamos níveis diferentes de risco que considerávamos aceitável.

Acredito que o feito de J.-C. e Alberto foi uma das ascensões mais incríveis dos tempos modernos, até hoje muito subestimada. Duvido muito que a escalada deles seja repetida tão cedo. Não é apenas uma questão de perigo. Na aresta leste naquele mês, dois escaladores de incrível talento e vontade se juntaram no lugar certo e na hora certa para irem até um limite fenomenal. Eu me sinto honrado e humildemente grato por ter tido uma pequena participação em seu sucesso.

Ao mesmo tempo, o Annapurna em 2002 ainda foi a única vez, em minha carreira nas 8.000 metros, em que voltei atrás enquanto um companheiro de equipe seguiu em frente. Depois do K2, prometi: "Seu instinto está dizendo alguma coisa. Acredite nele e ouça o que ele diz." Na Roc Noir, eu ouvi meus instintos.

Outros escaladores no meu lugar, por natural inveja, poderiam ter elogiado falsamente a escalada que J.-C. e Alberto fizeram, mas eu senti uma admiração imensa. É fácil dizer isso depois, mas você normalmente não mente para o seu diário: "Que escalada! Quatro dias na Zona da Morte — poucos escaladores são durões o suficiente para fazer o que eles fizeram. Eles andaram no fio da navalha, com certeza! Um feito incrível!"

Em 2005, um amigo escritor contou-me que ele havia pedido para seu editor francês, Michel Guérin, nomear o melhor montanhista francês no momento. Michel, que tinha um conhecimento apurado do cenário mundial da escalada, respondeu imediatamente: "Jean-Christophe Lafaille". Então ele parou por um longo momento e finalmente balançou a cabeça: "Não tem mais ninguém da classe dele".

Em 2005, depois de acompanhá-lo em mais duas expedições, considero J.-C. o montanhista mais forte do mundo. Até aquele momento, ele havia escalado onze das catorze 8.000 metros. Nenhum outro francês vivo havia escalado tantas assim (Benoît Chamoux estava tentando sua 14ª 8.000 metros quando desapareceu no alto do Kangchenjunga, em 1995).

J.-C. sempre fez os picos grandes em um estilo absurdo. Em dezembro de 2004, por exemplo, escalou solo uma nova via na face sul do Shishapangma em um inverno angustiante. "Nunca na minha vida eu passei tanto frio", relatou em seu site. J.-C. me disse em segredo que estava guardando o Everest para o final. Ele planejava terminar a lista de 8.000 metros com uma nova via solo realmente extraordinária na maior montanha do mundo, mas, por enquanto, mantinha os detalhes em segredo.

Em dezembro de 2005, J.-C. foi de helicóptero até o acampamento-base no Makalu. A quinta maior montanha do mundo seria a sua 12ª 8.000 metros. Ele ia atacar o Makalu em um estilo ainda mais extremo que o do Shishapangma no ano anterior. Escalaria em solo e estilo alpino até o topo, sem qualquer suporte acima do acampamento-base dos três xerpas não escaladores que formavam sua equipe de cozinha, seus únicos companheiros na montanha. Ele planejava alcançar o cume em janeiro, no auge do inverno do Himalaia. Se conseguisse, seria uma das mais audaciosas ascensões da história em qualquer parte do mundo.

Enquanto isso, para mim, desistir do Annapurna em 2002 foi um desapontamento, claro, mas não um muito grande. Eu estava disposto a esquecer: era como se a montanha tivesse tomado a decisão por mim. Uma vez que Veikka e eu estávamos de volta ao acampamento-base, me senti mais aliviado que desapontado.

Todavia, quando começamos a caminhada de partida da montanha, não pude deixar de pensar: *Por onde, meu Deus, eu posso subir essa montanha? Como vou escalar isso? Eu queria ir à face norte, mesmo prometendo que nunca mais voltaria lá?*

Em sua quarta tentativa, J.-C. havia finalmente acertado as contas com o Annapurna. Ele não era mais seu prisioneiro. Mas, após a minha segunda investida, eu não tinha como escapar à conclusão: o Annapurna havia se tornado meu nêmesis.

O último passo

Em 2001, eu tinha meu próprio site na internet com o endereço www.edviesturs.com. Nos últimos anos, a popularidade de relatórios de expedições em tempo real pela internet tem se popularizado. Isso vai desde mensagens sem importância reunidas por um *techie* qualquer nos Estados Unidos até conversas por telefone satelital com os participantes da expedição que estão em operações na montanha, os quais também escrevem suas mensagens no notebook e enviam fotos digitais ou mesmo vídeos. Desse modo, notícias em primeira mão de aventuras longínquas podem ser disponibilizadas na internet, prontas para o consumo do púbico, horas depois dos eventos.

Isso não apenas mudou o modo como as atividades de exploração e montanhismo são reportadas, como também o próprio ato de viver uma aventura. De certo modo, isso torna todo o processo mais autoconsciente, pois mesmo enquanto se toma decisões de vida ou morte em campo, precisa-se pensar em como a história vai ser contada em seu relato diário. E isso também cria controvérsias, as quais os exploradores tradicionais nunca enfrentaram. Em 1999, quando a equipe de Eric Simonson encontrou o corpo de Mallory no Everest, havia duas equipes divulgando a expedição *on-line* do acampamento-base: o site do próprio Simonson, patrocinado por uma companhia chamada MountainZone, que era gerenciada por uma publicitária de Ashford, Washington, e que por acaso era a namorada de Eric, e uma equipe da PBS sob a liderança de Liesl Clark, que estava produzindo outro filme para a Nova, dessa vez sobre as buscas pelo corpo de Mallory e seu parceiro Andrew Irvine.

Quando Liesl publicou a notícia da descoberta de Mallory no site da Nova, antes do MountainZone anunciar, Eric ficou furioso.

Similarmente, no verão de 2005, quando o escalador esloveno Tomaz Humar ficou preso em seu bivaque na face Rupal do Nanga Parbat a uma altitude reportada ora como 5.900 metros ora como 6.400 metros, o mundo todo pôde acompanhar pela internet o drama que se desenrolava por meio de notícias dos companheiros de Humar no acampamento-base depois de falarem com o escalador no rádio. Humar teria morrido se não fosse pela incrível coragem e habilidade de uma dupla de pilotos de helicóptero, o tenente-coronel Rashid Ulah Baig e o major Khalid Amir Rana, que fizeram o tipo de resgate normalmente usado nos Alpes ou no Yosemite, mas nunca antes no Himalaia ou Karakoram. Eles pararam arriscadamente perto da parede, jogaram uma corda para o escalador usando rochas como pesos e o guincharam para um lugar seguro. Humar, contudo, esqueceu de se desclipar dos parafusos para gelo que o prendiam à face, quase fazendo com que o helicóptero caísse, pois enquanto a aeronave o puxava para longe da encosta, a ancoragem segurava tanto o escalador quanto o helicóptero. A aeronave só foi libertada quando a corda que prendia Humar à ancoragem felizmente arrebentou com a força, fazendo com que o homem fosse lançado para cima como em um *bungee jump*, mas salvando sua vida. (Os companheiros de Humar admitiram depois que haviam mentido deliberadamente sobre a altitude do bivaque, informando um número mais baixo para enganar os pilotos para que eles aceitassem fazer o resgate. A discrepância na altitude pode decorrer dessa mentira inconsequente.)

O que deixou muitos escaladores frustrados com esse episódio foi que, especialmente na Eslovênia, Humar foi tratado como herói e não como uma vítima de seus próprios erros na montanha, tendo sorte de ser salvo em um resgate milagroso. Os verdadeiros heróis da história foram Rashid e Khalid, mas assim que ele chegou em Islamabad, Humar foi recebido pelo primeiro-ministro e pelo presidente do Paquistão. De volta à Eslovênia, foi praticamente coroado.

Imagine se Ernest Shackleton, vendo o *Endurance* ruir e afundar no gelo antártico durante o inverno meridional de 1915, pudesse enviar notícias em tempo real da catástrofe para uma ávida audiência na Grã-Bretanha! Imagine se Frank Hurley, em vez de revelar suas fotos magníficas em pratos de vidro que ele protegeu durante o resto da jornada, incluindo o inverno na Ilha Elefante, pudesse tirar fotos digitais que o pessoal de Londres poderia baixar mesmo se o navio desaparecesse sob o gelo. Sendo assim, o mundo não soube nada da dramática história de sobrevivência de Shackleton por mais dois anos, até que o líder e dois companheiros fizeram uma travessia angustiante da ilha da Geórgia do Sul para chegar ao posto avançado mais próximo, a estação baleeira de Huvsik.

Os homens de Shackleton, por sua vez, não souberam nada do que se passava no resto do mundo por quase três anos. Quando zarparam de Buenos Aires, em outubro de 1914, ouviram a notícia mais recente sobre o começo da Primeira Guerra Mundial, que, todos pensaram, seria uma série de discussões sem sangue que terminaria em seis meses. Em 1917, uma das primeiras coisas que Shackleton perguntou ao gerente da estação de Huvsik foi: "Me diga, quando acabou a guerra?"

"A guerra não acabou", o gerente respondeu. "Milhões estão sendo mortos. A Europa enlouqueceu. O mundo enlouqueceu."

É fácil sentir nostalgia pelos bons e velhos tempos, quando uma aventura acontecia em isolamento total do resto do mundo. Mesmo os franceses no Annapurna em 1950 fizeram sua primeira ascensão naquele tipo de inocência selada, pois a notícia do seu triunfo e do seu sofrimento só chegaram à França no dia 16 de junho, quase duas semanas após Herzog e Lachenal pisarem no cume, e só foi rápido assim graças a um xerpa que Herzog despachou do acampamento-base para espalhar a notícia.

A minha primeira incursão no admirável mundo novo das notícias *on-line* de expedições foi logo depois das minhas expedições em 1999 para o Manaslu e o Dhaulagiri. Um amigo e apoiador chamado Peter Potterfield, à época editor da MountainZone, ofereceu um cachê por notícias exclusivas do meu progresso naquelas montanhas. No começo eu tinha dúvidas: a ideia de digitar em um notebook dentro de uma barraca congelante, enquanto o mundo se deleitava com minhas atividades triviais diárias, não me parecia atraente. No entanto, percebi que, querendo ou não, vivíamos em uma época conectada. O que me convenceu foi a tentadora ideia de que a tecnologia *on-line* me permitiria manter contato com Paula e Gil por telefone satelital enquanto eu estava em uma expedição. No fim, essas conversas seriam incrivelmente importantes para a sanidade mental de Paula e a minha estabilidade emocional. E, as novidades postadas no site da MountainZone, e mais tarde no meu próprio site, ajudaram a satisfazer a curiosidade da audiência cada vez maior que acompanhava minhas jornadas enquanto eu me aproximava do meu objetivo nas catorze 8.000 metros.

Aceitei a proposta de Peter com algumas condições. Eu carregaria o menor telefone possível — naquela época, eles eram do tamanho de telefones fixos sem fio, pesando quase meio quilo. (Eu me lembrei do telefone que Rob Hall e Gary Ball haviam usado no K2, em 1999. O telefone parecia uma maleta, e a antena era do tamanho de um fusca! Rob e Gary precisaram de vários carregadores só para levar a monstruosidade até o acampamento-base e de uma barraca separada só para protegê-lo.) Eu não queria levar um computador comigo, como já havia visto outros exploradores fazendo, e me sentir obrigado a digitar um relatório toda noite. O processo precisava ser simples e não podia criar distrações. Peter deveria entender que eu estava lá para escalar uma montanha, e não brincar de Lowell Thomas transmitindo do campo. A ascensão seria a prioridade, as notícias viriam em segundo lugar.

No fim do dia, quando estávamos seguros em nossas barracas, eu usava o telefone satelital para ligar para Seattle e deixar uma mensagem de voz com o relatório do nosso progresso. Era então dever da MountainZone transcrever as notícias e publicar na internet. Aquela foi uma temporada fenomenal para Veikka e eu, assim como para a MountainZone, já que a companhia estava cobrindo simultaneamente não só as nossas escaladas no Manaslu e Dhaulagiri, mas também a descoberta do corpo de Mallory no Everest pela equipe de Simonson.

Nos dois anos seguintes, minha feliz colaboração com Peter e a MountainZone continuou. Mas, antes de eu partir para Shishapangma em 2001, a MountainZone foi comprada pela Quokka.com, uma empresa de São Francisco. Meu contrato para fornecer os relatórios ainda estava em vigor; tudo que mudou foi o número de telefone para o qual eu ligava de cada acampamento. Entretanto, no meio da expedição, enquanto Veikka e eu abríamos caminho montanha acima, ouvimos rumores por mensagens no telefone que a Quokka podia estar falindo. Absortos com a tarefa, ignoramos os rumores, pensando que fosse mera fofoca. Então, uma noite, enquanto descansávamos no acampamento-base antes do ataque ao cume, liguei para São Francisco para enviar minha atualização. Tudo que consegui foi um sinal de ocupado, em vez do aviso usual para deixar uma mensagem. Pensando que havia errado o número, liguei de novo. Outro sinal de ocupado. Olhei para Veikka. Em uníssono, falamos: "Não acredito!" Enquanto estávamos no meio do nada, a Quokka havia quebrado.

Sem ninguém para receber as ligações, o site da Quokka mostrava uma mensagem permanente — algo como: "Devido a circunstâncias fora de nosso controle, não temos mais informações sobre Ed Viesturs". Só conseguíamos imaginar como os milhares de fãs acompanhando nossa expedição receberam o anúncio. O que aconteceu com Ed e Veikka? Eles estão em apuros?

Após vários outros sinais de ocupado, mudamos o plano e, pouco depois, eu estava enviando notícias para o meu próprio site, www.edviesturs.com.

Em 2002, pouco antes da minha segunda tentativa no Annapurna, assinei um contrato com a Microsoft para enviar notícias do campo. A companhia podia divulgar que eu era proprietário de uma pequena empresa para vender seu mais novo produto, o Office XP, enquanto eu podia aproveitar o conhecimento de alguns dos mais talentosos *webmasters* do mundo para melhorar meu site.

Enquanto escalávamos o Annapurna, os caras da Microsoft registraram o número de visitas do meu site. Os números eram espantosos. Quando fizemos o último trecho para alcançar o cume, o total foi muito além do esperado. Na montanha, eu não fazia ideia de quantas pessoas no mundo virtual estavam acompanhando meu progresso. Infelizmente, não consegui fazer o cume.

Após Veikka e eu recuarmos na aresta leste do Annapurna, senti que devia uma explicação à minha audiência virtual sobre o porquê de ter voltado na Roc Noir. "Pela nossa avaliação", escrevi no meu site, "o risco estava aumentando e a margem de segurança diminuindo. Há alguns riscos envolvidos quando se escala uma montanha dessas, mas [...] é muito importante ter uma atitude bastante conservadora."

Essa foi a crença que carreguei comigo durante toda a minha carreira no montanhismo nos últimos 25 anos, desde que escalei o Monte Santa Helena, em 1977. Mas publicar meu raciocínio no site apenas atraiu os críticos de plantão. Alguns desses caras são como os torcedores enfurecidos que gritam xingamentos para o time de futebol de sua cidade em programas de rádio. Na internet, eles até escondem a identidade sob apelidos. Uma amostra das acusações que apareceram no site www.edviesturs.com naquele ano:

> O Ed estava esperando condições 100% perfeitas e isso é ilusão demais? Sua escalada perdeu a contundência?

> O medo dele aumentou tanto que ele desiste onde outros continuam.

> Acho que está na hora de ele voltar para Seattle e virar técnico de beisebol.

Quando estava mais irritado, eu queria poder levar alguns desses *experts* de sofá para a aresta leste, entregar-lhes as minhas ferramentas no pé da Roc Noir e ver o que eles fariam depois. Outro comentarista organizou uma enquete no meu site, pedindo para os leitores votarem se eu conseguiria escalar todas as 8.000 metros. O resultado: 53% achavam que eu conseguiria, 47% achavam que não.

Não foi exatamente um voto de confiança retumbante. De qualquer maneira, eu mesmo estava tendo minhas próprias dúvidas sobre o Annapurna. Semanas depois de voltar do Nepal, Greg Child me entrevistou para a revista *Rock and Ice*. Em um artigo intitulado "Treze do azar", Greg citou uma fala minha: "O Annapurna pode ser um pico que eu nunca vou escalar. Se eu for de novo e não conseguir me sentir seguro, posso riscá-lo da lista." E: "A questão é que eu não quero morrer na montanha. Sem chance. Eu tenho família. Se isso me torna mais conservador e menos vitorioso, então ótimo." O artigo foi encerrado com uma foto que eu poderia usar como cartão de Natal. Todos com roupas de lã, Gil (com quatro anos na época) e Ella (com dois) sentados no colo de Paula e no meu. Gil protegendo a pequena Ella com um abraço e ela tocando sua mão carinhosamente. Nós quatro tínhamos um sorriso enorme no rosto.

Aqueles sorrisos, no entanto, camuflavam uma das poucas longas desavenças que Paula e eu já tivemos. Desde 1995, quando decidimos nos casar, discutíamos quantos filhos queríamos. Paula sonhava em ter quatro, enquanto eu estava contente em parar no segundo. Olhando para trás, parece óbvio o porquê dessas nossas visões contrárias de família. Paula havia crescido com mais três irmãos, enquanto eu só tinha Velta como irmã. O padrão que aprendemos no núcleo da família nos vem automaticamente como o ideal.

Algum tempo depois que Ella nasceu, Paula começou a planejar um terceiro filho. "Eddie", ela começou uma dessas discussões (apenas Paula, meus pais, minha irmã e alguns amigos de colégio me chamam de "Eddie"), "não estou pronta para desistir de ter mais filhos. Eu adoraria ver que tipo de pessoa nós criaríamos juntos dessa terceira vez. É um lindo mistério." Eu concordei.

Agora Paula estava disposta a aceitar um acordo — três filhos em vez dos quatro que ela sonhava. Aquele terceiro, porém, era de vital importância para ela. Ela tinha um gene de mãe enorme e, como ela mesma diz, gosta de muita atividade pela casa.

Uma vez, enquanto discutíamos a questão, fiz uma pausa um pouco maior que uma hesitação. De repente, Paula estava chorando. No fim, decidi que podia aceitar o acordo. Em janeiro de 2004, Paula estava grávida. Anabel nasceu em outubro.

Hoje estou incrivelmente feliz em ter três filhos. Nunca deixa de me surpreender o fato de que, mesmo os três sendo criados pelos mesmos pais e no mesmo ambiente, eles são tão diferentes um do outro. No velho debate natureza *versus* criação, pelo menos tendo em vista os meus filhos, fico com a natureza: realmente acredito que os traços individuais que determinam a personalidade são definidos no momento da concepção. Com nove anos, Gil é uma criança enérgica, atlética e sociável que adora bancar o palhaço. Em diferentes momentos, ele diz que quer ser um especialista em répteis, caçador de diamantes ou (atualmente o favorito) zagueiro quando crescer. Com seis anos, Ella está ocupada tentando acompanhar o irmão mais velho. Ela aprende rápido a nadar, a pedalar e a ler. Fica tão feliz sozinha no quarto brincando com as bonecas quanto caçando sapos ou cavando em busca de minhocas. E Anabel, mesmo sendo bebê, parece ser uma mistura dos outros dois. Como Paula diz: "Ela é o nó que une os dois, tanto na aparência quanto na personalidade". Sociável e relativamente autossuficiente, Anabel nesse sentido puxou mais o extrovertido Gil que a reservada e solitária Ella.

Paula ainda brinca comigo de vez em quando. Do nada, ela diz: "Que tal mais um?" Eu só rio. Mas nunca subestimo Paula. Ela é uma mulher com muita força de vontade e normalmente consegue o que quer.

Uma das únicas coisas que a deixa louca sobre mim é o fato de nunca brigarmos. Em dez anos de casamento, nunca gritamos um com o outro. Quando ela tenta arrumar uma briga, ela diz, eu caio fora.

No último outono, Paula disse a um amigo meu (que depois me contou): "Eddie é tão generoso, tão atencioso, tão trabalhador e em vários aspectos é minha alma gêmea perfeita. Mas ele não consegue verbalizar seus sentimentos. É frustrante tentar ler sua mente. E ele toma para si muita responsabilidade de outras pessoas. Às vezes isso só drena a energia dele."

"Eddie tem o seu lado solitário. Ele recarrega sua bateria ficando sozinho. Quando está no estado de 'flor murcha', como eu chamo, ele não é divertido e fica meio desligado de mim. Ele só precisa ir embora e desaparecer por um tempo."

Uau! Mas não posso dizer que não me reconheço na descrição. Paula é quem deve saber: é ela quem convive comigo e aguenta minhas expedições distantes todo ano.

Enquanto isso, o que fazer com o Annapurna? Enquanto eu remoía sobre a montanha, minha dúvida de como ia fazer para escalá-la mudou para até quando podia adiá-la. Pelas minhas costas, alguns amigos faziam uma piadinha: que talvez, pelos próximos anos, eu devesse continuar fracassando no Annapurna para segurar os patrocinadores! O cume podia até ser fácil de alcançar, mas eu teria que voltar devido a uma súbita e inexplicável cãibra na perna. No ano seguinte, ainda tendo patrocinadores, eu voltaria e subiria alguns metros a mais antes de ter que voltar de novo.

Havia, porém, mais duas montanhas que eu teria que enfrentar se quisesse completar o projeto Endeavor 8000: Nanga Parbat e Broad Peak, com o pequeno asterisco nos últimos noventa metros da crista do cume. Como ambas ficavam no Paquistão, decidi que poderia fazer uma dobradinha no verão de 2003.

Veikka já havia escalado o Nanga Parbat com os alemães depois que eu voltei para casa em 2001, então não tinha interesse em voltar lá. Em 2003, na verdade, ele estava de olho no Kangchenjunga, a primeira de todas as 8.000 metros que eu havia escalado, no idos de 1989. Naquele ano, pela primeira vez em nove anos, eu não dividiria a montanha com o meu parceiro favorito. Em vez dele, convidei J.-C., que ficou feliz em aceitar. No final da nossa expedição de 2002, já começamos a discutir sobre algum projeto futuro juntos.

Ainda havia a barreira linguística entre nós, mas no Broad Peak e no Nanga Parbat conseguimos conversar bastante, especialmente sobre nossas respectivas famílias. Mais tarde, J.-C. escreveria: "Sim, Ed e eu nos tornamos amigos no Annapurna, mas especialmente bons amigos no ano seguinte [...]. Durante o tempo que passamos no Broad Peak e no Nanga Parbat, finalmente descobri o verdadeiro Ed. Vivemos as mesmas alegrias e as mesmas dificuldades ali, nos momentos de escalada [...]. Ed é uma pessoa extremamente humana."

Naquele ano, J.-C. havia escalado o Dhaulagiri na primavera antes de se juntar a mim em Islamabad. Apesar da grande satisfação em escalar o Annapurna na quarta tentativa, e da sensação persistente de ter estado tão "lá fora" na aresta leste que por quatro dias ele se sentia fora da terra dos vivos, em 2003 ele se impôs a meta grandiosa de escalar três 8.000 metros no mesmo ano.

No Nanga Parbat, planejamos escalar a mesma via Kinshofer na face Diamir que Veikka e eu havíamos tentado dois anos antes. Uma equipe forte de escaladores do Cazaquistão estava na rota também e dividimos o trabalho pesado com eles. O líder da equipe cazaque era Ervand Iljinsky, um velho amigo que havia sido o líder eleito do contingente soviético na Escalada Internacional do Everest pela Paz de 1990. Agora, com 61 anos, Ervand era um enrugado veterano de muitas expedições, incluindo um esforço soviético memorável em 1982 em uma das rotas mais difíceis já escaladas no Himalaia na época, uma linha reta que sobe direto pela face sudoeste do Everest. Em um célebre triunfo, onze escaladores fizeram o cume, mas Ervand desistiu de sua própria tentativa para ajudar seus companheiros a descerem do cume. Na Escalada pela Paz de Jim Whittaker, com 48 anos, Ervand finalmente pisou no ponto mais alto do mundo.

Em 2003, no Nanga Parbat, Ervand liderou sua equipe no tradicional estilo soviético, observando seu progresso do acampamento-base por meio de um telescópio e dando instruções via rádio. Os membros mais novos reclamavam que, lá de baixo, um líder não pode tomar boas decisões sobre qual caminho seguir ou o que fazer lá em cima. A via era completamente visível do acampamento-base, um acontecimento raro nas 8.000 metros, e Ervand conseguia observar cada movimento deles. Para evitar serem vistos, mesmo em alta montanha, os jovens se escondiam atrás de pedras para fumar escondidos, já que fumar durante a escalada era proibido pelo seu chefe autocrático!

De certo modo, porém, o sistema soviético funcionava. Desempenhos individuais fora de série dentro da equipe ainda são recompensados com lugares em expedições futuras, pagas por várias divisões do governo. Naquele ano, todos os escaladores cazaques incentivaram uns aos outros e, como resultado, muito do trabalho na montanha foi feito de forma rápida e eficiente.

Nossa própria licença para o Nanga Parbat havia sido arranjada por Simone Moro, um escalador italiano do alto escalão dos escaladores do Himalaia. Em 1997, tentando a face oeste do Annapurna, Simone estava liderando a mesma encosta que Anatoli Boukreev quando uma cornija quebrou lá em cima, dando início a uma enorme avalanche. Milagrosamente, blocos de gelo do tamanho de carros despencaram dos dois lados de Simone, deixando-o ileso. Ele gritou um aviso para Anatoli e seu parceiro cazaque Dima Sobolev, mas sem resposta. Ambos foram carregados pela avalanche e soterrados por toneladas de neve e blocos de gelo.

Sem se deixar intimidar, Simone continuou escalando montanhas difíceis pelo mundo. Eu estava ansioso para fazer parte da equipe dessa lenda italiana e, pessoalmente, achei-o bastante caloroso e amigável. No acampamento-base, em volta da mesa de jantar, dessa vez eu era o forasteiro linguístico. Simone e seus companheiros conversavam majoritariamente em italiano, enquanto J.-C. e eu ouvíamos sem entender nada. Simone e alguns dos outros italianos também falavam francês, o que também me deixava de fora da conversa. Comecei a entender o que J.-C. havia passado no ano anterior no Annapurna. Mas Simone era um ótimo contador de histórias e de piadas e, depois de contar uma história que havia feito todo mundo rir, era gentil o bastante para repetir tudo para mim em um inglês rudimentar. Embora fosse sociável e atencioso, Simone era um escalador talentoso, a força-motriz de sua equipe. Infelizmente, enquanto Simone, J.-C. e eu alcançávamos nosso acampamento superior em direção ao cume, ele desenvolveu edema pulmonar e teve que voltar ao acampamento-base. Algum tempo depois, já recuperado, fez uma tentativa solo, mas foi parado por fortes ventos no Acampamento III.

Diferente de 2001, dessa vez nenhuma nevasca de duas semanas frustrou nossos esforços. Os cazaques e nossa equipe progrediram tranquilamente pela face Diamir. O ponto crucial da escalada foi uma parede de pedra vertical de uns noventa metros a uma altitude de 5.790 metros, chamada de parede Kinshofer. Foi um trabalhão, nós grunhíamos e gemíamos ao jumarear pelas cordas fixas, com nossas cargas pesadas balançando e os nossos grampões arranhando a face rochosa. Cada vez que eu subia por esse obstáculo, esperava que fosse a última. No final, subi e desci de rapel a parede Kinshofer quatro vezes.

Levamos mais ou menos três semanas para nos posicionarmos para o ataque ao cume. Os cazaques haviam chegado ao topo alguns dias antes e generosamente propuseram deixar sua barraca no Acampamento IV, montado a 7.300 metros. Quando J.-C. e eu chegamos lá, tudo que tivemos que fazer foi largar nosso equipamento e nos prepararmos para o último trecho. Nesse ponto, estávamos completamente isolados, já que Simone havia levado tanto nosso rádio quanto nosso telefone satelital com ele. Estávamos a 823 metros verticais do cume. J.-C. e eu apostamos algumas cervejas sobre quantas horas levaríamos para chegar ao topo. Eu falei de seis a sete horas, J.-C., cinco a seis.

No dia do ataque, J.-C. começou a subir no seu ritmo frenético habitual. Nós nos revezávamos para abrir caminho pela neve, trinta minutos cada um, dividindo o peso e ajudando um ao outro a poupar energia, assim como o líder de um pelotão em uma corrida de bicicleta. Quando J.-C. estava na liderança, tudo que eu podia fazer era ficar perto dele, mas, quando eu ia na frente, ele parecia estar sempre no meu cangote. Hora após hora, no entanto, mantive o passo ao qual me acostumei em todas as minhas expedições no Himalaia. Nessa expedição, eu era o "tiozinho", seis anos mais velho que qualquer um dos meus companheiros, cercado por rapazes jovens e fortes.

Durante as primeiras semanas na face Diamir, enquanto carregávamos equipamento para os acampamentos mais baixos, vários dos italianos mais jovens e inexperientes haviam passado correndo por mim. Comecei a me perguntar se estava perdendo a força: aos 44 anos, a minha idade havia finalmente me alcançado e me deixado mais lerdo? Minha carga não parecia mais pesada; meu passo também parecia o mesmo de sempre. Ainda assim, aqueles jovens me ultrapassavam diariamente.

Então, um por um, os mais novos foram entregando os pontos. Eles tinham seus motivos e suas explicações, mas, no final, todos os italianos foram para casa sem nem chegar aos acampamentos mais altos.

Eu ganhei as cervejas: nosso ataque ao cume no dia 23 de junho (o dia seguinte ao meu aniversário) levou sete horas. A neve acima do Acampamento IV era um pesadelo psicológico, seca como areia, oferecendo um ganho mínimo. Era dar um passo para cima e deslizar de volta metade do caminho. Tentamos todos os truques que conhecíamos para ir de uma ilhota de pedra, onde podíamos pisar com mais firmeza, para a próxima. Nós realmente tivemos que encorajar um ao outro e, de certo modo, a agonia mental daquela travessia foi pior que qualquer coisa que eu já havia passado em uma 8.000 metros.

De repente, a algumas dezenas de metros do topo, J.-C. parou. Abrindo mão da liderança, ele disse algo como: "Agora eu sigo você. Entendi por que você mantém o ritmo constante." Talvez seu solo no Dhaulagiri tenha pesado, ou talvez ele havia forçado muito até aquele ponto. Assumi a liderança de vez, com J.-C. no meu encalço, enquanto subia as últimas ravinas e escalões até o cume do Nanga Parbat.

Que alívio e felicidade escalar de forma segura essa montanha, uma das mais difíceis e perigosas do mundo! (Após várias tragédias devastadoras nos anos 1930, os alemães haviam apelidado o Nanga Parbat de "a Montanha Mortal".) E sentar no cume, onde meus heróis Buhl e Messner haviam pisado, com J.-C., que estava se tornando rapidamente um de meus amigos mais próximos... Infelizmente, a neblina havia coberto o cume quando estávamos chegando, e a vista espetacular que estávamos esperando se tornou um borrão branco insondável. Mas, com o Nanga Parbat, eu havia me livrado de uma pedra que há dois anos estava presa no meu sapato. Agora só faltavam o Broad Peak e o Annapurna.

No dia seguinte, com uma carga monstruosa, descemos até o acampamento-base. Quando nos aproximamos, fomos recebidos por Simone, sua namorada e Amin, nosso prestativo sirdar. Eles tinham uma grande jarra de refrigerante, que bebemos com vontade; e então carregaram nossa bagagem pelo resto do caminho até o acampamento-base. Para mim, esses momentos simbolizam a solidariedade e o altruísmo que as pessoas com um verdadeiro espírito de montanhista possuem.

A primeira coisa que fiz no acampamento-base foi ligar para Paula. Conversamos por meia hora. Embora estivesse eufórico com meu sucesso e emocionado em ouvir sua voz, não pude deixar de notar uma hesitação quando mencionei o Broad Peak. É claro que ela sabia de todos os detalhes da dobradinha que eu havia planejado, mas, naquele momento de intimidade no telefone satelital, foi difícil para ela aceitar que eu ainda tinha outro pico de 8.000 metros na minha agenda, talvez mais 25 dias até voltar para casa. As minhas ausências eram piores durante os meses de verão: as crianças, de férias da escola, exigiam atenção constante e enquanto outras famílias de Bainbridge estavam planejando suas férias de verão, ela estava presa em casa enquanto eu vagava pelas montanhas, do outro lado do globo. Pelos mesmos motivos, eu preferia as expedições na primavera às de verão, mas, no Karakoram, é no verão que se escala. Se eu subisse o Broad Peak, talvez nunca mais precisasse voltar ao Paquistão.

Ao final da ligação, me senti sem chão. Para evitar conflitos, como era de minha natureza, não tive resposta aos comentários deprimidos de Paula. Mas, pouco depois, talvez percebendo a depressão que a nossa conversa havia causado em mim, ela me mandou um e-mail incrível pelo computador de Simone. "Oi, querido", ela começou. "Antes de mais nada, eu te amo e amo quem você é. Eu amo como você é empenhado com a família, com você mesmo, com seus amigos e com a escalada. Você é a minha viagem de ida e volta! Atração obrigatória! Minha reação natural é me fechar um pouco — acho que eu tento não ligar muito pelo menos até você estar seguro. Então, por favor, não confunda meu desânimo com falta de apoio. Você tem todo o meu apoio. Com amor, Paula."

Reanimado por aquele amor resoluto, eu agora me sentia pronto para o próximo desafio.

Do Nanga Parbat, fomos direto para Skardu começar a caminhada de seis dias pelo Glaciar Baltoro até o Broad Peak. Katia juntou-se a nós para aquela caminhada. Comparado ao Annapurna, e até mesmo ao Nanga Parbat, o Broad Peak foi mamão com açúcar. Apenas um dia depois de chegar ao acampamento-base, J.-C. e eu começamos nossa escalada no estilo alpino, levando tudo de que precisaríamos na nossa viagem de ida e volta de quatro dias. Num estilo tipicamente francês, J.-C. tirou sarro do tamanho da minha bagagem "americana". Eu, no entanto, apontei que pelo menos eu tinha todas as minhas coisas *dentro* da mochila, enquanto ele, como um vendedor ambulante, tinha que pendurar a maior parte das suas coisas na parte de fora da sua mochila "francesa" estilosamente *petit*.

No Broad Peak, tivemos a companhia de alguns de nossos amigos cazaques do Nanga Parbat. Agora, no entanto, enquanto os outros ganhavam tempo e dormiam, J.-C. e eu deixamos o acampamento-base logo após o amanhecer no dia 13 de julho, em meio a uma nevasca. Os meteorologistas de Chamonix haviam previsto condições perfeitas a 8.000 metros dali a três dias, então precisávamos estar em posição para aproveitar essa janela.

Dois dias depois, partimos à meia-noite para o cume. O céu estava limpo, mas ventava forte e estava extremamente frio. Tirar fotos ou filmar estava completamente fora de cogitação devido ao risco de congelamento. Subimos e passamos o falso cume, onde muitos escaladores param e, ainda assim, alegam que obtiveram sucesso, e começamos a longa travessia pela crista que serpenteia até o cume, a umas boas duas horas dali.

Enquanto atravessávamos essa última crista, J.-C. disse de repente: "Ed, estou cansado. Não sei se devo continuar." Fiquei boquiaberto: aquele não era o superescalador que eu havia visto no Annapurna e no Nanga Parbat.

"J.-C., está logo ali", eu respondi, apontando o cume com minha piqueta. "Você consegue". Relutante, J.-C. foi se arrastando atrás de mim até o cume. Eu pensei que ele estava apenas tendo um dia ruim e precisava de motivação. E, dessa vez, os últimos noventa metros, que haviam impedido Veikka e eu em 1997, estavam em perfeitas condições. Ainda aclimatados do Nanga Parbat, fizemos uma ascensão muito rápida, em três dias. Sentamos no cume e olhamos para o norte, na direção do K2, ainda 549 metros mais alto. J.-C. havia escalado o K2 em 2001. Nós dois comentamos o quanto estávamos aliviados em não ter mais o K2 em nossa lista de 8.000 metros para subir.

Na descida, J.-C. ficou cada vez mais para trás. De volta ao acampamento superior, ele disse: "Cara, eu simplesmente não consigo respirar". No começo, pensamos que ele estivesse apenas exausto pelo desgaste de três 8.000 metros em uma única temporada. Um pouco depois, naquela mesma tarde, quando sentamos em nossa barraca, eu disse: "Vamos esperar alguns minutos e ver se você melhora".

Entretanto, o que estava realmente acontecendo era que J.-C. estava nos primeiros estágios de um edema pulmonar, um mal que ele nunca havia desenvolvido (na verdade, ele nunca tinha tido nenhum tipo de doença de montanha). Agora, enquanto descansava, ele estava piorando em vez de melhorar. Nós dois finalmente entendemos o que estava acontecendo. Eu sabia que tínhamos que descer naquela mesma noite. Havia sido um dia longo de ataque ao cume, mas sabia que não podíamos arriscar nem mais algumas horas a 6.950 metros. Em 1993, no Dhaulagiri, é possível que Gary Ball tenha perdido sua vida porque seus companheiros de equipe acharam muito perigoso descer um escalador com edema à noite.

Felizmente, aquela noite no Broad Peak estava perfeita, totalmente limpa e sem vento. E, quando saímos para o cume, nossos amigos cazaques haviam chegado ao acampamento. Agora um deles, Denis Urubko, nobremente desistiu das suas chances de alcançar o topo no dia seguinte e se dispôs a me ajudar a descer J.-C. pela montanha. Carreguei a maior parte do equipamento de J.-C. na minha mochila com o meu próprio equipamento, e então desci na frente, abrindo a trilha com a ajuda de uma lanterna frontal. Denis se encordou a J.-C. e desceu pela rota logo atrás dele, não exatamente o ajudando, mas como segurança para o caso de ele tropeçar ou cair. Por sorte, J.-C. foi capaz de descer os 2.133 metros por conta própria, mesmo devagar. Tendo partido às 19 horas, só chegamos ao acampamento-base às 5 horas da manhã seguinte. Estávamos em movimento 29 horas sem parar.

Mas, mesmo no acampamento-base, a uma altitude de apenas 4.815 metros, J.-C. não parecia estar melhorando. Katia conseguiu contatar sua seguradora na França, que imediatamente mobilizou dois enormes helicópteros militares paquistaneses, um voando como reserva, caso o primeiro caísse. Chegaram juntos na tarde seguinte. Sabíamos que cada helicóptero teria um piloto e um copiloto nos assentos dianteiros, deixando espaço para dois passageiros atrás. Katia e J.-C. entraram no primeiro, enquanto os pilotos da segunda aeronave encorajavam dois de nós a entrar nos assentos vagos. Havia espaço, por que não? Eu já havia preparado meu equipamento para ser enviado depois. Agora tinha que escolher entre uma caminhada de quatro dias pelo Baltoro ou um voo de uma hora para Skardu. Com a sensação de que estava trapaceando, pulei no segundo helicóptero.

Em um epílogo do *Prisonnier de l'Annapurna*, quando falava sobre a descida do cume de sua terceira 8.000 metros em dois meses, J.-C. escreveu o tipo de nota de advertência que todos os melhores escaladores têm como lema pessoal: "O Broad Peak deveria ter sido uma mera formalidade. Mesmo assim, ontem eu quase morri em seu flanco. O Himalaia me ensinou uma nova lição."

Agora não tinha mais como fugir. Eu havia escalado treze dos catorze picos mais altos do mundo, e já havia até tirado os asteriscos de noventa metros do Shishapangma e do Broad Peak. Não podia continuar adiando o Annapurna, apesar do que havia falado para Greg Child sobre parar nas treze se, depois de várias investidas, eu julgasse a 14ª além do meu limite de risco aceitável. Mas, agora, tendo estudado o Annapurna de todos os lados e tendo lido todos os relatos de ascensões com sucesso ao longo dos anos, resolvi — não sem um pouco de apreensão — tentar a face norte mais uma vez. Eu iria para lá na primavera de 2004.

Março daquele ano, no entanto, não seria uma época fácil para ir à 8.000 metros mais perigosa do Himalaia, com Paula grávida de dois meses do nosso terceiro filho. Ela sentiu uma ansiedade sobre a viagem mais preocupante que qualquer outra coisa que havia sentido nas minhas outras expedições. Talvez mais do que eu mesmo, Paula queria tirar o Annapurna da jogada e terminar com esse negócio perigoso.

Eu já havia garantido vagas para Veikka e para mim em uma licença para o Annapurna quando uma desculpa para adiar um pouco mais apareceu na forma de outro convite de David Breashears, bom demais para deixar passar. Stephen Daldry, o aclamado diretor britânico de filmes como *Billy Elliot* e *As horas*, havia ficado fascinado pela tragédia de 1996 no Everest, mesmo nunca tendo escalado uma montanha na vida. Daldry queria fazer um filme sobre o episódio, não um documentário, mas um filme com roteiro e atores. Mesmo assim, seria difícil filmar sem ir de fato ao Everest, então uma das primeiras pessoas que Daldry contatou foi Breashears.

Daldry não tinha a intenção de fazer um filme sobre o *No ar rarefeito* e, de fato, nunca contatou Jon Krakauer. De qualquer forma, isso era irrelevante, já que, após a publicação do livro em 1997, Jon e seu agente haviam ingenuamente vendido os direitos de produção para a primeira empresa a fazer uma oferta. A ABC produziu um filme que pode ser esquecido, cheio de péssimas atuações — até hoje, Jon quer morrer quando alguém fala disso.

Em vez disso, Daldry planejava simplificar a trama extremamente complicada que havia acontecido no Everest em 1996, criando um drama que entrelaçava apenas três personagens: Rob Hall, Scott Fischer e Beck Weathers. Na primavera de 2004, Daldry queria que David montasse uma equipe para fazer as gravações no próprio Everest. A atuação viria depois, gravada muito mais perto do nível do mar e, graças ao milagre da tecnologia digital, as imagens seriam depois coladas ao autêntico cenário do Himalaia.

Além de mim, David convidou seu colega de longa data Robert Schauer, assim como Veikka e vários outros, incluindo Jimmy Chin, um bom escalador que estava começando a fazer carreira como um incrível fotógrafo e cinegrafista de aventura. No Everest, Jimmy gravaria uma versão em vídeo do *making of* do filme. Amy Bullard, uma guia da cordilheira Teton, completava a equipe.

Mesmo tendo aceitado, Veikka e eu ainda esperávamos poder ir ao Annapurna em maio, após terminar o trabalho no Everest. Meu plano era: ao nos aclimatar no Everest, como eu já havia feito no passado tanto no Lhotse quanto no Makalu, nós poderíamos subir mais rapidamente (e portanto com mais segurança) a perigosa face norte do Annapurna. Mas eu tinha meus receios: o Annapurna já havia provado ser perigoso e assustador. Será que eu estava sendo arrogante demais em tratá-lo como a segunda metade de uma dobradinha?

O próprio Daldry veio ao acampamento-base, onde acabou ficando por cinco semanas. Completamente fora de forma, com o hábito de fumar dois cigarros por dia, mesmo assim ele ficou bem animado com a viagem. Parou de fumar na marra e entrou razoavelmente em forma. Um dia, eu me encordei ao diretor e o guiei até a primeira parte da Cascata de Gelo do Khumbu, onde alcançamos os 5.791 metros. Achei que ele fosse surtar lá, mas ele pareceu gostar. Eu certamente dei a ele uma boa ideia do que os escaladores de verdade fazem para escalar as grandes montanhas.

A principal função de David era captar imagens dos cenários. Ele montaria uma câmera de alta resolução, não era um monstro como a câmera IMAX, mas também dava trabalho, em um tripé, gravaria em uma direção por trinta segundos e então redirecionaria a câmera para um ângulo ligeiramente diferente e gravaria mais trinta segundos. Ele fez isso repetidamente, até conseguir um "retrato" de uma área inteira. Como David me explicou, o que ele estava fazendo era como capturar o interior de uma bola de pingue-pongue. No estúdio, com tecnologia digital, o diretor poderia juntar essas imagens e criar uma cena tridimensional e aí gravar o ator em frente a uma tela azul e transportá-lo digitalmente para dentro daquela bola de pingue-pongue. Mesmo filmando o ator dentro de um confortável estúdio, eles podiam fazer parecer que ele estava no centro do Circo Oeste, ou até mesmo no cume. Ele me contou que foi assim que Russell Crowe e seus navios de três mastros foram colocados no meio do Oceano Atlântico no filme *Mestre dos mares – O lado mais distante do mundo*.

David gravou algumas cenas de ação, mas não muitas. Como ainda não tínhamos uma narrativa para seguir, tínhamos que imaginar que tipo de sequência de ação poderia ser usada ou pelo menos dar a Daldry, que estava esperando no acampamento-base, uma ideia de como era uma cena típica de escalada na montanha. Dessa forma, David gravava ocasionalmente dois ou três de nós à distância, irreconhecíveis (para que pudéssemos ser os dublês dos atores) enquanto passávamos penosamente pelo Circo Oeste ou escalávamos a face do Lhotse.

Foi ótimo trabalhar com David novamente, assim como com Robert Schauer. Eu havia visto David diversas vezes desde a expedição IMAX em 1996, filmando com ele no ano seguinte no Everest para o filme da Nova. Mas, nesse intervalo, não tinha mais visto Robert. Depois da campanha da IMAX, quando nos separamos, ele havia me abraçado com lágrimas nos olhos, murmurando: "Da próxima vez, vamos fazer alguma coisa para nos divertir". Agora, além do fato de que o pagamento era bom, tínhamos a oportunidade de fazer alguma coisa por diversão, uma terceira oportunidade de combinar escalada com a gravação de filmes inovadores.

Como essa seria a minha décima viagem ao Everest, eu precisava de motivos novos e desafiadores para estar ali. Mas também estava começando a visualizar um possível futuro na criação de filmes nas montanhas mais altas ou outros lugares inóspitos. Daldry havia sugerido que, quando a gravação principal finalmente começasse, ele poderia nos contratar para ensinar aos atores o básico da escalada ou para aconselhá-los enquanto gravavam em áreas mais baixas em outra região montanhosa. Tanto David quanto eu sentíamos que, estando envolvidos, talvez pudéssemos ajudar o diretor a evitar os absurdos que infestavam outros grandes filmes hollywoodianos sobre escalada em alta montanha. Podíamos ajudar Daldry a transmitir como é realmente estar na Zona da Morte.

Filmamos dessa forma todo o trajeto montanha acima. Foi uma ascensão tranquila: David, Robert, Veikka, Jimmy Chin, Amu Bullard e eu, todos chegamos ao topo — eu, pela sexta vez. A equipe funcionou como um relógio. Nesse ano, usei oxigênio suplementar, como fazia quando guiava, para poder ajudar ao máximo caso alguma coisa desse errado, mas deu tudo certo. Além disso, como estava trabalhando para outra pessoa, eu não tinha uma programação pessoal. No fim, a escalada foi quase uma brincadeira: mais uma vez, optamos pela estratégia de deixar o Colo Sul às 10 horas da noite e alcançamos o cume pouco depois do amanhecer.

No fim, acabamos passando tempo demais no Everest naquela primavera para pensar em tentar o Annapurna no que restava da temporada. A filmagem havia permitido que eu empurrasse meu nêmesis um pouco mais para frente.

O filme de Daldry estava originalmente planejado para ser lançado em 2006. Mas, quando fizemos nossa gravação no Everest, ele não só não havia contratado nenhum ator como também ainda não tinha um roteiro, nem mesmo uma ideia de título. Como Breashears era um perfeccionista, havia lido uma centena de roteiros sem achar um que lhe chamasse a atenção. Desde então, se envolveu em outros projetos, mas garante que o drama do Everest está apenas em suspenso, e que vai mesmo ser feito.

Quando voltou para a Inglaterra do acampamento-base e da sua incursão na Cascata de Gelo do Khumbu, Daldry disse para a imprensa: "Foi provavelmente a coisa mais difícil que eu já fiz na vida".

Desde os meus dias de faculdade na Universidade de Washington, meu treinamento sempre foi uma parte vital para o meu preparo para as montanhas. No inverno de 2003-2004, aos 44 anos, idade na qual muitos escaladores ou já desistiram ou decaíram drasticamente, treinar parecia ainda mais importante para manter meu desempenho nas 8.000 metros. Naquele ano, porém, eu tomaria um estupendo (e, no fundo, um inestimável) tapa na cara quando descobri quase sem querer o que poderia ter feito durante o último quarto de século para maximizar meu plano de malhação.

Existe um antigo e sério preconceito entre montanhistas de que o melhor jeito de treinar para uma escalada é escalando. Não vou discutir isso. É completamente possível que durante as duas décadas que passei perseguindo as 8.000 metros, a melhor preparação que eu podia ter feito era fazer inúmeras viagens à Cordilheira das Cascatas. Mas, como universitário e trabalhador, depois um candidato ao doutorado e, finalmente, um pai e marido, eu considerava isso um luxo para o qual não tinha tempo.

Em vez disso, desde os tempos da universidade, sempre concentrei meus treinamentos em correr e levantar peso. Por anos, geralmente, corria de oito a onze quilômetros por dia, cinco ou seis dias por semana, quase sempre sozinho. Eu amava essas corridas: elas me davam tempo para pensar, para clarear as ideias, e eu sempre via melhor as coisas quando chegava em casa. Eu incorporava estrategicamente algumas colinas no meu percurso, para simular o esforço de subir e descer uma montanha. Corro em um passo moderado, mas contínuo, mesmo nos terrenos mais íngremes. Quando mudamos para Bainbridge Island, encontrei algumas estradas ótimas, silenciosas e com elevações, nas quais podia espairecer. Para mudar um pouco a rotina, às vezes eu saía em longos passeios de bicicleta.

Na academia, usava o levantamento de peso para trabalhar o torso e a parte superior do corpo e para maximizar a força que eu precisava ter nas pernas para escalar paredes de gelo ou rochas íngremes, carregar minha carga pesada, cavar uma plataforma para a barraca, ou simplesmente continuar em movimento por 24 horas seguidas em altitude. Nada de massagens ou banhos quentes em banheiras para mim.

Ao longo dos anos, seguindo meu próprio regime com máquinas e pesos, eu fazia um treino de uma hora ou duas na academia quatro vezes por semana. Achava que havia moldado e aperfeiçoado meu corpo para funcionar o melhor possível como um montanhista de altitude. Meu foco era ficar forte, embora não musculoso, e ganhar resistência e ficar eficiente com a minha técnica de escalada. Gastar energia com ineficiência ou se atrapalhar com o equipamento pode custar um cume. Todo o meu treinamento é como estudar para uma prova importante. Se eu fracassar porque não me preparei bem, só posso culpar a mim mesmo. Eu não conseguiria ficar em paz comigo se não gastasse todos os meses antes de uma escalada para me preparar o máximo possível. Sofrer em um treinamento duro não é nada comparado a dez semanas de batalha na montanha. Mesmo quando viajo, corro ou dou uma volta na bicicleta ergométrica meia-boca do hotel local.

No inverno de 2003-2004, eu achava que o meu treinamento estava perfeito. Em Bainbridge, a academia local, Island Fitness, estava me patrocinando e havia me oferecido um plano gratuito. Naquele inverno, ao me preparar para a dobradinha que havia planejado, Everest e Annapurna, eu estava especialmente dedicado, normalmente indo à academia às seis da manhã.

Com o passar das semanas, percebi que um dos treinadores da Island Fitness ficava ocasionalmente me olhando, mas nunca vinha falar comigo. Descobri pela Paula, que fazia aula com ele, que seu nome era Ubbe Liljeblad, um sueco bonito, um ex-fisiculturista. Um dia ele finalmente veio até mim, apresentou-se e, então, sem mais enrolação, disse: "Ed, eu sei o que você faz, e você está perdendo tempo. Eu posso ajudar você."

Fiquei meio desconcertado com uma observação tão agressiva, mas decidi ouvir o que Ubbe tinha a dizer. Acontece que eu não tinha nem ideia do que não sabia sobre treinar corretamente. Pouco depois, Ubbe estava me observando de perto, enquanto me fazia sofrer como eu nunca havia sofrido na vida.

A ênfase de Ubbe era no treinamento "funcional", essencialmente simulando movimentos que eu faria na montanha com pesos. Subir repetidamente, por exemplo, em um banco e depois descer, carregando dois halteres de dezoito quilos. Me equilibrar em uma perna enquanto agachava e levantava, e então fazer levantamento de pesos. Fazer várias flexões com os braços em diversas posições diferentes. Agachamentos, supinos, lunges e segurar plataformas de ferro de 22,5 quilos com as pontas dos dedos até elas queimarem. Quando achava que já havia feito séries e repetições o suficiente, Ubbe me mandava fazer mais.

Eu fiz bastante treinamento de core, exercícios que me forçavam a usar os músculos abdominais e das costas para controlar todo o movimento do corpo. Hoje se sabe que a força do core é criticamente importante para a forma em geral. Para um montanhista, em particular, ela é essencial para quando você precisa se equilibrar enquanto carrega o equipamento e sobe um terreno muito íngreme, ou coloca um equipamento nas costas, ou cava uma plataforma no gelo. Durante algumas das sessões, Ubbe me fazia ficar de pé em uma grande bola de borracha e fazer agachamentos.

No final de uma hora dessas sessões impiedosas, eu estava reduzido a uma pilha de ossos e carne. Um aluno da academia sussurrou silenciosamente para Ubbe: "Cara, você está matando o coitado". Ubbe respondeu: "Sim, mas ele está me pagando para fazer isso".

Então, depois de tudo isso, Ubbe me fazia treinar no aparelho simulador de escada por uma hora, carregando um saco de 35 quilos. A ideia era que na academia tudo tinha que ser mais difícil do que seria de fato na montanha. Depois de uma sessão com o sueco, eu me arrastava para o vestiário coberto de suor. Tomando banho, quase não conseguia segurar o sabonete ou levantar os braços alto o suficiente para me barbear, imagine segurar o barbeador. Dirigindo para casa, eu conseguia segurar o volante e olhe lá. Toda noite eu caía na cama e gemia para Paula: "O que eu estou fazendo, treinando para as Olimpíadas?". Mas, em 2004, estava na melhor forma da minha vida.

Anabel nasceu no dia 25 de outubro de 2004. Morar em uma ilha nos deixou preocupados sobre o que fazer caso Paula entrasse em trabalho de parto fora do horário de funcionamento da balsa (entre 1 e 5 da manhã). Alguns amigos na ilha, que haviam passado por isso, antes nos disseram que os bombeiros de Bainbridge eram alguns dos melhores voluntários para partos do país. Uma vez que o trabalho de parto começa, eles disseram, você liga para a emergência e um grupo de paramédicos aparece na sua porta para ajudar com o nascimento. Eu estava tranquilo com isso, mas Paula sabia que ficaria bem menos ansiosa dando à luz em um hospital. Por sorte, sua bolsa estourou nas primeiras horas da manhã, bem a tempo de pegar a primeira balsa para Seattle. Como foi com Ella, o parto de Anabel foi tranquilo e sem problemas. Paula parecia ter sido feita para ter filhos.

Sentindo que agora nossa família estava completa, foi ainda mais difícil sair na primavera de 2005 em mais uma expedição ao Himalaia. Mas ainda precisava bater aquele último prego da construção.

Na primavera de 2004, temporada na qual eu havia originalmente planejado subir o Annapurna, dois alemães, um japonês e nosso amigo paquistanês, Denis

Urubko, fizeram o cume pela rota francesa. Quando soube, meu primeiro pensamento foi: *Droga, se eu estivesse lá eu já estaria livre a essa hora!* Por outro lado, me dava coragem saber que as condições naquele ano estavam bem diferentes das de 2000. Havia mais neve, que cobria algumas placas de rocha e costelas, e estava muito mais frio; então os tipos de blocos de gelo e deslizamentos de neve que haviam caído pela face norte durante nossa investida, em 2000, estavam congelados em 2004. Só me restava esperar que em 2005 o padrão se repetisse.

Originalmente eu havia planejado escalar apenas com Veikka. Mas, no Annapurna, um membro adicional na equipe poderia nos dar mais força sem criar o problema logístico de um quarteto. Poderíamos levar uma única barraca para três pessoas e dividir o peso das cargas em três em vez de dois. Confesso um motivo oculto para considerar um trio: alguns dos meus patrocinadores haviam começado a pedir fotos decentes minhas em ação nas 8.000 metros e talvez vídeos também. Veikka e eu sempre fizemos o máximo que podíamos para documentar nossas escaladas, mas nunca havíamos levado um fotógrafo profissional só para isso. Eu sempre fui contrário à ideia de convidar alguém para uma expedição meramente para agradar a um patrocinador ou a quem fosse, mas se eu subisse o Annapurna, seria um evento memorável para mim.

Imediatamente pensei em convidar Jimmy Chin. Jimmy não era apenas um escalador extremamente competente; era uma estrela em ascensão na fotografia outdoor. Vivendo em Jackson, Wyoming, ele era forte, mas sociável, e no Everest em 2004, sua personalidade havia combinado bem com a de Veikka e a minha. Como ele recentemente havia sido nomeado um dos solteiros mais desejados do país pela revista *People*, sabíamos que teríamos material suficiente para implicar com ele em uma viagem longa. No fim, três dos meus patrocinadores pagaram todas as despesas de Jimmy, assim como um ordenado, em troca dos direitos exclusivos de suas as fotos e vídeos.

Nós queríamos subir rapidamente o Annapurna para minimizar o tempo passado no corredor polonês, como eu havia apelidado aquela travessia horrenda à esquerda da face norte até a Foice, a galeria de tiro ao alvo para todos os fragmentos que caíam lá de cima. Então, era importante que estivéssemos bem aclimatados antes mesmo de chegar à montanha. Portanto, mais uma vez, planejei uma dobradinha para a primavera de 2005.

Veikka, Jimmy e eu iríamos primeiro ao Cho Oyu, no Tibete. Para mim, o Cho Oyu, que já havia escalado duas vezes, era estritamente um aquecimento, mas nem Veikka nem Jimmy haviam escalado o pico ainda. A logística para essa dobradinha seria meio complicada. Após a nossa escalada no Cho Oyu, sairíamos de caminhão do Tibete, pela fronteira com o Nepal, e voltaríamos a Katmandu. De lá, voaríamos até o acampamento-base do Annapurna, alugando um dos velhos helicópteros Mi-17 russos disponíveis.

Esses "ônibus escolares voadores", como eu gostava de chamá-los, podiam carregar uma quantidade tremenda de equipamento e pessoas a lugares longínquos em altitudes razoavelmente altas; no nosso caso, o acampamento-base do Annapurna, a 4.267 metros. Em vez de repetir a caminhada cansativa de dez dias, com a ajuda de carregadores que havíamos feito em 2000, chegaríamos ao acampamento-base em menos de duas horas após decolar de Katmandu. Os Mi-17 eram bem caros, mas quando considerei o tempo e o dinheiro necessários para contratar doze carregadores, cuidar da saúde e das necessidades deles durante a perigosa aproximação, a imprevisibilidade do tempo e das condições da trilha e o simples desgaste no nosso corpo, um ônibus escolar voador começou a parecer uma barganha.

Wongchu havia sido meu sirdar pela primeira vez em 1990 no Everest e havia organizado a logística local da enorme expedição da IMAX. Um homem de negócios incansável, tinha sua própria agência que oferecia caminhadas, chamada Peak Promotion. Para o Cho Oyu e o Annapurna, havia contratado Wongchu mais uma vez para organizar o transporte e a equipe de cozinha.

Quando sentei no avião rumo à minha 25ª viagem ao Himalaia, olhei para o futuro, fazendo um ritual mental que havia se tornado padrão para mim antes de toda expedição. Daqui a dez semanas, quando eu subir em um avião de volta para casa, o que terá acontecido? Será que terei escalado o Annapurna e completado a Endeavor 8000? Será que todos terão saído ilesos? Que eventos imprevisíveis haveriam acontecido? Esse exercício serve para colocar minha vida toda em perspectiva.

No avião, enquanto folheava uma pequena pilha de revistas e livros, meu entretenimento nas próximas vinte horas, descobri dois cartões que Paula havia colocado na minha bagagem de mão. Isso havia se tornado seu ritual pré-expedição. Preocupado com minha preparação frenética nas semanas antes de uma viagem, eu normalmente quase não tomava consciência do estresse que a minha partida iminente impunha ao nosso casamento. Os cartões de Paula eram o seu modo de jurar seu amor verdadeiro e seu apoio inabalável.

O primeiro cartão continha uma citação de um escritor chamado Goemans (primeiro nome não indicado): "Os sonhos não são feitos para nos fazer dormir, mas para nos fazer acordar". O outro cartão trazia uma máxima do escritor de negócios Clement Mok: "Os avanços mais excitantes do século XXI não acontecerão pela tecnologia, mas pela expansão do conceito do que significa ser humano". Na parte de trás desse segundo cartão, Paula escreveu:

> Meu querido Eddie,
> Você É a verdadeira expansão do conceito do que significa ser humano.
> Seja grande, seja a mudança... Seja!

Te amo e sempre te amarei!
Paula

Sentado ali, em um avião cheio de desconhecidos voando sobre o Pacífico, tive dificuldade para segurar as lágrimas. "Seja a mudança" — esse era um dos lemas favoritos de Paula, parte de uma linguagem particular nossa. Não "faça a mudança" — *seja* a mudança. Resolvi levar esses cartões comigo durante toda minha jornada. Em todas as escaladas, sempre carrego quinquilharias e lembranças de casa no meu bolso do peito. Um pequeno saco de pano contém itens dados por Paula e pelas crianças e talismãs que me dão sorte: uma "pedra da força" de Gil, um coração de papel pintado à mão de Ella, um retalho de tecido marcado com um beijo de batom e com o perfume de Paula, a pulseira de hospital de Anabel, um cristal de energia da minha irmã, Velta, e uma mandala budista sagrada — uma oração tibetana escrita e dobrada de um modo intricado, um presente de Jodie Eastman catorze anos atrás. Sempre que eu me arrumo para ir a uma expedição ou saio para um ataque ao cume vejo se estou levando meu saco da sorte comigo. Eu me sentiria nu sem ele.

A aproximação do Cho Oyu, que fica na fronteira entre Tibete e Nepal, é bem diferente da caminhada pelo Vale de Khumbu em direção à rota do Colo Sul no Everest. Não é fácil chegar ao Cho Oyu pelo lado do Nepal, então fomos de caminhão de Katmandu, passando pela fronteira com o Tibete chinês e finalmente alcançando o fim da estrada logo acima de uma cidade remota nas colinas, chamada Tingri. Dali, nossa carga seria carregada por iaques conduzidos pelos seus guias tibetanos até o acampamento-base, a 5.486 metros na face norte da montanha.

Ter Jimmy conosco acabou sendo ótimo. Como seus pais eram descendentes de chineses, ele falava chinês fluentemente. O seu domínio do idioma foi de grande valia quando precisávamos pedir comida em um restaurante local, achar uma caixa de cerveja em algum vilarejo empoeirado ou mesmo conversar com os pastores de iaques tibetanos. Nós entrávamos voando na cidade, seguidos por uma nuvem de poeira e uma matilha de cachorros latindo; Jimmy saltava para fora do jipe, encontrava a cozinha local, jogava um xaveco no cozinheiro e, em questão de minutos, tínhamos um *buffet* digno de um imperador à nossa frente. Com suas belas características asiáticas, normalmente achavam que ele era tibetano ou xerpa.

Na caminhada de dois dias saindo do fim da estrada até a montanha, a vida selvagem estava fervilhando e, pela primeira vez em todas as minhas expedições, vi o mais arredio dos animais do Himalaia, o leopardo das neves.

Enquanto fazíamos nosso trajeto montanha acima, tudo parecia bem rotineiro. Em 20 de abril, estávamos no acampamento superior, a 7.100 metros, prontos para o ataque ao cume no dia seguinte. Até então, havíamos lutado contra o vento durante toda a escalada, mas naquela noite ele ficou mais violento. Ficamos presos no acampamento por mais dois dias, esperando o clima acalmar. Distrair-se sem ter nada para fazer pode ser no mínimo tedioso e, em altitude, enquanto você está deitado descansando, seu corpo vai se deteriorando. Sem o nosso conhecimento, Jimmy estava lutando contra uma leve gripe desde que chegamos ao Cho Oyu. Sem querer que aquilo o parasse, ele havia seguido em frente na semana anterior, sentindo que estava se recuperando. Mas ficar parado na barraca a 7.100 metros não estava ajudando.

Finalmente, no dia 22 de abril, deixamos o acampamento à 1h30 da manhã do que parecia ser um dia perfeito. Então, a apenas quinze minutos do acampamento, Jimmy quase teve um colapso. Paramos para ver o que havia de errado com ele. A sua voz estava indistinta, ele estava sem forças e não conseguia respirar direito. Eu rapidamente concluí que ele podia estar com um edema cerebral. Porém, ele insistiu que só precisava descansar um pouco e poderia continuar escalando.

Eu tinha minhas dúvidas: se Jimmy estava desse jeito agora, como ele iria conseguir fazer uma ascensão de dez horas até um cume a 1.067 metros dali? No início, Veikka e eu fizemos o que ele pediu e o deixamos descansar para depois seguimos em frente, mas foi só o tempo de vê-lo quase ter outro colapso. Com espasmos de ataxia (perda de coordenação muscular), ele cambaleou como um bêbado e novamente a sua fala era irreconhecível.

"Infelizmente acabou, Jimmy", eu disse. "Você não pode subir mais. E temos que levá-lo para baixo o mais rápido possível."

Tanto Veikka quanto eu já havíamos vivido muitas situações exatamente assim. Depois de todos os meus anos na montanha, eu não ia perder um companheiro de escalada por ignorar sua condição potencialmente fatal. Após uma breve discussão, decidimos que eu o acompanharia na descida, enquanto Veikka poderia ir sozinho para o cume. Sendo a 8.000 metros mais fácil, o Cho Oyu estaria bem dentro da sua capacidade e ele poderia acrescentar o pico à sua lista, que crescia rapidamente. Sem querer interferir na minha chance de chegar ao topo, Jimmy sugeriu que ele ficasse no acampamento superior enquanto Veikka e eu escalávamos. Mas de jeito nenhum eu iria conseguir subir com uma crise dessas na minha consciência.

Jimmy e eu voltamos ao acampamento superior, entramos na barraca e esquentamos seus dedos adormecidos, enquanto eu administrava Detox e dexametasona. Então, descemos a montanha, seguindo a trilha que havíamos aberto nos dias anteriores. Enquanto descíamos, Jimmy ficava cada vez mais forte e, no acampamento-base, ele já estava quase em sua forma normal.

Veikka fez o cume às 11 horas com um vento forte e depois desceu a montanha toda no mesmo dia. Chegou ao acampamento-base às 22 horas, bastante cansado, mas completamente eufórico. O Cho Oyu era sua nona 8.000 metros de sucesso.

Como eu bem sabia àquela altura, Veikka era forte como um touro e tinha a vontade de um tigre, especialmente para sair de um pico. Mesmo não tendo chegado ao cume, senti que tínhamos tomado a única decisão racional, e ainda assim senti que a aclimatação conseguida ali seria o suficiente para o Annapurna.

No dia 25 de abril, estávamos de volta a Katmandu. Quatro dias depois, fomos de helicóptero até o acampamento-base da face norte do Annapurna. Sentindo-se totalmente recuperado, Jimmy queria muito tentar o Annapurna conosco, mas como líder da expedição tive que vetar essa opção, mesmo com a defesa eloquente que ele fez do seu caso.

Durante o tempo que passamos em Katmandu, discutimos a questão. No final, Jimmy concordou que a decisão deveria ser minha. Eu me martirizei com isso, mas sabia que não seria seguro para Jimmy escalar tão alto por enquanto. Veikka e eu achávamos que Jimmy havia sido acometido por um edema cerebral no alto do Cho Oyu, mas quando Jimmy descreveu os sintomas para um médico nos Estados Unidos, ele concluiu que era um edema pulmonar, agravado pela gripe e pelo período de espera a 7.100 metros. Enquanto ele estava inativo na barraca, o edema não estava aparente, mas, assim que começamos a escalar até o cume, o esforço o fez entrar em um estado hipóxico agudo. O cérebro não conseguia o oxigênio que precisava porque os pulmões, cheios de fluido, não conseguiam absorver de modo eficaz o oxigênio da atmosfera e enviá-lo pela corrente sanguínea. Foi o efeito do edema no cérebro que nos fez pensar em um problema cerebral, mas a verdadeira fonte do problema eram os pulmões. De qualquer forma, um edema pulmonar pode ser tão mortal quanto um cerebral.

Embora minha decisão fosse parcialmente baseada na minha vontade de não deixar nada interferir no que eu esperava que fosse minha última viagem ao Annapurna, tomei-a principalmente devido à saúde de Jimmy. Não se sabe com certeza as chances de uma recaída após algumas semanas, mas a possibilidade não compensava o risco. Mesmo admirando a iniciativa de Jimmy, achei que levá-lo ao cume do Annapurna seria procurar confusão.

Jimmy foi de helicóptero conosco, mas na via ele não passou do Acampamento II, a 5.790 metros. Ele teve um papel inestimável como nosso contato entre o acampamento-base e o mundo exterior e conseguiu tirar algumas fotos e fazer vídeos excelentes. Meu velho amigo David Breashears também chegou de helicóptero, não para uma investida, mas para gravar algumas cenas da minha preparação para a minha última 8.000 metros. David não sabia sequer como ou quando usaria essas imagens. Ele só pensou que era uma oportunidade boa demais para perder. Acolhi bem a chegada de David, tanto pelo companheirismo quanto pela visão e apoio que ele poderia oferecer enquanto enfrentávamos esse desafio. Para essa escalada, eu precisava de toda força psicológica que pudesse reunir. E havia uma simetria interessante ali: tendo conhecido David na minha primeira investida em uma 8.000 metros (Everest, em 1987), estava feliz em tê-lo comigo no que podia ser a minha última, em 2005. Infelizmente, outros projetos forçaram David a sair antes de Veikka e eu realmente encararmos a montanha.

Quando descemos do helicóptero, ficamos surpresos em encontrar duas equipes italianas no acampamento-base. Uma delas havia chegado um pouco antes de nós, mas a outra já estava na montanha há impensáveis 41 dias, fixando cordas na face norte e esperando pelo fim de um período interminável de clima ruim.

Estávamos prontos para fixar nossas próprias cordas, mas o líder da equipe italiana, que estava sofrendo ali há um bom tempo, foi até a nossa barraca e disse: "Por favor, escalem conosco". Eu estava atônito. Ao que parecia, Silvio estava bem ciente da história que Veikka e eu tínhamos no Annapurna e imaginou que após o Cho Oyu estávamos aclimatados o bastante para partir imediatamente. Suspeito que Silvio tenha achado que sua equipe ficaria mais forte com Veikka e eu, mas foi um convite generoso mesmo assim. E era uma oportunidade de ouro para nós. Em vez de fixar cordas pela face, e ficarmos dias expostos no corredor polonês, poderíamos usar as cordas fixas italianas já instaladas até os 7.000 metros. (Em todo caso, seria um absurdo fixar um conjunto novo de cordas ao lado das italianas só para provar algum tipo de autonomia.) Isso significava que Veikka e eu podíamos subir a montanha em estilo alpino, com uma carga de apenas vinte quilos, usando as cordas fixas italianas. Com sorte, talvez precisássemos subir e descer pelo corredor polonês apenas uma vez.

Durante a primeira semana, mais ou menos, nós quatro (David, Jimmy, Veikka e eu) fizemos um reconhecimento da parte baixa da via e levamos parte do equipamento até o Acampamento I, que estava situado longe do pé da face. Foi desse acampamento que havíamos visto aquela avalanche monstruosa explodir face norte abaixo cinco anos antes. Enquanto isso, eu observava a montanha, estudando-a cuidadosamente. Ouvi as explosões reveladoras de *seracs* quebrando e caindo lá em cima. Mas tudo estava diferente de 2000. Havia mais neve e estava bem frio. A face norte parecia relativamente estável, talvez o mais estável possível.

Mas até o último minuto a decisão de escalar ficou oscilando na balança. Veikka e eu podíamos fazer qualquer um dos dois. Se as condições não estivessem certas para uma investida segura, arrumaríamos as coisas e iríamos embora. Lutei contra esse demônio por dias, enquanto as nuvens se acumulavam sobre a montanha e a neblina envolvia o acampamento-base. Estávamos com o equipamento arrumado e prontos para subir, mas toda noite decidíamos esperar mais um dia. Eu sempre acreditei que é preciso ouvir a montanha e observar os sinais que ela dá. Se você entender o que a montanha está dizendo, ela dirá o que fazer. Os italianos, que sabiam ouvir e observar, também estavam esperando. Finalmente, chegou a hora.

No dia 7 de maio, escrevi em meu diário: "É agora ou nunca. Melhor que isso não fica." E, em uma entrada que mostra como eu estava tenso: "Se tudo der certo, faremos o cume na terça! É muito difícil entender nesse ponto. Seria inacreditável. Muitos metros para escalar e quilômetros para andar antes disso tudo!! Mas eu espero, eu espero, eu espero, eu espero..."

Assim como J.-C. havia conseguido relatórios do tempo de Chamonix em 2002, agora eu estava usando o meu telefone satelital para contatar um especialista chamado Michael Fagin em Seattle para ter previsões mais precisas. No dia 7 de maio, recebi uma boa notícia: "O vento vai diminuir nos 8.000 metros e um clima seco está a caminho vindo do norte".

Também usei o telefone satelital para falar com Paula. Nunca senti tanta saudade dela e das crianças, mas, ao mesmo tempo, estava focado na montanha como nunca. Concordei em levar o telefone na escalada e ligar para ela do cume se, de fato, eu o alcançasse dessa vez. Normalmente, ela prefere que eu ligue não do cume, mas apenas quando estou de volta ao acampamento; nesse ano, porém, chegar ao topo seria um momento importantíssimo e Paula queria saber do nosso sucesso no momento em que ele acontecesse.

Na noite do dia 8 de maio, após uma escalada de dez horas desde o acampamento-base, Veikka, eu e três dos italianos estávamos abrigados no Acampamento II, a 5.790 metros. Silvio e seu parceiro escalariam direto do acampamento-base de manhã, juntando-se a nós no Acampamento II, e continuariam até o Acampamento III no mesmo dia. Seria um esforço fenomenal. O plano era todos nós deixarmos o Acampamento II juntos às quatro da manhã, cruzar o corredor polonês o mais rápido possível e nos refugiarmos no Acampamento III, a 6.850 metros, em um abrigo seguro no final da Foice. No dia seguinte, teríamos uma escalada cansativa, mas tecnicamente fácil, de 1.219 metros até o cume.

Os italianos não estavam carregando nada, já que eles já haviam ido até o Acampamento III e montado um pequeno depósito lá. Veikka e eu tínhamos nossas cargas de vinte quilos. Outro benefício de escalar com os italianos: como eles estavam leves, podiam abrir a trilha pela maior parte da face. Naquela noite, escrevi no meu diário: "Obrigado Deus pelos cinco italianos, pelas cordas fixas e por eles abrirem o caminho... Por favor, que o tempo esteja bom!"

No dia 9 de maio, levamos oito horas para escalar a face, atravessando o corredor polonês. Havia apenas um lugar seguro para parar e descansar, na metade do dia. Com a exceção daquela pausa curta, escalamos sem parar. Embora tivéssemos completado a travessia sem o menor susto ou problema, fiquei com o coração na boca o trajeto inteiro. Veikka depois me contou: "Eu tive que fingir que não estava lá".

Armamos nossa própria barraca no Acampamento III, apenas 23 metros abaixo do acampamento italiano. Estava bem frio e ventava bastante quando chegamos, e deu um trabalhão cavar uma plataforma naquela encosta íngreme. Mesmo estando aliviados em poder entrar na barraca e descansar depois de um dia árduo e estressante, Veikka e eu estávamos muito animados, prontos para o ataque na manhã seguinte. Planejamos sair às 3 horas da manhã. Com mais 1.219 metros para escalar, sabíamos que seria um dia longo.

A preparação mental para uma provação dessas é sempre cheia de apreensão: Será que estarei forte o suficiente? Eu treinei o bastante nos últimos meses? Vou conseguir fazer esse esforço hora após hora? O tempo vai ficar bom o dia todo? Calculamos que levaríamos de oito a dez horas só para chegar ao cume e talvez mais metade desse tempo para descer de volta ao Acampamento III. Como escurecia às 19 horas, mesmo se a viagem de ida e volta levasse catorze horas, nós conseguiríamos voltar ao acampamento às 17 horas, com luz de sobra.

Mas, quando acordamos à meia-noite para acender o fogareiro e nos trocarmos, um vento forte açoitava nossa barraca. Veikka calculou que a velocidade dele era de uns 128 quilômetros por hora. Gritamos para os italianos: "Não tem jeito! O vento está muito forte. Falamos de novo daqui a 24 horas." Eles gritaram de volta, concordando. Mesmo com as nossas barracas a apenas 23 metros uma da outra, havia gretas entre nós e eles e a encosta era potencialmente perigosa. Dessa forma, nunca visitamos nossos aliados: a comunicação era aos berros.

Durante todo o dia 10 de maio, ficamos deitados no nosso único saco de dormir, conservando cada pingo de energia que podíamos. Não conseguíamos dormir e quase não comemos. Falamos muito pouco — ficamos deitados lá sonhando, ouvindo o vento forte bater nas paredes da barraca. Eu me senti bastante frustrado. Em algum momento do dia, usei o telefone satelital para ligar para David Breashears, que estava voltando para casa do Nepal. Suas palavras calorosas de incentivo nos deram o impulso de que precisávamos.

Levantamos à meia-noite do dia 11, só para descobrir que nada havia mudado. Ainda estava ventando muito. Mais uma vez, trocamos gritos com os italianos. Teríamos que adiar por mais um dia o ataque ao cume. Mais 24 horas de uma espera desgraçada. Não tínhamos nem um livro para ler. Naquele dia, um dos italianos decidiu descer. "Eu simplesmente não consigo mais esperar", ele disse, indignado, enquanto saía. Era a sua primeira investida em uma 8.000 metros, então ele ainda não havia sido forçado a desenvolver aquela paciência monótona e impassível, peça fundamental do jogo no Himalaia.

Dormir era impossível, não apenas por causa da nossa animação e apreensão, mas também devido às rajadas constantes de vento. Mantivemos nosso único saco de dormir aberto e jogado sobre nós como um edredom e debaixo dele estávamos com nosso macacão de plumas. Nossa barraca de dois quilos, uma EV2 da Mountain

Hardwear, projetada em parte por mim, estava esticada como um tambor e firme como uma rocha. Eu nunca me acostumei completamente com o fato incrível de que uma única camada de náilon esticada entre duas varetas de alumínio pudesse ser o que separa você da morte. Toda noite, enquanto ficávamos debaixo do saco de dormir, nossa respiração condensava e congelava na parte interna da barraca. Quando o vento batia no tecido, levávamos uma chuva de partículas de gelo. Ficar escondido debaixo da coberta não era uma opção, pois não conseguiríamos respirar. Torcemos por uma trégua do vento, mas ela nunca veio.

Durante esses dois dias de espera, ouvíamos frequentemente o barulho distante de um *serac* caindo ou de uma avalanche. Toda vez, nós dois sentávamos rapidamente e tentávamos descobrir de onde o barulho estava vindo. Havíamos inspecionado o local do acampamento antes de montar as barracas; sabíamos que ele estava em um lugar seguro. Mas no meio da noite a imaginação corre solta. Sob a luz fraca do amanhecer, eu olhava para fora só para ter certeza de que não havia nenhum *serac* ou avalanche à espreita logo acima de nós. Eu também dava uma olhada rápida para a colina só para ter certeza de que as barracas italianas haviam aguentado os golpes de vento da noite. Às vezes, víamos dois dos italianos com a cabeça para fora, fumando cigarros e sorrindo.

Cercados de gretas escondidas, Veikka e eu não nos afastávamos da barraca mais de um metro, mesmo nas nossas raras jornadas lá fora para cavar a neve dos deslizamentos no lado da parede ou para um "número dois". A segunda tarefa se tornou um processo precário e desagradável. Tínhamos que verificar se os grampões estavam bem presos e então nos ancorar com uma piqueta em uma mão e nos agachar rapidamente para minimizar a quantidade de neve que o vento carregaria para dentro das calças. Como quase não comíamos a 6.850 metros, não havia muito para sair do outro lado. No final da tarefa desagradável, voltávamos com as mãos e a bunda dormentes para a segurança da pequena casa que nossa barraca havia se tornado.

Nossa dieta consistia em algumas frutas desidratadas, um biscoito e café para o desjejum; um pedaço de carne seca bovina, algumas nozes e um cookie no almoço; e talvez queijo e sopa com bolachas no jantar. Nesse ritmo, nosso pequeno suprimento de comida poderia durar por bastante tempo. Mas, mesmo que comêssemos bem pouco, precisávamos beber alguma coisa, o que significava que tínhamos que derreter neve hora após hora. Nosso suprimento de combustível minguava mais rápido que esperávamos.

Na metade daquele segundo dia, estávamos no nosso último galão de combustível, que duraria, assim esperávamos, mais 36 horas. Em algum momento Silvio gritou: "Vocês precisam de alguma coisa?"

Eu respondi: "Se precisarmos ficar aqui por mais muito tempo, precisaremos de um galão de combustível e talvez um pouco de comida".

"Nós temos bastante", ele gritou de volta. Aquilo foi tranquilizador.

A vigília do segundo dia foi especialmente cruel para mim. Fiquei pensando: se tivermos só um dia bom, posso acabar com tudo isso de uma vez. Psicologicamente, lembrou-me dos tempos de natação, agachado no bloco de partida, esperando o juiz atirar, com a diferença que, em vez de segundos, a espera se estendeu durante dezenas de horas.

Comecei a pensar que o Annapurna estava brincando conosco, avisando que era ele quem estava no comando. Sempre acreditei que a montanha decide se você deve seguir em frente, ficar esperando ou descer de volta. Agora, a apenas um dia do fim da minha jornada de dezoito anos, supliquei ao Annapurna para ter misericórdia de nós e nos deixar escalar.

À meia-noite do dia 12 de maio, decidimos seguir adiante. Não era um dia ideal, mas o vento havia diminuído para trinta ou cinquenta quilômetros por hora. A última coisa que fiz antes de sair do acampamento foi pegar o telefone para contar a novidade para Paula. Liguei o telefone: sem sinal. Mesmo com uma bateria completamente carregada e mais outra de reserva, o maldito simplesmente não funcionou, mesmo que eu tivesse dormindo com o aparelho para mantê-lo quente. De todas as vezes que ele podia não funcionar!

Xingando, joguei o telefone para o canto da barraca. Usamos então o rádio para contatar Jimmy Chin no acampamento-base e contar para ele que estávamos indo para o topo. Pedi a Jimmy: "Você pode por favor ligar para Paula e avisá-la?".

Algumas semanas antes, os italianos haviam fixado uma corda mais acima do acampamento para nos guiar por uma pequena encosta de gelo. Agora, depois de subir a encosta, continuamos fixando cordas em um terreno moderado por algumas centenas de metros, principalmente para nos ajudar a achar o caminho de volta para o acampamento na descida. Ancoramos a corda fixa superior com um parafuso para gelo no topo de um *serac*, onde pensamos que seria fácil encontrá-la na volta. Depois, eu comecei a fincar as estacas de madeira.

No começo, os italianos estavam na frente, mas logo Veikka assumiu a liderança, comigo logo atrás. Assim que saímos na larga encosta que segue em uma inclinação interminável até o cume, percebi como estava frio. Eu estava com tudo — meus óculos de esqui em vez dos de sol, a máscara de rosto e o protetor de pescoço, minha jaqueta de fleece debaixo do macacão de plumas — e não estava nem perto de ficar quentinho.

Todos pareciam estar sentindo frio; era uma batalha dura para todo mundo, o dia não estava sendo nada fácil. Vi Silvio parar de vez em quando para balançar as pernas e fazer o sangue descer até o pé. Eu não uso aquela técnica; em vez disso, fiquei torcendo e apertando os dedos do pé a cada passo, o dia todo. Se você parar de torcer, pode perder a sensibilidade nos dedos e depois pode ser tarde demais. Os outros italianos estavam mexendo as pernas como Silvio, cada um preso em sua própria luta contra o congelamento.

Aquela encosta da face norte deve ser um dos lugares mais frios do Himalaia, especialmente com vento. Agora podia entender completamente o porquê de Herzog e Lachenal, com suas roupas primitivas de 1950 e suas botas de couro, sentirem seus pés adormecerem quase imediatamente no dia do ataque ao cume. Duas vezes, naquele 3 de junho, Lachenal havia parado, tirado as botas e tentado esfregar os pés até recobrar a sensibilidade; mesmo assim ele e Herzog perderam todos os dedos gangrenados por causa do congelamento.

Naquele dia, Veikka estava muito bem, eu nunca o havia visto tão forte. Na liderança, ele subia hora após hora. A superfície era de gelo e a neve estava endurecida, então nossos grampões prendiam bem, facilitando o trabalho de abrir trilha. Eu conseguia manter a distância entre mim e Veikka, mas não conseguia alcançá-lo. Os italianos estavam debilitados atrás de nós. Em um determinado momento, eu os vi amontoados, mas só tinha três deles agora.

"Cadê o Silvio?", eu perguntei.

"O pé dele estava muito frio", foi a resposta. "Ele voltou".

Pobre Silvio! Se alguém merecia o cume, era ele. Ele já havia escalado dez das 8.000 metros. Mas eu admirava seu julgamento. Nenhum cume vale a sua vida, nenhum cume vale a perda dos dedos da mão ou do pé.

Praticamente não havia marcos na encosta, havia apenas elevações de gelo e uma greta ocasional, mas era mais íngreme do que eu havia pensado de início. Enquanto escalávamos, não conseguia ver a pirâmide do cume, o que era desanimador. Parecia não haver lugar para sentar; quando parava, só podia me agachar. Eu tinha um litro de água na garrafa e um gel energético na mochila, mas nem toquei neles. Parecia muito difícil e muito frio para parar e tirar a mochila das costas.

Finalmente, avistei o último conjunto de paredes pelas quais Herzog e Lachenal não sabiam se conseguiriam passar até o último minuto. Mesmo com toda a minha experiência eu calculei a distância muito mal. Pensei que o conjunto de paredes estava a meia hora quando o vi pela primeira vez. No final, demorou duas horas só para chegarmos a ele. Não havia nada lá para nos dar uma ideia da escala.

Veikka apenas continuou escalando. Estava ventando demais para falar qualquer coisa. Cada um de nós se arrastava adiante, protegido em sua própria cápsula.

Chegamos enfim ao conjunto de paredes e encontramos a ravina que nos permitiria passar. Uma velha corda fixa estava pendurada ali. Mais para frente, a crista do cume se estendia em uma série de irregularidades. Escalamos uma após a outra, sabendo que o verdadeiro cume estava no fim da trilha.

Então, por volta de 2 da tarde, Veikka e eu pisamos no cume! Nós nos abraçamos com força. Eu não conseguia falar, estava engasgado. Mas não sentia a onda de emoção que esperava. Eu pensei que explodiria em lágrimas, mas não explodi. Veikka e eu nos sentamos lá por um longo momento, enquanto eu tentava compreender que meu sonho de dezoito anos havia finalmente se tornado realidade. Eu gostaria de poder ficar lá por horas...

Finalmente, peguei o rádio para dar a notícia a Jimmy no acampamento-base. Eu queria tanto ter ligado para Paula com o telefone satelital, mas agora ela teria que saber do meu triunfo em segunda mão.

Pelo rádio, eu disse: "Esse é um dos dias mais felizes da minha vida e um dos mais difíceis também". No fundo, eu conseguia ouvir as saudações norte-americanas e os "Bravos!" italianos.

A euforia que relatei a Jimmy era genuína. Mas ela estava em guerra com outro sentimento, muito mais sombrio: eu sentia um frio na barriga.

A escalada do Annapurna estava apenas na metade. Descer nunca tinha sido tão obrigatório.

Epílogo
Outros Annapurnas

Veikka e eu passamos quase uma hora ali no topo, bem mais tempo do que eu costumo ficar no cume de uma 8.000 metros, mas se já houve um momento que eu quisesse desfrutar sem pressa, o momento era aquele. Ambos tínhamos aceitado a dura realidade que, devido aos riscos inevitáveis da montanha, aquele podia ser um cume que nunca alcançaríamos. Conversamos várias vezes sobre como queríamos logo acabar com aquela história de Annapurna, mas, ao mesmo tempo, sabíamos que se conseguíssemos fazer o cume, seria a mais mágica das conquistas entre todas as nossas campanhas nas maiores montanhas do mundo. Para mim, aquele momento não era apenas mais uma 8.000 metros, nem o fim de cinco anos de dúvida e medo, mas o resultado de uma busca de dezoito anos. Enquanto admirava a paisagem no alto do cume, tinha a exata noção de que estava vendo o mesmo cenário que Herzog e Lachenal avistaram cinquenta anos antes.

Montado na crista da aresta, observei o precipício da face sul, por onde a equipe de Bonington havia feito a épica ascensão em 1970 e onde J.-C. havia lutado pela vida em 1992.

Um a um, os três italianos, Daniele Bernasconi e os dois Marios (Mario Merelli e Mario Panzeri, que nós chamávamos de irmãos Mario), arrastavam-se lentamente até o cume. Como Veikka e eu tivemos que atravessar a aresta do cume, tivemos que observar cada irregularidade para garantir que havíamos encontrado o mais alto. Agora os italianos estavam fazendo a mesma coisa. Como relatou um dos Marios quando se juntou a nós: "Temos que fazer isso direito por causa da Miss Hawley". Apertamos as mãos e nos abraçamos.

Durante nossa descida, as típicas nuvens da tarde começaram a se acumular. Não demorou muito para estarmos em meio à densa neblina. Não chegava a ser uma tempestade, como a que enfrentamos ao descer o K2 tão traiçoeiro em 1992, era apenas o clima normal da tarde no Himalaia. Mesmo assim, houve uma precipitação de alguns centímetros de neve e nos demos conta de que, lá embaixo, qualquer corda fixa que estivesse perto do chão provavelmente seria encoberta pela neve.

Foi nessa hora que as estacas que finquei durante a ascensão, desde o parafuso para gelo que havíamos deixado no *serac* para ancorar a corda fixa mais alta, mostraram-se absolutamente vitais para não nos perdermos na descida. Daniele, o mais forte dos três italianos, desceu comigo e Veikka, enquanto os irmãos Mario foram ficando para trás.

No Acampamento III, eu não tinha mais muitas estacas, então tive que fincá-las com boa distância entre uma e outra no relativamente vazio de marcos do campo de neve do cume. Agora nós três andávamos em paralelo entre nós, como socorristas procurando uma criança perdida na floresta, ao descer o campo de neve procurando a próxima estaca. Em alguns lugares, ainda dava para ver as marcas dos grampões que ficaram na neve quando subimos, assim sabíamos que estávamos na rota, mas em outros, o vento havia varrido nossos rastros ou a neve acumulada havia encoberto a encosta.

Nós nos juntávamos em uma estaca e então nos dividíamos de novo, afastando-nos o máximo possível sem nos perdermos de vista, e continuávamos a descida, em busca da estaca seguinte. Desnecessário dizer que era um trabalho lento e meticuloso. À medida que as nuvens se deslocavam, a visibilidade aumentava e diminuía. Eu ainda não estava em alerta; ainda me sentia bem seguro, pois achava que seríamos capazes de traçar o caminho entre as estacas, bastava sermos pacientes e metódicos.

Enquanto descíamos, era de suma importância não perder de vista a estaca que havia ficado para trás. Quando ela praticamente sumia de vista, tínhamos que parar e observar a área adiante, procurando a próxima estaca. Se não conseguíamos enxergá-la, a opção era sentar e esperar — uma demora irritante, já que isso só nos fazia ficar cada vez com mais frio — até a visibilidade melhorar um pouco. Se perdêssemos a estaca anterior de vista sem ter localizado a próxima, podíamos ficar totalmente perdidos, incapazes de manter o rumo certo em meio àquela total neblina que havia se tornado nosso mundo.

Foi quando o Annarpurna começou a caçoar de nós. A alguns metros acima do parafuso para gelo no *serac* que ancorava nossa corda fixa mais elevada, finquei um par de estacas em um ponto onde elas podiam ser facilmente avistadas lá de cima, como um tipo de indicação para a sequência de cordas fixas que nos levaria sem esforço até as barracas do Acampamento III. Por volta das 18 horas, quando começou a anoitecer, encontrei esse par de estacas. Senti um grande alívio. Agora eu sabia que era só fazer uma pequena virada e haveria um parafuso para gelo com a corda fixa presa abaixo dele — nossa linha da vida até o acampamento.

Viramos. "Mas que merda?", disse mais baixo que a respiração. Nada de corda, nem de parafuso. Nada. Por um instante, pensei que eles estavam encobertos por neve, mas logo percebi que isso não era possível. Havíamos ancorado a corda bem acima do chão para nos precaver dessa possibilidade. Será que tínhamos virado no lugar errado naquele diminuto trecho entre as últimas estacas e a ancoragem da corda fixa mais alta?

EPÍLOGO – outros Annapurnas

Lembramos que Silvio havia dito algo sobre precisar recuperar alguma das cordas fixas mais altas para proteger uma passagem bem abaixo. Será que depois do seu regresso pela manhã, quando seus pés estavam muito gelados para prosseguir, ele tinha feito isto: removido a última corda para usá-la em um ponto mais baixo da via? Se sim, será que ele não percebeu como aquele ato poderia deixar-nos num beco sem saída?

Depois da expedição, troquei correspondências com Silvio. Ele jurou não ter mexido nas cordas fixas e acredito nele. No fim, a corda desaparecida continua sendo um mistério.

Daniele já havia estado naquela parte da montanha durante as muitas semanas em que sua equipe esteve subindo acampamentos até a Foice e mais além. Ele então disse: "Eu conheço o caminho. Sigam-me." A luz desaparecia rapidamente; em questão de uma hora estaria escuro. Acendemos nossas lanternas e seguimos Daniele. Felizmente, as nuvens dispersaram, o céu estava limpo e sem vento, mas também não tinha lua. Daniele disse: "Temos que ir por aqui, descer esta face". Aquilo, porém, não soava bem para Veikka nem para mim. O pior que podia acontecer era passarmos reto pelo Acampamento III sem enxergarmos as barracas e nos vermos presos em alguma encosta irreconhecível em algum lugar da face norte, totalmente fora da nossa rota de ascensão.

Veikka foi o primeiro a falar: "Não me lembro de ter escalado aqui", disse sobre a rota proposta por Daniele. "Ed, temos que subir um pouco e cruzar para a direita". Por todo esse tempo, não sabíamos onde estavam os irmãos Mario, em algum lugar lá em cima, descendo lentamente pela via, seguindo nosso rastro (era o que esperávamos), mas já no escuro da noite. Achávamos que os irmãos Mario, dois veteranos experientes que haviam escalado tantas vezes juntos, saberiam se cuidar. Para nós, ao descermos antes e abrirmos a trilha estávamos ajudando-os.

Eu estava muito cansado, e tudo que queria era encontrar a barraca e dormir. Não estávamos desesperados. Mas eu preferi confiar na habilidade apurada de Veikka para encontrar o caminho que na quantidade desconhecida de intuição de Daniele. Veikka e eu desistimos do caminho proposto por Daniele, escalamos um pouco e começamos a travessia. Repentinamente incerto, Daniele hesitou e então virou e nos acompanhou. O frio na minha barriga aumentava. Parecia que o Annapurna não queria abrir mão de nós.

Enquanto isso, em Bainbridge Island, Paula estava passando pela pior provação da nossa vida de casados. Do acampamento-base do Annapurna, eu usava o telefone satelital para falar regularmente com ela. E combinamos que levaria o telefone na escalada para poder ligar para ela quando partisse para o cume e de novo quando – e se – estivesse no cume.

A diferença de horário entre o Nepal e a costa Pacífico noroeste dos Estados Unidos é de cerca de vinte horas. Quando chegamos ao Acampamento III em 9 de maio, telefonei para Paula e disse que, provavelmente, partiríamos rumo ao cume às três da madrugada seguinte. Sendo assim, por volta das 15 horas do dia seguinte, enquanto se ocupava com suas atividades cotidianas, ela também estava pensando em mim, vestindo-me no Annapurna, a 6.800 metros, e saindo em total escuridão para o cume. Como se tratava da minha última 8.000 metros e, principalmente, porque era o Annapurna, um arrepio familiar a assustava.

Ela havia perguntado quanto tempo eu achava que levaria para chegar ao cume. Pressionado para dar um número exato, disse que levaria cerca de oito horas, subestimando muito a dificuldade da parte final da escalada, na qual Veikka e eu acabamos levando sete horas para completar. Então, à medida que a tarde passava e a noite caía nos Estados Unidos, Paula me imaginava cada vez mais perto. Por volta das 20 horas, o telefone tocou — e não era a hora certa em que eu estaria no cume.

"Não fomos", tive que dizer a ela. "Estava ventando muito."

"Que droga", ela disse, "pensei que você estava escalando".

Pensando agora, talvez eu devesse ter ligado para ela à meia-noite do horário no Annapurna, quando acordamos no Acampamento III e decidimos não arriscar. Em vez disso, esperei até de manhã, depois de aproveitar algumas horas preciosas de soneca, para dar a notícia. Paula não ficou brava, apenas decepcionada.

No dia seguinte foi uma repetição da mesma situação frustrante, quando novamente o vento soprou muito forte para podermos escalar. A prolongada incerteza estava deixando Paula maluca. Eu também estava meio perturbado, imaginando se o clima nos daria a chance de chegar ao cume do Annapurna.

Então, na manhã de 12 de maio, quando gritamos para os italianos "Vamos lá! É hoje!", a última coisa que fiz antes de deixar o acampamento foi pegar o telefone e ligar para Paula. Foi quando o equipamento decidiu parar de funcionar, para meu total aborrecimento e desânimo.

Havia outro telefone funcionando bem no acampamento-base, de modo que, depois de passar um rádio para Jimmy reportando que estávamos de partida, pedi para ele avisar Paula. Jimmy atendeu ao pedido e, pelo menos, ela sabia que estávamos a caminho.

Eram 15 horas em Bainbridge quando Paula foi avisada. A tarde passou, o sol se pôs, caiu a noite. Eu havia dito que cerca de oito horas seriam suficientes para chegarmos ao cume. Às 22 horas, ela literalmente mal respirava, esperando o telefonema. Onze da noite, meia-noite. Jimmy podia ligar para ela pelo telefone satelital, mas ela não conseguia ligar para ele no acampamento-base. A ela só restava esperar.

Durante todo o percurso até o Acampamento III, carreguei nosso telefone satelital e Veikka o nosso rádio. Sem pensar duas vezes, Veikka enfiou o rádio na mochila dele quando partimos naquela manhã. À medida que as horas avançavam, eu tinha cada vez mais consciência do que Paula estava passando. Eram 11 horas, oito após termos partido do Acampamento III, e estávamos em algum lugar perto do topo.

Parte de mim sabia que deveríamos parar e ligar para o acampamento-base para dar notícias, assim Jimmy telefonaria para Paula e reafirmaria a ela que estávamos bem, apenas um pouco atrasados. Mas, enquanto isso, Veikka estava liderando o grupo e, embora eu conseguisse acompanhar seu ritmo, não conseguia alcançá-lo. A escalada já nos consumia tanto, que parecia um pouco demais acenar para Veikka interromper seu progresso para eu fazer uma ligação. Naquele ataque inédito, eu só queria continuar subindo. Compenetrados na tarefa, nem Veikka nem eu paramos para tirar uma foto durante a subida. Com o frio e o vento, tentar tirar uma fotografia seria pedir para ter alguma extremidade congelada. Até engolir o gel energético ou tomar um gole de água já parecia distração demais, imagine procurar o rádio para chamar o acampamento-base. Tanto Veikka quanto eu precisávamos nos manter totalmente concentrados no momento. Mesmo assim, sem conseguir parar de pensar no quanto Paula devia estar ansiosa, tentava direcionar a ela um pensamento por algum tipo de telepatia, transmitindo meu pedido a 19 mil quilômetros de distância: *seja flexível, querida, você sabe que oito horas foi apenas um palpite. Você sabe que pode demorar bem mais.*

Contudo, no acampamento-base, o próprio Jimmy começava a se preocupar. Em algum momento, ele ligou para Paula. "Eles partiram às três horas", Jimmy relatou a ela, "mas até agora não tivemos notícias deles. Não sabemos onde eles estão."

Paula sabia como era o jogo nas 8.000 metros. Sempre combinamos que, em princípio, não ter notícia é uma boa notícia. A menos que você saiba do pior, assuma que o melhor aconteceu. Mas o telefonema de Jimmy a deixou abalada.

Paula foi para cama, mas, é claro, não conseguiu dormir. A noite é o pior horário para os pensamentos negativos das pessoas. Ela ficou deitada, encolhida, enquanto passavam pela sua cabeça todas as hipóteses possíveis. E, à medida que os minutos passavam, suas fantasias cada vez mais tendiam para o pior cenário. *Tem algo errado,* ela sofria. *O Eddie não vai voltar para casa.*

Paula é uma lutadora. Deitada no escuro, encolhida, tentava preparar-se para um futuro sem mim. *Eu vou ficar bem,* ela racionalizava. *Vou vender a casa. Vou morar perto da minha família.*

Mais tarde ela me contou que, naquelas horas difíceis, ela oscilava entra uma profunda tristeza e muita raiva por eu ter escolhido aquela profissão. A raiva foi extravasada em um único protesto enfurecido, enviado diretamente a mim, do outro lado do mundo: *Dane-se você! Como é que eu vou contar para as crianças?*

Por horas, Paula ensaiou a fórmula. Ela juntaria Gil, Ella e Anabel em sua cama e soltaria a terrível frase: "O papai não vai voltar para casa". Mas tudo que ela conseguia imaginar era o olhar arregalado de Gil e a resposta incrédula: "Mamãe, o que você quer dizer?"

Por volta das três da madrugada veio a feliz ligação de Jimmy, informando que tínhamos feito o cume. Mas a sensação de alívio de Paula durou pouco. Ela sabia que aquilo era só metade da escalada. Se havíamos demorado onze horas para chegar ao cume, em vez das oito que eu previra, o que aconteceria na descida? Durante o restante da noite insone, cenários sombrios voltaram à sua mente. E, às 6 da manhã, com o sol nascendo em Puget Sound, ela sabia que a noite estava caindo no Annapurna e que ainda não havíamos voltado para o Acampamento III.

Realmente, àquela hora, Veikka, Daniele e eu estávamos cruzando as encostas, procurando com as lanternas as cordas fixas fugitivas que nos levariam de volta às nossas barracas. E ainda não tínhamos a menor ideia de onde estariam os irmãos Mario, sem dúvida surpreendidos pela noite em algum ponto bem mais alto da montanha. Felizmente, o clima continuava bom.

Ao cruzar a encosta, seguindo o palpite de Veikka, as coisas começaram a parecer familiares. Eu achava que estávamos na área certa; provavelmente estávamos um pouco abaixo de onde a corda mais alta tinha sido instalada, aquela que não conseguimos encontrar. Sendo assim, ocorreu-me que a sequência de cordas fixas penduradas pelos *seracs* e que levavam ao Acampamento III provavelmente estariam em algum lugar por perto, encobertas por uma fina camada de neve fresca.

Não sentia que se tratava de uma situação de vida ou morte. O clima estava bom, estávamos a cerca de 7.000 metros, não nos 8.500 do Everest, e certamente podíamos fazer um bivaque. Todavia, seria uma noite infernal. Eu só queria estar *em casa* – que por enquanto era a aconchegante barraca do Acampamento III, mas de verdade, em Bainbridge Island.

Enquanto atravessávamos, comecei a arrastar meus grampões a cada passo. Após alguns minutos, as pontas do meu grampão direito enroscaram em algo sob a superfície. "Veikka!", eu gritei feliz, "Achei as cordas!"

Agora podíamos ir para casa. As cordas fixas, presas de uma extremidade a outra, levaram-nos direto ao acampamento. Segurando nas cordas, dava quase para seguir o trajeto de olhos fechados. Mesmo assim, quando alcançamos as barracas já passava das 22 horas. Permanecemos em atividade (exceto por aquela uma hora no cume) por dezenove horas consecutivas. Poucas vezes me senti tão cansado.

Assim que entramos na barraca, eu disse: "Veikka, me dá o rádio". Apertei o botão de transmissão, acordando Jimmy. "Acampamento-base, acampamento-base", eu chamei, "a águia pousou!". Depois da própria comemoração no acampamento-base, Jimmy telefonou para Paula com a notícia.

Ainda tive força suficiente para escrever no meu diário em letras maiúsculas: "HOJE CONSEGUIMOS! I-NA-CRE-DI-TÁ-VEL! UM SONHO SE TORNOU REALIDADE!"

Os irmãos Mario não voltaram naquela noite. Eu estava preocupado com eles, mas Daniele disse "não se preocupe, eles estão bem".

O que aconteceu foi que, no alto do campo de neve do cume, descendo lentamente no escuro, um dos Marios quebrou uma ponte de neve e caiu em uma greta. Sem ferimentos, disse a si mesmo "olha, aqui é um ótimo lugar para um bivaque". Os Marios passaram a noite na gruta de gelo com relativo conforto. Aquele bivaque lembrou os felizes eventos de 1950, quando os quatro escaladores franceses, ao fazer uma descida desesperada em meio a uma tempestade, se perderam na montanha e foram salvos porque Lachenal caiu em uma greta, na qual o quarteto passou uma noite terrível, mas possível de sobreviver.

Naquela manhã, enquanto Veikka e eu estávamos deitados sob o único saco de dormir, de repente senti cheiro de cigarro. "Os irmãos Mario voltaram", pensei contente. Fumantes inveterados, aqueles bravos italianos não puderam resistir a uma tragada assim que se viram em segurança no Acampamento III. Ficamos felizes em ver que eles estavam bem depois da noite fora.

Ainda não tínhamos descido a montanha. Eu estava com medo daquela última passagem pelo corredor polonês. Depois de chegarmos à barraca, fervemos várias panelas de suco, debruçados sobre o fogareiro até a meia-noite, embora não tenhamos comido nada. Nós dois tínhamos dedos doloridos e os de Veikka estavam levemente adormecidos, mas sem sinais de congelamento. Pela primeira vez em vários dias, dormimos de verdade, um com a cabeça nos pés do outro, sob nosso único saco de dormir.

Na manhã seguinte, o dia nasceu com o céu totalmente limpo, mas com vento forte no alto da montanha. O dia 12 de maio foi a única janela de tempo razoável para a escalada ao cume no intervalo das últimas semanas e nós havíamos conseguido. Cansados como estávamos, guardamos os equipamentos, ignoramos o desjejum e partimos às 9h30. Deixamos a barraca, o fogareiro, o combustível, os restos de comida e os isolantes térmicos para Charley Mace, meu velho amigo da escalada do cume do K2 que havia chegado ao acampamento-base do Annapurna depois de nós e planejava, com dois parceiros, uma ascensão tardia.

Descemos o corredor polonês pela face norte o mais rápido que conseguimos. Durante todo o percurso daquela passagem perigosa, era como se eu estivesse prendendo a respiração. Três horas depois, tendo finalmente escapado da armadilha da face norte, praticamente nos arrastamos o mais rápido que nossas pernas cansadas permitiram pelo platô do glaciar, rumo ao Acampamento II. Tínhamos que nos afastar o máximo possível da face antes de poder respirar aliviados. Uma visão da imensa avalanche que testemunhamos em 2000, que varreu a parte mais alta do platô, estava gravada na minha memória e na de Veikka.

Era 13h30 quando alcançamos a relativa segurança do Acampamento II. Encontramos ali dois litros de água que Charley havia deixado para nós e que engolimos como camelos no deserto. Tirei meu macacão de fleece pela primeira vez após cinco dias e vi que estava repleto de fragmentos e penas de ganso que se soltaram pelas fibras do tecido. Estava parecendo um saco grande. Veikka e eu rimos alto dos nossos "fracos corpos de 44 quilos".

No Acampamento II, apanhamos alguns equipamentos que havíamos deixado ali, nos encordamos e partimos para o último trecho. Tínhamos que negociar a passagem por um pequeno e íngreme campo de gretas antes que o terreno se degradasse. Depois havia uma longa e plana extensão de glaciar para cruzar a fim de chegar ao Acampamento I. No meio dessa extensão, as nuvens da tarde acumularam-se de novo, como uma névoa maligna com vida própria, determinada a nos torturar uma última vez.

Logo estávamos envoltos em uma densa neblina comparável com aquela que nos pegou durante a volta do cume um dia antes. Para piorar a situação, todas as estacas que eu havia fincado durante a subida haviam tombado quando a neve derreteu. Agora não havia como enxergá-las sob a camada de neve fresca. Paramos e esperamos por uma hora, com medo de nos perder. Sentindo uma frustração enorme, tentamos rir da situação, mas só conseguíamos lamentar. Sabíamos em qual direção ficava o acampamento, mas havia um campo minado de gretas entre nós e ele. Disse para mim mesmo: *Caramba, dá uma folga*. O Annapurna não queria abrir mão de nós.

Por fim o céu limpou. O Acampamento I estava a apenas uns duzentos metros de distância. Não tínhamos quase nada para pegar ali, era apenas um ponto crucial no percurso de descida. Desse ponto, sabíamos que era preciso virar à esquerda e depois ziguezaguear por uma pequena cascata de gelo.

Ficamos em contato com Jimmy pelo rádio. Ele prometeu que haveria um comitê para nos recepcionar na base da cascata de gelo. Eu tinha que continuar dizendo a mim mesmo para não desistir, que ainda não tinha acabado. A escalada só acaba quando você põe os pés fora da montanha e tira as botas pela última vez.

Finalmente conseguimos ver o grupo nos esperando na base da cascata de gelo e dava para ouvi-los gritando e comemorando. Desescalamos e rapelamos tranquila e lentamente pela cascata de gelo. Pela última vez, prendemos a respiração, rezando para que nada despencasse enquanto estávamos no meio daquelas torres e gretas de gelo.

E então *bum!* Chegamos. Silvio me deu um abraço apertado, que me levantou do chão, quase me sufocando. Os rapazes tinham levado cerveja, batatas fritas e nossos calçados de trilha. Tiramos as botas. Foi um reencontro tremendamente feliz com velhos e novos amigos. Finalmente pude extravasar minhas emoções e as lágrimas brotaram nos meus olhos, escondidas pelas lentes escuras dos meus óculos de sol. Segurei os soluços enquanto me entregava a uma onda de alívio arrebatador. Veikka e eu nos abraçamos, sem dizer uma palavra. Na verdade, palavras eram desnecessárias.

Os colegas carregaram nossas mochilas. Levamos mais quarenta minutos para chegar ao acampamento-base. Durante esse tempo, começou a nevar. Agora nada podia estragar o dia. Eu me sentia como se fosse Natal e eu era o homem mais feliz do mundo. Eu tinha nas mãos o mais belo presente que já havia ganhado: o Annapurna.

Apenas cinco dias depois, eu estava em casa, em Bainbridge Island. Para minha decepção, Paula ainda não havia conseguido esquecer a angústia que havia sentido naquela noite de 11-12 de maio. Racionalmente, ela sabia que não tinha sido minha culpa o telefone satelital ter quebrado e entendia os motivos pelos quais Veikka e eu não tínhamos nos dado o luxo de parar no meio da escalada para mandar notícias pelo rádio ao acampamento-base. Mas ela ainda estava brava comigo. Aquela explosão lancinante no meio da noite, quando, encolhida em nossa cama, ela desabafou silenciosamente sua raiva — *Dane-se você! Como eu vou falar para as crianças?* — ainda não tinha se dissolvido.

Como Paula sempre disse, ela foi a torcedora número um ao longo de todo o projeto Endeavor 8000. Mas, durante aqueles primeiros dias em casa, eu me sentia pisando em ovos. No fim, tivemos que colocar tudo para fora, passando várias noites conversando sobre isso antes de nos reconciliar. Em 13 de maio, Ron Judd, repórter do *Seattle Times* que acompanhava minha carreira e se tornou um amigo, escreveu uma matéria sobre a vigília de Paula noite adentro. Na primeira página, o *Times* publicou uma foto de Paula e das crianças. Nenhum deles parecia feliz, nem a bebê Anabel, segurando uma toalhinha perto da boca. A matéria teve uma forte resposta de simpatia entre os leitores. Muito mais gente do que jamais imaginei identificou-se muito com Paula e sua preocupação ao longo daquela noite insone.

Quando decolamos de helicóptero do acampamento-base no dia 14 de maio, a temporada de primavera na face norte ainda não havia acabado. A segunda equipe italiana, bem como Charley Mace com seus dois parceiros, um norte-americano e outro australiano, estavam esperando para fazer sua tentativa.

Essa segunda equipe italiana era liderada por Abele Blanc, da cidade de Aoesta, a sudeste do Mont Blanc, e Christian Kuntner, tecnicamente um italiano, mas, assim como Reinhold Messner, um falante de alemão do Tirol Meridional. Ambos já haviam escalado treze das catorze 8.000 metros e faltava somente o Annapurna. Quando subi no cume no dia 12 de maio, tornei-me o 12º montanhista do mundo a escalar todas as 8.000 metros e o sexto a fazê-lo sem oxigênio suplementar. Apenas alguns dias depois do meu triunfo, Abele e Christian esperavam tornar-se o 13º e o 14º a completarem o mesmo feito.

Durante o curto tempo que passamos juntos no acampamento-base, achei ambos muito simpáticos e fiquei impressionado com suas habilidades em escalada. Os dois haviam se conhecido em 1999 e se tornaram parceiros inseparáveis. Aquela era a sexta expedição juntos. E se J.-C Lafaille e eu havíamos lutado por anos com nossas próprias nêmesis no Annapurna, o mesmo valia para Abele e Christian, que foram vencidos pela montanha em três tentativas anteriores.

O histórico de Christian era particularmente exemplar. Prestes a completar 43 anos naquela primavera, ele havia escalado cada uma das outras treze 8.000 metros sem oxigênio suplementar nem auxílio de xerpas. Em 2003, fez uma tentativa pela formidável face sul do Annapurna. Abele acabou voltando quando ainda estava um pouco abaixo da face e assistiu angustiado a Christian e a vários colegas de equipe chegarem aos 7.400 metros, a menos 696 metros do cume. Um homem discreto, que escreveu muito pouco para o público sobre suas façanhas, Christian publicou um relato *on-line* sobre o que aconteceu na ocasião:

> Era tarde, já eram 12h30, mas eu queria continuar escalando e fazer o cume. Meus amigos disseram que não, que a descida no meio da noite seria muito perigosa...
>
> Por quanto tempo essa montanha vai lutar comigo?... Este ano, por dois dias, eu pensei que, finalmente, o Annapurna estava estendendo sua mão para mim em prova de amizade. Pouco antes de começar o rapel, levantei a cabeça e olhei para o cume, murmurando para mim mesmo: Eu voltarei e, dessa vez, deixe-me conquistá-la.

Um dia ou dois depois que decolamos do acampamento-base, a última leva de escaladores começou a subir a face norte. Charley Mace e seus dois parceiros escalaram como uma equipe por conta própria, enquanto Abele e Christian receberam Silvio Mondinelli, que havia regressado no nosso dia do cume com os pés gelados, e seu colega menos experiente, que havia feito um rapel do Acampamento III porque não aguentava esperar.

Acima do Acampamento II, existe uma fenda que você tem que atravessar e que funciona como um funil de um grande setor da face superior. Convém entrar e sair dela o mais rápido possível; acho que passamos por ela em trinta segundos. Naquele dia, Charley e seus parceiros cruzaram-na e estavam subindo por uma face irregular à esquerda dela. Abele e Christian estavam na fenda. Christian parou por um momento para capturar algumas imagens com sua filmadora.

EPÍLOGO – outros Annapurnas

Todos ouviram o estalo da rachadura vindo de cima. Agindo por instinto, Charley se pendurou nos jumares que estavam conectados à corda fixa e se balançou para a esquerda, no lado mais afastado de um pequeno monte de neve. Alguns segundos depois, foi atingido pelo desmoronamento, a borda de uma avalanche maior, mas se segurou. Assim que a neve parou de desmoronar, ele ouviu gritos em italiano bem mais abaixo.

Pegos no centro fatal da fenda, Christian e Abele foram atingidos por grandes blocos de gelo e arrastados centenas de metros pela face. Todos os outros escaladores agora estavam descendo pelas cordas fixas para irem ao socorro da dupla atingida. Encontraram Christian e Abele conscientes, mas muito abalados. Christian reclamava de um ferimento no ombro e tinha um corte fundo na testa. Abele não tinha ferimentos aparentes.

Enfim, os escaladores-socorristas começaram a ajudar os dois sobreviventes a voltarem para o Acampamento II. Havia apenas vinte minutos que estavam descendo quando Christian começou a cuspir sangue e, quando urinou, saiu um rio vermelho. Os demais fizeram uma maca para Christian, prenderam-no e começaram a descê-lo pela encosta. Durante todo esse tempo, estavam aterrorizados com a possibilidade de queda de mais detritos. Contudo, a equipe conseguiu levar Christian para o Acampamento II. Durante todo o percurso, deitado na maca, ele permaneceu lúcido e coerente.

Então, talvez umas duas horas depois do acidente, ele adormeceu. Charley mediu seu pulso e ficou extremamente alarmado ao descobrir um fraco batimento de doze batidas por minuto. Ele executou um RCP, mas era muito tarde. Três horas após o acidente, Christian estava morto, aparentemente devido à hemorragia causada por ferimentos internos.

Abele parecia ter entrado em choque pós-traumático. Murmurando e chorando, conforme descreveu Charley, ele agia "como uma criança. Ele queria que alguém o abraçasse."

Usando os telefones satelitais, os sobreviventes chamaram um helicóptero. Naquele mesmo dia, Abele e o corpo de Christian foram removidos da montanha, do Acampamento III, a 5.800 metros, e viajaram duas horas até Katmandu. Abele passou três dias no hospital e os médicos não encontraram qualquer problema físico, exceto o paroxismo do luto pela vida do amigo.

Era o fim da temporada de primavera no Annapurna. Como Charley descreveu mais tarde, "em segundos, fomos do céu ao inferno".

Ele acrescentou: "Não existe uma via boa e segura na face norte. O Ed teve sorte."

Fazia um ou dois dias que eu estava em casa quando o telefone tocou. Era Veikka, ligando de Katmandu, onde ele planejou passar algum tempo depois da expedição. "E aí", respondi alegremente, "como vão as coisas?"

"Más notícias, Ed", Veikka respondeu. "O Christian morreu esta manhã no Annapurna."

Quase deixei o telefone cair. Então, no fim das contas, o Annapurna não estava a fim de deixar seus cortejadores saírem numa boa. Mais uma vez a montanha tinha cobrado seu pedágio, o mais cruel entre os picos do Himalaia.

Pode parecer estranho, mas assim que desliguei, meu único pensamento era: *Como é que eu vou contar para a Paula? O que ela vai pensar? Eu estava lá, atravessando aquela mesma fenda e agora uma pessoa acaba de morrer ali. Será que ela vai achar que sou estúpido? Ela podia duvidar de mim para sempre.*

Talvez aquela reação tenha surgido do instinto que tive a vida inteira de que se alguém está chateado a culpa é minha; e também devido à raiva que ela sentiu porque eu não liguei para ela do cume. Na verdade, tive que me preparar mais tarde para dar a Paula aquela notícia horrível.

Para grande alívio meu, ela recebeu a notícia como um veterano. Sua confiança no meu discernimento e segurança prevaleceram. Como ela disse: "Christian só estava no lugar errado na hora errada. Talvez ele não tivesse que estar ali naquele instante. Ele parou lá para filmar. E a condição deve ter sido outra quando você atravessou a mesma fenda."

Um dia ou dois depois, Abele, ainda no hospital de Katmandu, continuava tão traumatizado que nem reconhecia seus melhores amigos, embora os médicos não tivessem diagnosticado qualquer ferimento físico grave. Por fim, o site de Christian publicou uma foto dele justaposta com uma cruz de prata e uma rosa vermelha retorcida, com uma borda preta. Na foto, careca, em forma e forte, Christian observa com firmeza e expectativa seu próximo desafio. Assinado por seus pais, sua irmã, seus amigos e colegas escaladores, um breve e triste poema celebra sua passagem:

> wir sind nicht tot,
> wir tauschen nur die Räume
> wir leben fort
> in euch und euren Träumen.

> não estamos mortos,
> apenas mudamos de lugar
> vivemos longe daqui
> em você e nos seus sonhos.

Houve um grande agito na imprensa norte-americana quando foi divulgada a notícia de que eu havia escalado o Annapurna e completado o ciclo das catorze 8.000 metros. O *New York Times* publicou uma matéria razoável a meu respeito, bem como vários

EPÍLOGO – outros Annapurnas

outros jornais do país, inclusive o *Los Angeles Times*. O *Seattle Times*, o *Seattle Post-Intelligencer* e nosso jornal local *Bainbridge Island Review* colocaram-me na capa de várias edições. Na hora em que me sentava no avião para o voo de volta do Nepal, fui destaque do *World News Tonight with Peter Jennings* como Personalidade da Semana. De Seattle, via satélite, fui convidado dos programas *Today* e *CNN Morning News* e fui até Nova York para participar do *Paula Zahn Now* da CNN e do programa da ESPN *Cold Pizza*. Nos meses seguintes, as três principais revistas de aventura dos Estados Unidos, a *Outside*, a *Men's Journal* e a *National Geographic Adventure*, publicaram artigos e fui eleito pela *National* o Aventureiro do Ano na edição de dezembro de 2005. E – imagina um *outdoor*! – a Starbucks pediu para que eu escolhesse meu lema ou citação pessoal que a empresa queria imprimi-lo em oito milhões de copos de café no próximo mês de agosto. Depois de muito pensar, escolhi a seguinte afirmação da minha filosofia: "Aprendi com a escalada que você não 'conquista' coisa alguma. As montanhas não são conquistadas e devem ser tratadas com respeito e humildade. Se aceitarmos o que a montanha oferece, tivermos paciência e vontade e estivermos preparados, as montanhas nos permitirão chegar aos picos mais altos. Creio que muitas coisas na vida são assim."

Houve vários tributos honorários em Seattle e seus arredores. Fui chamado para arremessar a bola inicial de um jogo de beisebol dos Mariners e apresentado ao público no intervalo de uma partida de basquete dos Supersonics. E, em 2005, desenvolvi uma relação especial com o Seahawks, um time da NFL.

Pouco antes do início da temporada, o presidente do time, Tim Ruskell, e seu CEO, Tod Leiweke, estavam sentados juntos à lareira no chalé de Leiweke, trocando ideias. Ruskell disse: "Precisamos de uma celebridade local para conectar os torcedores com o time e quem sabe até motivar os jogadores". Leiweke estivera uns dois anos antes em uma palestra que ministrei para angariar fundos no Boys and Girls Club. "Que tal o Ed Viesturs?", ele sugeriu. Para minha surpresa, no verão de 2005, Ruskell e Leiweke consultaram-me para eu falar ao time.

Sendo assim, depois do último treino da pré-temporada do Seahawks, quando os cinquenta e tantos jogadores, ainda suados e de uniforme, reuniram-se no vestiário, o técnico Mike Holmgren me chamou e me apresentou. Falei por quinze minutos sobre o tema "trabalho em equipe" e "um passo por vez". Falei como, em uma montanha de 8.000 metros, implicitamente, você tem que confiar no seu parceiro – seu colega de equipe. Na escalada, a corda prende você ao seu parceiro por uma ligação de confiança de vida ou morte. Também falei sobre concentração, dar alguns passos adiante, alguns atrás, mas sem perder o foco do objetivo final, não importa o quão longe ele pareça estar. Para o time, o Super Bowl era o cume.

Senti-me um pouco intimidado: estar ali pregando para aqueles atletas de 130 quilos que vinham, para dizer o mínimo, trabalhando desde sempre. No ensino médio, na faculdade e agora na NFL, eles ouviram todos os discursos motivacionais conhecidos pelo homem. E eu sabia que os esportes ao ar livre e os profissionais eram duas searas com bem pouco em comum. Na minha opinião, escalar uma montanha podia parecer bem estranho para um cara que ganha a vida interceptando passes ou barrando os atacantes. Mas segui em frente com meu argumento. Eu tinha algumas ideias sobre o queria transmitir, mas o discurso foi espontâneo e de improviso.

Quando olhava para meu público, percebia que sim, alguns caras estavam olhando para os dedos, pensando se ia demorar muito para poderem tomar um banho, mas muitos jogadores estavam prestando atenção e encantados. Quando terminei, de repente Holmgren perguntou: "E o que você tem a dizer sobre o filme *Tocando o vazio – Uma história de sobrevivência*, em que o cara corta a corda?"

Em *Tocando o vazio*, uma história real baseada no livro homônimo de Joe Simpson, o autor e seu amigo Simon Yates estão fazendo uma descida desesperada de uma grande parede nos Andes, depois que Simpson havia quebrado a perna. Tentando descer Simpson, Yates acidentalmente o deixa escorregar por um ressalto, deixando o parceiro pendurado no ar sem poder fazer nada. Tendo apenas uma trava socada na neve como ancoragem, Yates sente que ele mesmo começa a ser lentamente arrancado de sua ancoragem. Como último recurso, Yates corta a corda. Expliquei tudo isso aos jogadores.

"Cara, isso é muito foda!", exclamou um dos rapazes. Murmúrios de anuência percorreram o vestiário.

"Era a única coisa que Yates podia fazer", comentei, "se ele não tivesse cortado a corda, ambos teriam morrido".

Simpson caiu em uma greta, continuei explicando, mas ele ainda está vivo. Yates rapelou a parede, deixando a corda, e depois seguiu já cambaleante para o acampamento-base. Depois de ter pensado que estava condenado à morte, Simpson gradualmente se recompôs, conseguiu sair da greta e se arrastou, com a perna quebrada e tudo, até o acampamento-base. Levou dois dias para fazer seu próprio resgate. Chegou quando Yates estava juntando as coisas para ir embora.

Outro jogador não aguentou e soltou: "Cara, eu ficaria irado!". O time todo se dividiu.

Depois da minha palestra motivacional, vários jogadores vieram e apertaram minha mão. Um deles disse: "Ei, pratico snowboarding. Gostaria de escalar o Rainier um dia."

O resultado da minha rápida visita foi que, a cada vitória da temporada, cada jogador ganhava uma miniatura de mosquetão, item importante do equipamento, como destaquei, que conecta os escaladores encordados um ao outro na montanha. Em um lado do mosquetão estava gravado TEAMWORK (Trabalho em equipe) e do outro ONE STEP AT A TIME (Um passo por vez). Pensei que os jogadores não iam ligar para esses *souvenirs*, mas os jornalistas esportivos começaram a notar correntes formadas com esses minimosquetões penduradas nos armários dos jogadores e fizeram perguntas a respeito.

Existe uma antiga tradição do Seahawks chamada Twelfth Man, que significa o apoio do torcedor. Antes de um dos jogos em casa, fui escolhido, como representante dos torcedores, para hastear a faixa Twelfth Man em um poste sobre a zona de um dos lados do campo. Ao final do que se mostrou ser uma boa temporada para o Seahawks, ganhei a bola do jogo que garantiu o título da divisão NFC West e fui escolhido novamente para içar a faixa de Twelfth Man, dessa vez, ao topo dos 183 metros do Space Needle. Com um vento de oitenta quilômetros por hora, hasteei a bandeira de dez metros. Durante as semanas seguintes, toda Seattle pôde vê-la tremeluzindo no céu à medida que o Seahawks avançava para o Super Bowl.

Gosto de pensar que meus quinze minutos de palestra motivacional foi o principal motivo para o Seahawks terem passado do 13º ao 3º lugar na temporada de 2005, vencendo um jogo de quartas de final pela primeira vez desde 1984 e percorrendo o caminho até o Super Bowl, sendo que muitos de nós da região de Seattle achavam que eles podiam ter vencido com melhor desempenho. Mas suspeito que o recorde da NFL de Shaun Alexander de 28 touchdowns quando ganhou o troféu MVP da liga pode ter tido um pouco mais a ver com isso. Foi um ano espetacular para toda a organização do Seahawks.

Particularmente, meu principal sentimento ao voltar para casa era uma sensação inebriante de alívio pelo fato de que, depois de dezoito anos, a campanha havia chegado ao fim. Eu estava contente e relaxado. Desde a primeira tentativa em 2000, e especialmente no ano anterior, a ideia desencorajadora e um pouco assustadora de escalar o Annapurna pairava sobre mim. Aquele espectro finalmente havia desaparecido. Passei muitas noites insones pensando na montanha. Agora eu dormia como um bebê.

Meus patrocinadores e muitos dos meus amigos confessaram o quanto estavam aliviados que tivesse voltado bem e seguro depois de derrotar o monstro. Ninguém disse coisas ansiosas ou pessimistas antes da minha ida para o Nepal; ainda bem que eles souberam manter uma fachada. Era como se eu estivesse saindo com alguém que meus amigos não aprovavam, mas sobre quem preferiam manter silêncio. Agora, que eu havia terminado o relacionamento, eles podiam admitir que sempre acharam que eu tinha escolhido mal.

Não há atalhos para chegar ao topo

Pela primeira vez desde que consigo me lembrar, eu não precisava tirar umas semanas de folga para então voltar à rotina de treino e preparação para a próxima 8.000 metros. Pelo menos por um tempo podia fazer o que quisesse. Vários amigos, e também Paula, disseram "Ed, apenas relaxe, fique tranquilo por um tempo". Eu pensava *claro, por que não?*, mas eu não sabia mais relaxar. Nem lembrava quando tinha sido a última vez em que tinha ficado à toa por bastante tempo; teria sido no ensino fundamental, quando meu amigo e eu nos enfiávamos nas tubulações de escoamento em Rockford, antes de eu entrar na natação competitiva?

Anabel e Ella eram muito novas para entenderem o significado daquele marco da minha 14ª 8.000 metros, em termos de como isso afetaria nossa vida em família. Gil, aos sete anos, tinha uma ideia um pouco melhor. Como ele me disse quando voltei para casa em maio: "Agora você não tem que viajar de novo por tanto tempo!". As crianças estavam felizes em ter o pai em casa depois de uma ausência de sete semanas. E eu estava muito contente por ter Paula e eles por perto e por observar todas as mudanças pelas quais Anabel estava passando. Gosto de dizer que voltar para casa é a melhor parte de qualquer expedição.

Muita gente me pergunta se, além do sentimento de profunda satisfação, não senti um certo vazio ao concluir a busca. Afinal, por mais de dezoito anos, minha vida era norteada pela paixão de chegar ao topo das grandes montanhas. Na maior parte desse período, isso *foi* a minha vida, já que eu abri mão da carreira de veterinário.

Minha resposta sincera seria usar uma das frases preferidas de Gil: "É agridoce". No verão de 2004, levei Gil a uma pescaria no Alasca. Foi seu melhor passeio, ele amou cada minuto da viagem, mas, mais para o fim, começou a sentir a falta de Paula. Estávamos em pé no cais em Craig, esperando nosso voo para Ketchikan e ele disse: "Papai, estou me sentindo melancólico. Quero que a viagem acabe e quero ir para casa, mas também não quero." (Precoce desde que começou a falar, Gil adora usar palavras como "melancólico" e "agridoce".)

Então é isto: agridoce. Escalar as 8.000 metros foi o maior feito da minha vida. Fui consumido por ele e, de repente, acabou.

Talvez o aspecto do projeto Endeavor 8000 do qual eu mais me orgulhe é que consegui concluí-lo com segurança e prudência. Em trinta expedições para montanhas de 8.000 metros, nunca sofri um congelamento. Nunca tive um ferimento grave. Nas 8.000 metros, estive mais perto da exaustão que em qualquer outro momento da minha vida, mas nunca sofri (graças a Deus) de edema pulmonar ou cerebral nem de um caso grave de mal da montanha. Nunca precisei ser resgatado. Ajudei muitos outros escaladores a descer as 8.000 metros, mas nunca tive que ser ajudado. E o mais importante: nunca perdi um parceiro nas montanhas.

Também me orgulho do fato de que comecei o projeto Endeavor 8000 como um desafio a mim mesmo e que assim permaneceu até o fim. Nunca procurei atenção da imprensa nem subi uma montanha por pressão de colegas ou patrocinadores. A única vez que escrevi sobre alguma das minhas escaladas foi quando Ad Carter insistiu sobre um relato de nossa expedição de 1992 ao K2 para o *American Alpine Journal*. Em uma tarde de domingo, logo depois que voltei para casa, escrevi um relato na minha máquina de escrever, pensando que Ad fosse extrair dele o que quisesse e imprimir em algum trecho do jornal com notas de relatos de outros escaladores de suas ascensões. "Não", Ad disse ao telefone, "vou publicar do jeito que está e será uma das matérias de capa".

O interessante é que minhas experiências na Zona da Morte não foram muito diferentes daquelas relatadas por Reinhold Messner, o primeiro homem a escalar todas as 8.000 metros e um dos meus heróis. Várias vezes, acima dos 7.600 ou 7.900 metros, Messner relatou que tinha fortes alucinações. Em suas expedições solo, ele ouvia vozes e falava com a piqueta como se fosse um amigo. Quando escalava com um parceiro, às vezes tinha certeza de que havia um terceiro vulto escalando com ele, um ser que não conseguia ver de verdade (um fenômeno relatado também por vários exploradores da Antártica durante o período heroico de 1890 a 1920). Na trágica descida do Nanga Parbat, depois de perder seu irmão em 1970, Messner estava convencido de que Günther ainda estava com ele, falando sobre assuntos triviais, como a perda de um grampo.

Se eu tinha esse tipo de alucinação ou visão em alta montanha, sabia que era hora de descer.

De todas as minhas trinta expedições, fiz o cume de uma 8.000 metros vinte vezes. Mas isso significa que eu tive — ou decidi que era mais seguro — desistir dez vezes: quatro no Everest, duas no Annapurna, uma no Shishapangma, uma no Broad Peak, uma no Dhaulagiri e uma no Nanga Parbat. E quatro dessas desistências ocorreram quando eu estava a cerca de cem metros verticais do cume. Sinto muito orgulho em saber que nunca abandonei a escalada por falta de preparação, força ou vontade. Foram sempre as condições que me fizeram parar e dar meia volta.

Sobre segurança, tenho uma verdadeira implicância. Perdi a conta de quantas vezes, ao ser anunciado no início de uma apresentação de *slides*, por exemplo, alguém se refere a mim como uma pessoa que "assume riscos". Sempre corrijo a pessoa: "Eu não assumo riscos. Eu administro o risco."

Por causa dessa atitude, fui acusado de ser um racionalizador em detrimento do risco existente nas montanhas. Em 1996, o escritor que me entrevistou sobre esse assunto para o *Men's Journal* apresentou um desafio provocador quando tentou me pegar em uma análise estatística dos riscos que eu havia corrido no Himalaia e no

Karakoram. Ele era formado em matemática e achava que a teoria da probabilidade poderia ser aplicada à escalada nas grandes cordilheiras. Ele citou um rigoroso estudo conduzido por um historiador alemão do montanhismo que somava todos os membros de todas as expedições com destino a uma 8.000 metros dividindo o resultado pelo número de mortes nessas expedições. Sua conclusão foi que em uma expedição a uma 8.000 metros a probabilidade de se morrer é de uma em 34. Quando o escritor me entrevistou, eu havia estado em dezessete expedições desse tipo. Para o velho matemático, a chance de eu comprar uma fazenda era uma simples equação de probabilidade condicionada.

Ele explicou que era como uma roleta-russa. Se a arma tem seis câmaras e um projétil, quando você gira o tambor e puxa o gatilho tem uma chance em seis de atirar em si mesmo. Se fizer isso duas vezes, a chance de morrer obviamente aumenta. Matemáticos calcularam a chance exata ao multiplicar 5/6 por 5/6, a proporção representa as chances interligadas necessárias de *não* atirar em si mesmo e é conhecida como probabilidade condicionada. Essas frações multiplicadas resultam em 25/36, ou cerca de 0,69. Em outras palavras, depois de brincar de roleta-russa duas vezes, você incorreu em uma chance de 69% de não se matar ou de 31% de puxar o gatilho fatal.

A maioria das pessoas pensa intuitivamente que se você girar o tambor e puxar o gatilho seis vezes a chance de cometer suicídio é de 50%, mas, na verdade, isso está errado. Cinco elevado a sexta potência dividido por seis elevado a sexta resulta em um valor aproximado de 0,33. Depois de apertar seis vezes o gatilho, a sua chance de continuar vivo é de apenas uma em três.

Eu podia seguir — e aceitar — bem esse argumento até aqui. Afinal, estudei muita estatística na faculdade e na escola de medicina veterinária. Mas o escritor estava tentando aplicar o mesmo raciocínio às minhas expedições. Ele calculou 33 elevado à 17ª potência dividido por 34 elevado à 17ª e chegou ao resultado de 0,60. Desse modo, insistia que, até 1996, eu tive 40% de chance de me matar em alta montanha.

Enquanto ele explicava sua simpática teoria, encarei o indivíduo, incrédulo. "Isso é ridículo", eu disse, "isso não se aplica no meu caso".

"E por que não?"

Expliquei que a estatística de um em 34 abrangia todos os tipos de escaladores, despreparados ou inexperientes em suas primeiras expedições, em uma 8.000 metros (como alguns dos clientes guiados que estavam no Everest em 1996), enquanto eu me orgulhava do meu treinamento, do meu conhecimento e da minha cautela.

"Tudo bem", ele retrucou, "mas a estatística também inclui pessoas que só conseguiram ir do acampamento-base ao Acampamento I. Você sempre foi até o cume, e sem oxigênio."

"Ainda é ridículo", repeti, "não se aplica ao meu caso".

Ele mantinha um sorriso desafiador. "Então, Ed", alfinetou, "falando subjetivamente, qual é a probabilidade de morte que você acha que teve nas 8.000 metros?"

"Eu não vou ao Himalaia pensando em correr o risco de morrer", respondi. "Talvez uma em cem", pensei por um instante. "Não, menos que isso".

"Mas Ed", ele retrucou, "você quase morreu no K2!"

Nunca discutimos essa questão pessoalmente. Mas o escritor teve a coragem de publicar nossa conversa, sem me dar a chance de explicar meu ponto. Em vez disso, apresentou minhas respostas como um caso clássico de negação.

Apesar desse golpe baixo, o escritor e eu continuamos amigos nos anos seguintes. Na primavera de 2005, depois que voltei do Annapurna e telefonei para ele para contar sobre o sucesso da nossa escalada, ele me parabenizou e perguntou de quantas expedições a montanhas de 8.000 metros eu havia participado até então.

"Trinta", respondi.

Um dia ou dois depois, ele me ligou: "41%, Ed", ele disse do nada.

"O quê?"

"Até agora, a chance de você ter morrido foi de 59%. A chance de sobrevivência foi de apenas 41%." O filho da mãe tinha feito suas contas de novo, dividindo 33 a trigésima potência por 34 a trigésima potência.

Como meu amigo escritor nunca me deu a chance de explicar no papel meus próprios cálculos das probabilidades a que me submeti nas 8.000 metros, tenho aqui a oportunidade de fazê-lo. É por isso que eu acho que o rápido exerciciozinho de estatística dele não faz sentido algum.

Do que ele não tinha a menor ideia é que, após trinta expedições a montanhas de 8.000 metros, eu não estava jogando com a sorte: eu estava ganhando da sorte. Acredito que a maioria dos acidentes e mortes em alta montanha é resultado de erro humano. Por exemplo, gastar toda minha energia para chegar ao cume ou ir para o cume muito tarde, sem saber bem o que me esperava na descida. Sempre que a ambição e o desejo se sobrepunham ao bom senso houve muitas mortes de escaladores no Himalaia.

Nossos instintos evoluíram ao longo de milhões de anos, instintos que mantiveram nossos ancestrais vivos. Humanos com instintos de sobrevivência ruins desapareceram por meio da seleção natural. O instinto de resposta ao estresse é o exemplo perfeito, passado para nós por meio dos genes.

Aprendi que preciso ouvir meus instintos. Os sinais que recebemos deles não são imaginários. No K2, em 1992, cometi um erro quase fatal quando não dei atenção a esses sinais e continuei em direção ao cume. E, mesmo naquela hora, eu *sabia* que estava cometendo um erro. Há uma grande diferença entre perceber que você pode

263

se meter em apuros e fazer algo sem ter a menor ideia do que pode acontecer. "A ignorância é uma benção" significa que você não sabe o que não sabe.

A inexperiência inevitavelmente causa acidentes. Se você se safou mesmo cometendo erros, é fundamental aprender com eles. Cansei de ver escaladores que em vez disso mantinham a cega convicção do "não vai acontecer comigo".

Um dos meus ditados favoritos é: "Ninguém pega do nada um martelo e constrói uma casa". Do mesmo jeito, não basta pegar uma piqueta e escalar uma montanha de 8.000 metros. Você tem que começar pelo básico e subir degrau a degrau, ou seja, é preciso cercar-se de pessoas mais experientes que você. Desde o início, eu sabia que teria um longo caminho até aprender tudo de que precisava para escalar com segurança no Himalaia.

Desde Curt Mobley, meu primeiro mentor de escalada em 1977, até os guias sêniores da RMI, como Eric Simonson, Phil Ershler e George Dunn, tive a sorte de ser orientado por algumas das melhores e mais cuidadosas pessoas. E minha própria experiência de dez anos como guia do Rainier fez de mim um escalador cauteloso porque, quando você tem clientes novatos sob sua supervisão, não para de pensar *se acontecer tal coisa, o que eu farei?*.

A roleta-russa é um modelo muito simplista para se aplicar a algo tão complexo como a escalada no Himalaia. Um revólver é um dispositivo mecânico: quando o tambor gira, é uma questão de sorte ele parar em uma câmara vazia ou carregada. A escalada em uma expedição envolve muitas outras variáveis além da mera probabilidade.

Se eu treinar mais forte que o outro cara, serei mais rápido e mais forte e, no fim, terei mais resistência. Sendo mais rápido, posso ficar exposto por bem menos tempo aos riscos do objetivo real, que é onde entra a probabilidade, como o corredor polonês no Annapurna, que tirou a vida de Christian Kuntner.

É essencial tomar suas próprias decisões e não ir atrás dos outros. Vi como a febre do cume ataca no Everest: no acampamento-base, eu tinha que acalmar os clientes que agiam como cavalos de corrida quando viam outros escaladores partindo para o ataque ao cume. Naquele momento, acima de tudo, você precisa confiar no próprio julgamento e não no dos outros e ouvir seus instintos. Se algo parece errado, é porque está errado.

Admito que a sorte teve seu papel na minha carreira de montanhista. Não vou dizer que tenho algum tipo de blindagem que me manteve vivo. Sempre estive sujeito à queda de uma pedra ou a uma avalanche. Porém, em todas essas expedições, tudo ocorreu bem. Uma combinação de treinamento, habilidade, instinto e um pouco de sorte me salvou.

Ao mesmo tempo, você tem que estar sempre atento e nunca abaixar a guarda ou ser complacente. Não importa o quão experiente ou famoso você é, sempre pode se matar nas montanhas. É o que Paula sempre me lembra: "Mesmo que você ache que sabe tudo, não sabe". E eu sempre me recordo do lema que aprendi com Lou Whittaker no Rainier: "Só porque você ama a montanha não significa que a montanha ame você".

Por fim, há outra falha crucial na analogia com a roleta-russa. Creio eu que, no montanhismo, as chances não se acumulam após cada escalada, como ocorre nas sucessivas vezes em que se puxa o gatilho. Uma expedição não tem nada a ver com a outra. Se eu aprender algo em uma escalada anterior e me tornar um montanhista melhor (mais esperto, mais rápido, mais forte, mais eficiente), a próxima escalada será mais segura. O risco então diminui! Sei que para alguns matemáticos isso pode soar irracional, mas no montanhismo tudo muda de uma escalada para outra. Com um revólver e o giro aleatório do tambor, nada muda. Você não aprende coisa alguma de sobrevivência ao puxar o gatilho para uma câmara vazia.

Desculpe, mas não, a analogia não convence. Escalada não é roleta-russa. Acreditarei nesse mandamento que, no fim das contas, foi o centro de tudo que fiz nas montanhas, até a morte.

E mesmo assim...

No final de janeiro de 2006, oito meses depois do meu regresso do Annapurna, recebi um inquietante e-mail de Katia Lafaille. Naquela data, J.-C. estava no Makalu há quase cinquenta dias. Em várias tentativas diferentes, ele foi trabalhando sua lenta e solitária escalada, montando acampamentos e se aclimatando. O clima estava horrível: semanas seguidas de ventos com a velocidade constante de um furacão a 88 quilômetros por hora, com rajadas que chegavam a 177. Além disso, a relação com sua equipe de cozinha no acampamento-base ia tão mal que os três xerpas e J.-C. quase nem se falavam. Seu único contato com o mundo externo eram as ligações que fazia para Katia, com quem falava três vezes por dia.

Na tarde de 26 de janeiro, J.-C. havia finalmente montado seu Acampamento II a 7.600 metros, a 853 metros do cume. Na manhã seguinte, pouco antes de partir para o topo, telefonou para Katia por volta das 5 horas da manhã. Estava muito animado, apesar das dificuldades enfrentadas nas últimas semanas. Prometeu ligar de novo em breve, talvez em apenas três horas, quando chegasse à base do Corredor Francês.

Katia esperou, esperou e nada. Anoiteceu no Nepal, ela me mandou o e-mail, com palavras cheias de ansiedade e medo. Katia sabia da vigília de Paula, na noite de maio de 2005, quando eu fiz o cume do Annapurna mas não pude ligar para contar a novidade porque o telefone quebrou. Respondi o e-mail de Katia: "Sempre há esperança. Espere o tempo de ele descer."

Passou um dia após o outro e não se tinha notícia do Makalu, não somente Katia, mas o mundo da escalada ficou resignado e em desespero. Em 31 de janeiro, a manchete do *Le Monde* confirmou o que todos sabiam: "Não há mais esperança para Jean-Christophe Lafaille". Acima do Acampamento II, aconteceu algo muito pior que um telefone quebrado.

Não havia esperança de um resgate ou nem de se começar uma busca. Naquele momento, não havia um montanhista sequer aclimatado para os 7.600 metros. Não era possível se comunicar com os três xerpas no acampamento-base que, de qualquer maneira, não estavam aptos a escalar em busca de J.-C. Como se soube depois, eles não tinham ideia do que estava acontecendo lá em cima.

Ao restante de nós só restou imaginar o que pode ter dado errado. Senti-me inclinado a pensar que J.-C. tivesse caído em alguma greta da qual não conseguiu sair sozinho. Quando Veikka e eu atravessamos aquele platô elevado em 1995, desviamos, seguindo encordados, de um grande número de gretas e por três vezes Veikka enterrou uma perna em uma ponte de neve que ocultava uma greta profunda. Mesmo assim, ainda havia muitas formas pelas quais J.-C. poderia ter morrido: em uma avalanche ou devido à queda de um *serac*, ter sido arrastado da crista do cume ou simplesmente ter sucumbido ao frio ou até mesmo ter voltado a desenvolver o edema pulmonar que o acometera no Broad Peak em 2003. Nunca saberemos o que aconteceu com J.-C., como tantos montanhistas que desapareceram no alto do Himalaia para nunca mais serem vistos.

Katia foi com seu irmão e Veikka para o Nepal e de helicóptero até o acampamento-base do Makalu em 4 de fevereiro, onde realizou uma cerimônia baseada no *puja* xerpa. Depois deixou fotos e lembranças pessoais em um pequeno *chorten* construído por escaladores que ali estiveram, incluindo sua carta de despedida: "Adeus, meu amor, para sempre. Nos encontraremos lá em cima."

A morte de J.-C. me abalou tanto quanto a de Scott e Rob no Everest em 1996. De todos os escaladores que conheci, J.-C. era um dos que nunca achei que morreria nas montanhas. Por um lado, senti um grande alívio pelo fato de que, naquele momento, tinha encerrado minha campanha das 8.000 metros. Por outro, fui forçado a fazer uma reavaliação.

E se eu tivesse morrido em uma das minhas montanhas de 8.000 metros? E se tivesse sido eu, em vez de Christian Kuntner, a ter o azar de ser atingido por um bloco de gelo naquela garganta na face norte do Annapurna? Será que toda alegria e satisfação que tive ao longo dos dezoito anos de campanhas no Himalaia e no Karakoram compensariam a tristeza e a perda que minha morte causariam a Paula, Gil, Ella e Anabel? Claro que não!

Eu conseguia racionalizar que, por escolha própria, J.-C. se dispusera a chegar muito mais perto dos limites do risco aceitável do que eu. Ao saber da tragédia, Veikka resumiu seus próprios sentimentos em uma afirmação com a qual concordo: "Não sei se um solo no Makalu no inverno é muito arriscado. Para mim seria muito arriscado." Ainda assim, nunca duvidei de J.-C. Se havia alguém que pudesse realizar essa ascensão extremada, seria ele.

Em uma última análise, ainda acredito na minha própria noção de gerenciamento de riscos. E também acredito que a antítese lógica da vida que levei como montanhista seria viver cada dia evitando qualquer atividade potencialmente perigosa. Você pode viver tão protegido que, quando estiver velho e grisalho, a única coisa da qual vai poder se gabar é de ter vivido o bastante para ficar velho. Eu não sou assim.

Eu acreditava que o montanhismo era egocêntrico por natureza. Ele não fazia bem a mais ninguém: ele não mudaria o mundo, não salvaria o planeta. Com certeza, o mesmo se pode dizer da maioria das empreitadas humanas. Ser um jogador profissional, uma estrela de cinema ou um diretor de uma seguradora também não vai salvar o planeta. A menos que você seja um bombeiro, um socorrista, um voluntário da defesa civil trabalhando em uma catástrofe natural, um pesquisador que procura a cura para doenças intratáveis ou algo assim, você não está fazendo muita coisa para melhorar o mundo ou a vida das pessoas.

Contudo, quando disse isso a Paula, ela discordou tenazmente. Ela disse: "Eddie, já assisti suas palestras e apresentações. Vi você inspirar muita gente. O que você faz quando faz isso não é nem um pouco egocêntrico. Você está pegando aquilo em que é bom e compartilhando com inúmeras pessoas."

Com o passar dos anos, fui me acostumando com os holofotes, passei a levar essas apresentações cada vez mais a sério. Em 2000, eu já ministrava de trinta a quarenta palestras com apresentação de *slides* por ano. Quando concluí o projeto Endeavor 8000, o público cresceu. As pessoas comuns na rua não têm a menor ideia do que seja de verdade uma montanha de 8.000 metros, então pode ser que haja algo na minha palestra que se conecte com pessoas que não têm a menor vontade de um dia pisar no Himalaia. Há alguns anos, foram esgotados todos os ingressos para os 250 lugares do Benaroya Hall, um belo teatro de Seattle, a cerca de 12 dólares cada. Naquela noite, quando passei pela entrada, fiquei surpreso em ver dezenas de pessoas na rua procurando cambistas vendendo ingressos.

Apenas três meses depois que voltei do Annapurna na primavera de 2005, me engajei na mais exaustiva turnê que já havia feito, apresentando *slides* e dando palestras em dez cidades em um prazo de três semanas. E com praticamente todas esgotadas. Antes, eu sentia que toda palestra terminava com um ponto de interrogação no ar questionando se eu conseguiria escalar as catorze 8.000 metros. Agora, depois do Annapurna, eu tinha o final perfeito. A história começava quando li o livro de Herzog sobre o Annapurna e, embora eu não tivesse planejado que o Annapurna seria a última e mais difícil das 8.000, foi o que aconteceu.

Faço apresentações para o público em geral e apresentações particulares para empresas. A receita dessas últimas vai para o meu bolso — é parte do sustento que planejei ao longo dos anos. Mas eu doo a maior parte das apresentações públicas para caridade. Geralmente, essas apresentações fazem parte de obrigações assumidas com meus patrocinadores. A empresa já a incluiu no orçamento da viagem e nos custos de produção, de modo que não precisa do dinheiro dos ingressos. Juntos, a empresa e eu escolhemos as entidades que receberão o donativo. É uma situação em que todos ganham. Este ano, fizemos doações para grupos de crianças locais, ainda que no passado eu tenha levantado fundos para organizações internacionais, como a Himalayan Trust, uma entidade beneficente fundada por Sir Edmund Hillary para construir escolas e hospitais em locais remotos do Nepal.

Um dos meus beneficiários preferidos é um local chamado Big City Mountaineers, que leva crianças do centro da cidade que tiveram bom desempenho escolar para lugares como Yosemite ou Wyoming, onde elas podem fazer trilhas ou pescar pela primeira vez na vida. A maioria das crianças que vivem nos centros urbanos nunca teve contato com a natureza, nunca remaram uma canoa ou acamparam na floresta. Se, pelo menos, uma a cada dez crianças for sensibilizada pela experiência a ponto de mudar sua vida, já valeu a pena.

Levo os eventos corporativos tão a sério quanto os públicos. Ao realizar uma apresentação pública, tenho liberdade para falar do que quiser; contudo, em palestras corporativas, geralmente há uma mensagem a que preciso me ater. Sendo meu mais duro crítico, sinto-me mais pressionado em um evento corporativo que em uma apresentação pública: estou sendo pago para atender às expectativas da empresa e quero valorizar esse dinheiro. O tema específico que me pedem para tratar pode ser trabalho em equipe, como superar grandes obstáculos, como produzir resultados melhores que os do último ano.

Sei que muitos escaladores não botam fé que as lições que aprendi nas montanhas possam ser aplicadas ao modo como você faz negócios ou à sua vida pessoal, mas acredito piamente nessas traduções. O público corporativo absorve tudo. No início, eles apenas se impressionam com os *slides*, mas acho que, para mim, é natural extrair dali os princípios do sucesso aprendidos na prática. Posso falar: "Veja bem, levei dezoito anos para concluir um projeto muito difícil. Visto como um todo, escalar as catorze 8.000 metros parecia ser quase impossível, mas trabalhei um dia por vez, dei um passo por vez. Eu adorava o que estava fazendo e nunca desisti."

"Não importa qual é o desafio, você pode superá-lo da mesma forma — pode levar uma semana, dois meses ou um ano. Se você olhar o desafio como um todo, ele pode parecer insuperável, mas, se dividi-lo em etapas tangíveis, ele pode parecer mais razoável e, por fim, realizável." O modelo para essa estratégia vem da maneira como aprendi a dividir a escalada "impossível" dos 1.200 metros até um cume em partes pequenas e gerenciáveis: é só chegar naquele afloramento de rocha, depois focar naquele bloco de gelo mais adiante e assim por diante.

Para o público geral, as "lições" são menos pragmáticas, mais emocionais e espirituais. A famosa última frase do livro de Herzog é: "Existem outros Annapurnas nas vidas dos homens". Essa afirmação ressonante ficou gravada na minha memória desde que a li pela primeira vez. No entanto, quando ministro uma palestra ou uma apresentação, mudo a fórmula e digo: "Todo mundo tem seu próprio Annapurna". Sigo explicando que há vários Annapurnas na minha vida, desafios que não sei ao certo se conseguirei superar, mas que "o Annarpurna real foi meu último". Para cada pessoa da plateia, o Annapurna pode ser um projeto complicado no trabalho, uma doença grave, o fim de um casamento, mas o segredo está em encontrar um jeito de transformar a adversidade em algo positivo, um desafio a ser superado.

Como eu disse, essa mensagem parece ter um bom efeito sobre as tantas pessoas que ouvem minha palestra. Elas me procuram no final e me dizem isso. Recentemente, conversei com uma mulher que estava lutando contra um câncer. "Você me inspirou a encarar a doença como meu Annapurna", ela disse.

Há pessoas que me procuram para contar que haviam assistido minha palestra e seguiram meu exemplo. Quando confrontadas com uma tarefa ou um desafio aparentemente impossível, perguntaram a si mesmas: "O que o Ed faria?".

Eu posso ter chegado ao fim do meu caso com as 8.000 metros, mas espero poder continuar usando o exemplo das minhas expedições para inspirar e motivar as pessoas. Se isso, como Paula insiste, fizer algum bem ao mundo, então talvez o montanhismo não precise ser tão egocêntrico quanto eu achava que era.

Havia se passado apenas dois meses desde a minha volta do Annapurna quando Paula e eu assistimos admirados, na televisão, quando Lance Armstrong venceu pela sétima vez a Volta da França e anunciou sua aposentadoria das competições de ciclismo. Fiquei imaginando se naquele momento ele se sentia como eu. Embora eu não tivesse a intenção de parar de escalar, dizia a todos que perguntavam que não tinha mais vontade de voltar às montanhas de 8.000 metros. (A única exceção seria no caso de algum projeto inovador que me levasse de volta ao Everest, talvez ligado à produção de outro filme.) Penso que esse capítulo da minha vida, a jornada, chegou ao fim. Mas a imprensa normalmente deturpa o que eu digo. "Viesturs se aposenta!", seria a manchete. A *Outside* publicou uma montagem de uma foto minha vendendo todo meu equipamento de escalada em um bazar de garagem. Foi uma brincadeira (eu achei hilária), mas muita gente levou a sério.

A verdade é que não estou prestes a parar de escalar para sempre aos 47 anos. Existem montanhas no mundo inteiro que por acaso não têm a mágica altitude de 8.000 metros e que despertam a minha curiosidade. Em 1988, não consegui escalar o

Monte Saint Elias, na fronteira do Alaska e Yukon. Adoraria voltar lá. Com 5.488 metros, trata-se de um gigante majestoso, a quarta maior montanha da América do Norte. Despontando drasticamente, a apenas 64 quilômetros ao norte da Baía de Yakutat, é a maior montanha do mundo tão próxima do oceano. A via que tentei foi escalada pela primeira vez no impressionante ano de 1897, por uma equipe italiana liderada pelo Duque de Abruzzos, que também fez a primeira tentativa para valer no K2 e que dá nome ao Esporão dos Abruzzos. A escalada do Saint Elias marcou a primeira grande escalada feita no Alasca e no Canadá subártico.

Outra montanha que me interessa é o Nanda Devi, na Índia. Embora atualmente esteja fora de acesso para escaladores estrangeiros, é uma montanha com uma bela forma, impondo-se em relativo isolamento e, com seus 7.816 metros, não está muito longe dos 8.000 metros. Sua primeira ascensão, em 1936, também foi um marco, sendo que o Nanda Devi permaneceu como o mais alto pico escalado do mundo por mais catorze anos, até que os franceses conseguiram escalar o Annapurna. A expedição, um modelo de trabalho em equipe, reuniu quatro modestos escaladores norte-americanos e quatro dos mais experientes alpinistas ingleses da época. No final de agosto, Noel Odell e H. W. Tilman fizeram o cume, inspirando (no clássico relato da escalada escrito por Tilman, *The Ascent of Nanda Devi*) talvez a mais refinada declaração de alegria por estar em um inexplorado cume que já se publicou: "Acredito que até esquecemos de nós mesmos ao nos confraternizar ali".

Também posso imaginar viagens casuais a cordilheiras longínquas com um pequeno grupo de amigos, sem ter como objetivo um cume em particular, mas com a meta de simplesmente andar por lugares selvagens pouco conhecidos. Existem montanhas na região central do Tibete, por exemplo, que poucos (ou nenhum) ocidentais viram. Vagar por essas cordilheiras, à sombra de montanhas nunca escaladas ou sem nome, seria a completa antítese de um passeio pelo acampamento-base do Everest.

Depois da volta do Annapurna, a única pergunta que tive que responder até não aguentar mais foi "E agora?", ocasionalmente inserida em uma frase mais agressiva ou cética: "E agora, o que você vai fazer pelo resto da vida?". Às vezes, irritado, sentia-me tentado a responder: "O que eu *preciso* fazer? Eu acabei de fazer algo que somente outras cinco pessoas no mundo fizeram!". Mas é claro que eu ficava quieto.

Além da escalada, outros tipos de viagem e aventura me atraem. Nunca estive na Antártica, apesar de ter sido inspirado quando adolescente por Shackleton, Scott, Amundsen e outros heróis polares do início do século XX. Posso imaginar a alegria em algum tipo de jornada exploratória ao extremo sul. E adoro mergulho. Abaixo da superfície do oceano existe outro mundo que mal começamos a conhecer.

Um novo desdobramento desse esporte, que vai muito além do mergulho, é chamado de "mergulho livre". Sem os tanques de mergulho, os mergulhadores atingem profundidades de mais de noventa metros, prendendo uma única inspiração por até três minutos. O mergulho livre é como o montanhismo, no sentido de que é preciso calcular muito bem a que profundidade e por quanto tempo você pode descer e ainda retornar em segurança à superfície. Se descer muito ou por muito tempo, você não voltará vivo. Embora eu nunca tenha me posto à prova nessas profundidades, é um esporte que apresenta o tipo de desafio físico e mental que me atrai.

Quando as pessoas que sabem dos meus feitos nas montanhas de 8.000 metros conhecem Paula, muitas assumem que ela também seja uma boa escaladora. Uma conclusão bizarra. Às vezes eu digo (ou fico tentado a dizer): "Você é advogado. Significa que sua mulher tem que ser advogada? Paula tem sua própria vida."

Ao mesmo tempo, se Gil, Ella ou Anabel, quando crescerem, se interessarem por escalada, ficarei muito feliz em escalar com eles. Se quiserem fazer isso, ótimo; se não quiserem, ótimo. Eles têm que decidir por conta própria, mas não vou dissuadi-los. Tenho amigos que são excelentes montanhistas e que enlouquecem só de pensar nos filhos envolvidos com escalada. Entretanto, sigo o exemplo de John Roskelley, meu parceiro no Kangchenjunga em 1989. John era o mais forte escalador de alta montanha no início dos anos 1980, mas, em meados dos anos 1990, abandonou a escalada profissional. Natural de Spokane, envolveu-se com a política local e foi eleito comissário do condado. Mas tarde, quando seu filho Jess mostrou grande interesse em se tornar montanhista, John tirou seu equipamento do armário e voltou a escalar com ele. Essa dupla de pai e filho fez o cume do Everest em 2003. Aos 54 anos, John finalmente conseguiu escalar a única montanha que o havia derrotado várias vezes no seu tempo de novato. Jess, aos vinte anos, tornou-se o mais jovem norte-americano a escalar o Everest. Desde então, pai e filho juntaram-se para escalar uma nova e difícil via no Menlungtse, uma montanha incrível do Tibete.

Ainda assim, logo após o fim do Endeavor 8000, tenho que admitir que, às vezes, me falta alguma coisa. Por dezoito anos, todo ano eu sabia o que faria no ano seguinte. Bastavam algumas semanas em casa depois de uma expedição para eu começar a planejar e treinar para a próxima. Agora, de repente, não existe uma "próxima expedição" que exija minha atenção.

No outono de 2005, um amigo que nos visitou em Bainbridge Island disse a Paula: "Deve ser um grande alívio saber que o Ed estará em casa na próxima primavera e não em outra montanha".

Paula voltou-se para ele com um olhar levemente despeitado. "Eu ainda penso que ele estará fora na próxima primavera", ela respondeu. "Sim, ele finalmente pegou a cenoura, mas sempre haverá mais cenouras pelo mundo".

Na primavera de 2006, como Veikka planejava ir para o Kangchenjunga com os alemães com quem tinha ido ao Nanga Parbat, brinquei com ele: "Talvez eu vá para o acampamento-base e fique observando você de binóculo". Aquele capricho representaria um certo ciclo completo em minha vida, desde 1989, quando Lou Whittaker nos observou do acampamento-base do Kangchenjunga enquanto eu escalava minha primeira 8.000 metros.

No fim, Veikka fez o cume do Kangchenjunga, sua 11ª 8.000 metros, em 14 de maio de 2006, com dois dos seus colegas de equipe alemães. Foi uma escalada exaustiva e o trio só chegou ao topo às 16h30, com clima ruim, e quando voltaram ao acampamento elevado já estava escuro. Veikka sofreu um leve congelamento nos dedos das mãos, e quando falei com ele no acampamento-base, pelo telefone satelital, ele disse que tinha perdido algumas células cerebrais na terceira maior montanha do mundo, mas que as células que sobraram estavam mais inteligentes.

Depois de tanto esforço para conquistar meus patrocinadores, eu queria manter essas importantes conexões. Para mim, sempre foi mais que um patrocínio. Nunca endossei um produto no qual não acreditava. Sempre trabalhei próximo das empresas que me patrocinaram, constantemente ajudando no projeto e nos testes em campo de seus equipamentos. Consigo ver um futuro no qual ocuparei um cargo em uma dessas empresas.

O outro lado dessa especulação é o medo constante de que, agora que terminei minha jornada, os patrocinadores pudessem lentamente tirar o time de campo. Alguns patrocinadores realmente "sacaram", não só compreenderam quem eu sou e o que fiz, mas o valor disso para seu próprio trabalho de design e marketing. Para outros patrocinadores, foi um pouco mais trabalhoso. Foi algo como a diferença entre namorar e casar. Durante parte daqueles dezoito anos, namorei com esse ou aquele patrocinador. Agora eu queria falar de casamento? Vi isso acontecer com outros montanhistas. Uma empresa de produtos para atividades ao ar livre, por exemplo (que não foi um dos meus patrocinadores), mantém uma equipe selecionada de várias dezenas de escaladores patrocinados; eles aparecem em anúncios, fazem apresentações de *slides*, compareçam aos eventos da empresa e, enquanto isso, espera-se que realizem feitos incríveis nas montanhas. Nenhum clique no mundo *outdoor* tem um cachê mais atrativo que o "Dream Team" da empresa, como são chamados sarcasticamente pelos leigos. Mas eu vi montanhistas com uma sólida carreira de duas décadas de realizações na escalada em rocha ou em alta montanha serem descartados da equipe e substituídos pelo mais novo fenômeno de dezenove anos.

Às vezes, nos meus momentos depressivos, penso: *e se os patrocinadores lentamente perderem o interesse só porque eu não tenho outra 8.000 metros a perseguir?* Sou realista o suficiente para saber que não estarei para sempre no foco dos holofotes. Surgirá alguém mais jovem, com novas metas e ideias que podem parecer mais importantes para os patrocinadores. Quando isso acontecer, eu aceitarei. Mas, nesses momentos depressivos, fico pensando, como posso me reinventar aos 47 anos? Às vezes digo para Paula, meio de brincadeira: "Puxa, acho que preciso arrumar um emprego comum".

Enquanto partíamos do Annapurna, eu sentia como se houvesse um anjo cuidando de nós. Geralmente, nas montanhas, sentia que alguém ou alguma coisa estava me observando enquanto escalava.

As pessoas perguntam com frequência se sou religioso. É uma pergunta difícil. Acho que acredito em algo menos tangível, não em uma deidade onipotente que governa o universo.

Tenho, se não uma inclinação muito religiosa, pelo menos uma espiritual. Com relação a isso, aprendi muito com a cultura xerpa e sua fé budista. Nas minhas expedições, sempre percebi que logo nos primeiros dias no acampamento-base, os xerpas sabiam dizer quais dos ocidentais estavam ali pelos motivos certos. Os escaladores que simplesmente amavam estar em lugares lindos e usufruem a alegria de escalar pelo puro prazer merecem sua aprovação; mas não aqueles que só querem escalar e ir para casa alardeando que fizeram o cume.

Os xerpas me ensinaram a pisar de leve e gentilmente ao escalar essas montanhas majestosas. A escalar com humildade e respeito. E que as montanhas não são conquistadas: elas simplesmente permitem ou não que nós as escalemos.

Embora ainda não tenha certeza sobre Deus ou alguma religião em particular, acredito no karma. Você colhe o que planta. O modo como você vive sua vida, o respeito que tem pelos outros e pela montanha e como trata as pessoas em geral voltará a você da mesma forma. Gosto de falar sobre o que chamo de Banco Nacional do Karma. Se você desiste do cume para ajudar a resgatar alguém em apuros, você faz um depósito no banco. E, em algum momento mais tarde, você precisará fazer um grande saque.

Às vezes as pessoas me descrevem como uma "boa pessoa". Embora isso seja um elogio, de certo modo acho que desvia um pouco da realidade. O que direciona minha vida não é o desejo de conviver com outras pessoas e fazer amigos e sim a obrigação moral de retribuição pelo que recebi — e não mais que isso. Isso é karma. Na verdade, não é muito diferente do mandamento que diz: "Não faça aos outros o que não queres que façam a ti mesmo".

Há cerca de trinta anos, eu era um simples garoto crescendo em Rockford, Illinois. Um dia eu li um livro (o *Annarpurna*, de Maurice Herzog) e ele mudou por completo a direção da minha vida. Por fim, ele me levou a uma jornada que mais ninguém nos Estados Unidos realizou ou sequer tentou realizar: escalar as catorze maiores montanhas do mundo no estilo mais puro que eu fosse capaz.

Houve vários dias e noites no meio da campanha em que disse para mim mesmo: "Que raio você pensa que está fazendo?". Foram vários os momentos em que senti certo desespero: como vou me sustentar enquanto escalo as 8.000 metros? De algum modo, descobri como fazê-lo. Nunca deixei de acreditar em mim. Ao longo daqueles dezoito anos, fui abençoado com parentes e amigos que me apoiaram nos momentos de dificuldade e derrota, que nunca duvidaram que eu daria um jeito e terminaria o que havia começado. E, durante a última década dessa jornada, que começou quando conheci Paula, recebi uma benção ainda maior e inexplicável de contar com o apoio de uma família que eu amo mais que tudo no mundo.

Não importa o que o futuro reserva para mim, posso dizer agora, em alto e bom som, sem hesitação, algo que, infelizmente, poucos homens e mulheres podem dizer: eu vivi meu sonho.

Pós-escrito
Além das 8.000 metros

Como viria a se confirmar, ninguém conseguiu completar a lista das catorze 8.000 metros por mais de dois anos desde que eu pisei no topo do Annapurna em 12 de maio de 2005, embora muitos bons escaladores tenham tentado. Então, em julho passado, veio do Paquistão a notícia de que o escalador italiano Silvio Mondinelli, a excelente pessoa com quem eu partilhei a equipe em 2005 no Annapurna, e que teve que dar meia-volta quando seus pés começaram a congelar no dia do cume, tinha realizado a façanha ao chegar ao cume do Broad Peak. Nesse ínterim, ele escalou o Cho Oyu e conseguir fazer o Annapurna em 2006. Com isso, Silvio tornou-se a 13ª pessoa a escalar todas as catorze 8.000 metros. Na minha opinião, o mais importante é que ele realizou o feito sem usar oxigênio suplementar.

Fiquei realmente muito feliz por Silvio. Enquanto isso, eu estava ali na primeira fila, torcendo para Veikka Gustafsson completar as 8.000 metros. Na primavera de 2006, ele fez o cume do Kangchenjunga e agora só faltavam três: Gasherbrum I e II e o Broad Peak. Como as três montanhas ficavam relativamente próximas, todas acima do Glaciar Baltoro, no Paquistão, Veikka elaborou um plano realmente audacioso para 2007, um três em um: os três picos no mesmo verão. Era perfeitamente lógico: ele escalaria o Gasherbrum I e o II primeiro, e depois, no caminho de volta, quando chegasse a Concordia, a famosa junção do Baltoro, o Broad Peak estaria bem acima dele. Se lhe restassem tempo e forças, ele ganharia o Broad Peak também. Mesmo assim, seria um feito e tanto. Até onde sei, os únicos "três em um" já realizados foram a minha trilogia Makalu, Gasherbrum I e II em 1995 e a extraordinária temporada de J.-C. Lafaille de 2003, quando ele escalou o Dhaulagiri, depois o Nanga Parbat e o Broad Peak comigo.

Mas aí, no último inverno, Veikka estava malhando, correndo na Finlândia, e acabou machucando as costas e teve que suspender o treinamento. Enquanto isso, ele ajudava outros trabalhadores a construir sua própria casa. Foi então que ele decidiu que não iria a lugar algum em 2007, preferiu ficar em casa, recuperar-se e trabalhar na sua casa.

Veikka e eu mantínhamos contato regularmente por telefone e e-mail. Depois de tomar sua decisão, ele me disse que era o primeiro ano em muito tempo em que se sentia relaxado e não estava ansioso com a ideia de escalar ou viajar para algum lugar. Eu entendia bem o que ele queria dizer. Durante todos os dezoitos anos, sempre existiu essa ansiedade. Eu tinha que treinar duro, cuidar dos detalhes da logística e me preocupar com meu desempenho. E, lá no fundo, perdurava uma dúvida sobre o que poderia acontecer nas montanhas. Com toda a cautela que sempre tive, perdi muitos amigos nas montanhas do Himalaia. Quando refleti sobre o Annapurna, lembrei-me de quantas horas de sono perdi obcecado com uma única montanha. Será que eu iria escalá-la? Eu deveria escalá-la? O risco valeria a pena? Eu queria me sair bem na minha terceira tentativa no Annapurna, mas a ansiedade relacionada a como eu agiria me deixou muito estressado.

Com tudo isso, não estava surpreso de que Veikka se sentisse aliviado por não viajar em 2007. Mas ele ainda tinha três montanhas para escalar e eu achava que ele iria ao Paquistão em 2008 e faria sua melhor tentativa.

Depois que o meu livro foi lançado no final de 2006, fiquei impressionado com a quantidade de e-mails que recebi — não só de escaladores, mas também dos montanhistas de sofá. Quase todas as mensagens foram positivas. As mais gratificantes vieram de pessoas contando que meu relato as inspirou a mudar suas vidas. Alguns que tinham se descuidado da saúde escreveram para me contar: "Perdi trinta quilos" ou "Passei a me exercitar mais" ou até "Você me inspirou a não desistir e deixar tudo de lado". Elas encontraram seus próprios Annapurnas.

Tentei responder ao máximo de e-mails que consegui, pelo menos com um simples agradecimento. Às vezes, acrescentava algumas palavras de incentivo.

A ideia principal ao escrever *Não há atalhos para chegar ao topo* era não só produzir um livro típico de escalada — "Em 1997, voltei ao Monte Everest. Em maio de não sei quando montamos o Acampamento III" e assim por diante. A ideia era contar histórias e inspirar as pessoas explicando o que eu fiz, como fiz e por que fiz. Tanto durante como após a turnê do livro, participei de alguns programas de rádio e TV. Provavelmente, a mais divertida foi a participação no *The Daily Show with Jon Stewart* em dezembro e no *The Colbert Report* em fevereiro. Nos dois programas, ri a maior parte do tempo. Os dois apresentadores são extremamente inteligentes, além de serem gênios do humor.

Cada um deles abriu meu quadro com uma piada visual. Assim que Stewart me cumprimentou quando me dirigi ao palco, ele segurou meu braço e me ajudou a dar dois passos bem lentos para subir no encosto da minha cadeira, como se eu estivesse me esforçando na neve funda nos 8.500 metros do Everest. E depois tive que sentar e conversar com ele por cerca de dez minutos. Apesar de todo o humor, Stewart fez perguntas muito boas e sérias, por exemplo, sobre como lidar com a perda de amigos nas montanhas ou sobre os verdadeiros riscos envolvidos no jogo. Dizem que, depois da *Oprah*, a participação no *The Daily Show* é a mais importante para um escritor que qualquer outra presença na mídia. Disseram-me que no dia seguinte, nas livrarias de Nova York, a venda do meu livro foi cinco vezes maior.

Ao final da meia hora com o Stewart, ele às vezes "passa" o programa para Stephen Colbert, que é exibido depois dele no canal Comedy Central. Após minha participação, Colbert veio com um olhar sério e confuso. Ajeitou os óculos e perguntou: "Esse cara escalou o Everest?"

"Isso mesmo, Stephen", Stewart respondeu sorrindo. "Seis vezes."

Colbert fez uma pausa e disse: "Eu preferi não escalar. Na verdade, tomei essa decisão sete vezes! Basicamente, porque eu não queria ir."

Stewart devolveu: "É por causa da sua péssima forma?"

E Colbert: "Sim, ela resultou nas minhas duas primeiras não ascensões. Mas depois foi mais uma questão de barreira psicológica — simplesmente, repito, porque eu não quis ir."

Dois meses depois, eu estava na sala verde, antes de participar do *The Colbert Report*, quando o anfitrião entrou e se apresentou. Ele disse: "Ouça, quando estou gravando, sou outra pessoa. Encarno um personagem. Portanto, me ignore e fale com a plateia. Mesmo que eu esteja fazendo graça ou provocando, continue falando o que tiver para dizer."

Geralmente, Colbert abre a parte do programa em que entrevista seu convidado correndo várias vezes em círculo em volta do palco antes de pular e dar as mãos. Para a minha participação, o que os expectadores viram foi algo parecido com Colbert escalando uma corda vertical, à la Batman do seriado dos anos 1970. Era um truque visual muito inteligente. Ele estava na verdade fingindo escalar mão a mão pela corda estendida horizontalmente no chão. A câmera girou toda a cena 90 graus. Todo mundo gargalhava. Pena que Colbert não estava usando uma capa.

Durante a entrevista, ele me provocou perguntando se, mesmo tendo optado por não usar oxigênio suplementar nas 8.000 metros, eu tinha usado vestimentas protetoras nas escaladas.

"Sim", respondi.

"Por que você é um molenga?"

Depois do Annapurna em 2005, senti uma imensa sensação de alívio. Mas, por um tempo, tenho que admitir, fiquei meio perdido. Não tinha certeza de quais seriam os próximos desafios e aventuras da minha vida. Ainda que estivesse extremamente satisfeito com o término do Endeavor 8000, essa jornada ocupou boa parte da minha vida por dezoito anos e aquele espaço deixado foi difícil de preencher.

O primeiro desafio caiu no meu colo quando fui o convidado especial dos New York Road Runners para participar da Maratona de Nova York em novembro de 2006.

Nunca tinha corrido uma maratona. Com Lance Armstrong, eu seria uma das poucas "celebridades convidadas" selecionadas. O desafio me intrigou. Embora tivesse corrido para o treinamento de escalada nos últimos trinta anos, nunca cheguei nem perto de 42 quilômetros de uma só vez. A maior extensão que já havia percorrido havia sido 29 quilômetros umas duas vezes. Uma maratona vinha com alguns mistérios. Eu saberia como estabelecer meu próprio ritmo (nem muito rápido, nem muito lento)? Me daria bolhas? Eu iria aguentar chegar ao fim?

Assim que contei a Paula sobre o convite, ela disse: "Uau, você devia aceitar". E logo depois disse que também queria correr a maratona. Ela corre e frequenta academia regularmente. Mas adora ter um objetivo. Para ela, é difícil apenas sair correndo e levantar peso se não há um motivo para treinar.

Os Road Runner também receberam Paula muito bem. O convite foi feito com antecedência suficiente para que tivéssemos sete ou oito meses para treinar. Isso nos deu muito trabalho. Eu dizia que era uma "penitência de compromisso". Compramos alguns livros sobre treino para maratona, pesquisamos *on-line* e estabelecemos uma rotina. E tivemos que arregaçar as mangas para dar conta da distância.

Defini uma meta para mim. Eu não tinha ideia de qual seria o meu tempo, mas achava que se completasse o percurso em três horas e meia, seria um bom tempo. Com três filhos, dois na escola e Anabel ainda em casa, tivemos que programar bem nossa agenda de treino. Eu sairia para correr por uma hora ou duas e então voltaria para casa, assim Paula poderia sair para treinar. Um de nós sempre tinha que estar em casa com Anabel ou para levar Gil e Ella para a escola ou estar lá quando eles voltavam.

Em setembro e outubro, embora eu estivesse na turnê de lançamento do livro, com sessões de autógrafo, apresentações de *slides* e palestras, tinha que dar um jeito de arrumar tempo todo dia para correr, fosse depois de aterrissar em uma nova cidade ou depois do evento. Mas estava acostumado com essa rotina há muito tempo. Quando se está viajando a trabalho, é muito fácil arrumar desculpas para não ir à academia ou correr. Contudo, eu sempre fiz questão de manter algum tipo de exercício físico, mesmo quando estava viajando. A maratona era um motivo importante para eu manter o regime de treinamento que seguia para as 8.000 metros.

Em novembro, fomos para Nova York. O número que os Road Runners me deram foi 8.000, por causa do Endeavor 8000. O processo de nos inscrever, retirar os números e descobrir quando e onde deveríamos nos apresentar para a corrida no dia seguinte consumiu várias horas. Ninguém sabia exatamente o que fazer, já que eu não estava cadastrado como um corredor de "elite", mas também não era um dos corredores comuns. Por causa disso, Paula e eu passamos de um oficial a outro até que eles resolvessem.

Na manhã seguinte, tivemos que levantar bem cedo para pegar o ônibus que nos levaria até a largada. Do hotel à linha de largada, sentamos no ônibus e seguimos o percurso que teríamos que percorrer, só que ao contrário. Não chegava nunca. Paula e eu continuávamos nos olhando, pensando: *Caramba, vamos ter que correr tudo isso de volta.*

O trajeto do hotel até a linha de largada pareceu levar uma eternidade e estávamos no ônibus com alguns dos melhores corredores do mundo. Devido ao congestionamento de gente, fazer uma parada no banheiro tornou-se algo crítico para alguns de nós. Vimos uma garota, no final da fila, acabar urinando em um saco plástico enquanto seus amigos seguravam toalhas no corredor do ônibus para que ela tivesse alguma privacidade. O restante de nós deu um jeito de segurar até o fim e depois corremos para os arbustos mais próximos para nos aliviar.

Paula e eu não planejávamos correr juntos. Ela percebeu que eu provavelmente correria mais rápido que ela; então decidimos correr cada um no seu ritmo e nos encontrarmos no final. Havia 35 mil pessoas espremidas na largada. Por causa do *status* de "celebridade", tivemos a sorte de ficarmos bem ao lado dos corredores de "elite", à frente do grupo e bem à frente da multidão. De repente *bum!* A arma disparou e de imediato um monte de gente passava zunindo por mim. Obviamente que algumas delas planejavam correr apenas um pequeno trecho. Eu tinha que controlar meu ritmo, assim como fizemos no Nanga Parbat e não me deixar levar pelos outros que iam mais rápido que eu.

Eu meio que fingi estar sozinho. Fiquei atento ao meu ritmo a cada quilômetro, conferindo-o no monitor. Bebi água durante o percurso e alguns géis energéticos. Eu me sentia realmente bem. Não parei, apenas segui em frente de forma consistente. Lá pelo meio da corrida, percebi que talvez conseguisse correr mais rápido e terminar antes das 3h30.

Terminei após 3h15, tempo que me deixou muito contente. Paula fez em 4h50. Ela ficou satisfeita com esse tempo, sendo sua primeira maratona.

Claro que, logo depois, a primeira coisa que ela disse foi "quero correr outra e correr melhor". Adoro ela por isso! Foi bom passear e relaxar à tarde pela cidade depois da corrida, mas eu tinha que embarcar em um avião para uma palestra corporativa que tinha agendado para a manhã seguinte em Indianápolis. Paula, felizmente, pôde à noite encontrar sua irmã Andrea, que tinha vindo de Connecticut para nos ver. Algumas pessoas me avisaram sobre a "debilitante dor" do dia seguinte à maratona e eu só podia torcer para não acordar tão dolorido que não conseguisse subir os degraus do pódio. Tenho que dizer que fiquei um pouco dolorido, mas não debilitado.

Não há atalhos para chegar ao topo

Não vou dizer que eu correria outra. A Maratona de Nova York foi divertida, interessante e um desafio inédito para mim, mas exigiu um treino muito longo. Não ligo de correr todos os dias, mas não tenho certeza se quero enfrentar o negócio de percorrer de ônibus o trajeto entre a linha de chegada e a largada e depois correr com outras 35 mil pessoas esperando pelo tiro de largada. Prefiro correr por conta própria e ter sessenta minutos de sossego em alguma estrada.

A única aventura de verdade que encarei depois do Annapurna foi na primavera de 2007. Fui convidado pelo famoso explorador polar Will Steger a participar de uma expedição a Baffin Island, no Ártico Canadense. A ideia de Steger era viajar de trenó por três meses até a costa leste da ilha, parando em vários vilarejos inuítes no trajeto. O objetivo da viagem era medir se o aquecimento global já havia afetado a paisagem e o modo de vida dos povos que viviam no extremo norte. Nos vilarejos, a equipe conversaria com os anciões, perguntando a eles que tipo de mudanças eles haviam notado nos últimos trinta, quarenta, cinquenta e até sessenta anos. Assim que o grupo de Steger tivesse concluído a viagem, tentaria fazer a travessia leste-oeste pelo Barnes Ice Cap e pelo coração de Baffin Island.

Não conhecia Steger pessoalmente, mas conhecia sua reputação e já tinha lido seu livro, *Crossing Antarctica*, anos antes, pois sempre fui um pouco fanático pelo Ártico e pela Antártica. Esse tipo de viagem era bem a minha cara, já que estava acostumado com frio, neve e gelo.

Então decidi ir, embora só pudesse acompanhar a expedição por quatro semanas, um prazo bem menor que o das minhas aventuras no Himalaia. A equipe estava gravando um documentário e transmitiria notícias *on-line* para o site da Cisco Systems. Eles patrocinaram minhas publicações do Annapurna e ficaram empolgados com a ideia de se associarem às minhas explorações em Baffin Island. Como a Maratona de Nova York, a viagem da Baffin Island seria uma experiência totalmente nova para mim, pois eu não sabia nada sobre viagens ao Ártico, além do que havia lido nos livros. Em Baffin Island, seria um aluno, aprendendo do zero a arte de andar de trenó e lidar com os cães.

Outro aspecto atrativo da viagem era que eu iria como um membro, com a logística pronta. Eu só teria que fazer o que me mandassem. Não teria que me preocupar com a pressão de organizar e liderar.

Em abril, voei para o distante vilarejo de Clyde River para encontrar a equipe, que já estava em campo há dois meses. Viajaram comigo Sir Richard Branson, o bilionário fundador da Virgin Atlantic Airways e balonista recordista, e seu filho, de 22 anos, Sam.

Sir Richard revelou-se um cara legal e acessível. E que adorava pregar peças. Nós tirávamos onda com ele e ele conosco. A certa altura da viagem, depois de fazer uma leve mudança de rota, Sir Richard anunciou que teríamos que fazer um retorno por *dois dias* para voltar ao curso. Ele fez esse anúncio depois de uma reunião séria com Steger, e eu acreditei nele por alguns minutos. Dei o troco uma noite depois que ele reclamou que não conseguia dormir por causa dos latidos dos cães. Ofereci a ele um novo par de protetor auricular, aquela espuma macia que você aperta e encaixa nos ouvidos e depois ela se expande. Há dois por caixa e são idênticos. Mas eu entreguei um a ele, instruindo claramente que aquele era para o ouvido direito. Depois dei o outro e disse que aquele era a do ouvido esquerdo, avisando para ele ter cuidado e não misturá-los. Um tanto incrédulo, ele disse "ok". Esperei uns dois minutos, só para ver o efeito, e então contei que não fazia diferença qual protetor fosse usado em qual ouvido.

Sam era uma boa companhia. Dividi a barraca com ele por um tempo. No começo, nem ele nem seu pai tinham a menor ideia de como montar uma barraca na neve ou de como cozinhar em um pequeno fogareiro. No final, ele dava conta do que era seu.

Durante o tempo em que fiquei com a equipe, concluímos a travessia da ilha da costa oeste à leste. Foram pouco mais de 640 quilômetros e levamos catorze dias. Quando estávamos realmente nos movendo, conseguíamos cobrir quase cinquenta quilômetros por dia; em um dia bom, até mais. O terreno e a saúde dos cães determinavam a distância percorrida. Os cães tinham que ser tratados com reverência: como eu os apelidei, eles eram os "xerpas do Ártico". Sem eles, não iríamos a lugar algum. Eles mereciam todo respeito, amor e cuidado que podíamos oferecer. Nosso dia de trabalho era longo, geralmente de dez horas desde a hora em que levantávamos acampamento de manhã até montarmos o acampamento à noite.

Passei bastante tempo com Will por causa da maneira como foram organizados os trenós de duas pessoas. Ele também tinha várias obrigações com a imprensa e outros trabalhos a fazer. Acabamos passando um dia viajando juntos como uma equipe de dois homens; durante esse dia conversamos muito sobre sermos aventureiros profissionais, darmos palestras e levantarmos fundos que custeavam nossas expedições. Embora Will fosse um pouco mais velho que eu, nossa trajetória profissional e nossas motivações para sermos aventureiros eram bem parecidas. Ele dominava a arte de captar grandes quantias em patrocínio, algo que eu respeitava nele. Ele tinha grandes visões e geralmente as colocava em prática com tenacidade e trabalho em equipe.

Passei muito mais tempo com John Stetson, que era o verdadeiro líder-assistente. Foi Stetson que ensinou Sam Branson e a mim a arte de guiar o trenó: como orientar a matilha, como cuidar de um trenó carregado com 450 quilos de carga, como pará-lo, como virar a matilha. Você tem dez cães presos a um mesmo arreio e isso pode virar um caos se você não conseguir mantê-los sob controle, especialmente quando há outras matilhas por perto.

John e eu viajamos bastante juntos e também dividimos a barraca. Temos um senso de humor parecido e metade do tempo fazíamos rir um ao outro. Também travamos ótimos diálogos sobre dinâmica e liderança de expedições. Falamos até de possivelmente fazermos algo juntos no futuro, talvez uma expedição com mochila nas costas a um dos polos.

Nosso grupo era na verdade bem pequeno: quatro trenós para duas pessoas e apenas oito cães. Cada trenó transportava equipamentos, comida e provisões, não só para os passageiros do trenó (barraca, fogareiro, sacos de dormir e alimentos), mas também para os cães. Havia uma pessoa posicionada na parte traseira do trenó em cada um dos lados. Basta se segurar no trenó e esquiar ao lado dele. Os esquis têm um padrão de escama de peixe na parte de baixo para que você tenha tração enquanto desliza em velocidade ao lado do trenó.

A imagem mais comum que temos do trenó de cães é uma pessoa sentada no trenó ou se equilibrando de pé na traseira. Você até pode fazer isso, mas só se a temperatura estiver de -17 a 23ºC; se você só ficar ali sentado por dez horas vai ficar muito gelado. É mais interessante e mais um exercício se você esquiar de verdade e acompanhar o movimento do trenó durante essas dez horas. Você também ajudará os cães, pois assim eles não precisam puxar seu peso além da carga do trenó.

Desde que voltei, as pessoas perguntam se eu vi sinais de aquecimento global durante a expedição. Pela minha observação pessoal, eu diria que não, pois não fiquei lá tempo suficiente para ver as mudanças que ocorrem de um ano a outro.

Os inuítes entrevistados, no entanto, especialmente os mais velhos, acham sim que algo está acontecendo. A calota polar está bem mais longe e derrete mais cedo. Caçar está ficando cada vez mais difícil por causa da falta de gelo e eles estão vendo animais e pássaros que nunca haviam visto antes. Outra coisa que relataram é que eles não têm nomes inuítes para essas novas espécies.

No fim, comparada com minhas expedições ao Himalaia, minha viagem a Baffin Island foi quase confortável. Tínhamos muita comida e combustível, barracas espaçosas e um clima excelente. Stetson e Steger deixaram claro que isso não é a regra. Esses caras já haviam enfrentado condições bem complicadas pelo planeta. Mesmo assim, tiveram que dar um jeito de resolver todos os contratempos quando a merda estava feita. Eles eram as pessoas certas com quem viajar e nunca duvidei do conhecimento deles nem por um segundo. A partir daí soube como é complicado viajar nas regiões Árticas, especialmente quando é preciso manter um grupo unido e administrar uma matilha de cães ao mesmo tempo.

Sim, em Baffin Island faz frio o tempo todo, mas tínhamos o vestuário adequado. E sabe o que mais? Tem muito oxigênio lá! Ao fim do dia, não me sentia debilitado como no alto do Everest. Mesmo após um dia muito longo, me sentia muito bem.

Estresse não foi problema. Medo nem se discutia. Eu podia ir deitar à noite e dormir feito um bebê porque não havia nada ameaçador com que me preocupar, nada como no alto de uma 8.000 metros, onde você fica apreensivo e com medo de tempestades ou avalanches ou de alguém desenvolver edema pulmonar. E não era minha a função de líder: então eu não tinha decisões importantes a tomar, uma situação relativamente nova para mim.

O único verdadeiro incidente ocorreu em uma madrugada por volta das 2h30. Mesmo a essa hora não fica muito escuro: é como um crepúsculo. Estava dormindo e ouvi os cães latirem como loucos. Simon, um dos inuítes, estava acampado perto de mim. Meio tonto, acordei e ouvi-o sussurrar: "Ed, urso polar".

Eu disse: "Você está brincando". Passamos a viagem toda fazendo pegadinhas entre nós.

Mas Simon respondeu: "Não, Ed, tem um urso polar. Venha ver." Ainda de pijamas, calcei as botas e engatinhei para fora da barraca. Fazia -23°C. Sem dúvida, lá adiante, eu vi um urso polar subir e se ajeitar em um monte de gelo.

O urso estava definitivamente vindo na direção do nosso acampamento. Não tomamos muitas precauções com o armazenamento da comida. Havia um par de carcaças de foca congeladas e salvelinos a céu aberto (basicamente, a comida dos cães), de modo que o acampamento parecia mais um abatedouro. Farejando o ar, o urso sabia que tipo de *buffet* o esperava: foca, peixe... e nós.

John Stetson saiu de sua barraca, de roupas de baixo e botas. Lembrava um pouco Elmer Fudd (um Elmer Fudd maluco). Ele usava um pequeno chapéu e portava sua espingarda. A arma estava carregada, mas os primeiros três tiros eram tiros de festim. A ideia era que, se o urso se aproximasse, ele dispararia esses tiros para assustá-lo.

Apenas em último caso ele usaria a munição de verdade. Os três ou quatro inuítes que nos acompanhavam estavam bem armados. Eram caçadores por natureza e se avistassem uma foca e tivessem a chance de atirar, não pensavam duas vezes, afinal para eles foca é comida. Eles não vão ao mercado comprar carne; eles saem e caçam os animais.

De repente, o urso começou a correr na direção do acampamento. Evidentemente, ele pensou que o jantar estava servido. Stetson disparou dois ou três tiros de festim. Eles assustaram o urso; ele parou e então parecia que estava tentando decidir o que fazer em seguida. A essa altura, Lukie, um ancião inuíte já bem próximo dos sessenta anos, mas em muito boa forma, muito forte e consciente de tudo, saiu correndo no gelo com seu rifle a postos, perseguindo o urso. Talvez para ele a melhor defesa fosse um bom ataque.

Devagar, o urso começou a se afastar. Lukie disparou alguns tiros no gelo em torno da fera, um aviso para ele continuar andando e dar o fora. Por fim, o urso foi embora, ainda que no seu tempo. Toda a experiência tornou-me mais humilde, pois me lembrou do poder da natureza selvagem. Naquele lugar, àquela hora, não estávamos no topo da cadeia alimentar. Na verdade, o sr. Urso Polar ocupava essa posição. O encontro daquela madrugada foi a coisa mais excitante que aconteceu na viagem, ao menos para mim.

Desde que concluí o projeto Endeavor 8000, tive o privilégio de passar muito mais tempo com Paula e as crianças. Todo inverno, Paula e eu vamos esquiar com Gil e Ella. Suas habilidades melhoraram rapidamente e, agora, quando esquio com eles, raramente tenho que esperá-los descer a encosta. Eu esquio um pouco à frente e logo lá estão eles bem atrás de mim. Gil procura qualquer elevação ou rampa de neve que possa saltar e Ella passa zunindo toda arrojada e, se cai, não tem mal tempo: levanta sozinha, tira a neve do rosto e continua esquiando. Prendemos pequenos esquis às botas de Anabel só para ela sentir a sensação de esquiar. Logo ela estará atrás dos irmãos montanha abaixo.

Todo verão vamos pedalar com Gil e Ella. Eles andam feito loucos. Colocamos Anabel, que acabou de completar três anos, em uma carretinha para bicicleta que Paula e eu revezamos. Ela fala muito e vem com novas palavras que nos faz pensar "onde ela ouviu isso?". Por exemplo, em vez de dizer que algo foi "engraçado", ela diria que foi "hilário". O que tentamos fazer com nossos filhos é falar com eles como se fossem adultos em vez de subestimá-los com algum tipo de linguajar infantilizado. Simplesmente conversamos normalmente. E as crianças parecem compreender tudo bem rápido.

Gil continua nos divertindo com suas palhaçadas e seus monólogos cômicos. Ele ainda adora futebol americano e recentemente foi a um campo de treino apurar suas habilidades. Ella é forte e autossuficiente e está se tornando quase uma atleta e nadadora, seu corpo já é o de uma ginasta forte. Ela é extremamente solícita com as tarefas da casa e adora um desafio. Anabel parece uma mistura dos irmãos, faladora como Gil e flexível como Ella. Também existe um toque cômico nela.

Eu ainda comemoro a sorte de ter Paula como minha mulher. Ela sempre apoiou incondicionalmente minha carreira e adoro estar com ela. Sua natureza aventureira e disposição para coisas novas e diferentes mantêm nossa vida interessante. Ela sempre vem com ideias de lugares a visitar, coisas novas para fazer e planos para projetos futuros. É uma mãe fantástica para nossos filhos, tem orgulho de si mesma, de seu preparo físico e para mim ela é a parceira perfeita.

Quanto às próximas aventuras da minha vida, estou aberto a praticamente qualquer coisa. David Breashears e eu ainda queremos fazer algo juntos. Seja para escalarmos o Nanda Devi ou trabalharmos no projeto de outro filme, eu adoraria viajar de novo com ele. David parece ter o dom de se superar toda vez que faz algo novo. E viajar para algum lugar das regiões polares com John Stetson também é uma possibilidade.

Ainda estou ativo com a Rainier Mountaineering e Peter Whittaker. Todo ano, oferecemos algumas viagens ao Rainier e nós dois somos os guias, o que ele chama de "escaladas VW". Não é difícil vender as nove vagas para cada uma dessas escaladas. Peter e eu temos conversado sobre ampliar essas viagens e incluir algumas opções internacionais, como escaladas no Mont Blanc, nos Alpes ou no Maciço Vinson, na Antártica. Eu não planejo fazer muito mais escaladas guiadas, apenas algumas viagens aqui e ali me parecem bem interessantes.

Estou bem ativo com vários dos meus patrocinadores, como a Mountain Hardwear, os calçados Timberland e a Sole Custom Footbeds. Ainda gosto de projetar equipamentos, testar os protótipos e ministrar palestras para essas empresas. Graças a este livro, também aumentou o número de palestras corporativas. Muitos diretores e planejadores de encontros que leram meu livro convidaram-me para falar a seus funcionários sobre trabalho em equipe, definição de metas, liderança e perseverança. Saber que posso afetar vidas e a direção das empresas é algo muito gratificante.

Nos e-mails de Veikka, ele confessa que sente saudade dos dias quando viajávamos uma vez por ano para escalar juntos. Ele diz que é a parte de sua vida que ainda queria partilhar comigo. E tenho certeza de que isso acontecerá. Assim que ele escalar as 8.000 metros, poderemos fazer algo juntos. Seria divertido voltar ao Paquistão e escalar aqueles três últimos picos com ele, mas com todo o conflito existente naquela parte do mundo e em especial a hostilidade com relação aos norte-americanos, lá não é (infelizmente) um lugar para onde gostaria de ir agora.

No entanto, se a situação mostrar-se certa, o projeto for muito atrativo e eu tiver recursos, poderia até me ver de volta ao Everest uma última vez. Nunca diga nunca...

Agradecimentos

São muitas as pessoas que eu gostaria de agradecer por todo apoio, amor e incentivo ao longo dessa incrível jornada nas montanhas e pela vida. Sem elas, teria sido muito mais difícil percorrer meu caminho e sou muito grato por terem acreditado em mim. Listar o nome de cada uma delas ocuparia muitas páginas; se eu omitir alguns nomes aqui, não foi um lapso intencional. Entre meus familiares, amigos e patrocinadores existe muita gente que saberá, tanto faz se eu disser aqui ou não, que para mim é uma honra ter sua amizade e que agradeço por tudo com que elas contribuíram.

Em primeiro e mais importante lugar, quero agradecer à minha esposa, Paula, por seu amor, sua paciência e seu incentivo. Suas palavras e seu apoio me deram muita força e inspiração durante os últimos doze anos, assim como darão, tenho certeza, pelos próximos muitos anos.

Aos meus filhos Gilbert, Ella e Anabel por seu amor incondicional, pela alegria, pelas risadas e por serem o melhor motivo para eu estar em casa.

Aos meus pais, Ingrid e Elmars, por me mostrarem o que é possível e por me permitirem buscar meu próprio caminho.

À minha irmã, Velta, que sempre acreditou no meu sonho.

Ao meu grande amigo, parceiro, colega de equipe e confidente nas montanhas por mais de uma década, Veikka Gustafsson. Espero dividir muitas grandes aventuras com ele. Tomara que ele alcance seus objetivos.

Aos meus antigos parceiros de escalada: Richard King, com quem aprendi os princípios básicos da escalada em rocha, e Curt Mobley, meu primeiro verdadeiro parceiro de escalada e amigo de Northwest.

A todos que me mostraram a arte do montanhismo, me ensinaram a gerenciar riscos e me levaram para as maiores cordilheiras do mundo: George Dunn, Eric Simonson, Phil Ershler e Lou e Jim Whittaker.

A Tracey Roberts, que confiou em mim o suficiente para me deixar guiar pela primeira vez uma ascensão no Monte Rainier.

Aos meus leais e sempre amigos, que de alguma forma me ajudaram a nadar quando a maré era das piores: Dave Magee, Dan Hiatt e Steve Swaim.

Ao meu grande amigo, conselheiro e parceiro em três expedições bem-sucedidas ao Everest: David Breashears, que me deu a oportunidade de me desafiar de maneiras inéditas, confiou a mim responsabilidades que exigiram o meu melhor e, dando o exemplo, me mostrou o significado de liderança.

A Robert Schauer, por sua compaixão e inteligência diante da dificuldade e da tragédia de 1996. Foi um prazer escalar com ele novamente em 2004.

Ao meu parceiro de escalada, colega de mergulho e de vela, além de grande amigo, Hall Wendel, com quem continuo partilhando risadas e memórias.

Aos demais parceiros e amigos de escalada com quem compartilhei momentos de alegria e risadas nas montanhas: Andy Politz, Jim Wickwire, John Roskelley, Greg Wilson, Jimmy Hamilton, Robert Link, Craig van Hoy, Dave Carter, Charley Mace, Guy Cotter, Carlos Carsolio, Krzysztof Wielicki, Simone Moro, Denis Urubko, Jan Arnold, Jason Edwards, Charlie Kittrell, Steve Gall, Tashi Tenzing, Jamling Norgay, Araceli Segarra, Peter e Erica Whittaker, Larry Nielson, Jon Krakauer, Steve e Mike Marolt, Neal Beidleman, Michael Kennedy, Joe Horsikey, Paul Maier, Steve Connolly e Rick Hanners.

A John Cumming que, durante um dos meus piores dias, teve a generosidade de me convidar para fazer parte da Mountain Hardware, que me ofereceu apoio e força para que eu perseguisse a meta de escalar todas as 8.000 metros.

A Ian Cumming e Jack Gilbert por sua infinita sabedoria e seus conselhos.

A Gil Friesen que, sem saber, tornou-se um dos meus maiores defensores e mentores. Agora tenho a honra de considerá-lo um dos meus mais queridos amigos. O mundo precisa de mais gente bondosa como ele.

A Jodie e John Eastman, amigos que acreditaram em mim, me incentivaram e me deram apoio e conselhos inestimáveis.

A Ubbe Liljeblad, que me ensinou como treinar mais pesado e ser mais forte.

A Michael e Alexa Rosenthal da Island Fitness por seu irrestrito e cortês apoio.

A Peter Potterfield, que documentou algumas das minhas expedições, ajudou a escrever meu primeiro livro e, originalmente, revelou minhas aventuras ao público em geral via internet.

A Jimmy Chin, pela companhia, pelo senso de humor e pelo profissionalismo como fotógrafo e cinegrafista em 2004 no Everest e em 2005 no Cho Oyu e no Annapurna.

Aos doutores Robert ("Brownie") Schoene, Tom Hornbein, Kurt Papenfus e Peter Hackett pela amizade e pelos inestimáveis conselhos médicos ao longo de toda minha carreira.

A Ron Judd do *Seattle Times*, um grande defensor e amigo que sempre me colocou no jornal, e que confortou Paula quando eu estava escalando o Annapurna.

A Elizabeth Hawley, por seu *insight* e apoio e por me fazer continuar honesto.

A meu amigo Norkyel do Garuda Hotel de Katmandu, que sempre nos recebeu de braços abertos.

agradecimentos

A Chris Mathius, pela amizade instantânea e por me mostrar que trabalhar duro e se divertir pode ser um estilo de vida, sendo que o último deles é a prioridade. Tomara que seus pés fiquem bronzeados para sempre!

A outros amigos que, de um jeito único, me apoiaram ou partilharam sua sabedoria e seus conselhos durante minha campanha: Rick Ridgeway, Jess Kraus, Gerald Lynch, Roland Puton, Jim Wagner e Nawang Gombu.

A todos os meus patrocinadores, passados e presentes; seu apoio foi inestimável e extremamente agradecido. Minha empreitada de tantos anos não teria sido possível sem o suporte financeiro e emocional deles. Especificamente, quero agradecer a todos da Mountain Hardware. Se alguma vez tive a sensação de solidez e familiaridade com algum patrocinador, foi com eles, a quem sou eternamente grato.

A meus outros patrocinadores, que estiveram ao meu lado no cume do Annapurna e além dele: Rolex, Timberland, Sole Custom Footbeds, Outdoor Research, Leki, Princeton Tec e Island Fitness.

Um agradecimento de coração a todos os amigos italianos do Annapurna: Silvio "Gnaro" Mondinelli, Christian Gobbi, Mario Merelli, Mario Panzeri e Daniele Bernasconi, que nos convidaram desinteressadamente para escalar com eles pela via que haviam preparado com tanto cuidado, nos serviram um café expresso fresco, nos empanturraram com presentes de prosciutto e queijo parmesão e nos permitiram participar de seu ataque ao cume do Annapurna. O abraço apertado que ganhei de Silvio quando voltei do cume é um exemplo da generosidade que esses escaladores demonstraram durante toda nossa expedição.

Um agradecimento especial às pessoas que contribuíram para o sucesso da minha expedição ao Annapurna: Jimmy Chinn; meus amigos da Cisco Systems; Franz Schmadl e Fred Gatling da OSV Partners; Jason Kintzler da Brunton; Richard Bangs e a equipe da MSN; Lindsey Yaw; Didrick Johnck; Wongchu Sherpa e a equipe da Peak Promotion; Claire Martin e a equipe da *Men's Journal*; e Justin Sugiyama dos telefones Thuraya Satellite.

Aos patrocinadores e apoiadores que me ajudaram ao longo da jornada: sacos de dormir MZH, Kelty, JanSport, Petzl, McNett, Wapiti Woolies, Thule, MTV, Polo Ralph Lauren, Trango, Smartwool, Greatoutdoors.com, Mountainzone.com, National Geographic Society, Microsoft, Cascade Designs, Creative Revolution, Bruce Franks e todos da Asolo, Sterling Ropes, Julbo, L. L. Bean, Yukon Trading Company, Jetboil, Adventure Medical Kits, Dermatone, Mars, Eureka Tents, Sun Catcher, Clif Bar, AIG, Orvis e Kokatat.

Todas as pessoas maravilhosas do Nepal, do Paquistão e do Tibete que me receberam tão bem como viajante e montanhista e me permitiram levar para minha vida experiências maravilhosas e memórias eternas de seus belos países.

Depois do meu regresso da ascensão do Annapurna, a todas as organizações que valorizaram meus trinta anos de experiência em escalada, em cumprir metas e em gerenciar riscos para falar em seu nome e representá-las, a Thermos Corporation, o Seattle Seahawks e as várias outras empresas e pessoas que me contrataram para falar com seus funcionários, equipes e clientes.

A David Roberts, que me ajudou incansavelmente a criar este livro e organizou a longa história das expedições em algo que fizesse sentido. Desde nossa primeira reunião em 1996, nos tornamos bons amigos; fui seu assunto em diversos artigos e seu parceiro de debate na nossa interminável discussão sobre probabilidades e riscos no montanhismo. Sua sabedoria, suas perspectivas e seu talento como escritor são muito apreciados. Graças a ele, contei minha história de um jeito que espero emocionar os leitores.

A Stacy Creamer, nossa editora na Broadway Books, primeiro por mostrar entusiasmo com relação ao livro e depois por sua diligência e inteligente edição.

A Stuart Krichevsky, meu agente literário, que ajudou a tornar este livro viável e uma empreitada prazerosa para todos os envolvidos.

Também gostaria de lembrar dos amigos há muito perdidos. Essas pessoas foram uma inspiração para todos que os conheceram. Alguns eu conheci intimamente e com alguns apenas cruzei nas montanhas por um breve período. Sinto-me privilegiado de tê-los conhecido de alguma maneira e todos devemos lamentar sua ausência: Rob Hall, Scott Fischer, Alex Lowe, Anatoli Boukreev, Doug Hansen, Chantal Mauduit, Göran Kropp e Christian Kuntner. Tomara que todos nós nos esforcemos para viver a vida com a mesma paixão e por completo como eles.

Tragicamente, neste momento, quando estou escrevendo a parte final deste livro, perdemos o incomparável Jean-Christophe Lafaille, que, em minha opinião, resume a grandeza e a perfeição nas montanhas. Enquanto dividimos a corda, suas perspectivas e companhia foram profundamente gratificantes e satisfatórias. J.-C. tratava com respeito não só seu tempo nas montanhas, mas também sua esposa, Katia, seus filhos e as demais alegrias da sua tão breve vida. Tínhamos muito em comum nesses aspectos e eu esperava passar mais tempo com esse forte e gentil homem. Agora só restam as memórias.

Além de todos os agradecimentos acima, David Roberts gostaria de expressar sua gratidão pela hábil assistência, pelo incentivo incansável e apurada crítica do agente Stuart Krichevsky e suas assistentes, Shana Cohen e Elizabeth Kellermeyer; à editora Stacy Creamer e sua assistente, Laura Swerdloff; à revisora Bonnie Thompson; a Sharon Roberts; Greg Child, Jon Krakauer, John Rasmus e Paula Viesturs.

Finalmente, minha máxima gratidão a Ed Viesturs, um ser humano extraordinário além de impressionantemente bom e seguro escalador. Trabalhar juntos neste livro fortaleceu consideravelmente não só nossa amizade, mas meu respeito por esse homem — sua compaixão pelos outros, seu inabalável senso de responsabilidade pelos colegas de equipe, seu papel cativante como pai e marido, sua modéstia e sua generosidade. Com tamanha diferença entre nossos temperamentos, essa colaboração podia ter sido uma ridícula disputa de força. Mas, ao contrário, foi como uma infindável e fascinante conversa, um diálogo entre iguais em vez de socrático e, se alguma qualidade dessa interação ficar evidente na página impressa, ficarei agradecido.

Montanhas Escaladas
(Os cumes alcançados estão em letras maiúsculas)

21 de maio de 1987: Everest — tentativa de cume pela face norte

Outubro de 1988: Everest — tentativa de cume pela face leste

18 de maio de 1989: KANGCHENJUNGA

8 de maio de 1990: EVEREST

15 de maio de 1991: EVEREST

16 de agosto de 1992: K2

15 de maio de 1993: Shishapangma — tentativa de cume
Outubro de 1993: Everest — tentativa solo pela face norte

9 de maio de 1994: EVEREST
16 de maio de 1994: LHOTSE
6 de outubro de 1994: CHO OYU

7 de maio de 1995: Everest — tentativa de cume
18 de maio de 1995: MAKALU
4 de julho de 1995: GASHERBRUM II
15 de julho de 1995: GASHERBRUM I

23 de maio de 1996: EVEREST
29 de setembro de 1996: CHO OYU

23 de maio de 1997: EVEREST
9 de julho de 1997: Broad Peak — tentativa de cume

16 de maio de 1998: Dhaulagiri — tentativa de cume

22 de abril de 1999: MANASLU
4 de maio de 1999: DHAULAGIRI

Maio de 2000: Annapurna — tentativa pela face norte

30 de abril de 2001: SHISHAPANGMA
Junho de 2001: Nanga Parbat — tentativa

Maio de 2002: Annapurna — tentativa pela aresta leste

23 de junho de 2003: NANGA PARBAT
15 de julho de 2003: BROAD PEAK

17 de maio de 2004: EVEREST

12 de maio de 2005: ANNAPURNA

Glossário

8.000 METROS
Montanha cujo cume excede a marca de 8.000 metros acima do nível do mar. No mundo, são catorze montanhas, todas pertencentes ao Nepal, ao Paquistão e ao Tibete.

ABRIR A VIA
Jargão: fazer a primeira ascensão de uma via em uma falésia ou montanha.

ANCORAGEM
Qualquer combinação de *pitons*, *nuts*, *cams*, parafusos para gelo e afins que proteja a posição de onde um escalador dá segurança para seu parceiro. A ancoragem também serve como saída de um rapel.

AUTORRESGATE
Interromper a própria queda ou deslizamento em uma avalanche deitando de barriga para baixo sobre a piqueta e cavando para fincá-la na encosta.

AVALANCHE
Qualquer deslizamento prolongado de grandes quantidades de neve e gelo na face de uma montanha. Pode ser provocada por causas naturais de ruptura (em especial, pelo aumento da temperatura), mas também pela passagem de um escalador. Veja também condições da placa, placa depositada pelo vento.

BIVAQUE
Passar a noite em uma montanha, normalmente sem saco de dormir ou barraca. Uma barraca de bivaque é uma estrutura leve e compacta com espaço onde mal cabem dois escaladores deitados.

BOLSA GAMOW
Uma cápsula de náilon que lembra um caixão, na qual uma vítima grave de edema pulmonar ou edema cerebral pode ser confinada; os colegas de equipe bombeiam para pressurizar seu interior, reduzindo artificialmente os efeitos da altitude. Já salvou várias vidas no Himalaia e no Karakoram. Veja discussão na página 168.

CADEIRINHA
Um dispositivo preso em torno da cintura e no alto das coxas, ao qual a corda de escalada é presa. A cadeirinha distribui a carga (e o impacto de uma queda) em uma região mais confortável — e bem mais segura — que a técnica tradicional de prender a corda diretamente em volta da cintura da pessoa.

CAM
Um tipo de *nut* que pode ser flexionado pela alça de um gatilho para aumentar ou diminuir seu tamanho. Inventado em 1973, esse engenhoso dispositivo revolucionou a escalada, pois funciona em fendas que não aceitam os *nuts* tradicionais.

CAMINHANTE
Cliente comercial que faz uma caminhada, acompanhado por guias e carregadores, por circuitos de vários dias entre contrafortes e áreas de aproximação de grandes montanhas.

CASCATA DE GELO
Uma seção íngreme e repleta de gretas de um glaciar onde o gelo escorre pelo solo contorcido.

CEGUEIRA DA NEVE
Queimação da córnea causada pelos raios ultravioletas, geralmente em alta montanha, quando a pessoa fica muito tempo sem os óculos de proteção. Condição muito dolorida; pode causar perda temporária da visão.

CIRCO
Uma bacia formada por falésias íngremes e montanhas no alto de um vale.

CLIPAR, DESCLIPAR
Prender um mosquetão em uma peça de proteção ou corda ou soltá-lo dela.

COLO
Uma passagem estreita na montanha, geralmente entre corredores ou faces íngremes e/ou arestas pontiagudas.

CONDIÇÕES DA PLACA
O estado em que a camada de neve da superfície foi depositada pelo vento,

criando uma consistência muito dura que lembra um isopor. Quando a crosta racha com a passagem dos escaladores ou por algum motivo natural, como a queda de uma pedra, grandes seções podem se soltar em uma avalanche. Veja também placa depositada pelo vento.

CONGELAMENTO

O congelamento do tecido (geralmente, dedos dos pés e das mãos) até um nível mais profundo que o superficial e que normalmente leva à sua amputação.

CORDA CURTA

Proteger um escalador exausto, doente ou ferido prendendo-o com uma corda curta e então descer logo atrás do montanhista debilitado, pronto para segurar uma queda ou até ajudá-lo na descida.

CORDADA

Comprimento da corda ou comprimento parcial da corda; é também a extensão escalada pelo escalador-guia.

CORDA FIXA

Uma fina corda instalada em um trecho da montanha para facilitar as subsequentes ascensões, descidas e o transporte de carga.

CORNIJA

Uma ondulação de neve e gelo formada por fortes ventos constantes que encobre a face da montanha a sotavento. Especialmente traiçoeira, uma cornija pode ser confundida com a crista da aresta e o escalador também pode facilmente quebrar sua crosta pouco sólida e despencar pela parede abaixo dela.

CORREDOR

Uma íngreme valeta de neve, normalmente encontrada no alto das montanhas.

CONTRAFORTE

Uma larga protuberância ou costela em uma montanha.

DESLIZAMENTO

Uma avalanche.

Deslocamento de ar
O minifuracão causado pelo ar à frente de uma avalanche quando é violenta e o ar repentinamente deslocado.

Dexametasona
Um esteroide temporariamente eficaz no tratamento dos males da montanha.

Diamox
Uma droga diurética temporariamente eficaz no tratamento dos males da montanha.

Edema cerebral (HACE)
Vazamento de fluido no cérebro causado pela hipóxia. Veja discussão na página 168.

Edema pulmonar (HAPE)
Vazamento de fluido nos pulmões causado por hipóxia. Veja discussão na página 168.

Encordar
Prender-se a um (ou mais) parceiro antes de escalar um trecho técnico ou para atravessar campos de gretas.

Escalada técnica
Qualquer escalada difícil o bastante para exigir corda e proteção.

Escorregar
Deslizar com controle uma encosta íngreme de neve, geralmente enterrando as bordas de uma das botas na encosta e deslizando de lado como se estivesse esquiando. Também pode ser realizado com a pessoa sentada.

Estacas
Finas varetas de madeira ou bambu, geralmente pintadas de verde, com uma fita adesiva vermelha presa a uma das extremidades para criar um pequeno sinalizador; fincada na superfície do glaciar a cada dezena de metro ou mais, servem para demarcar a trilha e garantir que o escalador encontrará o caminho de volta em caso de tempestade e neblina. Veja discussão na página 32.

glossário

ESTILO ALPINO
A técnica de escalar uma grande montanha de modo leve e rápido, abrindo mão de fixar cordas, montar acampamentos e transportar cargas. É considerado a melhor forma em comparação com o estilo de expedição tradicional, que é mais lento e que exige mais equipamentos.

EQUIPAMENTO
Termo coletivo para designar as diversas peças de proteção de um escalador, que variam de *pitons* a *cams*, parafusos para gelo e afins.

FERRAMENTAS PARA GELO
Qualquer um dos inúmeros dispositivos modernos que evoluíram a partir da piqueta tradicional; são usadas diretamente para escalar terrenos íngremes de gelo e mistos com gelo e rocha em vez de servirem para ajudar no equilíbrio ou escavar degraus.

FITA
Um *loop* de náilon, útil para diferentes tarefas.

GLACIAR PENDENTE
Uma pequena geleira ou parte de uma maior assentada instavelmente sobre uma falésia. É particularmente perigoso escalar sob ela.

GRAMPÕES
Conjunto de pontas metálicas presas com tiras ao solado das botas para possibilitar a escalada ou caminhada no gelo ou na neve compactada. Os grampões modernos geralmente têm doze pontas, dez delas viradas para baixo para agarrar bem ao solo enquanto a pessoa caminha e duas voltadas para frente, na ponta do pé, usadas ao escalar trechos íngremes ou verticais de gelo ou neve. Veja discussão na página 109.

GRETA
Uma grande fenda ou fissura na superfície de um glaciar criada pelo movimento da geleira sobre terreno íngreme ou irregular. Se o solo abaixo for côncavo, normalmente, a greta é estreita na superfície, mas se alarga abaixo. Se o solo abaixo for convexo, normalmente a greta é mais larga na superfície e se estreita conforme aumenta a profundidade. Uma greta escondida é aquela que se formou mas está invi-

sível (e, portanto, a mais perigosa) depois que tempestades formaram uma fina ponte de neve que fecha a superfície da fenda e oculta a existência da greta.

GUIAR
Escalar um trecho no começo da corda. Uma guiada é o trecho assim escalado.

HACE
Veja edema cerebral.

HAPE
Veja edema pulmonar.

HIPÓXIA
Privação de oxigênio em altitude elevada. Veja discussão na página 167.

JUMAREAR
Usar um mecanismo que desliza e trava para subir cordas fixas. O termo vem da marca do mais popular ascensor mecânico, lançado no final dos anos 1960. O jumar é um dispositivo de metal que agarra a corda quando pressionado para baixo e desliza facilmente para cima.

LIMITE ANAERÓBICO
A porcentagem de VO_2 máxima a partir da qual o corpo do atleta começa a funcionar em um estado com menos oxigênio. Veja discussão na página 166.

LINHA
Via em uma parede rochosa ou montanha. Também é sinônimo de corda, como em "linhas fixas".

MAL DA MONTANHA (AMS — *Acute Mountain Sickness*)
Qualquer das várias formas de doenças provocadas pela altitude elevada. Geralmente, é diferente de edema pulmonar ou edema cerebral. Veja discussão na página 168.

MÉTODO TRADICIONAL
A maneira tradicional de escalar uma grande montanha e que envolve a montagem de acampamentos abastecidos, transporte de cargas e cordas fixas. No Hima-

laia e no Karakoram, é muito comum xerpas e outros carregadores locais acostumados a altitudes elevadas serem contratados para ajudarem com o transporte de carga.

Veja estilo alpino.

MONÇÃO

No Himalaia, a recorrente e previsível temporada de verão que dura de três a quatro meses, quando é constante a precipitação de neve e nuvens carregadas. Impede por completo a escalada durante esse período.

MORENA

Qualquer aresta ou monte de pedras e cascalhos formado pelo depósito do que desce pela geleira.

MOSQUETÃO

Um elo oval com abertura feito de metal leve, porém resistente, usado para prender a corda a qualquer peça de proteção ou parte de uma ancoragem.

NEBLINA

Condição climática em que névoa ou neve anula quase por completo a visibilidade.

NEVADO

Uma crosta de neve dura.

NEVISCO

Finas nuvens de partículas de neve que caem por precipitação ou se formam na frente ou nas bordas de uma avalanche.

NUT

Peça de metal em forma trapezoidal ou hexagonal, presa a uma fita ou a um fio e que é enfiada em uma fenda da rocha e que deve ficar presa quando pressionada para baixo, garantindo a proteção do guia da escalada ou funcionando como parte de uma ancoragem. O *hex nut* é um *nut* formado por uma peça oca hexagonal tubular e é usada em fendas maiores.

OITO

Um dispositivo de metal em formato similar ao número 8 pelo qual se passa a corda a fim de distribuir a pressão durante um rapel ou quando se dá segurança.

OFICIAL DE LIGAÇÃO
Um intermediário nativo, oficialmente designado pelo governo local para garantir que a expedição siga as regras da permissão. Veja sirdar.

OXIGÊNIO SUPLEMENTAR OU ENGARRAFADO
Sistema usado em alta montanha e que consiste em garrafas de oxigênio pressurizado que o escalador leva nas costas, conectado por uma mangueira a uma máscara e controlado por um regulador. O fluxo varia de dois a quatro litros por minuto. Reduz com eficácia a altitude aparente em milhares de metros.

PARAFUSO PARA GELO
Um tipo de *piton* para gelo duro, rosqueado como um parafuso; deve ser rotacionado enquanto alguém o martela na direção do gelo.

PIQUETA
Uma das ferramentas mais importantes do equipamento do montanhista. Em seu formato clássico, consiste de uma cabeça de metal com um enxó de um lado e uma ponta afiada no outro, presa a uma haste de metal de sessenta centímetros com uma ponta afiada de metal na outra extremidade. É usada para escavar degraus no gelo ou na neve, para segurança, para autorresgates em caso de queda ou avalanche, para detectar gretas escondidas e simplesmente para ajudar no equilíbrio (quando usada como um bastão) durante a caminhada. Veja também ferramentas para gelo.

PITON
Cravo de metal enfiado em uma fenda da rocha, usado como parte de uma ancoragem ou para diminuir uma possível queda do escalador-guia. O *piton* tem um ilhó, no qual se prende um mosquetão para a corda correr livre.

PLACAS DEPOSITADAS PELO VENTO
Placas de neve congelada levemente conectadas à neve abaixo delas, o agente precipitador de avalanches. Veja condições da placa.

POLAINAS
Peças do vestuário que cobrem das botas ao meio das canelas, evitando que entre neve nas botas e aquecendo essa região.

glossário

POSTE DE AMARRAÇÃO
Uma protuberância ou alça de gelo ou neve compactada, escavada para servir de ancoragem para um rapel.

PROTEÇÃO
Termo coletivo para designar todos os *pitons*, *nuts* e *cams* posicionados pelo escalador-guia para diminuir uma possível queda.

PUJA
Cerimônia xerpa para apaziguar os deuses da montanha, geralmente realizada no acampamento-base em data próxima ao início de uma expedição.

RAPEL
Descer uma falésia deslizando por uma corda dupla que está presa pelo meio a uma ancoragem. Quando chega ao fim do rapel, o escalador recupera a corda puxando uma das pontas, de modo que ela passe pelas fitas ou mosquetões da ancoragem e se solte.

SEGUNDO
O escalador que segue a cordada guiada pelo parceiro, protegido com a segurança de cima.

SEGURANÇA
Proteger o parceiro ao soltar ou puxar a corda enquanto ele escala, com o impacto de uma possível queda absorvido por um dispositivo mecânico preso ao *loop* da cadeirinha ou pela passagem da corda pelas costas de quem está dando segurança.

SERAC
Uma protuberância, torre ou massa de gelo na superfície de um glaciar ou da encosta de uma montanha. É particularmente perigoso porque pode se desprender a qualquer momento.

SETE CUMES
A campanha para escalar os mais altos picos de cada continente, realizada pela primeira vez pelo empresário texano da indústria petrolífera Dick Bass em 1985.

SIRDAR
Um líder, de origem local, designado e pago para fazer a negociação entre escaladores, carregadores e moradores; ele também facilita o progresso durante a marcha de aproximação e no acampamento-base. Além disso, o sirdar normalmente administra quem fará o transporte de cargas em alta montanha no caso de grandes expedições.

SOLAR
Escalar sem um parceiro e, geralmente, sem corda ou outros meios de auto-proteção.

TRANSPORTE DE CARGA
O transporte de suprimentos por uma parte da montanha ou da rota de aproximação que já foi escalada ou cruzada.

TRAVESSIA
Escalar um trecho em direção lateral ou diagonal para cima. Também se refere a cruzar uma montanha ou até mesmo uma cordilheira subindo por um lado e descendo pelo lado oposto.

TRENÓ
Um trenó improvisado com os materiais disponíveis, usado para descer um escalador debilitado.

TOP-ROPE
Dar segurança de cima para um escalador, fazendo com que as quedas sejam inofensivas. A escalada em *top-rope* em pequenas falésias permite que o escalador aumente suas habilidades.

VIA NORMAL
A via mais fácil da montanha, normalmente a da primeira ascensão.

VO_2 MÁX
A medida de quanto oxigênio um atleta pode absorver e realmente utilizar. Veja discussão na página 166.

glossário

ZONA DA MORTE

Termo originalmente usado pelos escaladores para se referir a altitudes acima de 5.200 metros, a partir de onde o corpo inevitavelmente se deteriora. Atualmente, é mais comum o termo ser usado com relação a regiões especialmente perigosas acima dos 7.900 metros.

XERPA

Nativo de qualquer das várias regiões montanhosas do Nepal e membro de uma cultura budista. Nos últimos oitenta anos, os xerpas foram companheiros incomparáveis dos escaladores das maiores montanhas, sendo responsáveis pelo transporte de cargas, por fixar cordas, montar acampamentos, resgatar montanhistas em apuros e realizar suas próprias ascensões.

Retrato de família, Páscoa de 1960: Velta, papai, mamãe e eu aos dez meses.

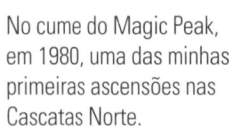

No cume do Magic Peak, em 1980, uma das minhas primeiras ascensões nas Cascatas Norte.

Guiando um grupo de clientes no Monte Rainier, em 1993. *Preston Spencer*

Com Lou Whittaker (à direita) no cume do Rainier, por volta de 1990.

No acampamento-base do K2, em 1992. Estou preparando o café da manhã com Charley Mace (ao centro) e Chantal Mauduit. *Scott Fischer*

Logo após o amanhecer, negociando uma travessia muito perigosa no alto do K2, no dia em que fizemos o cume. Scott Fischer espera atrás de mim. *Charley Mace*

De volta ao acampamento-base depois do êxito no K2. Da esquerda para a direita: eu, Charley Mace e Scott Fischer.

Com Rob Hall (à esquerda) no cume do Everest, em 1994.

Um trecho difícil próximo ao cume do Lhotse, em 1994. O Everest está ao fundo, com seu característico plumo de neve. *Rob Hall*

Da esquerda para a direita: eu, Paula, Rob Hall e Jan Arnold, na viagem de helicóptero do acampamento-base do Everest ao acampamento-base do Makalu, em 1995.

Eu subindo *à cheval* a aresta do cume do Shishapangma, em 2001, e finalmente cruzando o último trecho abaixo do cume, o qual me havia feito desistir oito anos antes. *Veikka Gustafsson*

Com David Breashears (à direita) na base do Annapurna em 2005, poucos dias antes de eu completar a jornada Endeavor 8 000. *Veikka Gustafsson*

No acampamento-base do Annapurna, em 2002. Da esquerda para a direita: J.-C. Lafaille, Veikka Gustafsson e eu.

Em casa, em Bainbridge Island com Paula.

As crianças: Ella, Gil e Anabel.

Retrato de família. Da esquerda para a direita: Gil, Ella, Paula, eu e Anabel. *Elisha Rain*

K2
Vida e morte na montanha mais perigosa do mundo

A segunda maior montanha do mundo, com 8.611 metros, o K2 continua sendo a maior meta de escaladores de diversas nacionalidades. Nesta obra, Ed Viesturs explora a notável história da montanha e daqueles que tentaram conquistá-la e, ao mesmo tempo, analisa as memoráveis sagas ocorridas no alpinismo nesse lugar, na tentativa de ilustrar lições fundamentais do montanhismo, como risco, ambição, lealdade, sacrifício e preço da glória.

Viesturs, primeiro norte-americano a escalar todas as montanhas do mundo com mais de 8 mil metros, criou uma narrativa impressionante tanto para escaladores quanto para quem gosta de viajar pela leitura. Com fotografias de seu acervo pessoal e de fontes históricas, este é o relato definitivo sobre essa temida montanha e sobre as lições aprendidas para chegar ao seu topo.

A Escalada
A verdadeira história da tragédia no Everest

Em 10 de maio de 1996, uma tempestade atroz atingiu o Monte Everest por mais de dez horas. Dos 33 escaladores que estavam subindo pela Face Sul, apenas 28 retornaram, sendo que, dos sobreviventes, três escaparam por muito pouco e dois sofreram graves queimaduras e, mais tarde, tiveram extremidades amputadas. Este livro conta como Anatoli Boukreev ajudou a salvar três pessoas quase mortas.

O guia-chefe russo tomou uma decisão aparentemente suicida ao tentar um resgate sozinho. Enfrentou assim a tempestade, a fúria da neve e a escuridão, naquilo que alguns consideram "um dos mais incríveis resgates da história do montanhismo" e que lhe valeu, do Clube Americano de Alpinismo, o maior prêmio concedido a atos de heroísmo, sendo eternizado como um dos maiores montanhistas do Himalaia.

Everest
Escalando a Face Norte

Em 1996 houve uma tragédia no Everest. Foi o maior número de mortes em um único dia na história da montanha. E Matt Dickinson estava lá. Para os amantes de livros de aventura, *Everest: escalando a Face Norte* narra os acontecimentos sob uma perspectiva nova. Os livros clássicos sobre o ano fatídico, *No ar rarefeito*, de Jon Krakauer, e *A escalada*, de Anatoli Boukreev, exploraram o que ocorreu na Face Sul da montanha, e pouco se soube da Face Norte, a rota mais técnica e difícil para conquistar o cume.

Dickinson, diretor de documentários de aventura, estava no Everest para filmar um ator britânico com mais de 60 anos que aceitaria o desafio de escalar a montanha. Como todos os que estavam a se arriscar em um dos ambientes mais hostis do planeta. E sua resposta é a mesma de um dos primeiros alpinistas a sentir a "febre do cume": "Por que escalar o Everest? Por que ele esta lá".

GRÁFICA PAYM
Tel. [11] 4392-3344
paym@graficapaym.com.br